국어 방언의 담화표지

이 저서는 2014년 정부(교육부)의 재원으로 한국연구재단의 지원을 받아 수행된 연구임(NRF-2014S1A6A4024363).

국어 방언의 담화표지

이 기 갑

역락

1991년 8월부터 2년간 미국 UC Santa Barbara에서 공부할 기회가 있었다. 기능주의 언어학에 대한 관심 때문에 이 대학을 방문하였지만, 막상 가서 보니 미국 안에서도 언어유형론과 입말 담화를 가장 왕성하게 연구하는 곳이었다. 특히 Wallace Chafe 교수는 억양 단위(intonation unit) 안에서의 정보의 흐름(information flow) 개념을 제안하였고, Sandra Thompson 교수는 기능주의 언어학과 언어유형론 외에 담화에 투영된 문법인 담화통사론(discourse syntax)의 개척적인 연구를 진행하고 있었다. 또한 John DuBois 교수는 정보 흐름의 제약 때문에 생겨나는 담화 안에서의 명사구 선호 경향을 preferred argument structure라는 보편적인 담화 문법 구조로 제시하였다.

한국에서 방언 연구를 했던 경험이 있었기 때문에 현지조사나 입말 자료의 처리 등에 대해서 문외한은 아니었지만, 대체로 낱말 중심의 어휘론이나 형태론, 그리고 통사론에 머물렀을 뿐 담화에까지 생각이 미치지는 못했었다. 더구나 담화와 문법과의 관계에 대해서는 아무런 지식이나 개념이 없던 터였다. 물론 한국에서도 일찍이 장석진 선생이 '話의 생성적 연구'(A Generative Study of Discourse: Pragmatic Aspects of Korean with Reference to English)라는 박사학위논문으로 담화 연구의 문을 열기는 하였지만, 그것은 현재 우리가 알고 있는 담화 연구와는 성격을 달리하는 것이었다. 담화를 생성문법의 틀 안에서 다루려는 것이었기 때문이다. 그뿐만 아니라 분석 대상으로 삼은 자료 역시 실제 입말에서 가져온 담화 자료가 아니었다.

따라서 당시의 '담화' 개념은 문장보다 큰 단위라는 정도의 의미였을 뿐, 담화 자료의 성격이나 분석의 방법, 이론 등은 정립되지 못한 상태였던 것이다.

1990년대 초 UC Santa Barbara에서는 대화 자료를 녹음하고 정밀하게 전사하는 방안을 모색하고 있었다. UCSB 나름의 전사법을 John DuBois 교수의 주도하에 마련한 것도 이러한 모색의 한 과정이었다. 이 전사법은 입말 담화를 억양 단위로 분절하여 전사하고, 담화 중 일어나는 쉼의 정확한 시간을 측정하면서, 웃음이나 하품 등 비언어적 행위까지 나타내도록 하였다. 이렇게 정밀하게 전사된 대화 자료의 분석을 통해 대화에 참여하는 사람들 사이의 상호작용, 다양한 입말의 표현이나 담화의 책략, 입말 특유의 문법 등이 추출될 수 있었던 것이다. 생성문법은 입말의 담화를 다양한 내적, 외적 요인 때문에 왜곡되어진 언어로 간주하였지만, 담화 연구가들은 오히려 이를 분석의 대상으로 삼았던 것이다. 이상적인 언어 능력이 아니라 발화 현장에서 실제로 행해지는 입말의 언어수행을 분석함으로써 입말 나름의 규칙성이 있음을 찾아내기에 이른 것이다. 성능 좋은 녹음기와 전사기(transcriber), 유용한 컴퓨터 전사 프로그램이 개발되면서 담화 자료의 말뭉치(corpus) 구축이 가능해지고, 그 결과로 입말 담화에 대한 연구가 본격화되었을 것이다.

2년 동안 UCSB의 담화 연구 환경에 파묻혀 지내다가 귀국 후 『담화와 인지』 창간호(1995년)에 담화표지 '이제'에 관한 논문을 발표함으로써 담화 연구의 첫발을 내디뎠다. 그 후로도 방언의 담화표지에 관한 논문을 몇 편 발표하였고, 담화표지가 드러내는 흥미로운 방언 분화 현상도 확인하기에 이르렀다.

한국에서는 1990년대부터 담화표지에 관한 연구가 활발하게 이루어져 왔다. 아마도 Schiffrin(1987)의 영향이 아니었던가 한다. 입말의 담화에서 말버릇처럼 쓰이는 표현들이 단순한 말버릇이 아니라 일정한 담화화용적 기능을 수행하는 의미 있는 요소라는 점이 밝혀진 뒤부터일 것이다. 우리말의 담화표지 연구는 대용어, 의문사, 지시어, 응답어, 부사, 감탄사 등을 중심으로 이루어졌는데, 대부분 표준어를 대상으로 한 것이었다. 담화 연구가들이 주로 언어학을 공부하는 이들이었기에 방언에까지 대상을 넓힐 능력이나 여유는 없었던 것으로 보인다. 그러나 담화표지는 표준어뿐만 아니라 여러 방언에서도 다양하게 사용되고 있기 때문에 연구의 영역을 굳이 표준어로 제한할 필요는 없다고 하겠다. 더구나 일정한 어휘적 의미를 가진 낱말이 담화표지로 문법화되는 정도는 방언에 따라 다른 것이 일반적이므로, 이 점에서 담화 차원의 방언 분화 현상은 흥미롭고 매력 있는 연구 분야가 아닐 수 없다.

국립국어원이 기획한 '전국 지역어 조사 및 전사 사업'이 2004년부터 2013년까지 10년 동안 진행되었는데, 구술발화의 조사 및 전사 작업도 그 사업 내용에 포함되어 있었다. 이 사업의 결과로 조사 지역마다 4시간 이상의 구술발화 전사 자료를 얻을 수 있게 되었다. 이렇게 방언의 입말 담화 자료가 확보됨에 따라 이를 토대로 한 방언의 담화 연구가 가능하게 되었으니, '방언 담화론'이라는 새로운 연구 분야도 생각할 수 있게 되었다.

이 책은 한반도의 여러 방언에 나타나는 담화표지를 국립국어원의 구술발화 자료를 바탕으로 하여 기술한 것이다. 담화표지에 관한 글쓴이의 기존 논문도 일부 포함되었지만 새로운 담화표지를 개발하고 이를 기술한 것도 상당하다. 기존의 논문을 포함시키더라도 원문 그대로 싣지는 않았다. 자료를 보충하고 내용을 고친 것이 대부분이기 때문이다.

방언 연구가 지역방언(regional dialect)의 언어 차이를 드러내는 것이라면 지금까지는 음운, 어휘, 형태, 통사 등의 차원에서만 방언차가 다루어졌을 뿐 담화 차원에까지 이르지 못한 것이 사실이다. 따라서 이 책은 기존 국어 방언학계의 연구 영역을 한 단계 넓힌 작업의 결과라 할 수 있다. 담화표지는 일반적으로 낱말이 본래의 어휘적 의미를 잃고 담화적 기능을 수행함으로써 생겨난다. 일종의 문법화를 겪은 산물인 것이다. 그런데 어휘적 낱말에서 담화표지로의 문법화는 방언마다 정도가 다른 것이 보통이다. 이에 따라 당연히 담화표지의 방언차가 생겨나게 된다. 거기에 덧붙여 다른 방언에 없는 고유의 담화표지를 쓰는 방언도 있으니 이 역시 이 책이 다루어야 할 과제임은 물론이다.

글쓴이는 2015년에 입말 담화에 나타나는 문법 현상을 다룬 『국어담화문법』을 펴낸 바 있다. 이제 그 자매격인 『국어 방언의 담화표지』를 내놓음으로써 그간의 담화 연구의 한 매듭을 지을 수 있게 되었다. 앞으로도 할 일이 남아 있고 더 할 수도 있겠지만, 얼마나 잘해 낼 수 있을지 장담하기 어렵다. 그래도 행여 남은 힘이 있다면 방언과 담화의 영역 안에서 더 할 일을 찾아보고 싶기는 하다.

무술년 정월
말그내 연구실에서

≡ 책의 구성과 내용

이 책은 모두 11장으로 되어 있다. 1장을 제외한 나머지 장들은 모두 방언에서 담화표지로 쓰이는 특정의 낱말들을 다룬 것이다. 각 장은 하나의 담화표지만을 다룬 것도 있지만 대부분은 다른 담화표지와 함께 다루거나 비교하면서 방언적 차이를 보이려 하였다.

1장은 담화표지에 관한 일반적인 내용을 정리한 것이다. 글쓴이가 새로 밝혀낸 것이라기보다는 이미 다른 학자들이 쌓아 놓은 지식을 정리하여 이 책의 도입부로 삼았다. 담화표지의 개념과 속성, 담화표지의 기원어, 방언에서의 담화표지에 관한 것들이 그 내용이다.

2장은 2016년에 발표한 논문 '응답어의 문법화-전남방언의 화용 첨사 '에, 야, 어이, 웨''(방언학 24)를 바탕으로 하되, 응답어 '응'에 관한 부분을 추가하고 수정한 것이다. 이 장을 쓰면서 가장 영향을 받은 논문은 김태인(2014)이다. 이 논문은 서남방언에 나타나는 첨사 '이'가 응답어 '응'에서 문법화한 것임을 밝힌 것인데, 이 논문의 아이디어를 다른 응답어에까지 확장하여 적용해 보았다. 이 장에서는 또한 김태인(2014)를 보완하여 '응'의 담화적 기능을 상세히 기술하고 '응'이 첨사화된 '이'를 서남방언을 비롯한 다른 방언에서도 확인하여 기술하였다.

한편 '응'이 첨사화한다면 높임의 응답어로 쓰이는 '예'도 첨사화할 가능성이 있는데 이에 대한 기술이 이 장의 후반부에서 행해졌다. 전남방언의 첨사 '예'나 동남방언의 두루높임 토씨 '예'를 높임의 응답어 '예'에서 문법화한 것으로 해석한 것이다. 또한 전남방언에서 아주낮춤의 첨사 '야'

와 동일한 형태의 '야'를 '예'와 같은 긍정의 응답어 '야'에서 문법화한 것으로 해석하였다. 그 결과 '언능 가씨요야1'와 '언능 가그라야2'의 두 '야'를 각각 다른 것으로 구별할 수 있게 되었다. 전남방언에서 화용 첨사로 쓰이는 '와', '웨', '야2'에 대한 기술도 이 장의 마지막에 첨가되었다. 좁은 의미의 담화표지에 포함되지는 않지만 '이'와 '예/야1'과 같이 말할이의 심리를 드러내는 넓은 의미의 담화표지(화용 첨사)로 볼 수 있기 때문이다.

3장은 응답어 '어이'와 '야'에 관한 것이다. 이 두 낱말은 상대높임의 위계상 '응'과 '예' 사이에 있는 응답어인데, 서남방언의 '어이'는 하게체, 중앙아시아 고려말의 '야'는 하오체로 쓰이는 말이다. '야'는 고려말에서 담화표지로 쓰이고 더 나아가 첨사로 문법화되었으나, '어이'는 담화표지나 첨사로의 변화를 겪지 않고 응답어로 남아 있어 '야'와의 차이를 보였다.

4장은 긍정의 맞장구 표현 '암'과 '하모'에 관한 장이다. '하모'는 동사 '하면'에서 발달한 맞장구 표현이라는 사실이 이진호(2014)에서 밝혀졌는데, 방언에 따라 다양한 방언형을 보여 준다. 이 장에서는 '암'과 '하모'를 같은 기원을 갖는 맞장구 표현으로 전제하고, 이들의 지역적 분화상과 기능상의 차이 등을 다루었다. 단순히 상대의 발화에 대한 긍정의 맞장구에 그치는 방언과 담화표지로 확대되어 쓰이는 방언이 있음을 지적하였다. 덧붙여 '암/하모'가 약화되고 그 자리를 '그럼'과 같은 맞장구 표현으로 채우는 방언도 함께 다루었다.

5장은 1995년에 발표한 논문 '한국어의 담화표지 '이제''(담화와 인지 1)를 바탕으로 하되, 이원표(1992)의 견해를 일부 받아들여 새롭게 쓴 것이다. '이제'가 시간부사에서 담화표지로 쓰일 때 (a)선행 발화의 매듭지음, (b)선행 발화와 후행 발화의 의미적 연결, (c)후행 발화에 초점 맞추기와 같은 세 가지 기능을 수행한다는 사실을 강조하였다. 그리고 선후행 발화 사이의 의미적 연결에는 '계기, 인과, 마무리, 배경-전경, 대조, 열거, 부연' 등이 있다는 사실, '이제'가 문장 내부에서 쓰일 때 대부분 알려진 정보 다음에 나타나 뒤따르는 새로운 정보의 발화를 초점화하는 기능을 수행한다는 점을 부각시켰다. '이제'의 담화표지로의 문법화가 방언에 따라 정도를 달리함으로써 시간부사에 머물거나 담화표지의 일부 기능만을 수행하는 방언이 있음도 함께 지적하였다.

6장은 담화표지 '거시기'와 '머시기'에 관한 장이다. '거시기'는 '그슥', '머시기'는 '므슥'에서 발달한 말로서 여러 방언에서 다양한 방언형이 확인되는 낱말이다. 이 두 낱말은 대명사와 담화표지의 두 용법이 있는데, 이 장에서는 대명사로 쓰일 때 특정의 명칭 대신 임시적으로 사용하는 포괄적인 명칭인 placeholder의 하나로 해석하였다. 그리고 담화표지로 쓰일 때에는 메움말(filler)의 기능을 하는 것으로 보았다.

7장은 2015년에 발표한 논문 '중앙아시아 고려말 의문사의 담화 기능: '무슥, 무스, 무스거, 무슨'을 중심으로'(담화와 인지 22.2)의 내용을 보충하여 다시 쓴 것이다. 중앙아시아 고려말의 '무슥', '무스', '무스거', '무슨'이 의문사나 부정사 외에 담화표지로 사용되는 용법이 있음을 지적하고 담화 차원에서의 방언 분화 현상을 알아보려 하였다. 또한 표준어 '뭐'의 담화 기능과 비교하여 고려말 의문사가 보이는 담화 기능의 차이를 부각시키려 하였다.

8장은 2007년에 발표한 논문 "'그저'의 담화 기능-고려말과 강원도 양양 지역어에서'(담화와 인지 14.3)를 바탕으로 하고 제주도 서귀포 지역어에 대한 분석을 추가한 것이다. 이 장에서는 부사 '그저'가 강원도의 양양 지역어나 중앙아시아 고려말에서 담화표지로 쓰이되, 양양 지역어보다는 고려말에서 담화표지로 쓰이는 양상이 훨씬 다양하고 활발하다는 사실을 지적하였다. 반면에 제주도의 서귀포 지역어를 포함한 대부분의 방언에서는 '그저'가 담화표지로 문법화되지 않고 단지 어휘적 의미만을 나타낼 뿐이라는 점도 밝혀 담화표지로의 문법화가 방언에 따라 차이 남을 보였다.

9장은 2009년에 발표한 논문 '동남방언의 담화표지 '고마''(우리말연구 25)를 바탕으로 하고 충북 제천 지역어에 대한 분석을 추가한 것이다. 이

장에서는 부사 '그만'의 동남방언형 '고마'가 동남방언에서 담화표지로 기능한다는 사실을 밝히고 그 용법을 살펴보았다. 특히 동남방언의 '고마'가 중앙아시아 고려말의 담화표지 '그저'와 매우 유사한 기능을 한다는 점에 착안하여 '그저'와 '고마'를 일종의 방언적 변이형으로 해석하였다. 이는 두 부사가 방언에 따라 담화표지로의 문법화 정도가 다르다는 사실을 전제로 한 것이었다.

10장은 2010년에 발표한 논문 '담화표지 '그냥', '그저', '그만'의 방언 분화'(방언학 11)를 바탕으로 하고 강원도 홍천 지역어의 분석을 추가하여 다시 쓴 것이다. 이 장의 전반부에서는 한반도의 서부 방언지대에서 어휘적 의미를 나타내면서 담화표지로 기능하는 '그냥'의 용법을 기술하였다. 그리고 후반부에서는 '그냥'과 '그저', '그만'을 비교함으로써 세 표현이 담화 차원에서는 같은 기능을 하는 담화표지임을 밝혀 냈다. '그냥', '그저', '그만'은 기본의미나 확대된 이차적 의미 가운데 부분적인 일치를 보이기는 하지만 어휘적 의미가 완전히 같은 동의어는 아니다. 그러나 담화적 차원에서 보면 이 세 부사는 매우 유사한 기능을 수행하여 방언적 변이형으로 볼 만하였다. 더욱이 이들 세 부사가 담화표지로 쓰일 때, 사용 지역이 상보적이라는 점도 이러한 주장을 뒷받침하는 강력한 증거였다.

11장은 동남방언에서 담화표지로 쓰이는 '마'를 다룬 것이다. '마'의 담화적 기능을 다루고 특히 경남 지역어에서 첨사로 쓰이는 용법을 기술하였다. '마'의 첨사화는 응답어 '응', '예', '야' 등이 겪었던 첨사화와 같은 것으로 해석하였다. 글쓴이의 『국어방언문법』(2003)에서는 '마'를 담화표지 '고마'의 변이형으로 간주하였으나 이 책에서는 기존의 견해를 수정하여 '고마'와는 다른 독립된 담화표지로 보았다. 지역적 분포나 용법, 첨사화의 가능성에서 차이를 보였기 때문이다.

차 례

1장 담화표지

1. 담화표지의 개념

입말의 담화는 글말과 많은 차이를 보인다. 그 가운데 하나가 정보 전달에 군더더기처럼 보이는 표현들이다. 상대의 말에 맞장구(backchannel)를 치거나, 말하는 도중 잠시 쉼을 얻기 위해 사용하는 표현들(filler)이 이에 해당한다. 이런 표현들 가운데는 말하는 사람의 개인적인 말버릇에 그치는 것이 있는가 하면, 언어 사회에 통용되어 그 언어의 말하기 방식(말법)으로 굳어진 것들이 있다. 후자에 속하는 표현들은 문장의 명제적 의미를 산출하는 데는 별다른 기여를 하지 못하지만, 언어사용(linguistic performance)의 측면에서는 나름의 고유한 기능을 갖는다. 문장의 통사적 구조와는 독립되어 있으므로 굳이 사용하지 않더라도 문장 전체의 의미 해석에 별다른 영향을 미치지 못하지만, 말하는 사람과 듣는 사람의 상호작용(interaction)을 돕고, 말할이의 호흡을 조절하며 생각의 단락을 맺어주는 등의 적극적 구실을 하기 때문이다. 이러한 표현들은 마치 말하기의 양념과도 같아서, 어떤 언어에서나 나타나는 지극히 보편적인 언어 요소라 할 수 있다.

과거의 학자들은 이와 같이 의미론적 차원에서 불필요하게 보이는 표
현들을 감탄사나 메움말(filler)로 규정하면서 어휘적 또는 문법적 기능이
거의 없는 것으로 판단하였다. 그러나 1970년대 이후 담화 연구가 활발해
지면서 과거에 허사(empty words)로 여겨졌던 표현들에 언어 사용, 또는 담
화적 차원의 존재 이유가 있음을 새롭게 인식하게 되었다. 예를 들어
Halliday & Hasan(1976:267)에서는 담화의 의미적 결속을 보장하는 여러 장
치들 가운데 몇 개의 접속어와 비슷한 낱말(류)들을 언급하고 있다. 그들
이 연속사(continuatives)라고 불렀던 'now, of course, well, anyway, surely, after
all' 등은 나름의 독특한 담화적 기능을 수행하면서 담화의 의미적 결속을
돕는 데 참여하고 있다는 것이다. 한편 Schiffrin(1987)은 'oh, well, and/but/or,
so/because, now/then, y'know/I mean'들을 담화표지(discourse marker)라 부르고,
이들이 모두 선행 발화와 후행 발화 사이의 연결을 담당하면서 담화의 선
후 의존성(sequential dependence)을 표현하는 기능을 갖는, 담화의 의미적 결
속을 위한 선택적 장치로 파악하고 있다.

Siepmann(2005:37)에 따르면 '담화표지'와 같은 뜻의 술어로서 'fillers'
(Brown & Yules 1983), 'discourse-deictic items'(Levinson 1983), 'pragmatic markers'
(Brinton 1996), 'discourse connectives'(Warner 1985), 'cue phrases'(Grosz & Sidner
1986), 'organizers'(Nattinger & DeCarrico 1992) 등의 다양한 이름이 제시된 바
있다고 하였다. 오늘날 한국 학계는 '담화표지'(discourse marker)라는 술어를
가장 널리 사용하고 있는데, 이 '담화표지'는 Labov & Fanshel(1977:156)에서
처음으로 사용된 것으로 보이지만(Siepmann 2005:37), 한국에서는 아마도
Schiffrin(1987)을 통해 일반화된 것으로 생각된다.

우리말의 경우 강상호(1989)에서 언급한 '에, 저, 그래서' 외에 '거시기,
뭐냐면, 있잖아요, …' 등의 여러 표현들이 이러한 담화 기능의 표현 범주
에 들 수 있고, 신현숙(1989, 1990)은 접속부사(접속의 대용어)가 담화표지의
기능을 갖는다는 사실을 지적하기도 하였다. 그 밖에 다양한 학자들이 우

리말의 담화표지에 관한 연구들을 시도하였는데, 이들 연구에서 주로 논의된 담화표지의 예로는 아래와 같은 것들을 들 수 있다.

> 부　사: 좀, 참, 이제, 막, 자, 다, 그냥(서남방언), 그저(동북방언), 그만(동남방언)
> 의문사: 뭐, 뭐냐, 무슨, 왜
> 접속사: 그래서, 그러니까
> 지시어: 그, 저, 저기, 거시기(서남방언)
> 응답어: 응, 예, 야(동북방언)
> 부정어: 아니
> 존재어: 있지, 있잖아
> 첨　사: 이/와/웨(서남방언), 근/에(제주방언)

Schiffrin(1987)은 담화표지가 선행 발화와 후행 발화의 연결을 담당하고 담화의 선후 의존성(sequential dependence)을 표현함으로써 담화의 의미적 결속을 확보하는 선택적 장치라고 하였다. 그렇다면 이러한 기능의 담화표지가 꼭 입말에만 쓰일 이유는 없다고 하겠다. 글말에서도 문장을 잇는 다양한 접속 표현들이 글말 담화의 선후 의존성을 나타내거나 강화할 수 있기 때문이다. 이처럼 '담화표지'를 문장 연결사(sentence connector)의 개념으로 이해하면, 첨가, 대조, 양보, 이유, 결과, 조건, 강조 등을 나타내는 다양한 접속 표현들이 이에 포함될 수 있다. 결과를 나타내는 영어의 담화표지 'therefore, consequently, in consequence, as a result, accordingly, hence, thus, for this reason, because of this' 등이 전형적인 예이다(Google의 Gerard Sharpling 기술 참조). 우리말의 접속부사를 담화표지로 해석한 신현숙(1989, 1990)도 같은 범주에 든다. 이처럼 담화표지를 글말에까지 확대할 경우, 우리말의 담화표지는 접속부사 외에도 다양한 연결사들이 포함될 수 있을 텐데 대표적으로는 '아무튼', '결국', '부연하자면' 등이 이런 후보에 오를 수 있다. 우리는 이 책에서 오직 입말에서 사용되는 담화표지만을 기술의 대상으로 삼지만, 글말의 담화표지 존재 자체를 부정하지 않는다는 점도 미리 밝혀 두고자 한다.

한편 담화표지가 낱말 외에 관용적인 구나 절로 이루어질 수 있다는 점은 이미 잘 알려진 사실이다. 특히 담화표지의 범위를 글말에까지 확대할 경우, 담화표지를 낱말에만 한정할 필요는 없다고 하겠다. Siepmann(2005)은 '여러 낱말 단위'(multi-word unit)가 많은 언어에서 다양한 담화표지로 기능한다는 사실을 보여 주고 있다. 이러한 담화표지를 이차적 담화표지 (second-level markers)라 불러 '한 낱말 단위'(one-word unit)인 일차적 표지와 대립시키고 있는데 Siepmann은 이러한 이차적 담화표지들도 입말의 담화표지와 거의 유사한 기능을 수행한다고 해석한다. 이차적 담화표지는 낱말 이상의 단위인 구, 절, 문장에 이르는 다양한 크기를 갖는데 Siepmann (2005:36)에서는 'to cut a long story short'(구), 'as I have said'(절), 'this is not the whole story'(문장) 등을 예로 들었다. 우리는 Siepmann(2005)에서 제기한 바와 같이 '여러 낱말 단위'가 비록 기존의 입말 담화표지와 유사한 담화적 기능을 수행한다 하더라도 이들을 다루지 않으려고 한다. 그 기술의 범위가 너무 넓기 때문이다. 따라서 이 책은 일차적 담화표지인 '한 낱말 단위'만을 기술 대상으로 삼는다.

'담화표지'의 정의는 그 범위에 따라 두 가지가 가능하다. 좁게 해석하면 위에서 언급한 바처럼 담화의 진행을 돕기 위해 앞뒤 발화를 잇는 기능을 수행하는 표현만을 가리키는 것으로 제한된다. 이를 '담화적 기능'이라 부를 수 있다[1]. 반면 넓게 해석하면 담화의 진행을 돕는 기능 외에 말

---

1) 김지홍(2010:254 각주 23)에서는 담화의 큰 단위를 이어주는 담화표지를 거시적 담화표지라 하였는데, 거시표지는 언어 형식이 고정되어 있지 않아 사례에 따라 다양하게 달라질 수 있다고 하였다. 반면 작은 단위의 발화나 문장을 이어주는 것을 미시적 담화표지로 구분하였는데 이 경우는 고정된 형식을 갖는다고 하였다. 우리는 이 책에서 거시적 담화표지는 다루지 않으며, 논의 대상을 미시적 담화표지에 국한하고자 한다.

할이의 심리를 드러내는 기능을 수행하는 표현까지 가리킬 수 있다. 이를 '화용적 기능'이라 부를 수 있을 것이다. 이 책에서는 본질적으로 담화의 진행을 돕고 선후행의 발화를 이어주는 담화적 기능의 표현들을 지칭하기 위해 '담화표지'란 술어를 사용하겠지만, 경우에 따라 말할이의 심리를 나타내는 화용적 기능의 표현들도 이 술어의 지칭 범위에 포함시키고자 한다. 예를 들어 첨사로 기능하는 서남방언의 '이/와/웨' 등은 말할이의 심리를 드러내는 표지일 뿐 선후행 발화를 잇는 기능을 수행하지는 않는다. 그럼에도 이들을 담화표지의 하나로 보고 기술 범위에 포함시킨 것은 이 책이 광의의 '담화표지' 개념을 사용하고 있기 때문이다.

한편 담화표지를 넓게 해석하여 말할이의 태도나 심리를 드러내는 경우까지 포함한다면 입말에서도 기존의 담화표지 목록 외에 '솔직히', '죄송스러운 말씀이지만', '말하기 뭐한데'와 같이 낱말 이상의 표현들도 충분히 담화표지로서의 자격을 부여할 수 있을 것이다. 따라서 우리말의 담화표지 목록은 기존의 연구보다 훨씬 다양한 표현들을 포괄할 수 있지만 이 책에서는 이들을 기술의 범위에 포함시키지 않는다. 대상 목록이 너무 많아질 뿐만 아니라 이 책이 목표로 하는 지역 방언간의 차이와는 무관하기 때문이다.

2. 담화표지의 속성

입말의 담화표지에 관한 기존의 연구(Schourup 1999, Fraser 1999 등)에서 밝혀진 내용들을 종합해 보면 담화표지는 대체로 아래와 같은 성격을 갖는다.
① 입말에서 주로 사용된다. 역동적이며 순간적인 입말의 발화 상황에서만 존재 이유를 가지며 쓰기와 고치기의 충분한 시간을 갖춘 글말, 그리고 눈앞의 상대를 고려하지 않는 글말에서는 별로 쓰이지 않는다. 다만

담화표지를 문장 연결사(sentence connector)로 보는 관점에서는 다양한 문장 접속 표현들이 담화표지에 포함되므로 이 경우에는 글말에 사용되는 많은 수의 표현들이 담화표지 범주에 들 수 있다.

② 문장의 명제적 의미(진리치)에 기여하지 못하므로 문장의 명제와 독립하여 담화 속에서만 기능한다. 따라서 담화표지의 기능은 의미론적 문제가 아니며 담화화용론적인 문제라 할 수 있다.

③ 두 개의 담화 segment를 연결하는 기능을 할 뿐, 각 segment의 명제 의미에 기여하지 않는다. 담화표지의 본질적 기능은 선행 담화와 후행 담화를 이어주는 것이다. 담화표지가 없더라도 이미 다른 형태통사적 장치에 의해 앞뒤의 담화 요소가 연결되어 있는 것이 보통인데 여기에 담화표지가 가세하면 그 연결이 더욱 강화된다. 따라서 담화표지의 주된 기능은 담화 요소의 연결을 창조하는 것이 아니라 강화하는 데 있다고 할 수 있다(Schourup 1999:232).

④ 통사적으로 수의적인 요소이다. 명제의 의미에 기여하지 못하므로 이를 생략하더라도 명제의 의미에 아무런 영향을 미치지 않기 때문이다. 그러나 담화표지의 이러한 수의적 성격은 글말로 옮길 경우에만 타당하며 입말의 발화에서는 인정하기 어렵다. 예를 들어 발화의 빈 시간을 메우기 위해 사용되는 메움말(filler)의 경우, 메움말이 사용되지 않는다면 담화가 일정 시간 지속되지 않아 담화의 흐름이 끊기게 된다. 이처럼 담화표지는 발화의 매끄러운 진행을 위해 필요한 요소이므로, 비록 의미적인 측면에서는 군더더기로서 생략될 수 있지만, 담화적인 측면에서는 그 존재 이유가 충분한 표현이라 하겠다.

⑤ 구, 낱말, 첨사의 고정된 형태로 이루어진다. 담화표지는 고정된 형식을 취하므로 곡용이나 활용을 허용하지 않는 것이 일반적이다. 또한 담화표지는 어휘적 표현으로부터 문법화한 것이므로 형태가 고정되고 축소되는 경향을 보인다. 우리말의 '있잖아'나 영어의 'you know'처럼 구 형식

을 띤다 할지라도 실제로는 한 단위로 굳어져서 기능하므로 한 낱말과 같은 행태를 보인다. 이것이 더 축약되면 첨사로 바뀔 수 있다.

그러나 담화표지의 형태가 언제나 고정적이거나 굴곡을 허용하지 않는 것은 아니다. 예를 들어 담화표지 '그러니까'는 뒷말을 생각할 시간을 벌기 위한 메움말로 사용되는 것이 보통인데 이것은 때로 토씨 '는'과 결합하여 '그러니까는', '그러니깐', '니깐' 등으로 쓰이기도 한다. 또한 '있잖아'는 새로운 화제나 이야기를 시작할 때 들을이에게 이야깃거리를 상기시키는 효과를 갖는 담화표지인데, 상대높임의 위계에 따라 '있잖아요', '있잖니', '있잖습니까' 등이 담화표지로 가능하다. 따라서 이 경우는 굴곡이 허용되는 담화표지의 예라 할 수 있다. '무엇'의 관형형 '무슨'도 담화표지로 쓰이는 수가 있는데 담화표지로 쓰이는 '무엇'과 그 기능이 크게 다르지 않으므로 이것도 '무엇'의 곡용형(비록 보충형이지만)이 담화표지로 쓰이는 예라 할 수 있다. 다만 담화표지를 글말의 문장 연결사로까지 확대 해석하고 Siepmann(2005)의 '여러 낱말 단위'(multi-word unit)로까지 확대 적용하면 고정된 형태의 제약은 무의미하게 될 것이다.

⑥ 문법화를 겪어 어휘적으로 허사화되어 만들어지는 것이 일반적이다. 애초의 어휘적 의미를 잃고 오직 담화적 기능만을 수행하므로 허사화 또는 문법화의 변화를 겪는다고 할 수 있다. 다만 담화표지로 기능하더라도 원래의 어휘적 의미의 영향에서 완전히 자유로울 수는 없다. 의미가 적용되는 차원이 어휘에서 담화로 바뀌었을 뿐이다. 그러나 메움말로 쓰이는 말 가운데는 애초부터 담화표지로 쓰였다고 볼 만한 예들이 많다. 영어의 'uhm'이나 한국어의 '음', Urdu어의 'haan' 등이 이런 예이다. 따라서 모든 담화표지가 어휘적 표현에서 허사화를 겪었다고는 할 수 없다.

담화표지를 문장 연결사로 확대할 경우 이런 표지들은 연결사로서의 의미를 그대로 갖고 있으므로 허사화 또는 문법화와는 거리가 멀다. 예를 들어 우리말의 '아무튼'은 선행 발화와는 다른 내용의 발화가 이어지는 경우에 사용되는 연결사인데 이를 담화표지로 볼 경우 '아무튼'은 자신의 원래 의미를 그대로 유지할 뿐 의미의 탈색을 동반하는 문법화를 겪지 않는다. 선행 발화의 내용을 결론짓는 데 쓰이는 부사 '결국' 역시 '아무튼'과 마찬가지로 문법화를 겪지 않는다.

⑦ 담화표지는 개념적(conceptual) 의미가 아닌 과정적(procedural)인 의미를 나타낸다. 담화표지는 앞선 발화와 후행 발화 사이의 관계를 가리키므로, 선행 발화를 바탕으로 후행 발화가 해석되는 방향과 내용을 담화표지를 통하여 알 수 있다.

3. 담화표지의 기능

3.1 선후 요소와의 상호관계

담화표지는 본질적으로 앞선 발화와 뒤따르는 발화 사이에 놓여 앞뒤의 발화를 이어주는 기능을 한다. 특정 발화의 맨 앞에 담화표지가 올 경우 해당 담화표지는 앞선 발화와 뒤따르는 발화를 연결해 주는 기능을 하는 것이다. 한국어에서는 접속부사가 전형적으로 이러한 기능을 담당한다. 접속부사 외에도 '결국', '아무튼'과 같은 부사가 발화의 앞에 나타날 때는 이러한 연결 기능을 담당하게 된다.

그러나 문장 연결사가 아닌 입말의 담화표지는 상황이 약간 다르다. 입말의 담화표지는 발화의 맨 앞에 오기보다는 발화 중간에 오는 것이 대부분이기 때문이다. 따라서 이들이 담화를 연결하는 역할도 다양하다. 적극적으로 담화를 연결하는 것도 있지만 어떤 표지들은 소극적으로 연결을 담당하기도 한다. 예를 들어 '아니, 그럴 수가 있어?'와 같은 발화의 맨 앞에서 사용된 담화표지 '아니'는 선행 발화에 대한 말할이의 놀라움을 나타낸다. 선행 발화의 내용이 뜻밖이라는 점을 부각시키면서 후행 발화가 이어지는 것이니 '아니'가 나타내는 의외성을 통해 선후행 발화가 의미적으로 연결된다고 할 수 있다. 따라서 이런 경우의 담화표지는 문장 연결사와 마찬가지로 적극적으로 담화를 연결한다.

그러나 메움말(filler)처럼 발화의 중간에 나타나는 경우는 담화를 적극적으로 연결한다고 보기는 어렵다. '내가 저기 그 뭐냐 거시기 전에 말했던 사람 말이야'와 같은 발화에서 사용된 다양한 메움말('저기 그 뭐냐 거시기') 들은 담화의 단절을 막고 뒤따르는 말을 생각할 시간을 벌기 위해 사용된다. 결과적으로 메움말 이전과 이후의 발화들이 메움말을 통해 연결되지만 애초부터 메움말이 담화의 연결을 위한 것이라고 보기는 어렵다. 두 발화 사이의 관계를 새롭게 맺어주는 것이 아니라 기존에 있던 관계를 강화하므로 굳이 말하자면 '소극적 연결' 기능이라 할 만하다. 이처럼 소극적으로 담화를 연결하는 담화표지는 이미 통사적으로 관련 있는 두 발화 사이에 놓이는 것이 원칙이다. 많은 담화표지가 통사적 단락이 지어지는 곳에 나타나는데, 예를 들어 주어, 주제어, 목적어 등에 나타나서 뒤따르는 요소와의 관계를 강화시킨다. 때로는 접속부사 다음에 나타나 접속부사 이전에 있었던 선행 발화와 후행발화를 연결시키는 데 도움을 주기도 한다. 그렇다면 담화의 선후 관계를 강화하는 기능이야말로 입말 담화의 전형적인 기능이라 할 것이다.

담화표지가 발화의 맨 앞이나 중간에 나타나면 후행 발화는 선행 발화와 다른 방향으로 화제가 전환되거나(topic changes), 선행 발화의 구조가 바뀌거나(reformulations), 때로는 후행 발화가 진행되는 방향에 대한 실마리가 제공되기도 한다(discourse planning). Thompson and Mann(1987)은 담화표지가 텍스트의 문장들 사이에 존재하는 다양한 관계, 예를 들어 부연(elaboration), 상황(circumstances), 설명(explanations) 등의 관계를 더욱 분명하게 명시화시키는 데 기여한다고 한 바 있는데 이 역시 담화표지가 발화들 사이의 관계를 강화하는 기능을 지적한 것으로 보인다.

담화표지가 발화의 맨 마지막 위치에 오는 경우도 있다. '사람 사는 게 다 그렇지 뭐'와 같은 발화에 쓰인 '뭐'가 그러한 예이다. 이러한 담화표지는 뒤따르는 발화와의 관계를 맺는 것이 아니라 담화표지 앞의 발화에 대한 말할이의 태도나 심리를 드러내는 경우가 대부분이다. 따라서 이 경우는 선후 요소와의 상호관계를 지시하는 기능과는 무관하다.

3.2 말할이와 메시지의 관계

우리는 담화를 진행하면서 담화 내용에 대한 다양한 태도를 드러낼 수 있는데, 초점, 강조(stressing), 완곡 표현(hedging) 등의 기능이 여기에 해당된다. 예를 들어 '확실하지는 않은데'라고 하면서 담화가 진행될 경우, 앞으로 전개될 담화의 내용에 대한 말할이의 확신 없음을 드러냄으로써 자신의 말을 완곡하게 만든다. 반대로 '분명한 것은 말이야'라고 하면 이후의 담화 내용에 대한 말할이의 확신이 드러나면서 후행 발화를 초점으로 만들기도 한다. 그러나 이러한 구나 절 단위의 표현은 그 목록이 개방적이므로 비록 그 기능이 담화표지의 기능과 동일하다 할지라도 기술의 대상으로 삼기에는 무리가 있다.

'여러 낱말 단위'(multi-word unit)와 달리 전형적인 입말의 담화표지로 기능하는 메움말은 후행 발화를 초점화시키는 역할을 한다. 말할이가 다음 말을 생각할 시간을 벌기 위해 사용되는 것이 메움말이므로 그 뒤에 오는 담화 내용은 자연스럽게 초점을 받게 되는 것이다. 한편 '사람 사는 게 다 그렇지 뭐'에 쓰인 '뭐'는 선행 발화 내용에 대한 심드렁한 태도를 보임으로써 발화 내용을 완곡하게 만드는 효과를 갖는다. '아니, 그럴 수가 있어?'에서의 '아니'는 선행 발화에 대한 말할이의 놀라운 감정을 드러낸다.

이처럼 입말의 담화표지는 발화 내용에 대한 말할이의 다양한 심리나 태도를 드러내는 화용적 기능을 담당하기도 한다.

3.3 말할이와 들을이의 관계

담화표지는 들을이에 대한 말할이의 관계나 태도를 드러내어 발화에 참여하는 두 사람의 상호작용 기능을 나타내기도 한다. 상대의 발화에 대해 긍정 또는 부정의 반응을 보이는 것이 전형적인 경우인데, 특히 상대의 말에 맞장구를 치면서 상대의 발화가 진행되기를 촉구하는 맞장구말 (backchannel) 기능이 이에 해당한다. 우리말에서 '그럼', '그렇지', '아무렴', '옳지', '맞아'와 같은 표현들이 여기에 해당할 것이다.

서남방언의 첨사 '이'나 '웨'가 명령법이나 청유법에 쓰일 때에는 상대에게 행동할 것을 재촉하는 기능을 수행하는데 이 역시 담화표지가 말할이와 들을이 사이의 관계를 반영하는 경우에 해당한다. 히브리어의 담화표지 'nu' 역시 상대에게 행동하도록 촉구하는 기능을 갖는다고 알려져 있는데(Wikipedia의 'discourse marker' 항목 참조), 이것도 같은 경우라 하겠다.

상대에 대한 높임의 표시도 이 범주에 든다. 우리말에는 청자높임의 표시를 나타내는 다양한 방법이 있지만, 담화표지로 볼 만한 것으로는 응답어에서 문법화한 서남방언의 '이'나 '예', 동북방언의 '예', '양', '야', 제주방언의 '이', '예', '양' 등을 들 수 있다. 이들은 상대에 대한 높임 외에 다정한 느낌이나 정감 등을 표현하기도 한다.

4. 담화표지의 기원어

담화표지는 어휘적인 의미를 갖는 낱말이나 구가 의미적 탈색을 거쳐 문법화되어 생겨나는 것이 일반적이다. 앞에서 든 한국어의 다양한 담화 표지들도 마찬가지이다. 예를 들어 부사 '좀, 참, 이제, 막, 자, 다, 그냥, 그 저, 그만'은 원래 일정한 어휘적 의미를 지닌 낱말인데 어휘적 의미를 잃 고 허사화하여 담화표지로 쓰인다. 의문사 '뭐, 뭐냐, 무슨, 왜'나 접속사 '그러니까', 지시어 '그, 저, 저기, 거시기', 응답어 '응, 예, 야', 부정어 '아 니', 존재어에서 문법화한 '있지, 있잖아' 등도 모두 이런 예에 속한다. 이 렇게 어휘적 의미를 상실하고 담화표지로 문법화되는 표현들은 언어에 따라 다양하게 나타나는데, 경우에 따라 여러 언어에서 공통으로 확인되 기도 한다. 한국어 '이제'와 영어 'now'는 발화시와 동일한 시점을 가리키 는 점에서 공통인데 이 두 낱말이 한국어와 영어에서 모두 담화표지로 쓰 이는 사실은 '발화시 현재'라는 시제적 의미가 담화표지로의 문법화가 이 루어지는 근거가 될 수 있음을 말해 주는 것이다.

담화표지로의 문법화를 겪은 표현 가운데 언어적 보편성을 보이는 또 다른 예로서 지시어를 들 수 있다. 지시어는 유형적으로 2개 또는 3개가 일반적인데(이기갑 1994b), 언어에 따라 이들 가운데 일부 또는 전부가 담화 표지로 쓰일 수 있다. 아래의 목록은 Wikipedia에 제시된 것으로서 언어에 따라 지시어가 담화표지로 쓰이는 경우를 보여 주는데, 사물 지시어와 함 께 장소 지시어들도 담화표지로 쓰일 수 있음을 알 수 있다.

> Bulgarian: takova("this")
> Chinese: zhège/zhèige ("this"), nàge/nèige("that")
> Dutch: dus("thus")
> Icelandic: hérna("here")

Italian: ecco("here")
Japanese: ano("that over there")
Korean: 그/거, 저, 저기
Russian: это("this"), того("that")
Serbian: ovaj("this")
Slovak: oné("that"), tento("this")
Turkish: işte("here")
Ukrainian: цей ("this"), той -во("this one")
Urdu: flana flana("this and that")
Welsh: na ni(there we are)

이처럼 지시어들이 담화표지로 문법화되는 예가 상당한 언어에서 확인된
다는 사실은 담화표지의 기원어가 보편성을 띨 수 있음을 말해 준다. 지
시어 외에도 부사 'actually', 인지동사 'know, see' 등도 여러 언어에서 문법
화를 겪어 담화표지로 쓰이는 예가 확인된다.

그러나 모든 담화표지가 문법화를 겪은 것은 아니다. 예를 들어 메움말
로 쓰이는 담화표지 가운데 단순히 감탄사로서의 음성적 특징을 보이는 경
우가 있다. 메움말(filler)은 담화표지라는 술어가 일반화되기 이전에 사용되
었던 술어로서, 발화자가 발화를 진행하면서 뒤따를 발화를 생각하고 시간
을 벌기 위해 사용하는 관용적인 표현이다. 아마도 담화의 진행 과정에서
빈자리를 메우는 말이라 하여 filler란 술어가 만들어진 것으로 추정된다.

메움말은 기원을 모르는 단순한 소리로 이루어질 수도 있고, 아니면 특
정의 어휘적 의미를 지닌 표현으로부터 문법화를 거쳐 생겨난 것들도 있
다. Wikipedia에는 메움말로 기능하는 여러 언어의 예들이 제시되어 있는
데, 여기에서 단순한 소리로 볼 만한 것의 예를 들면 아래와 같다.

Afrikaans: ah, um, uh
Bislama: ah

Bulgarian: uh
Catalan: eh
Danish: øh
Dutch: eh, ehm
English: um, uhm
Filipino: ah, eh, ay
French: euh
German: äh, hm
Greek: e, em
Hebrew: eh, Em
Hungarian: ő
Japanese: e, eto
Korean: 어, 음
Norwegian: øh
Portuguese: é, hum
Polish: yyy, eee
Russian: eh
Spanish: e
Swedish: öhm
Ukrainian: e
Urdu: haan haan
Welsh: Ym..., Y..

위에 제시된 메움말은 특별한 기원어를 설정하기 어려운 것들로서, 단순히 발화의 빈자리를 메우기 위한 소리로 발화되는 것이다. 단모음만으로 이루어지기도 하고 여기에 /m/이 덧붙기도 한다. 모음은 전설이나 후설 그리고 원순과 평순에 관계없이 모든 모음이 이용된다. 이처럼 단순한 소리로 이루어진 메움말은 문법화와 무관하다.

5. 방언과 담화표지

국어의 방언 연구는 지금까지 음운, 형태, 통사, 어휘 등의 차원에서 이루어져 왔다. 그러나 지역에 따른 방언 차이가 이러한 차원에서만 나타나는 것은 아니다. 담화가 진행되는 과정에서 쓰이는 담화표지에서도 지역 방언에 따른 차이가 있을 수 있다. 글쓴이는 이기갑(2010)에서 부사 '그냥, 그저, 그만'의 세 낱말이 제 나름의 어휘적 의미를 지닌 채 한반도의 모든 방언에서 사용되는 것으로 가정한 바 있다. 그런데 이 낱말들이 본래의 어휘적 의미를 잃고 담화표지로 문법화되기도 하는데, 그러한 문법화의 여부는 방언에 따라 달리 나타난다고 주장하였다. 예를 들어 동북방언에서는 '그냥, 그저, 그만' 가운데 '그저'만이 담화표지로 쓰이고 나머지 두 부사는 어휘적 의미를 지닌 부사로만 쓰일 뿐 담화표지로의 문법화를 겪지는 않는다. 반면 서남방언에서는 '그냥'이 담화표지로 문법화되었고 나머지 두 부사인 '그저'와 '그만'은 원래의 의미대로만 쓰인다. 동남방언에서는 이 두 방언과 달리 '그만'이 담화표지로 문법화되었고 나머지 부사인 '그저'와 '그냥'은 문법화를 겪지 않아 어휘적 의미를 지닌 부사로만 쓰일 뿐이다. 이처럼 '그저', '그냥', '그만'은 담화표지로 문법화되는 방언의 지역이 서로 겹치지 않아 지역적으로 상보적인 분포를 보인다. 또한 이들이 담화표지로서 수행하는 기능도 매우 유사하다. 따라서 이 세 낱말들을 동일한 기능을 행하는 담화표지의 방언적 변이형으로 해석할 수 있다고 주장하였던 것이다. 그것은 마치 동일한 지시물을 가리키는 '부추', '정구지', '솔', '졸' 등을 방언적 변이형으로 해석하는 것과 같은 것이다. 만약 이러한 글쓴이의 주장이 사실이라면 이것은 매우 흥미로운 일이다. 담화적 차원에서도 방언적 변이형의 존재를 인정하는 것이 되기 때문이다.

이처럼 담화표지는 방언에 따라 목록이 다를 수 있다. 담화표지의 목록이 다를 경우, 애초부터 특정 담화표지의 존재 여부가 다른 경우도 있지만 담화표지로의 문법화 여부가 달라서 결과적으로 담화표지의 존재 여부가 달라지는 경우가 있다. 예를 들어 담화표지 '마'는 오직 동남방언에서만 확인되므로 전자의 예지만, 앞에서 언급한 '그저', '그냥', '그만'은 방언에 따라서 문법화의 여부가 달라진 경우이므로 후자에 속한다. 방언에 따른 문법화의 차이는 기실 형태나 통사 차원에서는 일찍이 제기된 문제인데, '-어 있-'의 높임 표현인 '-어 겨-'가 주체높임의 표현으로 문법화된 것이 그런 예다. '-어 겨-'가 한반도의 모든 방언에 존재하였지만 서남방언을 비롯한 소수의 방언에서 주체높임의 표현으로 문법화된 반면 나머지 방언에서는 이러한 문법화가 일어나지 않았다. 이처럼 방언에 따라 문법화의 여부 또는 그 정도가 달라지는 것이 매우 일반적이라는 점을 인정한다면, 담화표지의 방언 분화는 문법화가 보여 주는 방언 차이의 한 예에 불과한 셈이다. 다만 그 문법화가 담화 차원에서 이루어진다는 점이 다를 뿐이다.

같은 담화표지라 하더라도 방언에 따라 사용의 비율에서 많은 차이를 보인다는 점을 강조할 필요가 있다. 예를 들어 '이제'는 중부방언, 서남방언, 동남방언 등에서 담화표지로 사용되지만 특히 서남방언에서의 사용 빈도가 다른 방언에 비해 월등히 높다. 이러한 사용 빈도의 차이는 담화표지뿐만 아니라 다른 문법 표현에서도 찾아볼 수 있는데 대표적으로 보조동사 '버리다'를 들 수 있다. 서남방언에서의 '버리다'는 다른 방언에서와 비교할 수 없을 정도로 그 사용 빈도가 높은데 그 결과로 서남방언의 '버리다'는 다른 방언과 달리 형용사에도 쓰여 '새로운 깨달음'을 나타내기도 한다. 이처럼 문법적 표현이나 담화표지 등의 사용 빈도가 높은 방언에서는 해당 낱말의 의미 변화가 더 심하게 일어나는 경향을 보인다. 이런 점에서 보면 동북방언이나 서북방언처럼 '이제'의 사용 비율이 상대적으로 낮은 방언에서 '이제'의 담화표지로의 문법화가 일어나지 않거나 문법화의 정도가 약하다는 사실은 매우 자연스러우며 예측 가능한 일이라 하겠다.

2장 '응'과 '예'

응답어란 상대의 물음에 대해 긍정이나 부정의 내용으로 반응하는 언어형식을 말한다. 응답어는 상대의 물음뿐만 아니라 행동의 요구 또는 부름에 반응하는 말로 쓰이기도 한다. 한국어의 응답어에는 상대높임의 위계에 따라 긍정의 '응'과 '예', 부정의 '아니'와 '아니요'가 있다. 이 밖에 '아무렴', '그래', '그럼', '그렇지' 등이 긍정의 응답어로 쓰이기도 하는데 이들도 토씨 '요'를 붙여 높임형을 만들 수 있다. 특히 '아무렴'이나 '그럼'은 당연한 긍정을 나타냄으로써 다른 응답어에 비해 긍정의 강도가 더 강한 편이다.

응답어는 방언에 따라 형태를 달리하기도 한다. '응'은 여러 방언에서 '으~', '잉', '이~', '어' 등으로 변이되어 쓰인다. '예'는 표준말에서 '네'로도 나타나는데 대부분의 방언에서는 '예'를 선호한다. 한편 '예' 외에 '야'가 같은 위계의 응답어로 쓰일 수 있는데, 중부방언, 동남방언, 서남방언, 제주방언 등에서 확인된다.

당연한 긍정을 나타내는 동남방언의 '하모'는 같은 뜻의 표준어 '아무렴'과 기원을 달리하는 말이다. '아무렴'이 '아무려면'에서 축약되어 굳어진 형이라면 '하모'는 '하면'의 방언형에서 어휘화된 형이기 때문이다(이진호 2014). '하모'는 서남방언에서 '아먼'이나 '암' 등으로 변이된다.

표준어의 응답어는 '응'과 '예', '아니'와 '아니요'처럼 높임과 낮춤의 두 단계의 위계를 갖는다. 그러나 서남방언에서는 '응'과 '예' 사이에 예사낮춤의 '어이'가 쓰여 '응-어이-예'의 삼 단계 위계를 보인다. 동북방언도 중간 위계로서 하오체의 '야'가 쓰여 '응-야-예'의 삼 단계를 보여 준다.

방언에 따라 응답어와 부름말이 같은 형태를 보이는 수도 있다. 서남방언은 상대높임의 위계에 따라 '야'(아주낮춤), '어이'(예사낮춤), '예'(높임)와 같은 부름말이 있는데, 이 가운데서 '어이'와 '예'는 응답어로도 쓰인다. '예'는 대부분의 방언에서 응답어로 쓰일 뿐 부름말로는 쓰이지 않는데, 서남방언에서는 독특하게도 부름말로 쓰인다. 또한 '어이'는 많은 방언에서 부름말로 쓰이지만 서남방언에서는 부름말과 함께 응답어로도 쓰여 다른 방언과의 차이를 보여 준다.

응답어는 응답어로서의 고유한 기능 외에 다양한 담화적 기능을 수행하는데, 그 양상은 방언에 따라 달리 나타난다. 이 장에서는 '응'과 '예'의 담화기능을 살피되, 특히 방언적 차이에 주목하여 기술한다. 더불어 서남방언에서 쓰이는 화용 첨사의 기능을 기술하면서, 응답어와의 관계를 함께 검토할 것이다.

1. '응'

1.1 담화 기능

『표준국어대사전』에 따르면 '응'은 감탄사로서 다음과 같은 세 가지 용법을 갖는다고 풀이되어 있다.

① 상대편의 물음에 긍정적으로 대답하거나 부름에 응할 때 쓰는 말. 하
  계할, 또는 해라할 자리에 쓴다.
  　예　응, 그렇지./응, 그래./응, 맞아./응, 알았어.
② 상대편의 대답을 재촉하거나 다짐을 둘 때 쓰는 말.
  　예　알았지, 응?/얘들아, 왜 대답들이 없니, 응?
③ 남의 행동이 못마땅하여 질책할 때 하는 말.
  　예　너희들에게는 자식도 뭣도 없더란 말이냐, 응?/그만큼 말했는데
  또 늦어, 응?

여기서 ①은 전형적인 응답어로서 내림억양을 취하며, ②는 일종의 부
가의문과 같은 기능을 하는 경우로서 올림억양을 취한다. ③도 ②와 마
찬가지로 올림억양을 취하는데, 상대에 대한 부정적인 감정을 드러내는
경우이다. 이 세 가지 용법 가운데 '응'의 기본의미는 ①과 같은 응답어로
서 쓰일 때이다. '응'이 응답어로 쓰일 때의 담화 구조는 아래와 같이 정
리될 수 있다.

(A)
말할이 a: 물음
말할이 b: 응 - 상대의 물음 내용 반복

상대의 물음이 있으면 그에 대한 응답어가 쓰이고 이어서 상대의 물음
내용을 반복하는 부분이 뒤따른다. 상대의 물음 내용을 반복할 때에는
완형(full form)에 의한 반복, 대용형(pro form), 무형(zero)의 세 가지 방식이 가
능하다.

반복은 상대의 물음 내용을 그대로 되풀이하는 경우이다. 형태적으로
동일한 형태를 반복하는 수도 있지만 의미적으로 동일한 내용을 반복하
는 것도 포함된다.

(1)

가.

@1) 응, 그게 머 <u>모:또노리라고</u>?{응, 그게 머 공기놀이라고?}

\# 응, <u>모또노리라고</u>.{응 공기놀이라고}(전남 곡성)

나.

@ <u>수뿌리요</u>?{숯불이요?}

\# 응, <u>수뿌리라고</u> 그래써요 우리가. 그 아그드리. 오늘 아그드리 수뿔 지
리로 댕기대. 인자 그런 소리를 해써요.{응 숯불이라고 그랬어요. 우리가.
그 아이들이. 오늘 아이들이 숯불 지르러 다니데. 이제 그런 소리를 했어요}
(전남 곡성)

다.

@ <u>세끼리라고</u> 그레요?{'세낄'이라고 그래요?}

\# 응, <u>동굴동구:라니</u> 헤서 하능 걸 <u>세낄</u>.{응, 둥글둥글하게 해서 하는 것을
'세낄'(=서까래).}(전남 진도)

라.

@ <u>중천 업:씨 사라요</u>?{반자 없이 살아요?}

\# 응, <u>사라써</u>. 인는 사라미 고거또 헤:써.{응, 살았어. 있는 사람이 그것도 했
어.}(전남 영광)

마.

@ 아 <u>보:통 사라믄 항:갑 잘 안 세나요</u>?{아, 보통 사람은 환갑 잘 안 쇠나요?}

\# 응, <u>보:통 싸람 항:갑 여페도 모까바쩨라</u>.{응, 보통 사람 환갑 옆에도 못 가
봤지요.}(전남 영광)

---

1) 국립국어원의 '지역어 조사보고서'에 수록된 구술발화 전사에서 #는 제보자, @는 조사
자를 가리킨다. 제보자와 조사자가 복수일 때에는 1, 2와 같은 숫자를 붙여 구별한다. 방
언 발화는 음운 차원에서 전사하였고, 그 정확한 의미를 보이기 위해 중괄호 안에 대응
되는 표준어 내용을 제시하였다.

위에서 (1가)와 (1나)는 물음의 형식을 그대로 반복하고 있지만, (1다)는 새로운 내용이 첨가된 뒤에 반복이 이루어졌고, (1라)는 일부의 내용만 반복된 경우이고, (1마)는 형식은 달라도 동일한 의미 내용이 반복된 경우라고 하겠다.

상대의 물음 형식을 그대로 되풀이하는 대신 대용형을 쓰는 경우도 있다. 그러나 그 빈도는 반복에 비해 낮게 나타난다.

(2)
@ 젬무른 그거시 <u>화앙약푸미에요?</u>{잿물은 그것이 화학약품이에요?}
# 응, <u>그러제.</u>{응, 그러지.}(전남 영광)

무형은 응답어 뒤에 상대의 묻는 말이 어떠한 형식으로든지 나타나지 않는 경우이다. 이 경우도 반복에 비해서는 사용 빈도가 상대적으로 낮게 나타난다.

(3)
일리리 그거 다 파서 독: 걍 요만 빤들빤들 그: 쭉뜨락헌 놈 가따가 노아 놔:서{일일이 그것 다 파서 돌 그냥 이만 반듯반듯한 그 길쭉한 것 가져다가 놔. 놔서}
@ <u>고레 바다게다가요?</u>{고래 바닥에다가요?}
# <u>응응,</u> 그리야 거 그 방짱 요런노믈 가따 영:쩨.{응,응, 그래야 그 구들장 이런 것을 가져다 얹지.}(전남 영광)

'하모' 계통의 강한 응답어가 '응' 뒤에 나타나더라도 위의 세 가지 유형은 모두 가능한데, (4가)는 완형의 반복, (4나)는 무형의 형식이 사용되고 있음을 보여 준다.

(4)

가.

@ 아 그먼 안쪼기 더 지푸게 팜니까?{아, 그러면 안쪽이 더 깊게 팝니까?}

응, 아:면 여그서 여그 지푸게 파.{응, 아무렴. 여기서 여기 깊게 파.}(전남 영광)

나.

@ 데살창은 자기가 직접 데를 짜서 헝거시고 응{대살창은 자기가 직접 대
　를 짜서 하는 것이고, 응}

응 아:면.{응, 아무렴.}(전남 영광)

상대의 물음이 일반적인 물음이 아니라 되묻는 물음일 때가 있다.

(5)

가.

@ 멘:단 마른 무슨 말임니까?{맨다는 말은 무슨 말입니까?}

그를 베 멘다고.{그것을 베 맨다고.}

@ 베 멘다고?{베 맨다고?}

응, 베 멘다고.{응, 베 맨다고.}(전남 영광)

나.

@ 그 다메 나:무는 거 집찌슬 나:무는 어:디서 구하나요?{그 다음에 나무
　는 그 집 지을 나무는 어디에서 구하나요?}

사네서 전:수 사네서 구헤오제.{산에서 전부 산에서 구해 오지.}

@ 사네서요?{산에서요?}

응, 사네서.{응, 산에서.}(전남 영광)

위의 예 (5)에서 밑줄 친 @의 발화가 되물음에 해당하는데 이 되물음 뒤
의 발화는 '응'과 함께 되묻는 발화가 다시 반복되는 것이 특징이다. 이처
럼 되묻는 발화가 중간에 나타나는 담화의 구조는 다음과 같이 정리될 수
있다.

(B)

말할이 a: 서술적 발화

말할이 b: 되물음

말할이 a: 응－상대의 발화 내용 반복

‘되물음’을 물음으로 간주할 경우 이후의 담화 구조는 일반적인 물음-
응답의 구조 (A)와 완전히 동일하며, 단지 ‘되물음’ 앞에 ‘서술적 발화’가
있다는 점만 다를 뿐이다. 그러나 되물음이 나타나는 경우 ‘응’ 뒤의 발화
는 일반적인 응답과 달리 완형의 반복 형식이 주로 사용되어 차이를 보인
다. 대용어나 무형 형식은 이론적으로 가능하지만 실제로는 사용 빈도가
매우 낮기 때문이다. 또한 되물음이 개재된 경우는 그것이 없는 일반 물
음과 달리 ‘하모’류의 강한 응답어가 잘 쓰이지 않는다.

‘응’이 수행하는 담화적인 용법은 『표준국어대사전』에서 기술된 세 가지
외에도 다양한데, 대체로 아래와 같은 여덟 가지 정도로 요약할 수 있다.

Ⅰ. 화용적 기능

　　a. 상대에 대한 기능

　　① 상대의 맞장구 발화 인정

　　② 상대의 발화 의도 이해

　　③ 이해의 확인 또는 상대의 관심이나 동의 촉구

　　b. 말할이 자신에 대한 기능

　　④ 자신의 확신이나 물음에 대한 긍정 확인

　　⑤ 자신의 발화에 대한 스스로의 맞장구

　　⑥ 말할이의 감정 표현

Ⅱ. 담화적 기능
　⑦ 작은 범위의 화제 전환
　⑧ 메움말

　이러한 '응'의 담화화용적 기능은 긍정의 응답어가 갖는 기본 기능에서 출발한 것들이다. 상대의 물음이나 행동 요구에 대한 긍정의 응답 기능이 상대의 서술적 발화나 말할이 자신의 발화에 대한 화용적 기능으로 번져 나갔고, 여기서 더 나아가 담화를 진행하기 위한 순수한 형식적 기능인 담화적 기능으로까지 확대되기에 이른 것이다. 위의 여덟 가지 기능은 순전히 담화적 차원의 기능으로서 이때 '응'이 없더라도 발화의 의미에는 아무런 영향을 미치지 못한다. 그러므로 이런 기능의 '응'은 전형적인 담화표지로 규정할 수 있을 것이다.

1.1.1 상대의 맞장구 발화 인정

　'응'이 응답어로 쓰일 경우, 상대의 물음이나 부름에 응답하는 것이 전형적인 용법이다. 물음이나 부름은 상대에게 답변이나 행동을 요구하는 언표내적효력을 갖는 언어행위이므로, '응'은 이러한 언어행위에 대한 반응어로 쓰이는 것이다. 그런데 답변이나 행동에 대한 요구가 아닐지라도 '응'이 쓰이는 수가 있다. '응'이 상대의 되풀이되는 서술적 발화에 대한 동의나 인정을 표시할 수도 있는데, 예 (6)이 이러한 경우이다.

(6)
　# 모시 우 옌나렌 귀해가지구 국제 저 보도 가틍거루 뚤러가지구 낭구
　까까서 낭구모슬 마~이 써찌이.{못이 우 옛날엔 귀해 가지고 국제 저 볼
　트 같은 걸로 뚫어 가지고 나무 깎아서 나무못을 많이 썼지.}

@ 아 <u>나무모슬</u>.{아 나무못을.}
# <u>으</u> <u>낭구모슬</u>.{응, 나무못을.}(강원도 양양)

위의 예에서 조사자인 @는 '낭구못을 많이 썼다'는 제보자(#)의 발언에 대해 상대의 발화 일부를 반복하면서 맞장구를 친다. 이 맞장구는 상대의 발화를 이해했다는 표시이다. 그러자 제보자는 '응'으로써 상대가 이해한 내용이 맞았음을 확인한다. 그리고 상대가 이해한 것으로 확인한 내용을 '응' 뒤에 덧붙인다. 그런데 @의 맞장구 발화는 (5)에서 살펴본 되묻는 발화와 매우 유사하다. 되묻는 발화가 올림억양을 갖는다면 (6)의 맞장구 발화는 내림억양을 갖는다는 차이가 있을 뿐이다. 따라서 되묻는 발화의 경우 상대의 발화 내용 일부를 되묻는 형식을 띠지만 (6)에서는 상대의 발화 일부를 서술적 발화로 반복함으로써 상대의 발화 내용을 이해했음을 나타낸다. 이러한 맞장구 발화가 나타나는 담화 구조는 (C)와 같이 정리된다.

(C)
말할이 a: 서술적 발화
말할이 b: 맞장구 발화
말할이 a: 응 - 상대의 발화 내용 반복

담화 구조 (C)를 담화 구조 (B)와 비교해 보면 '되물음'이 '맞장구 발화'로 바뀌었을 뿐 나머지 구조는 완전히 동일함을 알 수 있다. '응' 뒤의 발화는 상대의 발화 내용을 반복하는 것이므로, (B)는 상대의 되물음 내용, (C)는 상대의 맞장구 내용이 되풀이된다. (B)에서 상대의 발화 내용을 반복하는 것은 언제나 완형의 반복 형식을 취한다. 그러나 (C)처럼 맞장구 발화가 개재된 경우에는 군이 반복만을 고집하지 않는다. '물음-응답'의 일반적 담화 구조와 같이 완형의 반복, 대용, 무형의 세 가지 형식이 모두 가능하기 때문이다. 아래 예의 밑줄 친 부분은 완형의 반복(예 7), 대용(예 8), 무형(예 9)의 세 형식을 보여 준다.

(7)

가.

\# 멜치저슨 보:통 당:꼬{멸치젓은 보통 담그고}

@ <u>당:꼬</u>{담그고}

\# <u>웅, 멜치서슨 당:꼬</u> 보:통 이런 짐치 다 머글라고 다믈라면 이런 빈지 럭쩔 조은 노믈 마:니 사고이.{응, 멸치젓은 담그고 보통 이런 김치 담가 먹으려고 담그려면 이런 밴댕이젓 좋은 것을 많이 사고.}(전남 영광)

나.

\# 다:라슨 저 짜:버리믄 나서.{다래끼는 저 짜 버리면 나아.}

@ 아, 그냥 <u>짜:버리면</u>{아, 그냥 짜 버리면.}

\# 웅, <u>짜버</u>, 아니 몽창 골마가꼬 <u>짜:버리면</u> 나서. 고름만 짜:버리면. 그거 슨 야겁써도 데야.{응, 짜 버(리면), 아니 완전히 곪아가지고 짜 버리면 나아. 고름만 짜 버리면. 그것은 약 없어도 돼.}(전남 영광)

다.

\# 방에다 이러코 다머서 띠우기만 허면 뒈지.{방에다 이렇게 담아서 띄우기 만 하면 되지.}

@ <u>띠운다는</u> 거시요.{띄운다는 거요.}

\# 웅, 띠우면 소금 너코 띠우면 찌:키만 허면 데야, 도:구통에다.{응, 띄우 면 소금 넣고 띄우면 찧기만 하면 돼, 절구에다.}(전남 영광)

(8)

\# 치뤌 앙가제. 유:월.{칠월 안 가지. 유월.}

@ <u>유:월딸쯔미나</u>{유월쯤이나}

\# <u>웅,웅, 그러제</u>.{응,응, 그러지.}(전남 영광)

(9)

\# 미:를 이리 가라서 가리는 이러고 뻬:서 이러코 먼: 헤:머꼬 왼 우리
절머서허고 클 떼허고는 글로 누루글 디더써.{밀을 이리 갈아서 가루는
이렇게 빼서 이렇게 뭐 해 먹고 원래 우리 젊을 때하고 클 때하고는 그것으로
누룩을 발로 디뎌 만들었어.}

@ 밀:로.{밀로.}

\# 지울로. 밀 지우리락 헤, 그거뽀고.{기울로. 밀기울이라고 해, 그것보고.}

@ 아 밀찌울. 엉.{아, 밀기울. 엉.}

\# 응, 가리 뻬:머꼬 난 그거뽀고 지울 헤서 물 모까서 고지라고 이써. 이
러케 똥그르르 고지.{응, 가루 빼 먹고 난 그것보고 기울 해서 물 쳐서 고지
라고 있어. 이렇게 동그르르 고지.}(전남 영광)

    (6)-(9)를 보면 말할이의 발화에 대한 이해의 맞장구를 나타내는 발화는
선행 발화의 일부를 반복한 것이었다. 그러나 경우에 따라 반복 대신 단
순히 감탄사만으로 이해를 표현하는 수도 있다. 아래 예 (10)에서 말할이
의 발화를 이해했다는 상대의 발화는 감탄사 '아'이다. 특별한 어휘적 내
용을 담은 구체적 표현이 없이 감탄사만 사용했더라도 말할이는 이것을
자신의 발화에 대한 동의나 이해했음으로 인정한다.

(10)

가.

\# 눈:섬 염산 염산 눈:서미라고 거가 게빠다깐 여 진:다리{눈섬 염산 염산
눈섬이라고 거기가 갯가니까 여 '진다리'(지명).}

@ 예.{예.}

\# 거그서 나오는 디여 거가.{거기서 나오는 곳이야. 거기가.}

@ 아.

\# 응, 거가.{응, 거기가.}(전남 영광)

나.

\# 예, 양:짜게 요 그 쪽. 귀가 나가게 이 구네쭈리 이르케 이르케 드러가게.

{예, 양 쪽에 요 그 쪽 귀가 나가게 이 그네 줄이 이렇게 이렇게 들어가게.}
@ 아 예.{아 예.}
# 응, 주리 드가게. 그래이 이게 안 떠러지지요.{응, 줄이 들어가게. 그래야
이게 안 떨어지지요.}(강원도 인제)

(10)에서 맞장구 발화가 '아'만으로 이루어지므로 '응' 뒤에 반복해야 할
발화가 없는 셈이다. 그러나 (10가)와 (10나)에서 보듯이 '응' 뒤에는 맞장
구 발화 이전 말할이가 한 발화 일부가 다시 반복되고 있음을 알 수 있다.
비록 맞장구 발화에는 나타나지 않더라도 상대가 맞장구 친 것을 듣고서
맞장구 내용의 일부를 자신이 한 번 더 반복하는 것이다. 이러한 경우의
담화 구조는 (D)와 같이 정리될 수 있다.

(D)
말할이 a: 서술적 발화
말할이 b: 맞장구 감탄사
말할이 a: 응 - 자신의 서술적 발화 일부 반복

담화 구조 (D)를 (C)와 비교해 보면 '응' 뒤의 부분이 상대의 맞장구 내
용에서 자신의 서술적 발화 일부로 바뀌었음을 확인할 수 있다. 이것은
맞장구 발화가 감탄사 '아'로 대치된 결과이다.

1.1.2 상대의 발화 의도 이해

상대의 발화에 대한 이해 여부를 드러내기 위해 '응'이 쓰일 수 있다.
예 (11)은 상대의 선택적 질문에 대해 '응'을 사용한 경우이다. 선택적 질
문은 원천적으로 긍정이나 부정의 응답이 불가능한 의문법이다. 그럼에도
불구하고 말할이는 '응'으로써 반응하고 있는데, 따라서 이때의 '응'은 질

문에 대한 긍정의 응답어가 아니라 상대의 질문을 이해하였다는 표지로
쓰인 것이다.

(11)
@ 아 지베 그 지붕에도 아이 지바네 보며는 판자로 이러케 함니까 아니
며는 나무 긴 나무마...{아 집에 그 지붕에도 아이 집안에 보면은 판자로 이
렇게 합니까 아니면은 나무 긴 나무마...}
으응, 이긴 뭐에 판자가 업쓰믄 나무 째자:난걸루 껍떼기 싸악 베껴서
훌터가주군 낭구 두개 이러케 가따 으으 노쿠 해는...{으응, 있긴 뭐에
판자가 없으면 나무 작은 것으로 껍데기 싹 벗겨서 훑어가지고는 나무 두 개
이렇게 갖다 으으 놓고 하는...}(강원도 양양)

(11)의 '응'이 상대의 질문 의도를 이해했다는 표지로 쓰인 경우라면,
예 (12)와 (13)은 상대방의 발화가 비록 불완전하더라도 상대방이 말하려
는 바를 알아챘음을 나타낸다.

(12)
@ 고걸 시...{그걸 시...}
# 응, 저저 뭐이 실겅 실겅.{응, 저저 뭐 시렁 시렁.}
@ 실겅...{시렁...}(강원도 양양)

(13)
참미리 이꾸 호귀리가 이써.{참밀이 있고 호귀리가 있어.}
@ 참밀하고?{참밀하고?}
# 호귀리라능게 이써유.{호귀리라는 게 있어요}
@ 호?{호?}
# 으~, 호귀리, 호귀리.{응 호귀리, 호귀리.}(강원도 홍천)

예 (12)와 (13)에서 조사자는 낱말의 정확한 형태를 몰라 첫 음절만 발

화한 채 머뭇거리고 있다. 그러나 제보자는 조사자가 말하려는 낱말이 무엇인지 이미 파악하고 있다는 사실을 '응'을 통해 표현한다. 비록 불완전한 발화이지만 상대의 발화 의도를 이해하였다는 표지로 '응'이 사용된 경우이다. 아래 예 (14)는 질문자가 '모시 날기'가 무엇인지 묻고 있는 내용이다. 질문자 자신도 '모시 날기'가 무엇인지 모르기 때문에 제보자가 이해를 못하자 자신이 이해하는 대로 '모시 매는 것'으로 바꿔 물었다. 이에 대해 제보자는 '끈 맺는 것'을 의미하는지를 되묻는 과정에 '응'이 쓰이고 있다. 이때의 '응'도 상대의 발화 의도를 알아차렸다는 의미로 쓰인 말이다.

> (14)
> @ 모시 날기는 머에요, 날기, 날기라는 거시 모시 나는거?{모시 날기는 뭐
>   에요, 날기, 날기라는 것이 모시 나는 거?}
> # 어, 모시?{어, 모시?}
> @ 예 모시를, 모시 날기, 그릉거 인나요?{예 모시를, 모시 날기, 그런 게 있
>   나요?}
> # 그게 멀까?{그게 뭘까?}
> @ 모시 메는 거는뇨, 모시 메는 거?{모시 매는 거는요 모시 매는 거?}
> # <u>응</u>, 끈맨능거?{<u>응</u>, 끈 맺는 거?}(강원도 홍천)

1.1.3 이해의 확인 또는 상대의 관심이나 동의 촉구

응답어가 올림억양을 취하면 상대의 발화에 대한 놀라움, 의아스러움, 믿지 못하겠다는 느낌 등을 나타낸다. 그것은 내림억양이 상대의 발화를 인정하는 것과 달리 올림억양은 이를 의문시하기 때문에 빚어진 화용적 효과이다. 그런데 말하는 사람이 자신의 발화를 진행해 나가면서 올림억양의 응답어를 사용하는 경우도 있다. 이것은 상대의 발화에 대한 응답어

가 아니므로 상대의 발화에 대한 놀라움, 의아스러움 등의 화용적 효과와
는 무관하다. 이러한 올림억양의 '응'은 자신의 발화를 이해하는지의 여부
를 상대에게 확인하거나, 상대의 관심이나 동의를 촉구하기 위해 사용되
는 것이 일반적이다. 아래 예 (15)-(18)이 이런 예이다.

(15)
시커먼 구루미, 비구룸, 눙구룸, 망 모여 들더니, 그 참 비가 올라나 누:니
올라나, 구룸도 너무 모여 드니까, <u>만수산천 응?</u> 거믄 구루미 왜 모여 드
니 이기여.{시커먼 구름이, 비구름, 눈구름, 막 모여 들더니, 그 참 비가 오려나
눈이 오려나, 구름도 너무 모여 드니까, 만수산천 응? 검은 구름이 왜 모여 드느
냐 이거야.}(강원 정선)

(16)
머이냐 보:통 초집 그러지요 <u>초집. 응?</u> 인자 먼: 풀과 가튼 거스로 인:다
그마리제이? 초집.{뭐냐 보통 초집 그러지요 초집. 응? 이제 무슨 풀과 같은 것
으로 인다 그 말이지? 초집.}(전남 곡성)

(17)
그런노믄 인자 정:이나 마라자믄 그런 어떤 연장을 가꼬 와서 대:고 메:
로나 마라자믄 그겐노로 때리며는 기미 짝:짝가서 이러코 막 <u>응?</u> 예:러서
어 참 혼자 들쑤도 엄는 이런 노미 막 쭉쭉 일어난 수가 이쩨.{그런 것은
이제 정이나 말하자면 그런 어떤 연장을 가지고 와서 냅다, 메로나, 말하자면 그
큰 메로 때리면은 금이 쫙쫙 가서 이렇게 막 응? 예를 들어서 참 혼자 들 수도
없는 이런 것이 막 쭉쭉 일어나는 수가 있지.}(전남 곡성)

(18)
요쪽 안:쪼그로 한나가 이꼬 세:게가 드러가. 세:게가 <u>엉?</u> 그레가꼬 홈:페
기를 조루루이 다 파, 양:쪼글.{이쪽 안쪽으로 하나가 있고, 세 개가 들어가.
세 개가 응? 그래가지고 홈파기를 나란히 다 파, 양쪽을.}(전남 곡성)

예 (15)에서 '응'은 '만수산천'과 같은 한자어 다음에 나타난다. 아마도 어려운 한자어를 사용하면서 상대의 이해 여부를 확인하기 위해 '응'이 사용된 것으로 보인다. (16)에서도 '초집'이라는 낯선 낱말 뒤에 '응'이 나타나는데, '응' 뒤에 오는 '초집'의 부연 설명으로 미루어 '초집'의 이해 여부를 확인하기 위해 '응'이 사용되었음을 알 수 있다. (17)과 (18)에서는 어려운 낱말이 사용되지 않았음에도 '응'이 쓰였다. 따라서 이 경우는 자신의 발화 자체에 대한 이해 여부를 확인하는 것으로 보인다. 사실 이런 경우는 이해 여부의 확인이라기보다는 상대에게 이해하기를 촉구하는 말이라 할 수 있다. 자신의 말이나 설명에 동의해 주기를 촉구하는 것일 것이다. 이처럼 자신의 말을 이해하는지 여부를 확인하거나 상대방의 동의를 촉구하면서 담화를 진행해 가는 것은 어느 언어에서나 찾아 볼 수 있는 보편적인 말하기 방식이다. 영어에서도 담화표지 'you know'가 상대의 이해를 전제로 하면서 담화를 진행해 나갈 때 사용되는데, '상대의 이해'라는 동일한 화용적 기능을 담당하는 점에서 한국어의 '응'과 다르지 않다고 할 수 있다.

1.1.4 자신의 확신이나 물음에 대한 긍정 확인

물음법이란 본시 상대에게 답을 요구하는 서법이지만, 상대의 답이 필요 없는 물음법을 사용할 때가 있다. 이는 그 물음에 대한 답을 말할이가 이미 알고 있으면서 자신의 생각을 강조하기 위해 사용되는 것으로서 수사적 물음이 전형적이다. 예를 들어 '내가 어떻게 그런 거짓말을 너에게 할 수 있겠니?'와 같은 수사적 물음에 대해서는 굳이 답을 할 필요가 없는 것이다.

한편 확인물음은 말할이가 이미 알거나 믿고 있는 사실에 대해 상대에게 동의를 구하는 물음이다. 예를 들어 '지구는 둥글지?'와 같은 확인물음은 지구가 둥글다는 사실을 확신(믿음)하면서 상대에게 이 믿음에 대한 동의를 구하는 물음인 것이다. 이에 대해서는 상대의 답변이 가능하다. 그러나 이보다 확신의 정도가 더 강한 확인물음인 '-잖니?' 형식의 경우는 '-지?'와 달리 답변이 불필요하다. 예를 들어 '지구는 둥글잖니?'는 '지구가 둥글지?'와 마찬가지로 지구가 둥글다는 말할이의 확신을 나타내지만, 그 확신의 강도가 훨씬 크기 때문에 이 물음에 대해서는 굳이 상대가 답할 필요가 없다. '-잖니?'는 형식만 의문문일 뿐 내용은 완전한 서술문이라는 점에서 수사적 물음과 매우 흡사하다.

수사적 물음이나 '-잖니'와 같은 강한 확인물음은 말할이의 확신을 담고 있으므로 자신의 말을 서술적으로 풀어 나가는 도중에 이를 사용하는 것은 매우 자연스럽다. 그런데 이때 상대의 답변이 아닌 말할이 자신의 답변이 출현하는 수가 있는데, 이때의 답변은 물음에 대한 답이 아니라 자신의 발화를 강조하는 발화이다. 아래 예 (19)는 확인물음 뒤에 말할이의 응답어 '응'이 사용된 경우이다.

(19)
@ 그러면 언:제 주로 또 놉:니까 이:월 삼월.{그러면 언제 주로 또 놉니까?
  2월? 3월?}
젤: 큰 명저리 추석 아이~요? 추석, 추석, 설:, 보름.{제일 큰 명절이 추
  석이잖소? 추석, 설, 보름.}
응, 그 추서게가.{응, 그 추석에.}(전남 진도)

(19)에서 '제일 큰 명절이 추석 아니오?'는 확인물음으로서 표준말로 옮기자면 '제일 큰 명절이 추석이잖소?'가 될 것이다. 이 물음 뒤에 '추석'이 물음의 답변어로 제시되었지만 다시 그 뒤를 이어 응답어 '응'과 함께 '추석에'가 되풀이 되어 나타난다. 자신의 확인물음에 대해 긍정의 답변을 제시하면서 담화를 진행해 가는 과정에서 응답어 '응'이 쓰인 것이다. 이

때의 '응'은 결국 말할이 자신의 믿음을 긍정함으로써 이를 강화하는 효과를 나타낸다고 할 것이다.

말할이는 불확실한 사실에 대해서 마치 혼잣말처럼 스스로에게 물음을 던질 수 있으며 이때도 스스로의 답변을 제시할 수 있다. 아래 예 (20)과 (21)이 이런 경우이다.

> (20)
> 긍게 그저네 우리 하나부지가 하나부지 사라게실 떼는 시방 아드리 <u>우리 하나부지가 메시냐? 니:시냐?</u> 크나들 자근 집 응, 니:시 니:신디 아들 다 이러고 요거시 시방 세:쩨 아들찌비여.{그러니까 그전에 우리 할아버지가 할아버지 살아계실 때는 시방 아들이 우리 할아버지가 몇이냐? 넷이냐? 큰아들 작은 집 응, 넷이 넷인데 아들 다 이렇게 이것이 시방 셋째 아들집이야.}(전남 영광)

> (21)
> @ 음, 박쩡히시데떼{음, 박정희 시대 때}
> # <u>박쩡이가 그레뜽가?</u> 응, 박쩡이가 그레써. 박쩡이가 그레따허등구 근디{박정희가 그랬던가? 응, 박정희가 그랬어. 박정희가 그랬다고 하더구먼. 그런데}(전남 영광)

(20)에서 발화자는 할아버지가 몇 분인지에 대한 확신이 없음을 표현하기 위해 '우리 할아버지가 몇이냐? 넷이냐?'와 같은 자문을 던졌다. 그리고 바로 이어 '응, 넷인데'처럼 응답어와 함께 자신이 알고 있는 할아버지의 수를 제시한다. (21)에서도 박정희가 그랬는지에 대해 자문하다가 스스로 긍정하면서 담화를 진행하는 과정에 '응'을 사용하였다. (20)과 (21)의 '응'은 모두 말할이 자신의 물음에 대해 자신이 긍정의 답변을 표명하기 위해 사용된 것이다. 이것은 중립적인 물음에 사용된 것이라는 점에서 확인물음이나 수사적 효과를 노린 (19)와는 다르다. 그렇지만 그것이 상대에게 던져진 물음이 아니라 말할이 자신에게 던져진 물음에 대한 반응이라

는 점에서 (19)와 공통점이 있기도 하다.

1.1.5 자신의 발화에 대한 스스로의 맞장구

맞장구는 상대의 말에 대해 이를 긍정하면서 취하는 언어 행위이다. 그런데 상대의 말이 아니라 자신의 말에 대해 말할이가 스스로 맞장구와 같은 대응을 하는 수가 있다. 자신의 말을 긍정하면서 담화를 진행해 나가는 경우인데, 이때 '응'이 사용된다. 자신의 말에 대한 맞장구로서의 '응'이 쓰이면 그 뒤에는 다시 '응' 앞의 발화가 반복되는 것이 보통이다. 이러한 선행 발화의 반복은 상대가 맞장구를 치는 경우에서도 나타났던 현상이다. 그렇다면 자신의 발화에 대한 스스로의 맞장구 역시 그 담화 구조는 상대가 맞장구를 치는 경우와 동일한 셈이다.

(22)
  @2 자급자조기자나요? 다:: 헤야 데자나요?{자급자족이잖아요? 다 해야 되
      잖아요?}
  # 멘:: 일만 헤써 일만. 응, 일만 헤써.{만날 일만 했어 일만. 응, 일만 했
      어.}(전남 영광)

예 (22)에서 '응'은 자신의 선행 발화 자체를 긍정하면서 일종의 맞장구를 치는 것이라 할 수 있다. 이때 '응'이 없더라도 '맨날 일만 했어 일만. 일만 했어.'처럼 강조의 반복이 가능하기는 하다. 그러나 이런 발화는 순전히 단순한 반복에 불과하며, 자신의 말에 대한 맞장구나 말할이의 강조 심리 등이 포함되어 있지 않다. '응'은 이처럼 자신의 발화에 대한 인정 심리 등을 드러냄으로써 담화의 자연스러움을 보장하는 장치로 쓰일 수 있다.

(23)

\# 모시는 <u>모시는 꾸:들 안허고</u>{모시는 모시는 굽질 않고}

\#2 물 오리머는 되재.{물 오르면은 되지.}

\# <u>웅, 모시는 꾸:들 안허고</u> 막 쌩으로 기양{웅, 모시는 굽질 않고 막 날로 그냥}

\#2 물 오릴 때{물오를 때}

\# 물오릴 때 요로고 거시기에다가 꼬쟁이다 해가꼬 촥: 요로고 이러내
키머는,{물오를 때 이렇게 거시기에다가 꼬챙이에다가 해가지고 쫙 이렇게
일으키면은}(전남 곡성)

예 (23)도 자신의 선행 발화 일부를 반복하는 과정에 '웅'이 쓰인 경우
이지만 (22)와 다른 것은 중간에 다른 사람(#2)의 발화가 개재되어 있다는
점이다. 어쩌면 상대의 발화는 말할이의 담화 진행을 방해하는 요소로 작
용할 수도 있는데, 이때 말할이가 사용하는 '웅'에는 상대의 이러한 비협
조적인 발화를 무시하고 자신의 선행 발화를 유지하고자 하는 말할이의
의도나 심리가 포함되어 있다고 할 수 있다. 물론 이러한 해석은 '웅'이
말할이 자신의 발화를 긍정하면서 일종의 맞장구를 친다는 사실을 전제
로 한다.

(24)

저 지비, 지:, 자기 농사 질:쩌게는 <u>하:주 애머거</u>, <u>웅, 힘드려하고</u>, 짝찌비
레 가서는 히미 듬 꾀, 꾀부리고, 그차네요?{저 집이, 자기 농사지을 적에는
아주 애먹어. 웅, 힘들어하고, 짝 집에 가서는 힘이 들면 꾀, 꾀부리고, 그렇잖아
요?}(강원도 정선)

(24)는 '웅' 뒤의 반복되는 발화가 선행 발화와 유사한 의미를 갖는 점
에서 (23)과 차이가 있지만, 선행 발화에 대해 긍정의 맞장구를 치면서 자
신의 발화를 강조한다는 점에서는 다를 바 없다.

앞에서 상대의 발화에 대해 맞장구를 치는 경우의 담화 구조가 (C)이었

다면 자신의 말에 대한 맞장구는 (E)처럼 정리할 수 있다.

(E) 서술적 발화 – 맞장구 '응' – 선행 발화 반복

(C)와 (E)를 비교해 보면 (C)는 두 사람의 대화인 반면 (E)는 한 사람의 발화라는 차이가 있다. 또한 (C)의 '응'은 상대의 맞장구에 대한 긍정을 나타내지만 (E)의 '응'은 자신의 발화에 대한 맞장구 기능을 한다. 그러나 '응' 뒤에 반복되는 (C)와 (E)의 발화는 기실 그 내용은 같다. 자신의 선행 발화와 상대의 맞장구 내용이 의미면에서는 같기 때문이다. 그렇다면 두 경우에 '응'의 기능이 다르다 할지라도 '응' 뒤에 선행 발화가 반복되는 공통점이 있음을 알 수 있다. 이것은 (C)와 (E)의 담화 구조가 본질에 있어서 차이가 없음을 의미한다.

(25)
그 여 지:데능거 늘람서 파서 고놈 마처서 판자를 다: 짤라서 데페를
위게서 인자 가면성 소:게다 느:코 떼레. 떼레서 탁 마처.{그 이 기다란
것 넣으려면서 파서 그것 맞춰서 판자를 다 잘라서 대패를 위에서 이제 가면
서 속에다 넣고 때려. 때려서 딱 맞춰.}
응, 그거시 인자 말:레럴 고러코 놔.{응, 그것이 이제 마루를 그렇게 놔.}
(전남 영광)

예 (25)는 마루를 놓는 과정을 설명하면서 '응'이 쓰였다. '응'에 앞선 발화는 구체적으로 마루를 놓는 과정이며 '응' 뒤의 발화는 이를 아우르는 결론적인 발화이다. 따라서 그 중간에 놓인 '응'은 선행 발화의 내용을 인정하는 기능을 수행한다고 할 수 있다. '응'을 통해 선행 발화를 인정하고 뒤따르는 대명사 '그것'을 통해 그 내용을 아우르는 담화의 진행 방식이기 때문이다. 선행 발화의 내용이 길기 때문에 이때의 '응'을 맞장구로 해

석하기는 무리이다. 단순히 선행 발화의 내용을 긍정적으로 인정한다고 해석하는 것이 온당할 것이다. 그렇다면 앞에서 제시한 담화 과정 (D)에 보이는 선행 발화 반복은 이 경우 선행 발화를 아우르는 표현 '그것이'가 될 것이다.

1.1.6 말할이의 감정 표현

말할이의 특정한 감정을 표현하기 위해 '응'이 사용되는 수가 있는데, 이때의 '응'은 일반적으로 올림억양을 취한다. 뜻밖의 사태에 대한 놀라움을 나타낼 때 올림억양의 '응'을 사용하여 '응? 이게 뭐야?'와 같이 말하는 것이 전형적인 예이다. '응? 이게 뭐야?'는 상대가 없는 혼자만의 상황에서 쉽게 들을 수 있는 말인데, 따라서 이때의 '응'이 상대나 상대의 발화에 대한 반응이 아니란 것은 분명하다. 때로는 감정이 북받쳤을 때 '응'이 사용되기도 한다.

(26)
\# (울음소리)
@ 그만하세요. 너무 그냥 감정에 복바치셔서.{그만하세요. 너무 그냥 감정에 북받치셔서.}
\# <u>응</u>, 참말로 나:가.{응, 참말로 내가.}
@ 예.{예.}(전남 광양)

예 (26)은 제보자가 자신의 시집살이 이야기를 하면서 설움에 북받쳐 울면서 하는 발화이다. 조사자가 제보자를 위로하고 있지만 제보자는 다시 '응, 참말로 내가'와 같이 시집살이를 했던 당시의 힘들었던 상황을 이야기하려고 한다. 이때의 '응'은 상대의 말이나 자신의 말에 대한 긍정이라고 보기는 어렵다. 말할이의 격한 감정을 드러내는 표현이라 할 수 있기 때문이다.

1.1.7 작은 범위의 화제 전환

(27)

예 반:침믄 그 사투링가 어짱가 모르거씀니다마는 그거시 마루라고도
하고 반:치미라고도아고 그러씀니다.{예, 반침은 그 사투리인지 어쩐지 모
르겠습니다마는 그것이 마루라고도 하고 반침이라고도 하고 그렇습니다.}
<u>응</u>, 저 목쑤가 노치요, 저건.{응 저 목수가 놓지요, 저것은.}(전남 진도)

위의 (27)은 마루에 대한 이야기이지만 선행 발화는 마루에 대한 해당
지역의 명칭에 대한 설명이고, 후행 발화는 마루를 목수가 놓는다는 내용
을 담고 있다. 따라서 두 발화는 비록 마루에 대한 점은 같지만 이야기의
방향은 완전히 다르다고 할 수 있는데, 그 중간에 '응'이 쓰였다. 지금까
지 '응'은 완전히 같거나 의미가 유사한 두 개의 발화를 잇는 과정에 나타
났었다. 반면 (27)은 두 개의 발화 사이에 출현하는 점은 같으나, 두 발화
의 관계가 동일이나 유사한 것이 아니라 완전히 다른 내용이라는 점이 차
이가 있다. 군이 접속부사로 대응시키자면 '그런데' 정도가 될 수 있을 것
이다. 이처럼 작은 범위에서 화제를 전환시킬 때에도 '응'은 쓰일 수 있다.
여기서 흥미로운 것은 '응'이 말할이의 특정한 감정을 표현할 때와 마
찬가지로 해요체와 어울려 쓰인다는 점이다. '응'이 응답어로 쓰일 때에는
아주낮춤, 예사낮춤, 두루낮춤 등 낮춤의 위계에 쓰이는 것이 보통인데,
담화적인 기능 가운데서도 특히 화제의 전환과 같이 상대방에 대한 직접
적인 지향이 없는 경우에는 높임의 위계에도 쓰일 수 있다는 사실을 보여
주는 것이다. 이것은 '응'이 기능에 따라 상대높임의 고유한 위계에서 자

유로워졌음을 의미한다.

(28)

그레도 그떼는 (침을 삼키며) 고셍을 허고 사라써도 어천 중도 모르고 살:고 서방 사라씰 떼가 고셍을 더 헤써.{그래도 그때는 (침을 삼키며) 고생을 하고 살았어도 어쩐 줄도 모르고 살고 서방 살았을 때가 고생을 더 했어.}

영광서 삼:서 나락짱시 힘서 여그서 살:떼도 고로고{영광서 살면서 벼 장사 하면서 여기서 살 때도 그렇게}

웅, 인 셍 그런 에기를 아닐라겐는디 셍전 네 그런 에기 아네. 넘보고도 아너곤 아넌디.{웅, 인 생 그런 얘기를 안 하려고 했는데 생전 내 그런 얘기 안 해. 남보고도 안 하고 안 하는데.}

쪼이를 헤가꼬{셨다(노름의 일종)를 해가지고}(전남 영광)

(29)

@ 사네끼도 종:뉴가 국:끼에 따라서{새끼도 종류가 굵기에 따라서}

야:먼. 웅, 집한체 이:른 세:가지 집 그거 드러가{아무럼,. 웅, 집 한 채 이는데 세 가지 짚 그것 들어가.}(전남 영광)

예 (28), (29)에서도 앞선 발화와는 약간 방향이 다른 이야기를 전개하려 할 때 '웅'이 사용되었다. 역시 작은 범위 안에서의 화제 전환이라 할 수 있다. (29)의 경우 선행 발화와 완전히 다른 이야기는 아니며 모두 새끼에 관한 것이기는 하나 이야기의 작은 방향이 바뀐 경우라 할 수 있는데, 이런 작은 방향의 전환 과정에 '웅'이 쓰인 것이다.

1.1.8 메움말(filler)

'웅'은 자신의 발화가 진행되는 도중에 다음에 할 말을 생각할 시간을 벌고 발화의 빈 시간을 메우는 역할을 하는 '메움말'로 쓰이기도 한다. 때로 '음'이나 '이제'와 같은 담화표지와 함께 사용된다. '응'이 메움말로 쓰일 때에는 길게 발음되는 것이 특징이다. (30)의 '응'이 이런 용법을 보여준다.

(30)
그래가 그래 노:먼 인제, <u>응</u> 그래 노:먼 인제, <u>응</u> 그래 노:먼, 인제 옥쑤수 오:고기 자기 그 일기에 마처서 올라 올라와 성장하능 거여.{그래서 그래 놓으면 이제, 응 그래 놓으면 이제 응 그래 놓으면 이제 옥수수 오곡이 자기 그 일기에 맞춰서 올라 올라와서 성장하는 거야.}(강원 정선)

지금까지 감탄사 '응'이 담화 속에서 보이는 다양한 담화적 기능을 살펴보았다. 그런데 이러한 '응'의 담화 기능은 우리말의 모든 방언에서 두루 확인되는 일반적인 기능으로서 방언적 차이와는 무관하다. 반면 이 감탄사 '응'이 방언에 따라 첨사로 문법화되는 경우가 있는데, 이러한 첨사로의 변화 여부, 그리고 그 쓰임의 세세한 양상은 방언에 따라 달라질 수 있어 방언 담화론의 흥미로운 문제가 될 수 있다. 아래에서 이 문제를 검토하기로 한다.

1.2 서남방언 '응'의 첨사화

1.2.1 부가의문문의 꼬리말 '응'

부가의문문이란 말할이의 진술에 대해 들을이의 동의를 구하는 꼬리말을 문장 뒤에 붙여 들을이의 응답 방향을 미리 제시하는 일종의 수사적 의문이다. 부가의문문은 말할이의 진술 또는 상대에 대한 요구를 나타내는 선행문과 동의를 구하는 꼬리말의 두 부분으로 이루어지는데, 영어의 경우 꼬리말은 선행문의 극성과 반대의 극성을 지닌 의문문이 오는 것이 일반적이다. 우리말의 부가의문문은 대용어 '그러하-'와 확인의문의 씨끝 '-지'가 결합된 '그렇지' 또는 약화형 '그치'나 '그지'가 꼬리말로 쓰이는 데, 이 '그렇지'는 (31)에서 보듯이 선행문의 극성에 연동되지 않는 점에서 영어와 차이를 보인다. 선행문이 서술문인 경우, 꼬리말 '그렇지'는 내림억양을 취한다. 올림억양을 취하면 단순히 확인을 위한 의문문이 되지만 내림억양을 취하면 말할이에 동조하기를 바라는 뜻이 담기게 된다.

(31)
가. 진짜 덥다, 그치?
나. 진짜 안 좋다, 그치?

김태인(2015)는 우리말에서 응답어 '응'이 부가의문문의 꼬리말로 쓰일 수 있다고 하였는데, 『표준국어대사전』이 규정한 '응'의 의미 가운데 상대편의 대답을 재촉하거나 다짐을 둘 때 쓰는 말, 그리고 남의 행동이 못마땅하여 질책할 때 하는 말로서의 뜻풀이가 부가의문문의 꼬리말로 기능하는 예라 할 수 있다. '응'에 대한 김태인(2015)의 이러한 해석은 기능적으로나 언어유형적으로 설득력 있는 주장이다. 만약 '응'이 부가의문문의 꼬리말에 해당한다면 '그렇지'와 동일한 기능을 수행하는 셈이다.

감탄사 '응'은 긍정의 응답어로 쓰이는 용법이 가장 기본적인 기능이다. '응'은 물음의 통사적 형식에 관계없이 묻는 사람의 의미 내용을 그대로 수용하는 점에서 영어와 다르며, 오히려 대용어 '그러하-'와 같다고 할 수 있다. '응' 대신 감탄사 '그래'를 응답어로 교체 사용할 수 있다는 점이 이를 뒷받침한다.

(32)
(질문) 너 어제 거기 갔었니?
(답변) 응./그래, 갔었어.

(33)

(질문) 너 어제 거기 안 갔었니?

(답변) 응./그래, 안 갔어.

그러나 부가의문문의 꼬리말로 쓰이는 '응'과 '그렇지'가 완전히 동일한 양상을 보이는 것은 아니다. '응'의 선행문은 서술문, 의문문, 명령문, 청유문이 올 수 있지만, '그렇지'의 선행문은 오직 서술문만 올 수 있기 때문이다.

(34)

가. 정말 덥다, 응?/그렇지?

나. 너 내일 오니, 응?/*그렇지?

다. 빨리 해라, 응?/*그렇지?

라. 빨리 가자, 응?/*그렇지?

(34)에서 '응'의 억양은 선행문의 문장 유형에 따라 달라진다. 선행문이 서술어인 (34가)는 꼬리말이 내림억양을 취하여 상대에게 자신의 생각과 같기를 제안하는 기능을 한다. 이를 '동의 구하기'라 하자. 반면 (34나)-(34라)는 올림억양을 취하여 상대에게 답변이나 행동을 재촉하는 말맛을 준다. 이를 '재촉하기'라 부르기로 하자. 동의 구하기에서는 선행문과 '응' 사이에 쉼 없이 이어 발화될 수 있지만 재촉하기에서는 언제나 약간의 쉼이 개재된다. 예를 들어 선행문이 의문문인 (34나)의 경우 '응'은 상대의 답변이 있기를 기다리다가 답변이 없을 때 이를 재촉하기 위해 사용되는 수가 일반적이므로 답변을 기다리는 시간에 해당하는 쉼이 있기 마련이다. '응'과 달리 '그렇지'가 명령, 청유 등의 선행문을 갖지 못하는 것은 '그렇지'에 재촉하기의 기능이 없기 때문이다. 좀 더 정확하게 말하면 '그렇지'에 포함된 씨끝 '-지'가 오직 동의 구하기의 기능만을 할 뿐 그보다

더 강한 언표내적 효력인 재촉하기의 기능을 수행하지 못하기 때문이다. 동의 구하기가 내림억양을 취하고 재촉하기가 올림억양을 취한다는 사실에서 우리는 억양이 올라갈수록 상대에 대한 요구의 힘이 더 강해진다는 사실을 알 수 있다.

선행문이 서술문인 경우 선행문과 '응' 사이에 쉼의 개입이 수의적이고, 다른 문장 유형에서는 필수적이라는 사실은 '응'의 문법화 방향을 암시하는 것으로 해석할 수 있다. 애초 감탄사로서 자립적인 낱말이었던 '응'이 부가의문문의 꼬리말로 기능할 때, 서술문 선행문에 한하여 쉼 없이 이어 발화되는 첨사로의 가능성을 보이기 때문이다. 다시 말하면 '응'의 첨사화는 선행문이 서술문인 경우에 시작되어 다른 문장 유형으로 확대될 가능성이 있는 것이다. 이러한 변화의 가능성은 전남방언의 '이'에서 실제로 실현된다.

1.2.2 서남방언의 '이'

1.2.2.1 들을이 지향 기능

전남방언에는 아래 예 (35)와 같이 문장 내부 또는 문장 끝에 붙는 첨사 '이'가 있는데, ①-③은 문장 내부의 어절 뒤에 붙는 경우이고 ④는 문장 끝에 붙는 경우이다.

> (35)
> 그레가꼬이① 인자이② 그거이이③ 풍노질 하지라이④? 뚜드러가꼬이⑤?
> {그래 가지고 이제 그것이 풍구질 하지요? 두들겨 가지고?}

이 '이'에 대해 이기갑(2003:174)에서는 문장 뒤에 붙을 수 있는 토씨로 파악하고, 상대에 대한 다정한 느낌과 은근함을 표현하는 말이라고 하였다. 문장 뒤에 붙을 때에는 대체로 아주낮춤의 씨끝에 붙는다고 하였으며 서술, 명령, 청유의 문장에는 결합 가능하나 의문문에는 결합되지 않는 제약을 보인다고 하였다.

김태인(2015)에서 전남방언의 첨사 '이'가 응답의 감탄사 '응'으로부터 문법화된 일종의 담화표지라는 주장을 제기한 사실은 앞에서 이미 언급한 바 있다. 이는 형태와 기능에서 충분한 근거를 갖는 매우 설득력 있는 주장이다. 우선 전남방언에서 긍정의 응답어로 '응', '으~', '잉', '이~' 등이 쓰이므로, 형태적인 측면에서 '응'과 '이'의 관련성은 매우 자연스럽다.

전남방언의 '이'는 표준어의 '응'과 달리 선행문에 바로 이어 발화되므로 독자적인 낱말로 보기 어렵고 일종의 첨사라 할 만하다. 또한 선행문의 위계가 낮춤인 경우뿐만 아니라 높임일 때에도 결합될 수 있으므로2) 오로지 낮춤에만 쓰이는 '응'과 다르다. 이미 낱말로 쓰이는 '응'이 상대에 대한 지향이 없거나 약할 때 높임의 위계에 쓰일 수 있음은 앞에서 언급한 바 있다. 응답어 '응'이 첨사로 굳어지면서 상대높임의 위계에서 벗어나는 이러한 변화는 더 확대된 것으로 보인다. 결국 첨사 '이'의 기원이 감탄사 '응'에 있지만 '이'가 '응'의 통사적 제약과 다른 양상을 보이므로 여기에는 '이'의 독자적인 변화가 개재되었음을 추정할 수 있다(김태인 2015).

1.2.1에서 표준어 '응'이 부가의문문의 꼬리말로 기능할 때 그 선행문이 서술법인 경우는 '동의 구하기', 의문문, 명령문, 청유문인 경우는 '재촉하기'의 언표내적 효력을 발휘한다는 점을 지적한 바 있다. 그러나 전남방언에서 첨사 '이'의 양상은 조금 다르다. 우선 서술법의 예를 보기로 하자.

(36) 날씨가 징허니 더웁다이.(=날씨가 굉장히 덥다.)

---

2) 이기갑(2003)에서 '이'가 아주낮춤의 맺음씨끝과만 결합한다고 기술한 것은 잘못이다. '이'는 낮춤뿐 아니라 높임의 위계에서도 자연스럽게 쓰일 수 있다. (예) 언능 가자이/언능 가세이/언능 갑시다이.

예 (36)은 '이'의 억양에 따라 다양하게 해석될 수 있다. 첫째, '이'를 내림억양으로 발화하면 날씨가 덥다는 사실에 대한 깨달음을 나타낸다. 이른바 '새로 앎'의 의미를 표현하는 것이다. '날씨가 덥다'라는 서술문은 매우 중립적인 표현으로서 다양한 해석이 가능하다. 단순히 사태에 대한 진술일 수도 있고 새로운 깨달음의 표현일 수도 있다. 그러나 여기에 내림억양을 지닌 첨사 '이'가 결합되면 단순한 진술이 아닌 오직 새로운 깨달음으로만 해석된다. 이것은 역사적 사실의 경우에도 마찬가지이다. 6·25가 1950년에 일어났다는 것은 대부분의 사람들이 알고 있는 매우 일반적인 사실이다. 따라서 '6·25는 1950년에 일어났다'라고 하면 단순히 특정의 사실을 진술할 뿐이다. 그런데 여기에 '이'를 결합시켜 '6·25는 1950년에 일어났다이.'라고 하면 말할이의 새로운 깨달음을 나타내게 된다. 모르고 있던 사실을 비로소 알게 됨을 표현하는 것이다[3]. 이 경우는 굳이 들을이를 전제로 하지 않는다. 말할이의 혼잣말일 수도 있기 때문이다[4]. 이처럼 '이'가 말할이의 깨달음을 나타낼 때는 내림억양을 취할 뿐만 아니라 그 발음도 약화되어 반모음으로 발음되므로, '더웁다이'의 끝 음절은 [təupt'aj˜]처럼 이중모음으로 발음되게 된다.

둘째, '이'를 수평억양으로 발화하면 날씨의 더움을 상대에게 상기시키는 효과를 나타낸다. 상대가 두꺼운 옷을 입고 나가려 할 때 날씨에 대한 정보를 상기시켜 두꺼운 옷이 부적절하다는 사실을 지적하려는 경우이다. 이때 '이'의 발음은 강세를 지닌 채 장모음 [i˜ː]로 발음된다.

셋째, '이'를 올림억양으로 발화하면 날씨가 덥다는 사실에 대한 말할

---

3) '이' 외에 전남방언의 낮춤의 첨사 '야'도 동일한 효과를 나타낸다. 예를 들어 "6·25는 1950년에 일어났다야."라고 하면 초점은 '1950년'에 놓이면서 말할이가 깨달은 새로운 사실이 바로 6·25가 일어난 해가 1950년이라는 점을 부각시킨다.

4) 낮춤의 첨사 '야'가 결합한 경우는 특정한 들을이를 전제로 하므로 혼잣말로 쓰일 수 없다. 낮춤의 의미 때문일 것이다. '이'와 '야'를 비교해 보면 '이'는 '야'에 비해 들을이에 대한 지향이 비교적 약하다는 사실을 알 수 있다. '이'가 낮춤과 높임에 두루 쓰이는 등 상대높임의 위계와는 무관하기 때문으로 추정된다.

이의 믿음을 들을이와 공유하려는 효과가 나타난다. 일종의 확인물음의 효과이며 부가의문문으로도 해석할 수 있는 용법이다. 표준어 '응'에서 기술한 '동의 구하기'와 같은 용법이라 할 수 있다. 이때 '이'의 발음은 강세를 지닌 채 장모음 [iː]로 발음되는 점에서 두 번째 용법과 일치한다. 그러나 이 경우에도 말할이의 새로운 깨달음이 표현되는 것은 첫째 용법과 같다. 말할이의 깨달음에 대한 동조를 구하기 때문이다. 다만 첫째 용법과의 차이는 상대에 대한 동조 구하기의 여부에 있다. 내림억양과 올림억양은 모두 말할이의 새로운 깨달음을 나타내지만, 상대로부터 동조를 구하는 효과는 오직 올림억양에서만 나타난다.

상대에게 동의나 동조를 구하는 것은 상대의 답변을 요구하는 것이므로 들을이에 대한 가장 강한 지향이다. 반면 상대에게 특정의 사실을 전달하고 상기시키는 것은 말할이의 단순한 행위일 뿐 상대에게 특정의 반응을 직접적으로 요구하지 않는다. 그러나 이 경우도 상대를 전제로 하는 점에서 들을이에 대한 지향이 없는 것은 아니다. 다만 동의를 구하는 것에 비해 상대적으로 지향의 강도가 낮은 것은 분명하다. 마지막으로 새로운 깨달음은 순전히 말할이 자신만의 행위일 뿐 상대에게 자신의 깨달음을 전달하려는 욕구나 의지가 필수적인 것은 아니니 셋 중에서 들을이에 대한 지향이 가장 약하다고 하겠다. 들을이에 대한 지향이 강할수록 '이'는 강세를 지닌 장모음으로 발음되고, 지향이 약할수록 반모음으로 약화된다. 들을이 지향의 강도와 '이'의 발음 강도가 상관관계에 있는 셈이다. 또한 억양도 들을이 지향의 강도와 상관관계에 있다. 들을이 지향의 강도가 강할수록 억양은 올라가고, 지향의 강도가 약해지면 억양 또한 점차 아래로 내려간다. 들을이에 대한 지향의 정도와 억양의 높낮이 사이의 관계는 아래와 같이 나타낼 수 있다.

동의 구함(올림억양) > 사실의 상기(수평억양) > 새로운 깨달음(내림억양)

'이'가 명령문, 청유문의 선행문에 결합할 때에는 서술문의 경우와는
다른 양상이 전개된다.

(37)
가. 언능 잡수씨요이.(=얼른 잡수세요, 예?)
나. 언능 가십시다이.(=얼른 가십시다, 예?)

예 (37)처럼 선행문이 명령문과 청유문인 경우는 상대를 재촉하는 느낌
이 강한데 이것은 표준어 '응'에서도 실현되었던 의미이다. 이때 '이'는 선
행문과의 사이에 수의적으로 약간의 쉼을 둘 수 있으며, 장모음으로 강하
게 발음되고 올림억양을 취한다. 내림억양도 전혀 불가능한 것은 아니나
이때는 재촉의 느낌이 약화되고 말할이의 정감이 드러나는 느낌이 있다.
명령과 청유의 경우 재촉의 의미는 부가의문문의 꼬리말 기능에서 파생된
의미로 보이며 다만 표준어 '응'과 다른 점은 같은 '재촉'이라 할지라도 선
행문과의 사이에 쉼이 개재될 수 있는지의 여부뿐이다. 전남방언의 '이'는
자립성이 없어 선행 발화에 이어 발음되는 것이 일반적이고, 굳이 쉼을 개
재시킬 경우 쉼의 길이가 매우 짧은 것이 표준어 '응'과는 다른 점이다.
　이상에서 살핀 바와 같이 전남방언에서 첨사 '이'는 서술문에서 상대의
동의를 구하고 명령문과 청유문에서 상대의 행동을 요구하여 재촉하는
기능을 하는데, 이러한 기능을 통틀어 이 장에서는 '들을이 지향'의 기능
이라 부르기로 한다. 상대방을 향한 언표내적 효력이기 때문이다.

1.2.2.2 말할이 지향 기능
'이'의 선행문이 의문문인 경우에는 일반적으로 비문을 형성한다.

(38)
가. *인자 가까이?(=이제 갈까, 응?)

나. *자네가 내 대신 갈랑가이?(=자네가 나 대신 가려나, 응?)

다. *낼 서울 가요이?(=내일 서울 가오, 응?)

라. *언제 가시요이?(=언제 가시오, 응?)

표준어의 '응'은 선행문과의 사이에 쉼을 두어 발화할 경우, 상대에게 대답을 재촉하는 해석을 낳았다. 그러나 전남방언의 '이'는 이 경우 쉼을 허락하지 않는다. 따라서 선행문과 쉼 없이 연속적으로 발화할 때의 '이'는 결코 의문문의 선행문을 허용하지 않는다고 해야 한다. 사실 부가의문문에서 의문문의 선행문이 허용되지 않는 것은 매우 보편적인 현상이다. 예를 들어 영어에서도 아래 예 (39)처럼 의문문은 부가의문문의 선행문으로 올 수 없다.

(39)

가. You're coming, aren't you?

나. Do listen, will you?

다. Let's have a beer, shall we?

라. *Is he coming, isn't he?

다만 특수한 경우에 한하여 부가의문문에서 의문문의 선행문이 허용되는 수가 있기는 하다. 김종현(2000)에서는 Cattell(1973)의 설명을 빌려 영어에서 'Did John drink beer, did he?(/*didn't he)?'처럼 선행문이 의문문일 때 정문이 될 수 있으며, 이때 꼬리말은 반드시 긍정의 극성을 지녀야 한다고 했다. 그 이유는 말할이가 선행문에서 자신의 고유한 관점을 드러내는 것이 아니라 들을이를 포함한 그 어떤 사람의 관점을 드러내기 때문이라고 한다. 이것은 영어에서 부가의문문의 선행문이 의문문일 경우 그 의문문은 일반적인 의문이 아니라 의미적으로 매우 제약된 편향 의문문임을 뜻한다[5]. 전남방언에서 '이'가 의문문에 오지 못하는 제약도 이러한 보편적인 제약 탓으로 보인다.

다만 전남방언에서 '이'는 확인의문이나 수사의문 그리고 혼잣말 등 중
립적인 의문이 아닌 경우에는 결합될 수 있다.

(40)

가. 내일 서울 가시제라이?[26](=내일 서울 가시지요, 예?)

나. 너도 거그 가제이?(=너도 가지, 응?)

다. 어쩨야 쓰끄나이?(=어떻게 해야 좋을까, 응?)

라. 언제 했으끄라이?(=언제 했을까요, 응?)

마. 거그서 멋 허냐이?(=거기서 뭐 하니, 응?)

(40가)-(40나)는 확인의문을 나타내는 씨끝 '-제'에 '이'가 쓰인 경우이
다. '-제'만으로도 확인의문을 나타내므로 이때의 '이'는 확인의문을 강조
한다고 볼 수 있다. (40다)는 혼잣말일 때 나타나는 예이다. 씨끝 '-으끄나'
는 표준어 '-을까나'에 대응하는 방언형인데, 어떤 행동에 대한 의향이나
추정 등을 나타낼 때 쓰이는 말이다. 여기서는 추정을 나타내는데 이때
결합되는 '이'는 추정에 덧붙여 말할이 자신의 안타까움이나 당황스러움
등의 감정을 표현한다. (40라)는 '언제 했는지 모르겠다'는 뜻의 서술적
표현으로서 결코 상대에게 답을 구하는 직접적인 물음이 아니다. 따라서
일종의 수사적 의문이라 할 수 있는데 이런 경우 '이'가 흔히 쓰인다. (40
마)는 상대에게 무슨 일을 하는지 묻는다기보다 상대를 질책하는 의문문
이라 할 수 있으므로 이 역시 중립적인 의문문이라 보기 어렵다. 이처럼

---

5) 그러나 이 부가의문문 역시 토박이에 따라서는 어색한 문장이라는 판단을 내리기도 한다.
예를 들어 글쓴이와 같은 학교에 근무하는 언어학 전공의 Luna 교수는 'Did John drink
beer, did he?'가 매우 어색하다고 하였다. 이러한 판단은 영어에서도 부가의문문의 선행
문이 의문문인 경우가 결코 일반적인 것이 아님을 말해 준다.

6) 표준어 '요'에 대응하는 높임의 첨사로서 전남방언은 '라우'를 쓴다. 그런데 이 '라우'에
'이'가 결합되면 '라이'로 변동하는 것이 보통이다.

'이'는 중립적이 아닌 의문일 때 결합이 가능하다.

김태인(2015)에서는 '이'가 부가의문문에 쓰일 때 들을이의 동의를 요구하는 편향의문문을 형성한다고 하였다. 그래서 설명의문문이나 중립적인 판정의문문에는 '이'가 결합될 수 없다고 하였다. 이기갑(2003)에서 '이'가 의문문에 결합될 수 없다고 한 제약을 오직 편향의문문에만 결합이 가능하다는 제약으로 정밀화한 셈이다. 아래 예 (41)은 선행문이 중립적인 의문문인 경우 비문이 됨을 보여 준다.

(41)
가. *인자 가까이?(=이제 갈까?)
나. *머 묵으까이?(=뭐 먹을까?)

그러나 (41)도 억양을 달리하면 정문이 될 수 있다. 예를 들어 '이'를 내림억양으로 발화하면 (41가)는 '어째 인자 가까이'처럼 이제 가는 것이 못마땅하거나 안타까운 말할이의 심리를 드러낼 수 있다. '이제 가는 것'의 여부를 묻는 것이 아니라 '이제 가는 것'에 대한 말할이의 심리를 표현하는 것이다. 마찬가지로 (41나)의 '이'를 내림억양으로 발화하면 상대에게 묻는 직접적인 질문이 아니라 말할이 자신의 혼잣말 또는 여러 사람에게 의견을 간접적으로 구하는 간접의문이 된다. 그래서 '이'가 의문문에 쓰일 경우 상대의 동의를 구하는 편향적 의문에 한한다는 김태인(2015)의 제약은 더 정밀해져야 한다. 상대의 동의를 구하는 경우뿐만 아니라 말할이 자신의 혼잣말 또는 상대에게 간접적인 의견을 구하는 경우에도 '이'가 쓰일 수 있기 때문이다. 그러한 경우 '이'의 억양은 언제나 내림억양을 취하는 점에서 부가의문으로 쓰일 때의 올림억양과는 구분되어야 한다. 다음의 예 (42)도 혼잣말로 쓰이는 의문문에 '이'가 결합된 경우로서 모두 내림억양을 취하는 점은 마찬가지다. 의문의 씨끝 '-은가', '-으까' '-으끄나'

등은 흔히 혼잣말에 쓰이는 씨끝인데 이 경우 첨사 '이'의 결합은 매우 자연스럽다.

(42)

가. 멋헐라고 그랬당가이?(=뭐 하려고 그랬을까?)

나. 인자 어쩌야 쓴당가이?(=이제 어떻게 해야 좋을까?)

다. 어쩌야 쓰끄나이?(=어떻게 해야 좋을까?)

라. 인자 멋허까이?(=이제 뭐 할까?)

(40)-(42)의 예들은 형식적으로 의문문이지만 첨사 '이'가 결합될 수 있었다. 그러나 이들 문장은 모두 상대에게 직접적인 질문을 가하는 의문문은 아니다. 간접적인 의문이거나 혼잣말로 쓰이는 예이다. 마침씨끝 '-은가'와 '-으까'가 이런 용법을 말해 준다. 따라서 첨사 '이'는 결코 직접적이며 전형적인 의문문에는 쓰일 수 없다는 주장은 유효하다고 하겠다.

김태인(2015:23 각주 15)에서 배탈 난 아이를 보고 '도대체 멋을 묵었냐이?/묵었다나이?'라는 물음은 가능하다고 판단하였다. '이'가 대답을 촉구하는 담화적 기능을 수행하기 때문에 가능한 것으로 판단하였다. 그러나 이 문장을 상대에게 대답을 촉구하는 의문문으로 해석하기는 어렵다. 단지 말할이 자신이 스스로에게 하는 혼잣말이거나 아니면 아이의 배탈을 안쓰럽게 여기는 엄마의 안타까운 마음을 나타내는 문장일 뿐이다. '묵었냐이?'보다는 '묵었다나이?'에서 이러한 기능은 두드러진다. 이것은 중립적인 의문문이 아니라 '무엇을 먹었는지 모르겠다'라는 말할이 자신의 한탄이나 당황스러움을 표현하는 말로 해석된다. 일종의 수사적인 물음으로서 내용상 서술문인 것이다.

'이'는 때로는 상대를 야단치거나 질책할 때 쓰이기도 한다. 앞에서 언급한 표준어 '응'의 용법 가운데 ③과 같은 것이다. 그러나 이 경우도 전남방언의 '이'는 표준어 '응'과 달리 독립되어 발화되지 않고 앞말에 쉼

없이 결합되어 첨사로서 쓰인다.

(43)
가. *내일 서울 갈래이?
나. 너 또 PC방 갈래이?

(43가)의 선행문이 중립적인 의문문이라면 (43나)는 PC방에 간 아이를 야
단치는 수사적 의문이다. 따라서 (43가)는 비문이고 (43나)는 정문을 형성
한다. (43나)에서 말할이는 들을이에게 PC방 갈 것인지의 여부를 묻는 것
이 아니라, PC방 간 행위를 질책하면서 다시는 가지 말라는 금지의 요구
를 하고 있다. 첨사 '이'의 결합이 가능한 것은 이러한 수사적 성격 때문
이다.

위에서 확인한 대로 '이'의 선행문이 편향의문문이거나 혼잣말 또는 간
접적인 의문인 경우 '이'의 결합이 허용되었다. 이런 경우는 들을이에게
동의를 구하거나 하는 들을이 지향의 기능이 아니라 말할이 자신의 일정
한 심리나 정감을 표현하는 기능을 수행하게 된다. 그 심리나 정감을 포
괄적으로 표현한다면 '상대에 대한 호의적 정감' 정도가 될 것이다. '이'
의 선행문이 서술문인 경우 내림억양을 취하여 새로운 깨달음을 표현할
때도 말할이의 호의적 정감이나 느낌이 함께 표현된다. 이 장에서는 이처
럼 상대에게 호의적 정감을 표시하는 기능을 '말할이 지향' 기능이라 불
러, 상대에게 동의를 구하거나 행동을 요구하는 '들을이 지향' 기능과 구
별하고자 한다. 들을이 지향 기능이 상대를 향한 언표내적 효력을 발휘하
는 것이라면, 말할이 지향은 상대에 대한 요구 없이 단순히 말할이 내면
의 심리를 상대에게 드러내는 기능을 가리킨다.

말할이의 호의적 정감 표현은 어떻게 해서 생긴 것일까? 김태인(2015)은
상대의 동의를 구하는 부가의문 형성 기능이 말할이의 정감 표현 기능으

로 바뀌었다고 해석하였지만 그 구체적인 과정에 대해서는 언급하지 않았다. 우리는 '이'가 가졌던 동의 구하기 기능으로부터 정감 표현 기능이 발달한 것으로 추정한다. 상대에게 동의를 구하는 행위는 상대에게 우호적인 감정을 가질 때에야 가능한 것이다. 예를 들어 표준어의 부가의문문에서 꼬리말 '그치'가 상대에게 동의를 구할 경우 내림억양을 취한다는 점은 앞에서 언급한 바 있다. 이때 말할이는 상대에게 어리광을 부리는 듯한 태도로 발화하는 것이 보통이다. 상대에게 호의를 보이는 이러한 태도는 동의를 구하는 부가의문문에서 흔히 볼 수 있는 현상이다. '이'가 다정한 느낌이나 은근한 감정, 친밀감 등을 표현한다고 하는 이전의 기술은 상대에 대한 이러한 호의적인 말맛을 가리키는 것이었다.

동의 구하기 기능에 얹혀 있었던 호의적 정감 표현 기능은 새로운 깨달음을 표현할 때에도 얹혀 나타난다. 그리고 문장 내부의 환경에서는 동의 구하기 기능이나 새로운 깨달음을 나타내는 기능이 원천적으로 불가능함에 따라, 원래 얹혀 있었던 호의적 정감 표현 기능만 두드러지게 드러난다. 이때에 비로소 '이'의 독자적인 기능의 하나로 자리잡게 되는 것이다.

말할이의 호의적 감정을 전달할 때에는 선행 표현과의 사이에 쉼이 없이 발화된다. 선행문과 '이' 사이에 쉼을 개입하여 내림억양으로 발화하면 완전한 비문이 된다. 따라서 말할이의 정감을 전달하는 '이'는 결코 그 앞에 쉼을 두지 않고 이어서 연속적으로 발화되어야 한다. 이것은 '이'가 독립된 낱말이 아니라 첨사임을 말해 준다. 반면 올림억양을 취해 부가의문문의 꼬리말로 기능할 때에는 쉼이 없어도 되지만, 경우에 따라 약간의 쉼이 있을 수도 있다. 과장되게 말할 때에는 선행문과 '이' 사이에 상당한 길이의 쉼마저도 가능하다. 이때는 마치 표준어의 '응'과 같은 행동을 보인다고 할 수 있다. 이처럼 두 용법에 따라 쉼의 여부가 달라지는 것은 '이'의 지위가 다르기 때문이다. 말할이의 감정을 전달할 때에는 완전한 첨사이지만, 부가의문문의 꼬리말일 때에는 낱말에서 첨사로 이행되는 과도기에 있다고 할 수 있다[7].

말하는 사람의 정감 표현 기능은 예 (44)처럼 문장 내부에서 두드러지게 나타난다.

(44)
내가이 어지께이 고 사람을이 만났는디이,...(=내가 어제 그 사람을 만났는데)

(44)에서 '이'는 문장 내부의 어절 뒤에 나타나므로 긍정의 응답이나 상대의 동의를 구하는 부가의문의 형성 기능과는 무관하다. 단지 말할이의 정감만을 표현할 뿐이다. '이'가 문장 끝에서 부가의문을 형성할 때에는 올림억양을 띠지만 문장 내부에 나타날 때에는 내림억양과 올림억양 양쪽을 모두 취할 수 있다. 내림억양은 문장 끝에서와 마찬가지로 말할이의 정감을 드러내는 기능을 하지만, 올림억양을 취하면 상대의 관심을 끌어오는 기능을 한다. 문장의 내부인 탓에 들을이의 동의를 구하는 정도에 이르지는 않지만 들을이의 관심을 유도하는 기능을 하므로, 들을이 지향의 화용적 효과를 나타내는 점은 문장 끝에서와 같다. 내림억양은 말할이 지향, 올림억양은 들을이 지향의 본질적 차이가 있으며, 들을이 지향은 다시 문장 내부와 문장 끝의 위치에 따라 들을이의 관심 유도 그리고 들을이의 동의 요청 등의 화용적 기능으로 나뉘게 되는 것이다. 만약 김태인 (2015)의 주장대로 부가의문문의 꼬리말 기능에서 말할이의 정감 표현으로의 기능 확대가 이루어졌다면 그것은 곧 들을이 지향에서 말할이 지향으로의 기능 변화가 일어난 셈이다. 이러한 변화 방향은 문법화의 일반적 방향인 주관화의 방향과 일치한다.

문장 끝에서 말할이의 심리를 나타내는 표현들은 많은 경우 문장 내부

---

7) 김태인(2015)에서도 '이'의 첨사적 지위를 인정하였다. 다만 여기에서와 같이 용법에 따른 쉼의 길이 차이는 논의하지 않았다.

에도 나타날 수 있다. 표준말의 높임의 첨사 '요'가 전형적인 예이다.

(45) 내가요 어제요 그 사람을요 만났는데요

'요'는 본시 문장 뒤에 붙어 두루높임의 위계를 나타내지만 문장 중간에 나타나면 두루높임보다는 오히려 담화의 진행을 돕는 기능을 주로 수행한다. 이정민/박성현(1991:380)은 말할이가 긴 문장으로 이루어진 말을 매끄럽게 할 수 없는 상황에서 문중의 '요'가 말할이 나름대로 적당한 간격을 유지하면서 말을 이어갈 수 있도록 해 주는 디딤말(hedge)[8] 역할을 하며, 상대방의 주의를 환기시키면서 동시에 말할이 자신의 입장을 방어적으로 가다듬어 나가는 기능을 수행한다고 주장한 바 있다. 그리고 이러한 '요'는 본질적으로 문장 내부에 나타나는 '말입니다'와 동일한 기능을 하는 것으로 보았다.

'요'가 문장 끝 마침씨끝에 결합할 경우에는 상대에 대한 높임법의 기능을 적극적으로 수행한다. 이 경우는 발화의 흐름 조절 기능과는 무관하다. 문장의 끝이므로 발화의 흐름을 조절할 필요성이 없는 것이다. 그러나 문장 안의 경우는 다르다. 문장 안에서 굳이 상대에 대한 높임법을 표현해야 할 이유가 없다. 그렇다면 이 경우는 오히려 선행 발화를 단절시키고 후행 발화로 이어지는 시간을 번다든지 하는 발화의 흐름 조절 기능을 수행한다고 해야 할 것이다.

'요'의 이러한 쓰임을 고려하면 전남방언의 첨사 '이' 역시 애초에 문장 끝에서 말할이의 호의적 감정을 드러내다가 나중에 문장 내부에까지 확대되어 쓰인 것으로 보인다. 그리고 문장 내부에 쓰일 때도 말할이의 심

---

8) A hedge is a mitigating word or sound used to lessen the impact of an utterance. Typically, they are adjectives or adverbs, but can also consist of clauses. It could be regarded as a form of euphemism(Wikipedia에서 따옴). 따라서 hedge 표현은 넓은 의미의 담화표지에 속한다.

리를 드러내는 것은 문장 끝에서와 마찬가지지만, 그 밖에도 표준어의 '요'처럼 담화의 흐름을 조절하는 기능을 수행하기도 한다. 문장 내부에서 일부 첨사가 수행하는 이런 담화적 기능은 첨사 자체의 기능이 변해서라기보다는 그 위치가 빚어낸 이차적인 담화 기능이라 할 수 있다. 표준어 '요'도 문장 끝이나 문장 내부에서 상대에 대한 높임의 기능은 바뀌지 않지만 내부에서는 이 밖에 담화의 흐름 조절 기능이 더해진다. '요'나 '이' 외에 문중의 '말입니다'나 쉼도 동일한 담화 기능을 수행할 수 있다는 것은 이런 담화적 기능이 위치에 의해 생겨나는 이차적인 기능임을 말해 준다.

결국 전남방언의 첨사 '이'는 아래와 같이 a-d와 같은 네 단계의 변화를 겪었다고 할 수 있다. 표준어의 '응'은 a-b의 변화를 겪었을 뿐 말할이의 정감을 드러내거나 문장 내부에서 담화표지로 기능하는 데까지 이르지는 못하였다. 또한 단계 b에서도 a와 마찬가지로 낱말의 지위를 유지한다. 반면 전남방언은 단계 b에서부터 형태가 '이'로 바뀌면서 낮춤의 제약도 사라지고 더 이상 낱말이 아닌 첨사로 바뀌는 점에서 표준어와의 차이를 드러낸다.

(a) 긍정의 응답어 → (b) 부가의문문의 꼬리말(동의 구하기/재촉하기) → (c) 말할이의 호의적 정감 표현 → (d) 문장 내부 출현(담화표지로 기능)

1.3 다른 방언에서의 '이'

1.3.1 동남방언

동남방언에도 서남방언과 마찬가지로 첨사 '이'가 있다. 동남방언의 '이' 역시 응답어 '응'에서 첨사화된 것으로 보인다. 권재일(1982)은 경북방언에서 첨사 '이'가 사용되는 양상을 기술하고 있는데, 이를 통하여 동남방언과 서남방언에서의 '이'의 용법 차이를 살펴볼 수 있다.

경북방언에서 '이'는 의문문을 제외한 서술문, 명령문, 청유문 등의 문장 끝에 올 수 있다. 특별히 출현의 제약을 받는 상대높임의 위계가 없으므로 높임과 낮춤의 마침씨끝에 두루 결합될 수 있는 것으로 보인다.

> (46)
> 가. 그라면 안 좋대이.
> 나. 이런 거는 그래는 게 아이네이.
> 다. 그거 참 히얀하더래이.
> 라. 내일 꼭 가매이.
> 마. 내일 꼭 갑시데이.
> 바. 잘 가이시데이.
> 사. 나인테 갖다 주시이쇠이

다만 의문문과 감탄의 씨끝 '-구만'에는 '이'가 결합되지 못한다.

> (47)
> 가. *거게 누가 먼저 갈래이?(=거기 누가 먼저 갈래?)
> 나. *니 지금 어데 가노이?(=너 지금 어디 가니?)
> 다. *날씨 참 디게 좋구만이.(=날씨 참 되게 좋구면.)

서남방언에서 첨사 '이'는 중립적인 의문문에서는 결합이 불가능하지만 비중립적인 의문문, 예를 들어 수사의문문과 같은 경우에는 결합이 가능하였다. 이와 비교하면 동남방언은 중립적인 의문문뿐만 아니라 비중립적인 의문문에도 결합이 불가능하다는 점에서 매우 제약된 용법을 보인다고 하겠다. 또한 서남방언의 씨끝 '-구만'은 (48)에서 보듯이 동남방언과 달리 첨사 '이'의 결합이 가능하다. 이 역시 동남방언의 용법이 서남방언에 비해 제약된 양상을 보이는 예이다.

(48) 날씨 차말로 겁나게 좋구마이.(서남방언)

한편 동남방언의 '이'는 반말 표현에 결합될 수 없다. 이 점 역시 서남방언과 다른 점이다. 경북방언에서 '이'는 반말에 결합할 수 없으므로 문장 중간의 어절에도 결합되지 않는다. 반면 서남방언은 가능하다.

(49)
가. *그 사람 요새 그냥 집에 있에이.
나. *그거 그냥 다 써부렸제이.
다. *가는 꼭 오꺼래이.
라. *지난 시험에 가는 되고이 자는 안 됐어.

경북 방언에서 '이'는 토씨 '요'나 마침씨끝에 덧붙은 씨끝 다음에 결합되지 않는다. 반면 서남방언은 표준어 '요'의 방언형 '라우'와 결합될 수 있다. 다만 '라우'와 '이'가 결합할 때 '라우이' 대신 '라이'로 변동하는 것이 보통이다.

(50)
가. *둘 다 시험에 됐어요이.(경북)
나. 둘 다 시험에 됐어라이.(전남)

(51)
가. *아주 사람이 달라졌다나이.(경북)
나. 아주 사람이 달라졌당께이.(전남)

부름토씨 '아'나 '야' 뒤에는 경북방언과 전남방언 모두 '이'가 올 수 있다.

(52)

가. 석윤애이, 어여 가자.(경북)

나. 석윤아이, 언능 가자.(전남)

이상의 결합 양상을 보면 동남방언의 '이'는 서남방언에 비해 결합상의 제약이 훨씬 크다는 사실을 알 수 있다. 동남방언의 '이'가 응답어 '응'에서 비롯되었다 하더라도 방언에 따라 출현의 분포나 기능에서 차이가 있을 수 있음을 알 수 있다. 이러한 차이는 물론 문법화의 정도 차이에서 비롯된 것이다.

동남방언의 '이'가 오직 문장의 끝에만 나타날 수 있는 데 반해 서남방언의 '이'는 문장 끝뿐만 아니라 문장 내부에서도 나타날 수 있다는 사실은 무엇을 의미하는가? 문장 끝에 오는 첨사는 말할이의 심리를 나타내는 화용적 기능을 수행한다. 반면 문장 중간의 어절 끝에 결합하는 '이'는 말할이의 심리와 함께 담화의 진행을 돕는 기능을 한다. 담화표지가 수행하는 기능을 크게 담화의 진행 돕기(담화적 기능)와 말할이의 심리 표현하기(화용적 기능)의 두 가지로 나눌 수 있다면 서남방언은 담화적 기능과 화용적 기능의 두 가지 기능을 모두 수행하는 반면 동남방언은 오직 화용적 기능만을 수행한다고 할 수 있다. 화용적 기능에 비해 담화적 기능은 문법화가 더 진전된 기능이라 할 수 있다. 자체의 의미를 결여한 채 순전히 담화의 진행을 돕는 기능만을 맡기 때문이다. 그렇다면 동남방언의 '이'에 비해 서남방언의 '이'는 문법화의 정도가 더 진전되었다고 할 수 있다.

권재일(1982)에서는 문장 종결의 첨사 '이'에 대해 '화자에 확인되어진 것(혹은 완료된 상황인 것을 인식한 것)을 전제로 하여 강조 다짐하는 것'으로 그 기능을 규정한 바 있다. 동남방언에서 '이'는 언제나 내림억양을 취하므로 서남방언과 같이 올림억양을 취하여 상대에게 어떤 행동을 재촉하는 기능을 수행하지는 않는다. 서남방언의 '이'가 들을이 지향의 기능과 말할이 지향의 기능 두 가지를 수행한다면 동남방언의 '이'는 오직 말할이 지향의 기능만을 수행한다고 할 수 있다. 그러나 내림억양으로써 말할이 지향의 기능을 수행하는 점에서는 두 방언의 '이'가 부분적으로 일치를 보인다. 이러한 의미 기능의 차이에서도 동남방언은 서남방언에 비해 훨씬 제약된 쓰임을 보인다고 하겠다.

1.3.2 강원도 방언

강원도 영동 지역어의 경우도 동남방언과 마찬가지로 '이'가 문장 뒤에 나타난다. 강원도 강릉 지역어에 대한 박성종/전혜숙(2009)에서는 '이'가 특별한 의미 없이 씨끝 뒤에 붙어 친근감을 나타내거나 어조를 고를 때 쓰는 말이라고 하였다. 그런데 예 (53다)에서 보듯이 설명의문문에도 '이'가 쓰인다고 하여 서남방언이나 동남방언과는 다른 모습을 보였다.

(53)
가. 시나미 가거래이
나. 감재 쩌 먹는대이.
다. 워데루 가나이?

1.3.3 제주방언

제주방언에도 첨사 '이'가 있다. 문순덕(2003:102-105)에서는 '이'가 아주 낮춤이나 아주높임, 반말 등의 씨끝에 결합하며 말할이의 의지, 강조, 단정 등을 나타낸다고 하였다. 아래 (54)는 반말의 마침씨끝, (55)는 반말로 이해되는 이음씨끝 뒤에 '이'가 결합되는 예이다. 반면 (56)은 높임의 마침씨끝 뒤에도 '이'가 결합될 수 있음을 보여 준다. 그러나 표준어 '해요체'에 해당하는 두루높임에는 '이'가 결합될 수 없다.

(54)

가. 양에 그냥 그 영 대 일짜네이.{양하 그냥 그 줄기 있잖아.}

나. 예 푸세 곤썰 조끔 서끄지이.{예, 팥에 쌀 조금 섞지.}

다. 에 나 이저분 걸랑 곧꼭 허여이.{예, 나 잊어 버린 것은 말하고 해.}

라. 소꼴 글쎄우다 거 소꼬리란 원 셍각이 안 나네이.{소꼴 글쎕니다 그거
소꼴이라고는 원 생각이 안 나네.}

(55)

가. 바당끄르에는 가른녀가 일꼬이.{바닷가에는 가른여가 있고.}

나. 계더리 이 산 돌 담는 그런 계가 이섣꼬이. 돌 헤그네덜 조직케그네.
{계들이 이 산 돌 쌓는 그런 계가 있었고 이 돌 해서들 조직해서.}

다. 한식끄지 헬쭈. 헌디이.{한식까지 했죠. 그런데.}

(56)

가. 게니까 정월 멩절허고 단오 멩절 추석 멩절 이러케 큰 멩저른 이 멩
저른 아주 커가지고에 일가더리 모이며는 ᄀ튼 그 고조 이하의 궨
자손덜 에 팔촌이네주이.{그러니까 정월 명절하고 단오 명절 추석 명절
이렇게 큰 명절은 이 명절은 아주 커 가지고 에 일가들이 모이면 같은 그 고
조 이하의 권속 자손들 에 팔촌 이내죠.}

나. 게서 사뭘 사뭘 뜨레 힘니다이.{그래서 삼월 삼월에 합니다.}

한편 제주방언에서 '이'는 중립적인 의문문의 경우 판정의문이나 설명
의문 모두 불가능하다. 그렇지만 (57)처럼 수사의문이나 확인의문은 가능
하다. 이 점에서 서남방언과 같은 양상을 보인다고 하겠다.

(57)

가. 게서 서쪼게 인는 논 인는 디는 섣써오리 또 동쪼그로 가면 저 또 논
덜 일짜녀이?{그래서 서쪽에 있는 논 있는 데는 섯서오리 또 동쪽으로 가면

저 또 논들 있잖아?}

나. 가운데 노치이?{가운데 놓지요?}

다. 오느른 꼭 병워네 갈 꺼주이?{오늘은 꼭 병원에 갈 거죠?}

1.3.4 방언간의 비교

아래의 <표 1>에 보인 대로 '이'는 서남방언, 동남방언, 제주방언 가운데 어느 방언에서나 중립적 의문문에는 올 수 없다. 반면 비중립적인 의문, 예를 들어 수사의문이나 확인의문의 경우 동남방언은 다른 두 방언과 달리 쓰이지 못하는 차이가 있다. 동남방언은 그 밖에도 상대높임의 위계 가운데 반말이나 두루높임에 쓰이지 못한다. 그러나 제주방언은 두루높임에는 쓰이지 못하지만 반말에는 쓰일 수 있다. 이에 반해 서남방언의 '이'는 모든 위계에 두루 나타나므로 가장 분포가 넓은 편이다. 이상의 비교를 통해 '이'의 사용 영역의 넓이는 '서남방언 > 제주방언 > 동남방언'과 같은 정도 차이가 난다고 할 수 있다.

<표 1> 첨사 '이'의 분포 비교

선행 표현	서남방언	동남방언	제주방언
서술/명령/청유	○	○	○
중립적 의문	×	×	×
비중립적 의문	○	×	○
아주낮춤	○	○	○
예사낮춤	○	○	○
아주높임	○	○	○
두루높임	○	×	×
반말	○	×	○
문장 중간	○	×	○

2. '예'

2.1 담화 기능

응답어 '예'가 단순히 상대의 물음이나 부름에 대한 반응어로 쓰이지 않고 담화 안에서 다양한 담화적 기능을 한다는 점은 이원표(1993)에서 일찍이 지적된 바 있다. 전정미(2011)에서도 '예'의 담화적 기능을 기술하였는데 그 결과는 이원표(1993)과 크게 다르지 않다. 이원표(1993)에서는 '예'의 담화 기능을 크게 상대에 대한 기능과 말할이 자신에 대한 기능의 두 가지로 나누고, 상대에 대한 기능으로 다음과 같은 여섯 가지를 들었다.

    a. 긍정, 순응, 수락
    b. 놀람
    c. 청자반응신호(backchannel)
    d. 말을 계속할 것을 허락하거나 권유하는 표시(continuer)
    e. 상대방의 화행을 인정
    f. 화제 전환 표시

이원표(1993)에서 제시된 '예'의 담화 기능 가운데 상대의 발화에 대한 긍정이나 상대의 요구에 대한 수락을 나타내는 a가 가장 기본적인 기능이다. 이 기본적인 기능으로부터 b나 c 등의 이차적인 기능이 파생된 것으로 보인다. b는 '예'가 올림억양을 취할 때 발현되는 담화기능인데, 사실 '예'의 억양을 달리하면 놀람 외에도 다양한 표현 효과가 나타날 수 있다. 예를 들어 '예'를 장음으로 발화하면서 점차 올리다가 낮추면 상대의 발화에 대해 마지못해 하는 긍정을 나타낼 수 있다. 이처럼 '내키지 않음'과 같은 발화자의 태도는 순전히 억양을 달리함으로써 표현될 수 있는데, 이런 이차적인 기능도 본질적으로는 '예'가 갖는 긍정의 기능에서부터 나온 것이라고 할 수 있다. 놀람, 내키지 않음 외에도 빈정거림 등의 다양한 태도가 억양을 달리하여 표현될 수 있다.

c의 청자반응신호/맞장구말(backchannel) 역시 기본의미인 a로부터 파생된 기능이다. 청자반응신호란 상대의 발화에 대한 관심과 흥미의 표시 또는 상대의 발화에 대한 이해의 표현, 심지어는 이해의 부족 등을 표현하는 말로 정의된다. 그러나 이런 기능 역시 상대의 발화에 대한 긍정을 전제로 하는 점에서 a에서 비롯된 것이 분명하다.

d의 기능은 c의 기능과 분리하기 어려운 것인데, 상대의 발화에 대해 관심과 흥미를 가지고 있으니 계속 발화하라는 표시로 '예'가 사용되는 경우이다. 이런 기능 역시 상대의 발화에 대한 긍정을 전제로 하는 기능이란 점에서는 b-c의 경우와 같다. 기능 e도 상대방의 발화에 대한 인정을 전제로 한 기능이란 점에서 앞의 기능들과 크게 다를 바 없다.

이원표(1993)에서는 말할이 자신에 대한 기능으로서 다음과 같은 세 가지를 들었다.

a. 상대로부터 동의를 얻어내기 위한 수단
b. 화자 자신의 말의 경계 표시
c. 강조

위에서 제시된 기능 가운데 a는 올림억양을 취하여 상대에게 되묻는 경우로서 자신의 발화에 대한 동의를 구하는 기능이다. b는 이원표(1993)에서 제시된 예 (1)에서 보듯이 자신의 발화에 대한 경계를 설정하기 위해 사용된 것으로 본 것이다.

(1)
문제는 저는 그겁니다. 어떻게든 해서 남한테 우리가 다만 얼마라도 주고 이렇게 할라고 하는데 땅도 빨리 그래서 내가 안 회장한테 부탁할 때

땅 이거 1억5천 빨리 좀 해다오. <u>예</u> 그러자 어음이 막 들어온 거예요.

한편 c는 이원표(1993)에서 제시된 예 (2)처럼 자신의 발화 내용을 강하게 부각시키고 있는 경우를 말한다.

(2)
저는 저 나름대로 그림 공부도 하고 한문 공부도 많이 하고 라디오 방송에 의존해서 시간을 내죠. 네. 그리고 시간이 없어서 다른 잡념을 할 시간이 없어요.

우리는 앞 절에서 응답어 '응'의 담화 기능으로서 아래와 같은 여덟 가지 기능을 설정한 바 있다. '응'과 '예'가 모두 응답어로서 상대높임의 위계만 다른 어형이라면, 이 두 응답어가 담화 속에서 수행하는 담화적 기능도 일치할 것으로 기대된다. 단지 말할이와 상대방과의 관계만 다를 것이기 때문이다. 따라서 '예'가 수행하는 담화적 기능도 '응'과 마찬가지로 여덟 가지를 상정할 수 있는데 이를 상대에 대한 것과 말할이 자신에 대한 것, 그리고 담화적 기능의 세 종류로 구분할 수 있다.

① 상대에 대한 기능
  a. 상대의 맞장구 발화 인정
  b. 상대의 발화 의도 이해
  c. 이해의 확인 또는 상대의 관심이나 동의 촉구
② 말할이 자신에 대한 기능
  d. 자신의 확신이나 물음에 대한 긍정 확인
  e. 자신의 발화에 대한 스스로의 맞장구
  f. 말할이의 감정 표현
③ 담화적 기능
  g. 작은 범위의 화제 전환

　　h. 메움말(filler)

　상대에 대한 기능 a와 b는 이원표(1993)에서 제시한 기능 a에 해당하는 기능이다. 앞에서 설명한 것처럼 이원표(1993)의 기능 a는 b-e 기능을 파생시키는 가장 기본적인 기능이라 할 수 있다. 한편 상대에 대한 기능 c는 올림억양을 취하여 상대에 대한 이해의 확인이나 관심, 동의 등을 촉구하는 기능인데 이원표(1993)에서는 이를 말할이 자신에 대한 기능으로 분류하면서 상대로부터 동의를 얻어내기 위한 수단으로 보았다.

　말할이 자신에 대한 기능 가운데 d와 e는 가장 기본적인 기능으로서 말할이가 상대의 발화에 대한 긍정뿐만 아니라 자신의 발화에 대한 긍정(맞장구)도 나타낼 수 있음을 지적하고 있다. 이원표(1993)에서는 이러한 말할이 지향의 기능이 전혀 언급되지 않았는데, 이런 기능이야말로 '예'가 담화표지로 기능하는 가장 전형적인 경우라 할 수 있을 것이다. f는 말할이가 자신의 원통한 사연이나 억울한 과거사를 이야기하면서 자신의 격한 감정을 표현할 때 올림억양의 '응'을 사용했던 경우였다. 같은 상황에서 '예' 역시 사용될 수 있다고 보아 여기에 제시하였다.

　g, h는 담화의 흐름을 조정하는 기능으로서 이전의 화용적 기능과는 대립되는 기능들이다. 이 가운데 g는 큰 화제의 틀 안에서 작은 화제를 바꿀 때 '응'이 사용되었던 것인데, 같은 상황에서 '예' 역시 충분히 사용될 수 있다. 이원표(1993)에서도 상대에 대한 기능 가운데 화제 전환의 기능을 제시한 바 있는데 같은 기능이라 하겠다.

　h의 '메움말'로서의 기능 역시 이원표(1993)에서는 논의되지 않았던 기능이다. 말할이가 발화하는 도중에 생각할 시간을 벌기 위해 또는 발화가 끊김을 막기 위해 삽입하는 표현인 메움말은 '응'뿐만 아니라 '예'에서도 흔히 찾아볼 수 있는 담화 기능이다. 우리는 연설자가 다수의 청중을 향해 연설하는 도중에 메움말로서 '예'를 빈번히 사용하는 광경을 흔히 경

험하는데, '예'의 이런 용법이야말로 전형적인 메움말로 사용된 경우이며 역시 전형적인 담화표지로서의 용법이라 할 수 있다.

결국 우리는 응답어 '응'과 '예'가 상대높임의 위계만이 다를 뿐 감탄사로서 담화 속에서 수행하는 담화 기능이 기본적으로 동일하다고 주장한 셈이다. 그러나 '응'은 말할이 자신을 지향하는 기능에서는 원래의 위계에서 벗어나 높임의 위계에서도 쓰인 바가 있다. 그렇다면 '예'도 '응'과 같이 애초의 위계에서 일탈할 수 있을까? 그러나 말할이 자신의 발화에 반응하는 경우라도 '예'는 높임의 기능을 유지한다. 엄연히 높임의 상대가 있는 발화인 경우, 자신의 발화에 대한 반응어로 쓰이더라도 상대를 의식하지 않을 수 없기 때문이다.

2.2 전남방언에서의 첨사화

전남방언에는 상대높임의 위계에 따라 여러 종류의 응답어가 쓰인다. 아주낮춤의 '응', 예사낮춤의 '어이', 높임의 '예'나 '야'가 그것이다[9]. 만약 전남방언의 첨사 '이'가 김태인(2015)에서 주장한 바와 같이 긍정의 응답어 '응'으로부터 부가의문문의 꼬리말 과정을 거쳐 첨사화된 표현이라면, 다른 응답어 '어이'나 '예', '야'의 상황은 어떠한지 자못 궁금한 문제가 아닐 수 없다.

---

9) 응답어는 방언에서 상대높임의 위계에 따라 두 단계 또는 세 단계로 분화된다. 중부방언 일부는 '응-예'의 두 단계, 서남방언과 동북방언은 세 단계의 분화를 보인다. 세 단계는 '응-예'의 두 단계 사이에 중간 단계를 두게 되는데, 서남방언의 '어이'는 예사낮춤, 동북 방언의 '야~'는 예사높임의 위계에 속하여 방언적 차이를 보인다. 경남방언연구보존회가 펴낸 『경남방언사전』(하:27)의 '아아' 항목에 보면 경남 지역어에서는 긍정 응답어로서 '으-으'(해라체), '야아'(하소체), '예에'(하이소체)의 세 가지가 있다고 한다. 이로 보면 '야아'가 중간 위계에 존재함을 알 수 있는데, 혹시 서남방언에서 '예'와 같은 위계로 해석하였던 '야'가 아닌가 한다.

2.2.1 '예'

표준어에서 감탄사 '예'는 '네'로도 쓰이는데 『표준국어대사전』에는 아래와 같은 네 가지의 뜻풀이가 제시되어 있다.

① 윗사람의 부름에 대답하거나 묻는 말에 긍정하여 대답할 때 쓰는 말.
    예 예, 부르셨습니까?/"밥은 먹었니?" "예."
② 윗사람이 부탁하거나 명령하는 말에 동의하여 대답할 때 쓰는 말.
    예 "은행에 좀 다녀올래?" "예, 알겠습니다."/"여기서는 담배를 피우지 마라." "예."
③ 윗사람의 말을 재우쳐 물을 때 쓰는 말.
    예 "예? 다시 한번 말씀해 주세요."
④ 윗사람에게 조르거나 사정할 때 쓰는 말.
    예 아빠, 우리 놀러 가요, 예?

위의 뜻풀이에서 ①-③은 모두 상대의 부름이나 묻는 말, 상대의 부탁이나 명령 등에 대한 동의, 상대의 선행 발화에 대한 되물음으로 '예'가 쓰일 수 있음을 보이고 있다. 이는 '예'가 일정한 선행 발화를 전제로 하여 그 선행 발화에 대한 동의나 되물음을 나타낸다는 뜻이다. 반면 ④는 상대의 선행 발화가 전제되지 않는다. 이 경우는 오히려 말할이 자신의 발화가 선행 발화 역할을 하며 이것을 다시 되묻는 형식을 취하고 있으니 이것이야말로 부가의문문의 꼬리말에 해당되는 것이라 할 수 있다.

그러나 김태인(2015)에서 제시한 '응'의 경우를 생각하면 문장 끝에 나타나는 '예'도 아래의 (3)과 같이 부가의문문의 꼬리말로 기능하는 다양한 예를 더 추가할 수 있을 것이다.

(3)
가. 참 좋지요, 예?

나. 그렇게 좋습니까, 예?

다. 빨리 하십시오, 예?

라. 얼른 먹읍시다, 예?

마. 왜 그런 말씀을 하십니까, 예?

표준말에서 '예'는 '응'과 마찬가지로 대체로 선행문과의 사이에 쉼을 개재시키고, 올림억양을 취하는데, 상대에게 동의를 구하거나 답변 또는 행동을 재촉하는 효과를 나타낸다.

전남방언에서 '예'는 긍정의 응답어뿐 아니라 부름말로 쓰여 표준어와 차이를 보인다[10]. 부름말일 때 '예'는 장음으로 발음된다. 말할이로부터 떨어져 있는 상대를 부르는 것이므로 그 거리를 반영하여 모음이 길어진 것이다. '예'의 억양은 일반적으로 내림억양을 취한다.

(4)

가. 예, 집이 말대로 가 봤드니 징허니 좋습디다.(=여보세요, 댁 말대로 가 봤더니 굉장히 좋습니다.)[11]

나. 예, 거그서 멋 허요?(=여보세요, 거기서 뭐 해요?)

다. 예, 요리 잔 와 보씨요.(=여보세요, 이리 좀 와 보세요.)

라. 예, 혼차 허기 멋허면 나랑 같이 허십시다.(=여보세요, 혼자 하기 뭐 하면 나랑 같이 하십시다.)

위의 예 (4)에서 보듯이 '예'는 높임의 위계에 쓰이는 부름말로서 아주 낮춤의 '야', 예사낮춤의 '어이'와 대립된다[12]. 그렇다면 전남방언의 '예'

---

10) 전남방언에서 '예'는 '에'로 실현되는 것이 보통이나 여기서는 편의상 '예'로 기술하였다. '에'가 부름말 외에 응답어나 첨사로 쓰일 때에도 모두 '예'로 표기하였다.

11) 전남방언에는 '예'와 비슷한 기능의 부름말 '여보씨요'도 있다. 그러나 '여보씨요'는 '예'에 비해 억센 느낌을 주므로, 상대에게 시비를 걸거나 질책하거나 할 때 사용되는 경향이 있다. 물론 '예'와 '여보씨요'가 함께 쓰여 '예, 여보씨요'라거나 '여보씨요, 예'라 하기도 하므로 두 부름말이 혼용될 수 있으나 말맛이 다른 것은 분명하다. 멀리 떨어져 있는 상대를 중립적으로 부를 때에는 '여보씨요'보다 '예'가 더 알맞다.

는 부름말과 긍정의 응답어 두 가지 용법이 있는 셈이다.

전남방언의 '예'는 아래 예 (5)에서 보듯이 높임의 문장 끝에 결합될 수 있는데[13], 선행문과의 사이에 쉼의 개재가 없이 연속적으로 발음되므로 독립된 낱말이 아닌 첨사로 보아야 한다. 이때 '예'는 부름말로 쓰이는 경우와 달리 짧은 모음으로 발음되는 것이 일반적이다.

(5)
가. 날씨가 징허니 덥습디다예.(=날씨가 굉장히 덥습디다.)
나. 요리 잔 와 보씨요예.(=이리 좀 와 보세요.)
다. 언능 갑시다예.(=얼른 갑시다.)

예 (5가)에서 '예'는 억양에 따라 내림억양을 취하면 '새로운 깨달음'을 나타냄으로써 말할이 자신의 발화를 더 강조하는 느낌을 주며, 올림억양을 취하면 상대에게 동의를 구하는 점에서 첨사 '이'와 동일한 기능을 한다고 할 수 있다. 동의를 구할 때 '예'는 장음화하면서 끝이 약간 올라가는 억양을 보인다. 또한 예 (5나)-(5다)처럼 선행문이 명령문과 청유문의 경우, 상대에게 행동을 재촉하는 기능을 하는 점에서 첨사 '이'와 다를 바 없다. 이때 억양은 올림이 일반적이나 내림억양이 불가능한 것은 아니다. '예'가 없더라도 상대에 대한 행동을 요구하는 점은 한가지인데, '예'가 첨가되면 이를 강조하여 행동을 재촉하는 효과를 발휘하게 된다. 그렇다면 '예'는 서술문, 명령문, 청유문에서는 '예'가 없는 문장의 언표내적 효

---

12) 부름말로 쓰이는 '예'를 '여기'의 준말로 생각할 수도 있으나 '예'가 항상 높임의 위계에 쓰인다는 점을 고려하면 이러한 해석은 옳지 않다.

13) 첨사 '예'가 결합되는 상대높임의 위계는 높임이다. 전남방언의 상대높임법 체계에서는 '높임'이지만 형태적 관점에서 보면 표준어의 예사높임에 대응된다. 표준어의 예사높임은 씨끝 '-오'로 표현되지만 전남방언은 '-오 > -요'의 변화를 겪어 '-요'로 나타난다. 그 밖에 서술법의 '-습디다', 물음법의 '-습디까', 명령법의 '-으씨요'(<-읍시오), 청유법의 '-읍시다'도 같은 위계에 속한다. 따라서 첨사 '예'는 이들 표현 뒤에 결합될 수 있다.

력을 '강조'하는 기능을 수행한다고 할 수 있다. '예'와 '이'가 모두 '강조'의 기능을 수행한다 할지라도 말맛마저 같은 것은 아니다. '예'는 '이'에 비해 높임의 말맛을 분명하게 드러내기 때문이다.

'예'가 갖는 '강조'의 기능은 '예'의 응답어로서의 기능과 무관하지 않다. 표준어에서 '예'가 응답어로서 기능할 때 선행 발화를 대신하는 대용어와 같은 구실을 한다. 마치 긍정의 응답어 '그래'가 대용어이듯, '예'도 대용어와 같은 역할을 하는 것이다. '그래'와 다른 점은 '그래'가 형태와 기능면에서 대용어라면, '응'이나 '예'는 오직 기능면에서만 대용어라는 것이다. 따라서 전남방언의 '예'도 표준어의 '예'와 마찬가지로 기능적으로는 대용어인 셈인데, 이 '예'가 서술문, 명령문, 청유문의 끝에 나타나면 선행 문장을 대신하므로 결국은 동일한 내용이 반복되는 셈이다. 예를 들어 (5가)에서 '예'가 선행 발화인 '날씨가 징허니 덥습디다'를 대신하므로 결과적으로 (5가)는 '날씨가 징허니 덥습디다'가 두 번 반복된다고 할 수 있다. 이러한 반복을 통해 '강조'의 의미가 생겨나는 것이다. (5나)와 (5다)의 경우도 마찬가지이다.

(6)
가, 내일 서울 가요예?(*이?)(=내일 서울 가요, 예?)
나. 거그서 멋 허요예?(*이?)(=거기서 뭐 해요, 예?)
다. 그렇게 좋습디여예?(*이?)(=그렇게 좋습디까, 예?)

위의 예 (6)은 '예'가 '이'와 달리 중립적인 의문문에도 결합이 가능함을 보여 준다. 1.2.2에서 살펴보았듯이 '이'는 수사의문문, 혼잣말, 그리고 간접적인 의문 등 비중립적인 의문문에 한정되어 결합되었는데, '예'는 그러한 제약에서 자유롭다고 하겠다[14]. 의문문에 결합되는 '예'는 상대에게

14) '예'는 혼잣말에 쓰일 수 없다. '예'에 높임의 뜻이 있으므로 혼잣말에 '예'를 사용하면

답변을 재촉하는 느낌을 준다. '예'가 없으면 상대에게 응답을 요구하는 수준에 머물지만, '예'가 결합되면 일종의 되물음과 같은 효과를 발휘함으로써 응답의 요구가 더욱 강조되며 결과적으로 답변을 재촉하는 느낌을 주게 되는 것이다. '예'가 결합되어 되물음 형식이 되는 것은 앞에서 설명한 바와 같이 '예'가 선행 발화를 대신하는 의미적 대용어이기 때문이다. 동일한 내용을 올림억양을 통하여 발화하면 같은 내용을 되묻는 형식이 되고, 이것이 결국 의문을 강조하는 효과를 나타내게 되는 것이다. 이처럼 선행문이 의문문인 경우를 제외하고 문장 끝에 출현하는 첨사 '예'는 '이'와 같은 기능을 수행한다.

첨사 '예'의 생성에 대해 두 가지 기원을 생각할 수 있다. 첫째는 '이'와 마찬가지로 응답어 '예'가 부가의문문의 꼬리말로 쓰이다가 첨사화했을 가능성이다. 둘째는 부름말 '예'가 문장 뒤에 와서 첨사화되었을 가능성이다. 부름말 '예'도 아래 예 (7)처럼 문장 뒤에 올 수 있기 때문이다.

(7)
가. ˀ날씨가 징허니 덥습디다, 예.
나. 거그서 멋 허요? 예.
다. 요리 잔 와 보씨요. 예.
라. 언능 갑시다. 예.

그러나 (7)처럼 부름말이 문장 뒤에 오는 것이 가능하기는 하지만 문장 앞에 오는 경우보다 사용 빈도가 매우 낮은 것은 사실이다. 또한 (7가)처럼 서술문 뒤에 부름말이 오는 것은 약간 어색하다. 따라서 이런 점들을 고려하면 문장 뒤에 첨사로 쓰이는 '예'는 부름말에서 기원했다기보다 긍정의 응답어에서 첨사화된 것으로 보는 것이 합리적이다. '이'와의 평행성

말할이가 자신을 높이게 되기 때문이다.

을 고려하면 더욱 그러하다. 그뿐만 아니라 '예'가 결합됨으로써 선행 발화의 언표내적 효력을 강조하게 되는 기능을 설명하기 위해서는 '예'의 대용어로서의 정체가 전제되어야 되는데, '예'의 대용어는 오직 응답어에서만 가능한 기능이다. 결국 '예'는 응답어 '예'에서 첨사화되어 새로운 문법적 지위를 얻은 것이 분명하다.

다만 토박이의 직관에 따라 (5)의 '예'에서 부름말의 말맛이 느껴질 수 있다는 점을 문제로 생각할 수 있는데, 이는 이들이 모두 동의를 구하거나 행동을 요구하는 등 들을이 지향의 기능을 하므로 '들을이 지향'과 부름말 사이의 관련성 때문에 빚어진 결과로 해석될 수 있다. 실제는 응답어에서 발달한 첨사지만, 들을이 지향의 언표내적 효력 때문에 이를 부름말로 오인할 가능성이 있다는 말이다. 이들이 모두 올림억양을 취할 수 있는 점도 이를 부름말로 해석할 여지를 준다. 올림억양은 마치 상대를 부르거나 상대의 주의를 끄는 억양으로 해석될 수 있기 때문이다. 그러나 첨사 '이'가 비록 올림억양을 취하여 '예'와 같은 언표내적 효력을 발휘하더라도 결코 부름말에서 발달한 것이 아니듯이, '예'도 '이'와 같이 응답어에서 발달한 첨사로 보는 것이 온당하다. 그 밖에 전혀 부름말로 쓰이지 않는 '야'가 '예'와 동일한 기능의 첨사로 쓰이는 것도 첨사 '예'의 기원이 응답어에 있음을 뒷받침하는데 이에 대해서는 후술한다.

'이'가 높임과 낮춤의 구별 없이 모든 위계에 가능했다면 '예'는 오직 높임의 위계에서만 결합이 가능하다. 이것은 긍정의 응답어로서 낮춤의 위계에 쓰이던 '이'가 첨사로 문법화되면서 원래의 상대높임 위계에서 벗어난 반면, '예'는 첨사로 바뀐 뒤에도 원래의 위계가 그대로 유지되었기 때문이다. 이러한 차이는 '예'가 '이'에 비해 문법화의 정도가 덜하다는 사실을 의미한다.

전남방언의 첨사 '예'는 문장 끝에만 올 뿐 문장 내부에 오지 못한다. 그래서 문장 내부에서 어절 다음에 '예'가 결합한 예 (8)은 불가능하다. 이것은 (9)에서 보듯이 '예'가 반말 뒤에 오지 못하기 때문이다. 이 역시 첨사 '이'와 다른 점이다.

(8)

가. 내가이 어지께이 고 사람을이 만났는디이,...(=내가 어제 그 사람을 만났는데)

나. *내가예 어지께예 고 사람을예 만났는디예,...(=내가 어제 그 사람을 만났는데)

(9)

가. *내가 했제라우예.(=내가 했지요)

나. *내가 했어라우예.(=내가 했어요.)

다. *언능예.(=얼른요.)

라. *멋이라고예?(=뭐라고요?)

이처럼 문장 내부에 '예'가 나타날 수 없다는 사실은 '예'의 문법화 진행 정도가 '이'에 비해 더딘 것임을 말해 주는 또 다른 증거이다. 우리는 1.2.2.2에서 문장 안에서 담화적 기능을 하는 첨사 '이'가 응답어로부터 아래와 같은 a-d의 문법화 단계를 밟은 것으로 추정한 바 있다. 이 변화 단계는 '이'가 갖는 다정한 느낌이나 담화적 기능을 고려하여 추정한 것이다. '이'가 겪은 이러한 변화 단계를 고려할 때, 전남방언의 첨사 '예'는 a→b의 단계만을 겪었을 뿐 c 단계 이상으로 진행하지는 못하였다. '예'는 '이'와 달리 자체적으로 높임의 뜻이 있으므로 따로 다정함이나 은근함과 같은 말할이의 정감을 표현하지 않기 때문이다. 또한 문장 안에서도 담화적 기능을 수행하지 못한다. 따라서 '예'의 문법화 정도는 표준어 '응'과 유사하다고 할 수 있는데, '응'과 달리 첨사화가 이루어진 점에 차이가 있다. 따라서 표준어 '응'보다는 문법화가 더 진행된 셈이다.

(a) 긍정의 응답어 → (b) 부가의문문의 꼬리말(동의 구하기/재촉하기) →

(c) 말할이의 호의적 정감 표현 → (d) 문장 내부 출현(담화표지로 기능)

2.2.2 '야'

전남방언에는 높임의 응답어로서 '예' 외에 '야'가 쓰인다[15]. '예'와 '야'는 의미적으로 아무런 차이가 없는 동의어이다.

(10)
@ 고면 도라가시면 바로 사네 가서 나:무를 벰:니까?{그러면, 돌아가시면 바로 산에 가서 나무를 뱁니까?}
#1 야, 비여다가 또 네리, 네레가꼬 하기도 하고.{예, 베어다가 또 내려, 내려 가지고 하기도 하고.}(전남 영암)

'야'는 '예'와 마찬가지로 문장 끝에 나타날 수 있으며, 기능에서도 '예'와 같다. 그래서 (5)의 '예'를 '야'로 바꾸어도 (11)처럼 의미가 크게 달라지지 않는다.

(11)
가. 날씨가 징허니 덥습디다야.
나. 거그서 멋 허요야?
다. 요리 잔 와 보씨요야.
라. 언능 갑시다야.

(11가)처럼 선행문이 서술문인 경우 '야'는 '예'처럼 내림억양을 취하면 새로운 깨달음의 강조를 나타내고, 올림억양을 취하면 상대에게 자신의 발화에 동조하기를 요구하는 점도 '예'와 같다. (11나)-(11라)처럼 의문문,

---

15) 높임의 응답어 '야'는 표준어나 중부방언, 동남방언에서도 확인된다.

명령문, 청유문에 결합된 '야'는 모두 올림억양을 기본으로 취하며 내림억양도 수의적으로 취할 수 있는데, 그 어느 억양을 취하더라도 상대에게 답변이나 행동을 재촉하는 점에서 '예'와 완전히 일치한다.

전남방언에서 '야'는 '예'와 달리 부름말로 쓰이지 않는다. 그래서 아래예 (12나)처럼 부름말 '예'를 '야'로 바꾸면 비문이 된다. 이것은 아주낮춤의 부름말로 쓰이는 또 다른 '야'의 존재 때문이다. 그렇다면 전남방언에서 '예'는 부름말과 응답어 두 가지로 쓰이지만, '야'는 오직 응답어로만 쓰인다고 할 수 있다. 따라서 (11)처럼 '야'가 문장 뒤에 붙는 첨사로 쓰인다면 이때의 '야'는 응답어로부터 문법화된 것이며 결코 높임의 부름말로부터 문법화되었다고 할 수 없다. '야'가 높임의 부름말로 쓰이는 경우는 없기 때문이다. 이러한 점은 첨사 '예'의 기원을 부름말이 아닌 응답어로 설정하는 것이 합당함을 뒷받침하는 또 다른 증거이다.

(12)
가. 예, 이리 잔 와 보씨요.
나. *야, 이리 잔 와 보씨요.

'야'는 '예'와 마찬가지로 문장 내부에는 나타나지 않는데, 이로 미루어보면 '야'의 문법화 정도가 '예'와 동일한 수준임을 알 수 있다.

(13)
*내가야 어지께야 고 사람을야 만났는디야,...[16)

---

16) 다만 낮춤의 첨사로 쓰이는 '야'는 문장 내부에 나타날 수 있는데, 이 '야'는 높임의 첨사와는 위계가 다르므로 전혀 별개의 첨사라 하겠다.

2.3 제주방언의 '예/양/야'

표준어의 응답어 '예'에 대응하는 제주방언의 형태는 서남방언과 마찬가지로 '예' 또는 '야'이다. '예'가 제주도 전역에 두루 쓰이는 말이라면, '야'는 제주시의 동북 지역인 조천 등 일부 지역에서만 나타난다[17]. 그런데 '예'와 '야', 그리고 '야'에 /ㅇ/이 첨가된 '양'은 제주방언에서 화용 첨사로도 쓰이는데, 동일한 형태가 응답어와 화용 첨사로 쓰이는 사실은 이미 서남방언에서 확인한 바 있다. 따라서 제주방언도 서남방언과 마찬가지로 긍정의 응답어에서 화용 첨사로의 문법화를 겪었을 가능성이 크다고 하겠다. 특히 첨사 '야'는 김지홍(2014:71)에 따르면 제주의 구좌 지역에서만 쓰인다고 한다. 조천과 구좌가 서로 인접한 지역임을 고려하면, '야'가 응답어로 쓰일 때 '조천', 첨사로 쓰일 때 '구좌'에서 쓰인다는 지적은 매우 흥미롭다. 이러한 사용 지역의 일치는 첨사로 쓰이는 '야'가 응답어 '야'에서 발달한 것임을 뒷받침하는 또 다른 증거일 수 있기 때문이다.

첨사 '양'은 아마도 '야'에서 /ㅇ/이 첨가된 것으로 보인다. 제주방언에서 /ㅇ/의 첨가는 매우 흔한 현상인데 표준어 토씨 '과'에 대응하는 제주방언형 '광'이 대표적인 예이다. 다만 지역적 분포에서 '야'가 제주의 일부 지역에서만 확인되는 데 비해 '양'은 전 지역에서 고루 사용되는 형태라는 점이 문제이다. 아마도 예전에는 '야'가 제주 전역에서 쓰였고 이 '야'가 첨사로 문법화된 이후 /ㅇ/이 첨가되었을 가능성이 있다. 그렇다면 오늘날 보이는 응답어 '야'의 좁은 출현 분포는 신형 '예'의 세력에 밀린 결과일 수밖에 없다.

김지홍(2014:71-72)에 따르면 제주방언의 첨사 '예/양/야'는 표준어의 '요'에 대응하는 것으로서 청자를 높이는 기능을 한다고 한다. 첨사 '예'와 '양'은 수의적으로 교체가 가능하고, '야'는 구좌 지역에서 사용되는 형태

---

17) 이러한 지역적 분포에 대한 정보는 제주 토박이인 강영봉 선생으로부터 얻은 것이다.

라고 한다. 또한 '예/양/야'는 억양에 따라 올림억양을 취하면 청자에게 되묻는 확인물음을 나타내고, 올라갔다가 급속히 떨어지는 억양을 취하면 화자 자신이 말한 내용을 받아들이도록 촉구하는 기능을 한다고 한다[18]. 그러나 의문사를 포함한 설명물음문에 결합되는 '예'나 '양'은 단순히 높임의 기능을 한다고 보아야 할 것이다. 아래 (14)는 설명물음문의 예이다.

(14)

가.

@ 경 헤그네 채소를 가라그네 허면 주로 반차는 어떠케덜 <u>만드러 머거 싱고양</u>?{그래서 채소를 갈아서 반찬을 어떻게 만들어 먹었겠습니까?}

반찬도 이자 요새 멍는 거 거저 비스터우다.{반찬도 이제 요새 먹는 것과 거의 비슷합니다.}

나. 쉐 질드리젠허민 이게 머 몬 먹께 멀뜰 <u>피료한고예</u>?{소를 길들이려고 하면 이것이 뭐 못 먹게 무엇들이 필요합니까요?}

다. 아주 조으민 이부니 일 허곡 <u>경 핸예</u>?[19]{아주 좋으면 이분이 일 하고 그렇게 했어요?}

또한 (15)처럼 '예' 없이도 확인물음을 나타내는 경우에 결합되는 '예'는 확인물음의 기능과는 무관하다. 그러므로 (15)의 '예'도 (14)와 마찬가지로 높임의 기능을 수행한다고 해야 한다.

---

18) 강영봉 선생은 '야'가 '예'와 달리 오직 서술로만 쓰이며 올림억양을 취하여 되묻는 경우에는 불가능하다고 하여 쓰임의 차이가 있다고 하였다.

19) 두루높임의 토씨가 반말의 씨끝 '-어'에 붙어 물음을 나타낼 경우, 방언에 따라 기능이 다르다. 예를 들어 표준어에서 '철수 지금 책 읽어요?'는 상대에게 철수가 지금 책을 읽고 있는지를 묻는 중립적인 의문문이다. 반면 이 문장을 전라도 방언으로 바꿔 '철수 지금 책 읽어라우?'라고 하면 결코 중립적인 의문을 형성하지 못한다. 이 문장은 선행 발화에서 상대가 '철수가 지금 책을 읽고 있다'고 하였음을 전제로 하여 이를 다시 되묻는 뜻을 나타내기 때문이다. 그런데 제주방언의 경우 (14)와 같은 중립적인 의문문이 가능한 것으로 미루어 전라도 방언보다는 표준어와 같은 양상을 보이는 것으로 생각된다.

(15)

가. 목초밭 오양밭예. 그리고 저 오양밭터고 촐와슨 틀리지예?{목초밭 '오
   양밭'요. 그리고 저 오양밭하고 목초밭하고는 틀리지요?}

나. 다섯 씨쯤 해 가지고 막 어두울 때까지예?{다섯 시쯤 해 가지고 막 어두
   울 때까지요?}

다. 거믄 쉐는 어려워예?{검정 소는 어렵지요?}

라. 아버님 소를 남의 소에 매끼자나예? 경 헤영 목짱에 가자나예? 그래
   쓸 때 그 소는 혹시 뭐라고 따로 부르진 안험니까?{아버님 소를 남의
   소에 맡기잖아요? 그래서 목장에 가잖아요? 그랬을 때 그 소는 혹시 뭐라고
   따로 부르지는 않습니까?}

마. 맨 먼저 쉐 질루젠 허며는 쉐를 뭐 가둬노키도 하고 노앙 키우는 데
   도 잇꼬 머기 논는 데도 잇꼬 여러 시설물드리 이쓸 꺼 아닙니까예?
   {맨 먼저 소를 기르려고 하면 소를 뭐 가둬놓기도 하고 놓아서 키우는 데도
   있고 먹이 놓는 곳도 있고 여러 시설물들이 있을 것 아닙니까요?}

바. 그 우리 으드레당이 유명허자넘니까예?{그 우리 여드레당이 유명하잖습
   니까요?}

결국 '예'나 '양'의 기본 기능은 표준어 '요'와 같은 두루높임을 나타내
는 것으로 해석하는 것이 가장 합리적이라 하겠다. 실제 '예'나 '양'의 출
현 분포도 표준말의 '요'와 매우 흡사하여 반말에 주로 붙는다. 그러나 반
말에 '예'나 '양'이 결합하여 올림억양을 취하면 예 (16)과 같이 되묻거나
확인물음을 나타낸다.

(16)

가. 와. 굴렁쐬 같은 거양?{와. 굴렁쇠 같은 거요?}

나. 입쨍이? 입쨍이에다가 가시새를 꼿아양?{벽선? 벽선에다가 가시새를 꽂
   아요?}

다. 청방 안빵 마리하고양?{청방 안방 마루하고요?}

라. 아 두 푸네서 두 치꺼지양?{아 두 푼에서 두 치까지요?}

마. 게니까 우예 담 다는데 이러케 마감하드시 영 볼리는 거를 앙토헌다

고 <u>허는구나양</u>? 그 앙토헐 땐 아까 고시락 출흐 캐가지고 영 볼르
는.{그러니까 위에 돌 쌓는데 이렇게 마 감하듯이 이렇게 바르는 것을 앙토
한다고 하는구면요? 그 앙토할 때 아까 까끄라기 찰흙 해서 이렇게 바르는.}

아래 (17)도 반말에 '예'나 '양'이 결합하지만 (16)과 달리 내림억양을
취하는 경우이다. 이때는 단순히 높임의 기능만을 수행하는 것으로 보이
며 억양에 따른 특별한 화용적 의미가 느껴지지 않는다.

(17)

가.

@1 성바지는 아까 오성바지가?{성씨는 아까 오성바지가.}

#1 <u>오성바지예</u>.{오성바지요}

나. 그럼 예를 드러 <u>아버님예</u>. 번쒜인 경우도 그 기간이 있씀니까?{그러면
예를 들어 아버님요. 번소인 경우도 그 기간이 있습니까?}

다. 곱딱칸 궤를 이 하르방이 원 누구 이 하르방이 촘상한 <u>어르니난양</u>.
이 이 존준헌 이 저 궤드를 마니 <u>만드랑양</u>. 경허영 두민 우린 그딘
강 봥 하르방이 워낙 잘 사라십쭈. 우리 넏하르방은 잘 사니네.{고운
궤를 이 할아버지가 원 누구 이 할아버지가 꼼꼼한 어른이니까요. 이 이 잔
잔한 궤들을 많이 만들어서요. 그렇게 해서 두면 우리는 거기 가서 봐서 우
리 넛할아버지가 워낙 잘 살았지요 우리 넛할아버지는 잘 사니까.}

라. 예 친목꼐덜 험니다. 서로 <u>도라가멍예</u>. 에 연나른 그 그걸 허젠허며
는 장자기 어뗘케나 <u>귀혜신지양</u>. 꼭 규정에 그런 게 올릅쭈.{예 친목
계들 합니다. 서로 돌아가면서요 예 옛날은 그 그것을 하려고 하면 장작이
어떻게나 귀했지요. 꼭 규정에 그런 것이 오르지요.}

마. 혹시 저 쉐막 <u>일꼬예</u>. 오양하는 바슨 오양밭 여기서 영 홉니까?{혹시
저 외양간 있고요 목초 기르는 밭은 '오양밭' 여기서 이렇게 합니까?}

바. 에 산 어느 춤 오래 사라시믄 그 마리라도 ᄀ르멍 우스개 허젠 헨는
디 일칙 가부런 그 마를 몯 ᄀ라쑤다마는. 나가 그때 느낀 <u>인상은양</u>.
그게 이젠 기어게 나마 마씸.{에 산 어느 참 오래 살았으면 그 말이라도
말하면서 우스개하려고 했는데 일쩍 가버려서 그 말을 못 말했습니다마는.
내가 그때 느낀 인상은요 그게 이제 기억에 남아 있어요.}

　　제주방언에서 '예'와 '양'은 (18)처럼 아주높임의 마침씨끝 뒤에도 결합이 가능하다. 물론 표준어에서도 '-습니다요'나 '-습니까요?'의 결합이 불가능한 것은 아니나 이런 결합은 자신을 한껏 낮추는 심리를 나타내는 말로서 서비스업에 종사하는 사람들에게서나 들을 수 있는 매우 특이한 말투이다. 반면 제주방언에서 아주높임 뒤에 '예'나 '양'이 결합되는 것은 매우 일반적이라는 점에서 표준어와 차이를 보인다고 하겠다.

(18)
　가. 나머지는 대개 다 씨를 씨를 <u>뿌리지아느꽈양</u>?{나머지는 대개 다 씨를 뿌리지 않습니까요?}
　나. 그 쉐 혹씨 나이별로 쉐를 <u>칭하지 아늠니까양</u>? 흔 살짜리는 머고 두 살짜리는 머고.{그 소 혹시 나이별로 소를 칭하지 않습니까요? 한 살짜리는 뭐고 두 살짜리는 뭐고.}
　다. 흐루 종일 일헌 거를 뭐엔 허는가마씨? 가령 일 한참 허는데 열 뚜 시 되난 비가 막 와 부러서양 그 일 모터며는 오전만 일헌 거 <u>아니꽈양</u>? {하루 종일 일한 것을 무엇이라고 합니까? 가령 일을 한참 하는데 열 두 시가 되니까 비가 막 와 버려서요, 그 일 못 하면 오전만 일한 거 아닙니까요?}

　　제주방언의 화용 첨사 '예'나 '양'은 모두 긍정의 응답어에서 첨사화한 것으로서 반말에 붙어 높임을 나타낼 수 있는 점에서 표준어의 '요'와 매우 흡사하다. 다만 아주높임의 씨끝에 자유롭게 결합하는 점에서는 표준어와 차이를 보인다. 서남방언의 화용 첨사 '예'나 '야'도 앞에서 언급한 바와 같이 긍정의 응답어에서 첨사화된 것이지만 반말에 결합할 수 없고 오직 높임의 씨끝에 결합한다는 점에서 제주방언과 차이를 보인다. 서남방언의 '예'나 '야'가 제주방언과 같이 두루높임의 토씨로 기능하지 못한 것은 이미 이 방언에 두루높임의 토씨 '라우'가 존재하기 때문일 것이다. 따라서 제주방언의 '예'와 '양'은 서남방언의 '예'나 '야'와 높임의 기능은 같지만 출현 분포에서 차이를 보인다고 하겠다.

2.4 동남방언의 '예'

동남방언에서 높임의 위계에 쓰이는 긍정의 응답어는 '예'가 일반적이지만 '야'도 더러 쓰인다.

(19)
@ 콩골예?{큰골이요?}
# 야, 콩'골.{예, 큰골.}(경북 의성)

동남방언의 높임 응답어 가운데 화용 첨사로의 문법화가 일어난 형태는 '예'뿐이다[20]. 화용 첨사 '예'는 주로 경남 지역의 자료에서 확인되며 그 쓰임새는 표준어 '요'에 대체로 일치한다. 예를 들어 반말에 결합하여 두루높임의 기능을 하는 점이 그렇다. 그런데 아주높임의 씨끝과의 결합 가능성에서는 표준어와 약간의 차이를 보인다. 표준어에서는 '먹습니다요'나 '먹습니까요?'가 가능했으나 이 지역어의 경우 '*묵십니더예'나 '*묵십니꺼예?'는 불가능하기 때문이다. 그런데 명령문이나 청유문의 경우는 오히려 표준어와 달리 '예'의 결합이 가능하다. 따라서 표준어에서 '*가십시오요'나 '?가십시다요'가 매우 어색한 반면 경남 지역어의 경우 '가이소예'와 '가입시더예'는 매우 자연스러운 표현인 것이다. 한편 경북 지역에서는 '예' 외에 '요'나 '여'도 쓰이는데, 경북의 북부 지역인 봉화, 의성 등지에서 이들 형태가 확인된다. 다음은 경남지역 토박이인 방언 조사자와 제보자에게서 확인된 첨사 '예'의 예이다.

---

20) '야'가 첨사로 기능하는 예가 봉화의 구술발화 자료에 한 차례 확인된다. 그러나 예가 하나뿐이므로 이를 이 지역의 화용 첨사로 확언하기 어려운 점이 있다.
   (예) 저 학쩡봉을 웨 학쩡보이라 그인머이 저 사늘 보 꺼 트음마 하기 나라가느 형상이래야{저 학정봉을 왜 학정봉이라 그러나 하면 저 산을 볼 것 같으면 학이 날아가는 형상이에요..}(봉화)

(20)

가. 그 말쓰미지예 내 기어기 납니더.{그 말씀이지요 내 기억이 납니다.}

나. 요 요래캐서 가리고예 하능 그기지예, 그 두지 만드는 방뻡 함 말씀
{이 이렇게 해서 가리고요 하는 그것이지요, 그 뒤주 만드는 방법 한 번 말씀.}

다. 어르신 저:기 아까 잠시 그 말쓰믈 하셜습니다마는 쪼금 저네 말씀하
싱거는 농사 진는 전 과정이고예.{어르신 저기 아까 잠시 그 말씀을 하셨
습니다마는 조금 전에 말씀하신 것은 농사짓는 전 과정이고요.}

라. 고거 함번 쪼끔 말씀 해보이소, 보리부터 시작해가지고예.{그것 한 번
조금 말씀 해 보십시오, 보리부터 시작해가지고요.}

마. 그으서부터 착착 미테부터 하까예, 대무까네서부터 쭉 그래해보까예.
{거기에서부터 착착 밑에부터 할까요, 대문간에서부터 쭉 그렇게 해볼까요}

바. 침 읻찌예.{침 있지요.}

사. 그그떠 그리 조아예.{그것도 그렇게 좋아요.}

예 (21)-(22)는 경북 봉화와 의성에서 확인된 '요'와 '여'의 예이다.

(21)

가. 타성드리 사러도 주루 깅가드리 마이 사러쩨요.{타성들이 살아도 주로
김가들이 많이 살았지요.}(봉화)

나. 아, 파래 미치는, 파래 미츠넌 바다 미치이께네 바라미라 그러꼬, 그
래 지인느 꺼테요.{아, 파도 밑은, 파도 밑은 바다 밑이니까 '바람'이라 그
랬고, 그래 지은 것 같아요.}(봉화)

다. 우리 여, 우, 나는: 조:실부몰해써요.{우리 여기, 우리, 나는 조실부모했어
요.}(의성)

(22)

가. 미 쩌 짜, 예, 해저다, 그래여.{밑 저 자, 예, 해저리다, 그래요.}(봉화)

나. 업찌, 머여.{없지, 뭐요.}(봉화)

다. 펭기카지여.{평기라고 하지요.}(의성)

   그렇다면 화용 첨사로 경북 지역에서는 '요', '여', '예', 경남지역에서는 '예'가 쓰인다는 사실을 알 수 있다. 이들 첨사 가운데 응답어에서 문법화된 것으로 볼 만한 것으로는 '예'를 들 수 있으며[21], 이 밖에 '요'나 '여'는 응답어에서 온 것으로 볼 수 없다. '요'는 표준어에서도 쓰이며 모음이 상승된 '유'가 충청 지역에서 쓰이는데 이는 지정사 '-이'와 마침씨끝 '-오'의 결합인 '-이오'가 씨끝에서 첨사화한 것이다(고광모 2000). 그러므로 동남방언에서는 높임의 화용 첨사의 기원으로서 씨끝 '-이오'와 응답어 '예/야'의 두 갈래를 생각할 수 있다. 반면 서남방언의 '이라우'는 지정사와 마침씨끝의 결합체 '이라'에 하오체의 씨끝 '-오'가 결합한 '이라오'에서 토씨로 재구조화한 것이다. 이 밖에 섬진강 주변 지역인 전남의 광양, 여수나 경남의 하동, 남해 지역에서 쓰이는 두루높임의 토씨 '이다'는 아마도 높임의 안맺음씨끝 '-이-'가 포함된 씨끝의 결합체 '-이다'에서 온 것으로 추정된다. 두루높임의 토씨가 갖는 높임의 의미는 이들 기원어에 포함되어 있는 형태에서 비롯한 것이다. '요', '유', '이라우'는 모두 하오체의 마침씨끝 '-오'에서 높임의 뜻이 이어져 왔으며, '이다'는 높임의 안맺음씨끝 '-이-'에 기원하는 것으로 보인다. 한편 동남방언의 '예'와 제주방언의 '예/양'이 갖는 두루높임의 의미는 응답어가 가졌던 애초의 높임의 의미를 그대로 이어받은 것일 것이다. 다음의 <표 2>는 이상의 설명을 정리한 것이다.

---

21) 이기갑(2003:325)에서 동남방언의 두루높임 토씨 '예'가 '요, 유, 이라우'와 마찬가지로 하오체의 씨끝 '-오'로부터 기원한 것으로 기술한 바 있는데 이는 잘못이다. 여기서는 이전의 기술을 수정하여 '예'가 응답어 '예'에서 문법화한 것으로 보려 한다.

<표 2> 두루높임 토씨의 기원

방언	두루높임의 토씨	기원
중부방언	요/유	-이-오
서남방언	이라우	-이-라-오
동남방언/제주방언	예(동남방언), 예/양(제주방언)	응답어 '예'
전남의 동부/경남의 서부	이다	-이-다

우리는 2.2-2.4에 걸쳐 응답어 '예' 또는 '야'가 화용 첨사로 재구조화 된 양상을 살펴보았는데, 각 방언에서 '예/야'의 출현 분포를 보이면 <표 3>과 같다.

<표 3> 화용 첨사 '예/야'의 분포

예/야	전남방언	제주방언	동남방언
반말	×	○	○
문장 중간	×	○	○
높임의 마침법	○(예사높임)	○(아주높임)	△(아주높임)

위의 <표 3>을 보면 제주방언과 동남방언의 '예'는 모두 반말에 결합 될 수 있지만 전남방언은 그렇지 못함을 알 수 있다. 반말에 '예'가 결합되 면 상대높임의 위계가 낮춤에서 높임으로 바뀌게 된다. 따라서 제주방언 과 동남방언에서 '예'의 기본 기능은 높임이다. 반면 전남방언의 '예'는 반 말에 결합되지 못하고 오직 하오체의 마침법에 결합된다. 하오체는 높임 의 위계에 속하므로 여기에 '예'가 결합된다고 해서 상대높임의 위계가 달 라지지는 않는다. 그렇다면 이때의 '예'는 다른 방언의 경우와 달리 높임 대신 다른 화용적 효과를 발휘하는 것으로 예상할 수 있는데 우리는 그 화용적 효과를 '마침법의 서법을 강조하는' 기능으로 해석하려 한다. 서술 문의 경우는 '다짐', 의문문, 명령문, 청유문에서는 '답변이나 행동의 촉구' 등의 기능을 하는데 이러한 기능들은 모두 '강조'라는 단일한 기능의 실현

이라 할 수 있다. 다만 제주방언과 동남방언에서도 '예'가 높임의 위계에 결합될 수 있으므로 이때는 전남방언과 마찬가지로 서법을 강조하는 기능을 수행한다고 해야 한다. 제주방언은 높임의 모든 서법에 걸쳐 '예'의 결합이 가능하나, 동남방언(경남 지역어)의 경우 높임의 명령과 청유에만 나타날 수 있다. 따라서 서술법의 결합력에 있어서 제주방언과 동남방언은 차이를 보인다고 하겠다.

3. 전남방언의 화용 첨사

전남 지역어에는 '이'나 '예' 외에도 문장 끝에 나타나 말할이의 심리를 드러내는 첨사들이 더 있다. '웨', '와', '야'가 대표적인데 이들은 상대높임의 위계에서 차이를 보인다.

3.1 '웨'

전남방언의 '웨'는 예사낮춤의 위계에 쓰이는 첨사이다. '웨'는 홀로 쓰이는 법은 없고, 아래 (1)에서 보듯이 언제나 예사낮춤의 마침씨끝 뒤에 결합되는데, 서술문, 의문문, 명령문, 청유문에 결합이 가능하다[22]. '웨'는 선행 발화와의 사이에 쉼의 개재 없이 연속적으로 발화되는 의존성을 띠므로 첨사의 지위를 갖는 것은 명백하다.

(1)
가. 날씨가 징허니 덥네웨.

---

22) 예 (1)에 제시된 마침씨끝 외에도 '좋은 말이시웨'. '나도 줌시웨.'처럼 '-시'(=-ㄹ세), '-음시'(=-음세) 등의 예사높임 씨끝에 모두 '웨'가 결합될 수 있다.

　나. 거그서 멋 형가웨?
　다. 언능 가소웨.
　라. 언능 가세웨.

　'웨'는 원칙적으로 장음으로 발음되는데, 선행문이 서술문일 때 '웨'는 내림억양을 취하면 '새로운 깨달음'을 나타냄으로써 자신의 발화 내용을 강조하고, 올림억양을 취하면 상대에게 동의를 구하는 기능을 한다. 이러한 기능은 첨사 '이'나 '예'와 같은 것이다. 선행문이 의문문일 때 '웨'는 올림억양을 취하며 상대에게 답변을 요구하는 말맛을 느끼게 하는데 이점 역시 첨사 '예'와 동일하다. 선행문이 명령문과 청유문일 경우 '웨'는 올림억양과 내림억양 두 가지를 모두 취할 수 있으며, 상대에게 행동을 재촉하는 말맛을 갖는 점에 있어서 '이', '예'와 완전히 일치한다. 결국 '웨'는 '이'나 '예'와 마찬가지로 선행 발화의 언표내적 효력을 '강조'하는 기능을 수행하는 셈이다. 우리는 앞에서 '예'의 '강조' 기능을 '예'의 대용어로서의 성격에서 찾았다. 그렇다면 '웨'도 '예'와 마찬가지로 대용어의 성격을 갖는 것일까? '예'는 응답어로 쓰이기 때문에 대용어의 성격이 분명하였지만 '웨'는 그렇지 못하므로 '웨'가 과연 대용어의 성격이 있는지 확언하기 어렵다.

　이 '웨'는 문장 내부에 나타나지는 못한다. 이것은 '웨'가 반말 표현 뒤에 오지 못하기 때문이다. 이 역시 '웨'가 '예'와 일치를 보이는 경우이다.

　　(2)
　　가. *내가 봤어웨.
　　나. *내가 봤지웨.
　　다. *이것 좀 자네가 해 봐웨.
　　라. *그렇께웨.
　　마. *내가웨 어지께웨 고 사람을웨 만났는디웨,...

응답어 '어이'와 첨사 '웨'가 모두 예사낮춤의 씨끝과 호응하고, 기능이 유사한 점을 들어 '웨'를 긍정의 응답어로 쓰이는 '어이'가 약화되어 첨사화한 것으로 해석할 가능성이 있다. 그러나 '어이'와 '웨'를 형태적으로 관련시키기는 쉽지 않다. '어이'가 약화되어 '에'로 축약될 수 있지만, 여기에 반모음 [w]가 추가되어 이중모음의 '웨'로 될 가능성은 희박하기 때문이다. 혹시 '웨'와 기능이 완전히 일치하되 상대높임의 위계만 아주낮춤으로 다른 전남방언의 첨사 '와'에 유추되었을 가능성도 생각할 수 있으나 확언하기는 어렵다[23].

또한 '어이'와 '웨'는 말맛이 다르다. 아래 예 (3)처럼 명령문에 쓰인 경우, '어이'는 부름말로서 상대를 재촉하는 느낌이 강하지만 '웨'는 상대에 대한 부드러운 권유의 말맛이 느껴진다. 그래서 '어이'는 성인의 친구나 손아랫사람에 대한 말이라면, '웨'는 할머니가 어린 손자에게 하는 말로 적당하다. 만약 상대가 성인인 경우, 예를 들어 장모가 사위에게 하는 말에 '웨'를 결합시켰다면 그때는 말할이가 상대를 마치 어린아이처럼 대하는 느낌이 있어 어색하다. 그래서 '웨'에는 '어이'에 없는, 상대에 대한 다정함이나 친밀감이 더 들어있는 것이다. 이러한 점을 고려하면 '웨'는 '어이'와는 별도로 생겨난 전남방언의 첨사로 보는 것이 타당할 것 같다.

(3)
가. *김 서방 내일 꼭 오소웨.
나. 언능 가소 어이.
다. 언능 가소웨.

---

23) 첨사 '와'는 아주낮춤의 씨끝과 공기하는데, 아랫사람에게 다정한 느낌을 주는 첨사란 점에서 '웨'와 완전히 일치한다.
　　(예) 가. 차말로 좋다와.
　　　　나. 거그서 멋 허냐와?
　　　　다. 언능 가그라와.
　　　　라. 나랑 같이 가자와.

'웨'가 부름말 '어이' 뒤에 나타난다는 사실은 강희숙(2006)에서 지적된
바 있다. 예 (4)는 조정래의 『태백산맥』에서 확인된 것인데, 이것은 '웨'가
'어이'와 독립된 별개의 첨사임을 말해 주는 또 다른 증거인 셈이다.

(4)
가. 어이웨 자네가 성인께로 상구 미워허덜 말소<7:18>
나. 어이웨 나가 한바쿠삥 돌고올껏잉께 장시 자알 허소이.<9:258>

강희숙(2006)은 조정래의 소설 『태백산맥』에서 '웨'가 사용된 예를 모아
제시하면서 '웨'가 예사낮춤이나 예사높임의 씨끝에 결합한다고 하였다.
'웨'가 예사낮춤의 씨끝에 결합하는 것은 분명하나 예사높임에까지 결합
된다고 하는 것은 이해하기 어렵다. '웨'가 예사높임에 결합된 예로서 강
희숙(2006)에 제시된 것은 아래의 (5)이다.

(5) 워찌 살아야 쓸랑가 몰르겄소웨.<2:21>

예 (5)는 50대의 두 여인네끼리 하는 대화 가운데 나오는 것으로서, 여
기서 씨끝 '-소'는 하오체의 서술법 씨끝이므로 이 예가 예사높임의 위계
에 해당되는 것은 분명하다. 그러나 강희숙(2006)에 제시된 예 가운데 (5)
를 제외한 모든 예는 예사낮춤에 해당하므로 (5)는 매우 이례적인 것이라
아니할 수 없다. 이것은 아마도 첨사 '예'를 작가 조정래가 '웨'로 잘못 표
기한 것으로 추정된다. '예'는 '웨'와 달리 하오체의 씨끝과 결합하기 때
문이다.

(6) 우리 저, 큰따를, 큰딸 임:신해:가꼬 저금나와서 나:쏘웨.{우리 저, 큰딸
을, 큰딸 임신해 가지고 분가 나와서 낳았소.}(전남 영암)

예 (6)은 전남 영암 지역의 구술발화 자료에 나타난 것인데, 제보자가 조사자에게 하는 말 끝에 첨사 '웨'가 결합되었다. 그러나 '웨' 앞의 마침 씨끝이 '-소'이므로 예사낮춤이 아닌 예사높임의 위계로 해석하지 않으면 안 된다. 따라서 이 경우도 예 (5)와 마찬가지로 첨사 '웨'가 아닌 '예'로 보아야 한다. 선행하는 씨끝의 모음 /ㅗ/에 동화되어 첨사 '예'가 '웨'로 바뀐 것이기 때문이다. 그러므로 겉으로 보기에 '하오체'의 씨끝에 결합되는 것처럼 보이는 예 (5)와 (6)을 동화의 결과로 해석한다면 '웨'가 예사낮춤의 씨끝에 결합된다는 우리의 기술은 유효하다고 하겠다.

아래 (7)-(9)는 모두 강희숙(2006)에서 제시된 것들인데, 강희숙(2006)에서는 이 '웨'가 주어진 상황에 대한 화자의 유감 혹은 부정적 태도를 드러내는 데 쓰인다고 하였다. 그러나 이러한 부정적 태도는 (7)-(9)의 각 문장에서 '웨'가 없더라도 똑같이 표명될 수 있는 것이다. 따라서 '웨' 자체가 이러한 태도를 표현한다고 하기는 어렵다. 서술문 뒤에 오는 '웨'는 말할이의 이러한 부정적 심리에 대해 들을이가 공유하기를 바라는 말할이의 마음이 표현되어 있다고 보는 것이 더 타당할 것 같다. '말할이와의 정서적 공감에 대한 요구'라고 할 만한 기능인 것이다. 한편 명령문 뒤에 오는 '웨'는 상대에 대해 행동을 촉구하는 기능을 수행하는데, 다만 상대가 행동하기를 강하게 촉구한다기보다 완곡한 당부 정도로 해석된다. 이것은 물론 '웨'가 갖는 다정함이나 부드러운 말맛 때문이다.

(7)
가. 허어 말도 청산유수시웨.<1:131>
나. 허참 소가 다 웃을 일이시웨.<4:68>
다. 똥 싼 눔이 큰 체 헌다등마 꼭 그 짱이시웨.<5:110>

(8)
가. 자다가 봉창 뚜둘기는 소리허고 앉었네웨.<1:185>

　나. 저눔에 입변사 회 쳐 묵겄네웨.<3:149>

　다. 야 옆에 앉었다가는 나할라 덤터기 쓰겄네웨.<4:58>

　라. 기가 맥혀 못 살겄네웨.<7:18>

　마. 사람 칵 미치게 맹그네웨.<7:198>

　바. 참말로 참자 참자 혀도 못 참겄네웨.<9:167>

(9)

　가. 다 암스롱도 저 우뭉 떠는 것 잠 보소웨.<3:113>

　나. 저 뜽금옰는 소리 허는 것 잠 보소웨.<3:156>

　『태백산맥』의 예를 실제로 검토해 보면 많은 경우가 말할이의 혼잣말에 쓰이고 있다. 아래 예 (10)이 그러한 경우이다.

(10)

　가. 경찰 못 된 것이 한이시웨.<2:32>

　나. 사람 복통얼 허고 죽을 일이시웨.<3:63>

　다. 내가 매와서 우리 새끼 눈에 눈물 범벅이시웨.<4:188>

　라. 아이고메 사람 복장 터져 죽을 일이시웨.<6:22>

　마. 그 매운 삼동 잘 보내고저 무신 조환지 몰르겄네웨.<6:226>

　바. 음마 염병허네웨.<9:11>

　사. 잡것 환장허겄네웨.<10:80>

　'웨'는 예사낮춤의 표현 뒤에 오는 것이 원칙이므로 특정한 상대를 전제로 해야 한다. 그렇다면 (10)처럼 말할이 혼잣말에 나타나는 '웨'는 매우 특이한 것이다. 굳이 해석한다면 말할이 자신을 예사낮춤의 상대로 상정하고 한 혼잣말이라 할 수 있다. '-시'(=ㄹ세)나 '-네'와 같은 씨끝은 새로운 깨달음을 표현하는 점에서 상대에 대한 지향이 그다지 높지 않은 것도 한 이유가 될 수 있을 것이다. 그러나 글쓴이의 직관으로는 (10)의 예가 혼잣말로 쓰이는 것은 용인되지 않는다. 혼잣말은 반말이나 아주낮춤의 씨끝을 쓰는 것이 일반적이므로 예사낮춤의 씨끝을 혼잣말로 사용하는 것은 이해되지 않기 때문이다. 혹시 첨사 '이'를 써야 할 자리에 기계적으로 '웨'를 붙인 것은 아닐까 하는 생각이 들기도 한다. '이'는 혼잣말에도 충분히 사용 가능한 첨사이다.

3.2 '와'

전남방언에는 아주낮춤의 마침씨끝 뒤에 붙는 첨사로 '와'가 있다. 이 '와'는 상대에 대한 다정함이나 완곡함을 나타내는 말맛이 있다. 그래서 말할이 혼자 하는 혼잣말에는 '와'를 사용할 수 없다.

(11) *차말로 좋네와.(혼잣말인 경우)

'와'는 아래 예 (12)에서 보는 바처럼 서술문, 의문문, 명령문, 청유문 뒤에 결합할 수 있다. '와'는 선행문이 의문문인 경우를 제외하고는 원칙적으로 내림억양을 취하지만, 강조할 경우 '와'를 장음화하면서 끝을 약간 올릴 수는 있다. 이렇게 올림억양을 취하면 상대에 대한 다정한 느낌이 더해진다. 또한 (12마)처럼 수사의문문 다음에 오는 '와'는 내림억양과 올림억양 모두를 취할 수 있다.

(12)
가. 차말로 덥다와.
나. 언능 가그라와.
다. 언능 갔다 오자와.
라. 거그서 멋 허냐와?
마. 어째야 쓰끄나와?

'와'는 '예'나 '웨'와 마찬가지로 문장 내부에 오지는 못한다. 이러한 분포의 제약은 '와'가 반말 표현 뒤에 오지 못하기 때문이다.

(13)
가. *내가 갔지와.
나. *내가 갔어와.
다. *언능 가와.
라. *어지께와.
마. *내가와 어지께와 고 사람을와 만났는디와,...

'와'는 문법화를 거쳐 생겨난 어형으로 보이지 않는다. 문법화의 기원어가 없기 때문이다. '와'는 아주낮춤의 위계에 쓰이는 말이다. 그러나 말할이와 들을이 사이에 높낮이의 차이가 있을 때 가능한 말이며, 평교간에 쓰이기는 어렵다. 아래 (14), (15)는 강희숙(2006)에서 보여 준 조정래의 소설 『태백산맥』에 나타난 '와'의 예인데, 부모와 자식, 또는 시부모와 며느리 사이인 경우가 주를 이룸을 알 수 있다. 물론 부모와 자식뿐 아니라 조부모와 손자, 숙모와 조카 사이에도 사용될 수 있으므로 윗사람이 아랫사람에게 사용되는 아주낮춤의 표현이라 할 것이다.

(14)
가. 나도 새중간에 끼여서 더 못 살겄다와.<1:93>(어머니가 딸에게)
나. 염병허고 꼬치다와.<6:102>(어머니가 딸에게)

위의 예 (14)에서 '와'가 서술문 뒤에 오면, 서술문의 내용을 상대와 함께 공감하기를 원하는 말할이의 심리가 담기게 된다. 이런 점은 첨사 '웨'에서도 확인되었던 기능이다.

(15)

가. 인자 이불 걷어내고 건너가서 눈 잠 붙이거라와.<1:34>(시아버지가 며
느리에게)

나. 니는 낮이라도 잠 썻거라와.<1:267>(어머니가 딸에게)

다. 인자 속불을 *끄*거라와.<4:24>(어머니가 딸에게)

위의 예 (15)는 명령문 뒤에 '와'가 결합한 경우인데, 역시 '이'와 마찬
가지로 상대에게 행동을 촉구하는 기능을 수행한다. 다만 '이'에 비해 훨
씬 완곡한 표현으로서 행동의 촉구나 재촉이 아니라 상대에게 당부하는
느낌을 준다. '와'는 이처럼 상대에 대한 말할이의 부드럽고, 다정하며, 완
곡한 태도를 나타낸다. 그래서 이런 말은 흔히 여자들이 자식이나 손자
또는 조카 등에 대한 사랑스러움을 표현할 때 많이 사용한다.

'와'는 평교간처럼 위계가 같은 상대에게 사용하면 어색한 느낌을 준다.
말할이가 들을이를 아주 아랫사람으로 대하는 인상을 주기 때문이다. 단
순히 평교간일 때는 첨사 '이'를 사용하는 것이 가장 자연스럽다.

(16) 잘 *가세와/가세이.(친구가 친구에게)

아래 예 (17)은 '와'가 상대에 대한 안쓰러움이나 미안함 등을 나타내는
수사의문문 뒤에 결합된 경우이다. 수사의문문은 형식만 의문문일 뿐 내
용은 서술문과 마찬가지로 사태에 대한 말할이의 진술이 담겨 있는 문장
이다. 따라서 이 경우의 '와'는 서술문 때와 마찬가지로 말할이의 심리를
들을이와 공유하기를 바라는 마음을 표현하는데, (17)에 나타난 말할이의
심리는 안쓰러움이나 미안함 등이므로 이러한 감정을 말할이에게 전달하
여 서로 공감하기를 원하는 태도가 반영되어 있다고 할 수 있다.

(17)

가. 집에 가서 뉘야제 걸음이 그래갖고 워디로 간다냐와?<6:111>(어머니
　　가 아들에게)

나. 그 솜씨 아까워 워쩔끄나와?<1:97>(어머니가 딸에게)

다. 나가 면목 읎어 으쩔끄나와?<5:231>(시어머니가 며느리에게)

3.3 '야'[24]

전남방언에서 첨사 '야'는 모음 뒤에서 '야', 자음 뒤에서 '아', '야', '이
야'로 수의적인 변동을 보인다. 자음 뒤에 '야'가 나타날 때 /ㄴ/이 수의적
으로 첨가되기도 한다.

(18)

가. 책아?

나. 책야? ([채갸] 또는 [챙냐])

다. 책이야?

이것은 애초에 자음 뒤에서 '아', 모음 뒤에서 '야'로 변이를 보이던 교체가
평준화되어 가는 변화 과정을 보여 준다. 자음 뒤에서 애초 쓰였던 '아'가
'야'의 형태를 보이다가 '이야'로 변화했던 것이다. 현재는 '야'와 '이야'가
혼용될 수 있으므로 '야 > 이야'의 중간 단계에 와 있는 셈이다.

　첨사 '야'는 반말 표현에 결합하여 상대높임의 등급을 '해라체'로 확정
시키는 기능을 한다(이기갑 2003:183-185, 583-585). 이 점에서 '해요체'를 만
드는 첨사 '요' 또는 전남방언형 '라우'와 대립한다고 할 수 있다. 예를 들
어 '먹어'라는 반말 표현에 '야'를 결합시키면 높임의 '먹어요'나 '먹어라

---

24) 아주낮춤의 씨끝 뒤에 붙는 첨사 '야'는 서남방언 외에 여러 방언에서도 확인된다. 대표
　　적으로 서북방언을 들 수 있다(이기갑 2003:183 각주 83).

우'와 대립하는 아주낮춤의 표현 '먹어야'가 되는 것이다.

　그러나 반말에 붙는 '야'가 의문문에 쓰이면 '요'와는 다른 양상을 보인다. 예를 들어 '어디 살아요?'는 단순히 상대가 어디에 사는지를 묻는 의문문이다. 그러나 '야'가 결합된 '어디 살아야?'는 그런 뜻으로 쓰이지 않는다. 상대가 어느 곳에 산다고 말했는데 그것을 잘 듣지 못하여 이를 확인하기 위해 되묻는 물음으로 쓰인다. 일종의 반문이라 하겠다. 이러한 용법은 표준어 '요'에 대응하는 전남방언의 첨사 '라우'에서도 마찬가지로 확인된다. '어디 살아라우?'라고 물었을 때 이 물음은 단순히 상대가 어디에 사는지를 묻는 것이 아니라 상대의 말을 잘 알아듣지 못하여 상대의 말을 확인하기 위해 다시 물을 때 사용하는 것이다. 이런 점에서 보면 전남 방언의 '야'는 상대높임의 위계만 다를 뿐 용법에서는 '라우'와 완전히 같다고 할 수 있다. 결국 '야'나 '라우'는 진정한 의미의 설명의문을 나타낼 수는 없고 단지 확인물음이나 되물음만 가능한 셈이다.

　판정의문의 경우도 설명의문과 마찬가지로 확인물음의 뜻을 갖는다. 표준어에서 '내일 서울 가세요?'라고 하면 내일 서울 가는지를 묻는 말이다. 그러나 전남방언에서 '내일 서울 가게라우?'라고 하거나 낮춤으로 바꾸어 '내일 서울 가야?'라고 할 경우, 이는 중립적인 물음이 아니라 내일 서울에 간다는 상대의 말을 다시 확인하기 위한 물음이다.

　'야'와 '라우'의 이러한 성격은 명령문에서도 확인된다.

(19)
가. 여그 앙거야!(여기 앉아!)
나. 여그 쪼까 앙거게라우!(여기 좀 앉으세요!)

　예 (19)에서 말할이는 이미 상대에게 앉으라는 말을 한 적이 있었으나 상대가 반응하지 않자 다시 앉을 것을 재촉하고 있다. 그래서 엄격히 말하면 서남방언의 '앙거야'와 표준어의 '앉아'는 그 의미가 동일하지 않으며 '앙거게라우'와 '앉으세요'의 경우도 같다고 할 수 없다. 동일한 내용의 발화가 이전에 있었음을 전제하는지의 차이 때문이다. 이러한 전제는 (18)을 확인의문으로 해석하게 만든 이유이기도 했다. 동일한 전제가 의문문, 명령문, 청유문 등에 적용되고 있음을 알 수 있다.

'야'는 반말뿐만 아니라 다양한 높임 표현에 나타난다. 우선 '해라체'에 나타날 수 있다.

(20)
가. 참 좋다야.
나. *밥 묵었냐야?
다. 밥 묵어라야.
라. 빨리 가자야.

해라체에서 '야'는 서술문, 명령문, 청유문에는 나타나나 의문문에는 쓰이지 못한다. 의문문에 결합하는 '야'가 확인물음을 나타내므로 중립적인 물음의 표현에는 결합되지 못하는 것으로 보인다. 다만 아래 예 (21)처럼 수사적인 의문에는 '야'가 결합할 수 있다. 이는 내용상 '자기 혼자 가지 않는다'는 서술의 의미를 나타내므로 가능하다고 하겠다.

(21) 지 혼자 갈라디(야)?

'야'는 예사낮춤에도 나타난다. 역시 의문문에는 불가능하고 다른 서법은 가능하다.

(22)

가. 자네가 질 잘 허네야.

나. *자네가 질 형가야?

다. 자네가 몬자 허소야.

라. 나랑 같이 가세야.

'야'는 예사높임의 문장에는 결합되지 않는다. (23)처럼 예사높임에도 결합이 가능한 것처럼 보이지만, 이때의 '야'는 높임을 나타내는 것으로서 낮춤의 '야'와는 다른 것이다. 이 '야'는 2.2.2에서 살펴본 것처럼 높임의 응답어 '야'에서 첨사화된 것이다.

(23)

가. 집이가 질 잘 허요야.

나. *집이 혼자 가요야?

다. 언능 허씨요야.

라. 나랑 같이 갑시다야.

마. 지 혼차 헐랍디여야?

'야'가 서술문에 결합할 때는 대체로 '강조'의 기능을 한다. 그래서 '다짐'(확인)이나 '감탄'의 의미가 느껴지기도 한다.

(24)

가. 차말로 좋다야/좋네야.

나. 차말로 좋아야.

다. 그러면 좋제야.

명령문에 결합한 '야'가 행동을 재촉하는 느낌을 준다는 점은 이미 (19)에서 확인한 바 있다. 이는 청유문에서도 마찬가지이다.

(25)

가. 언능 묵어야./묵어라야.

나. 같이 묵어야./묵자야.

첨사 '야'는 부름토씨 '야'와 형태가 동일하며 상대높임의 위계에서도 같다. 따라서 이 두 '야'가 동일한 기원에서 출발되었을 가능성이 크다. 한편 부름토씨 '야'는 부름말 '야'와도 결코 무관하다고 할 수 없다. '부름'이라는 기능이 같고 상대높임 위계 역시 같기 때문이다. 그렇다면 부름말, 부름토씨, 화용 첨사의 세 가지로 쓰이는 '야'가 기실은 하나의 기원에서 비롯되었을 가능성도 없지는 않다. 만약 이 세 가지의 관계를 역사적으로 관련시킬 경우 아래와 같은 변화의 단계를 생각할 수 있다.

부름말 > 부름토씨 > 화용 첨사

부름토씨가 명사나 고유명사에 결합한다면 첨사 '야'는 명사뿐만 아니라 용언이나 부사에도 결합할 수 있으므로 분포가 상대적으로 넓은 편이다. 또한 동일한 고유명사에 결합하더라도 그 기능의 차이는 분명하다. 부름토씨가 결합되는 고유명사의 지시물을 부르는 기능이라면, 첨사는 해당의 고유명사에 대한 말할이의 낮춤을 나타내면서 다른 한편으로는 담화를 단절하면서 진행해 가는 기능을 수행하기 때문이다.

(26)

가. 철수야!

나. 내가야 어지께야 학교에서야 <u>철수를야</u> 만났는디야 ....

3.4 첨사 '이'와의 결합성

지금까지 설명한 첨사 '에', '야', '웨'는 기능상 첨사 '이'와 매우 유사한데, 이들이 함께 결합되기도 한다. 이때 아래 예 (27)에서 보듯이 '이'는 항상 이들 첨사 뒤에만 올 수 있을 뿐 앞에 오지는 못한다. 이것은 '이'가 상대높임의 위계상 자유롭기 때문이다.

(27)
가. 정허니 덥소예.
나. 징허니 덥소예이.
다. *징허니 덥소이예.

'웨'나 '예/야' 뒤에 결합되는 '이'는 '웨'의 말맛을 더 강하게 하는 느낌을 준다. 그래서 선행문이 서술문일 때 '이'는 선행 발화 내용의 강조나 상대에 대한 동의 요구의 강조 등을 나타낸다. 또한 선행문이 명령문이나 청유문일 때에는 상대에 대한 행동 요구를 강조하게 된다. 예를 들어 (28 나)처럼 '웨'에 '이'가 결합될 때 '웨'는 원래 가졌던 장음 대신 짧게 발음되며 대신 후행하는 '이'가 길게 발음되어 상대에 대한 요구를 더욱 재촉하거나 상대에 대한 다정스런 말맛을 표현하게 된다.

(28)
가. 언능 묵소웨.
나. 언능 묵소웨이.

한편 첨사 이'는 원래 중립적인 의문문에 결합되지 못하는데, '예', '야', '웨' 등의 뒤에 올 때도 이러한 결합 제약은 유지된다. (29), (30)의 예가 이를 보여 준다.

(29)

가. 내일 강가웨?

나. *내일 강가웨이?

(30)

가. 거그서 멋 허요예?

나. *거그서 멋 허요예이?

4. 요약

응답어는 상대의 물음이나 행동 요구에 대한 반응어로 쓰이지만, 그 밖에 다양한 담화적 기능을 수행한다. 응답어 '응'은 화용적 기능으로서 ① 상대의 맞장구 발화 인정 ② 상대의 발화 의도 이해 ③ 이해의 확인 또는 상대의 관심이나 동의 촉구 ④ 자신의 확신이나 물음에 대한 긍정 확인 ⑤ 자신의 발화에 대한 스스로의 맞장구 ⑥ 말할이의 감정 표현 등의 기능을 수행하며, 담화적 기능으로서 ⑦ 작은 범위의 화제 전환 ⑧ 메움말 등의 기능을 수행한다.

응답어 '응'은 부가의문문의 꼬리말로 쓰일 때가 있는데 이때 선행문이 서술법인 경우는 '동의 구하기', 의문문, 명령문, 청유문인 경우는 '재촉하기'의 언표내적 효력을 발휘한다. 부가의문문의 꼬리말로 쓰이던 '응'이 아예 문장의 마침씨끝 뒤에 결합하여 첨사로 재구조화 되기도 하는데, 서남방언, 동남방언, 제주방언, 강원지역어 등이 전형적인 경우이다.

첨사 '응'은 서남방언의 경우 서술문에서 상대의 동의를 구하고 명령문과 청유문에서 상대의 행동을 요구하여 재촉하는 기능을 하는 등, '들을이 지향'의 기능을 수행한다. 반면 의문문에 결합된 첨사 '응'은 일반적으로 비문을 형성하지만 '응'의 선행문이 편향의문문이거나 혼잣말 또는 간접적인 의문인 경우 정문을 만든다. 이런 경우는 상대에 대한 말할이의 호의적 정감을 표현함으로써 '말할이 지향'의 기능을 수행한다. 첨사 '응'이 문장의 중간에 나타날 경우에는 일차적으로 말할이의 호의적 정감을 표현하지만, 발화의 흐름을 조절하는 담화표지로서의 기능을 덧붙여 수행하기도 한다. 결국 응답어 '응'은 아래와 같은 변화의 단계를 거쳐 첨사로의 재구조화와 담화표지로의 문법화를 겪었다고 할 수 있다.

(a) 긍정의 응답어 → (b) 부가의문문의 꼬리말(동의 구하기/재촉하기) → (c) 말할이의 호의적 정감 표현 → (d) 문장 내부 출현(담화표지로 기능)

응답어 '예'는 응답어 '응'과 상대높임의 위계만이 다를 뿐 감탄사로서 담화 속에서 수행하는 담화 기능은 기본적으로 동일하다. 이 '예'는 전남 방언에서 '응'과 마찬가지로 첨사화의 재구조화를 겪는데, 서술문, 명령문, 청유문에서는 문장의 언표내적 효력을 '강조'하는 기능을 수행한다. 의문문의 경우 첨사 '예'는 '응'과 달리 중립적인 의문에도 결합이 가능하며, 물음을 강조하여 상대에게 답변하기를 재촉하는 기능을 수행한다. 첨사 '응'이 높임과 낮춤의 구별 없이 모든 위계에 가능했다면 '예'는 오직 높임의 위계에서만 결합이 가능하다. 이것은 긍정의 응답어로서 낮춤의 위계에 쓰이던 '응'이 첨사로 문법화되면서 원래의 상대높임의 위계에서 벗어난 반면, '예'는 첨사로 바뀐 뒤에도 원래의 위계가 그대로 유지되었기 때문이다. 이러한 차이는 '예'가 '응'에 비해 문법화의 정도가 덜하다는 사실을 의미한다. 첨사 '예'는 문장 끝에만 올 뿐 문장 내부에 오지 못한다. 이 역시 첨사 '예'가 '응'과 달리 문법화 진행 정도가 더딘 것임을 말해 준다. 위에서 보인 바와 같이 첨사 '응'이 응답어로부터 a-d의 문법화 단계를 밟았다면 첨사 '예'는 a→b의 단계만을 겪었을 뿐 c 단계 이상으로 진행하지 못한 셈이다.

전남방언에는 응답어 '예'와 같은 기능을 하는 응답어 '야'가 더 있다. 이 '야'도 '예'와 마찬가지로 첨사로의 재구조화를 겪는데 그 기능은 '예'와 완전히 같아서 문장의 언표내적 효력을 '강조'한다. 이러한 기능의 첨사 '야1'은 예사높임의 위계에 속하는 점에서 이 방언의 아주낮춤의 첨사 '야2'와 구별되어야 한다.

표준어의 응답어 '예'와 같은 응답어 '예', '야', '양'이 제주방언에 쓰인다. 이들도 전남방언의 '예/야'와 마찬가지로 첨사화를 겪지만 그 기능은 표준어의 두루높임의 토씨 '요'와 같아서 전남방언의 첨사 '예/야'와는 차이를 보인다. 반말 뒤나 문중에서의 출현 여부가 달라지는 것도 이러한 용법 차이에 따른 당연한 결과이다.

동남방언의 첨사 '예' 역시 응답어 '예'에서 발달한 것으로 추정되며, 그 기능은 제주방언의 '예'나 '양'과 마찬가지로 두루높임의 기능을 한다. 이 점에서 표준어 '요'에 완전히 대응한다고 할 수 있다. 따라서 응답어 '예'에서 첨사로 재구조화(문법화) 되는 변화는 서남방언, 동남방언, 제주방언 등에서 모두 일어났으나 변화의 최종 귀착지는 조금씩 다른 셈이다.

전남방언에는 화용적 기능을 하는 첨사로 '웨', '와', '야' 등이 더 있다. 이들은 상대높임의 위계에서 차이를 보이는데, '웨'는 예사낮춤, '와'와 '야'는 아주낮춤의 위계에 쓰인다. '웨'와 '와'는 반말에 결합이 불가능하지만 '야'는 결합이 가능하다는 차이가 있다. '웨'는 '옹'이나 '예'와 마찬가지로 선행 발화의 언표내적 효력을 '강조'하는 기능을 수행한다. '와'는 상대에 대한 말할이의 부드럽고, 다정하며, 완곡한 태도를 나타낸다. 그래서 흔히 여자들이 자식이나 손자 또는 조카 등에 대한 사랑스러움을 표현할 때 많이 사용한다. '야'는 의문문에서는 일반적으로 결합이 불가능하며, 서술문에서는 말할이의 '강조', 명령문이나 청유문에서는 행동의 촉구 등을 나타내는 기능을 한다. 다만 반말에 결합하여 의문을 나타낼 수 있는데 이때에는 중립적인 의문이 아니라 되물음 또는 확인물음을 나타낸다.

3장 응답어 '어이'와 '야'

1. 서남방언의 응답어 '어이'

1.1 부름말 '어이'

전남방언에서 '어이'는 예사낮춤의 부름말과 응답어로 쓰여 오직 부름말로만 쓰이는 표준어와 차이를 보인다. (1)은 '어이'가 부름말로 쓰인 예이다.

(1)
가. 어이, 이리 좀 오소.
나. 어이, 거그서 멋 헝가?
다. 어이, 나 좀 보세.
라. 어이, 자네 오늘 신수가 벨라도(=유난히) 훤허네.
마. 어이 이 사람아, 가기는 어딜 간다고 그래?
바. 어이 말이여[1], 내가 아까 글 안 했는가(=그랬잖아)? 오늘 오후에 비

---

[1] 부름말 '어이'와 '말이-'가 결합되어 이루어진 구 '어이 말이여'나 '어이 말이시'(=어이 말일세) 등은 말을 걸기 위해 상대를 부르는 전남방언의 예사낮춤 표현이다. 따라서 이런 표현은 상대의 부름에 대한 반응어로는 결코 쓰일 수 없다. '어이 말이시'는 흔히 '어이

온다고?

전남방언에서 '어이'가 부름말로 쓰일 때에는 (1가)-(1다)처럼 상대방이 말할이로부터 상당한 거리를 두는 경우도 있지만 (1라)-(1바)처럼 말할이와 들을이가 서로 이웃해 있는 경우도 가능하다. 이것은 '어이'뿐만 아니라 아주낮춤의 '야'나 높임의 '에' 등 모든 부름말이 같다. 이렇게 상대가 말할이와 가까운 거리에 있을 때의 부름말은 단순히 상대를 부르는 기능보다도 상대의 주의나 관심을 끄는 기능을 수행한다고 할 수 있다. (1라)-(1바)가 모두 그런 경우이다. 부름말로 쓰일 때 '어이'의 첫 음절은 짧게 발음되는 것이 기본이나 말할이와 들을이 사이의 상대적 거리를 표현하기 위해 길게 발음되기도 한다. 일종의 도상성(iconicity)의 예라 할 수 있다. 또한 부름말로 쓰일 때 '어이'는 당연히 내림억양을 취한다.

1.2 응답어 '어이'

'어이'는 부름말 외에 긍정의 응답어로 쓰이기도 한다 .

> (2)
> (물음) 내일 나랑 거그 같이 갈랑가?
> (응답) 어이, 그러세.

마시'로 줄어들어 쓰인다. '어이 마시'에 대응하는 아주낮춤의 표현은 '아이 말이다'나 준말 '아이 마다'가 있으며, 높임의 위계에는 '예 말이요'가 쓰인다. '아이 마다'의 '아이'는 표준어 '애'의 방언형 '아'에 부름토씨 '야'가 결합한 '아야'가 예사높임의 부름말 '어이'에 유추되어 변한 것으로서 그 본질은 표준어의 부름 표현 '애야'와 같은 것이다. '아야'는 '아이'보다 약간 낮추는 느낌을 준다. 높임의 부름 표현 '예 말이요'의 '예'는 높임의 부름말이다. '아야'나 '아이'보다 약간 높이는 부름말로 '어야'가 쓰이기도 하는데 '어이'보다는 더 친밀감을 주는 말이다.

위의 예는 둘 다 어른인 친구 사이에 일어날 법한 대화인데, '어이'가 긍정의 응답어로 쓰이고 있으며 예사낮춤의 씨끝과 호응하고 있음을 보여 준다. 이 경우는 부름말과 달리 첫 음절이 항상 짧게 발음되며[2] 내림 억양을 취한다. 아래 예 (3)도 적당한 선행 발화가 있을 경우 긍정의 응답어로의 해석이 가능하다.

(3)
가. 어이, 자네 말이 맞네.
나. 어이, 미안허시.
다. 어이, 자네 말대로 헐라네.

부름말과 긍정의 응답어는 모두 말할이와 상대와의 상호관계를 전제한다는 점이 공통이다. 이러한 공통성 때문에 부름말이 긍정의 응답어로 전환되어 쓰일 수 있었던 것으로 추정된다. 특히 '어이'가 서로 이웃한 자리에서 상대에게 관심이나 주의를 끄는 기능을 수행할 때, 긍정의 응답어로 확대될 가능성이 높다고 할 수 있다. 응답어도 어차피 말할이와 들을이가 서로 같은 자리에 있어야 하기 때문이다. 그러나 이러한 기능의 전환이 항상 필연적인 것은 아니다. 예를 들어 표준어의 경우 '어이'는 긍정의 응답어로 쓰이지 않는다. 표준어에서는 전남방언과 같은 '어이'의 기능 전환이 일어나지 않아, '어이'는 부름말에만 머무를 뿐 긍정의 응답어로 기능이 확대되지 않았다[3]. 반면 서남방언, 동남방언, 충청 지역어에서는 응답

---

2) 물론 과장하기 위해 첫 음절 모음을 억지로 길게 하는 것은 가능하다.

3) 표준어나 중부방언 일부에서 '어이'가 응답어로 잘 쓰이지 않는 점을 근거로 한다면 '어이'는 부름말을 기본 기능으로 하여 이로부터 응답어의 쓰임이 후대에 발생했다고 해야 한다. 그렇다면 이를 근거로 응답어는 모두 부름말에서 기원한다고 일반화할 수 있을까? 예를 들어 전남방언에서 '예'는 부름말과 응답어로 쓰이는데 이 경우도 그렇다고 해야 하는가? 만약 이런 해석을 일반화할 경우. 표준어나 중부방언 일부에서 '예'가 응답어로만 쓰이고 부름말로 쓰이지 않는 현상은 원래 '예'가 부름말로 쓰이다가 나중에 '여보세요'류의 부름말로 대체되었다고 가정해야 한다. '예'가 부름말로 쓰인 예를 문헌에서 확

어로서의 '어이'가 확인된다.

'어이'가 긍정의 응답어라 할지라도 '응'이나 '예'와는 차이를 보인다. 예를 들어 상대의 말을 이해하지 못하여 되물을 때, '응'과 '예'는 가능하나 '어이'는 불가능하다. '응'과 '예'는 '그래'처럼 대용어적 성격을 가지나 '어이'는 그렇지 못하기 때문으로 보인다. '어이'는 '응'이나 '예'와 달리 감탄사로서의 성격이 강한 말이다. '어이'가 본디 부름말이라는 점이 이를 뒷받침한다. 아마도 이러한 기원의 차이가 되물음의 가능성 차이에도 영향을 미친 것으로 추정된다.

(4)
(물음) 내일 철수가 온담서?(=내일 철수가 온다면서?)
(응답) 응? 멋이라고?(=뭐라고?)/예? 멋이라고라우?(=뭐라고요?)/*어이? 멋이
라고?4)

'어이'는 발화의 첫머리에 출현하는 것이 보통이나, 경우에 따라 문장의 끝에 나타나기도 한다.

(5)
(물음) 내일 나랑 모임에 같이 갈랑가?
(응답) 그러세, 어이.

위의 예 (5)에서 답변의 발화에 나타난 '어이'는 긍정의 응답어임이 분명하다. 이때 '어이'와 선행문 사이에는 쉼이 수의적으로 개재될 수 있다.

인하기 어렵기 때문에 이러한 가정을 검증할 수 없다는 데 문제가 있다.
4) 만약 '어이'가 놀라움을 나타내는 감탄의 표현이라면 이 경우도 가능하다. 그러나 놀라움을 나타내는 '어이'와 응답어로서의 '어이'는 전혀 별개의 표현이다.

(6)

가. 자네가 질 잘허데 어이.

나. 언능 오소 어이.

다. 기양 가 불세 어이.

예 (6)의 '어이'는 발음에 따라 응답어와 부름말 양쪽으로의 해석이 가능하다. 부름말일 때에는 '어이'가 강하게 발음되며 선행문과의 사이에 필수적으로 쉼이 개재되어야 한다. 이때 '어이'는 내림억양과 올림억양 양쪽이 가능한데, 특히 올림억양을 취하면 상대의 관심을 끄는 효과가 크다. 따라서 이러한 발음상의 특징을 갖는 부름말 '어이'는 감탄사로서의 지위가 확고하다.

반면 '어이'가 응답어로 쓰일 때에는 상대적으로 약하게 발음되며 선행문과의 사이에 수의적으로 쉼이 개재될 수 있다. 그런데 '어이'가 응답어로서 문장 뒤에 나타날 경우, 언제나 상대방의 의문이나 요구 등을 전제하는 것이 특징이다. 예를 들어 상대가 무대 위에서 공연을 하는 사람일 경우, 공연 후 자신의 공연이 괜찮았는지를 물었을 때, 말할이는 (6가)처럼 대답할 수 있다. 이때 '어이'는 상대의 생각에 동의하는 말로 기능하므로 긍정의 응답어인 셈이다. 마찬가지로 (6나)는 상대가 그쪽으로 가도 괜찮은지를 물었을 때의 응답어로 기능한다. 이처럼 '어이'가 문장 뒤에 올 경우 긍정의 응답어로 쓰일 수 있지만, 언제나 일정한 선행 발화를 전제로 한다는 점에서 응답어 고유의 기능에 충실하며 이 점에서 2.2.1과 2.2.2에서 설명한 '예'나 '야'와 다름을 알 수 있다. '예'와 '야'가 문장 뒤에 나타날 때는 그러한 선행 발화의 전제가 없기 때문이다.

의문이나 요구 등의 선행 발화를 전제한다는 것은 '어이'가 응답어로서의 기능에 머물러 있음을 의미한다. '예'나 '야'는 '이'와 마찬가지로 부가의문문의 꼬리말로 기능했지만, '어이'는 단순히 응답어로 기능할 뿐 부가의문문의 꼬리말 기능으로까지 발달하지 않았던 것이다. 따라서 '어이'

는 아직까지 감탄사로서의 지위에 머물러 있으며 담화적 기능을 수행하는 첨사로 바뀌지 않았다고 할 수 있다. 선행문과 '어이' 사이에 쉼이 수의적으로 개재될 수 있는 것도 이를 뒷받침한다. 이처럼 '어이'는 비록 문장 뒤에 나타나더라도 상대의 생각과 일치함을 표명하는 기능을 할 뿐 상대의 대답이나 행동을 재촉하는 기능은 하지 않는다. 따라서 명령문과 청유문에 '어이'가 결합하여 상대에게 행동을 재촉하는 말맛을 드러낸다면, 이는 언제나 부름말로 해석되어야 한다.

(7)
가. 여그서 멋 헝가, 어이?
나. 내일 서울 갈랑가, 어이?

(7)처럼 '어이'가 의문문 뒤에 올 때, 부름말로서 선행문과의 사이에 쉼을 개재시키고 올림억양을 취하면 상대를 부르거나 주의를 끄는 기능을 하므로 항상 정문이 된다. 그러나 이 경우에도 '어이'는 낱말로 쓰일 뿐 첨사화되지 않는다.

다음 (8)의 예처럼 문장의 중간에 나타나는 '어이'도 긍정의 응답어로 보기 어렵고 부름말로 보아야 한다. 발화 도중에 상대가 자신의 발화에 집중하도록 주의 집중을 촉구하는 기능을 하기 때문이다.

(8)
가. 내가 어이 어지께 말이여 길에서 그 친구를 만났네.
나. 내가 진작 한 번 연락헐락 했는디 어이 내가 너무 소홀했구만.

문장 끝이나 중간에 출현하는 '어이'는 형태적으로 약화되지 않아서 원래의 두 음절을 그대로 유지하고 있고, 선행 발화와의 사이에 쉼을 개재시킬 수 있다. 또한 의미에서도 부름말과 응답어로서의 원래적 기능을 보존하고 있다. 따라서 전남방언의 '어이'는 부름말과 응답어로 쓰이는 감탄 사이며, 첨사로의 재구조화나 문법화는 일어나지 않은 셈이다.

2. 동북방언의 응답어 '야'

오늘날 남북한의 정치적 상황 때문에 함경도 지역에 대한 남한 학자의 직접적인 방언 조사는 불가능하다. 따라서 동북방언에 대한 조사는 중국 이나 중앙아시아를 통한 우회적 방법을 이용할 수밖에 없다. 중국 조선족 가운데 동북방언을 사용하는 제보자를 찾아 직접 조사하거나, 아니면 중 국의 조선족 학자들이 개인적으로 북한의 함경도 지역 또는 중국 거주 함 경도 출신 제보자를 직접 방문하여 조사한 자료를 간접적으로 이용할 수 있다. 이 밖에 중앙아시아 고려말을 통한 간접적인 조사도 가능하다.

이러한 방법을 통해 얻은 동북방언의 입말 자료를 검토해 보면 이 방언 에는 의문이나 부름에 대한 응답어로서 상대높임의 위계에 따른 '응, 야, 예'의 세 가지가 있음을 확인할 수 있다. 연변 지역 중국 조선족들의 방언 연구인 박경래(2005:59)에 따르면 이 지역에서는 응답어에 따라 '응응한다', '야야한다', '예예한다'라는 말로서 상대높임의 위계를 구분한다고 한다. '응'은 해라체와 반말, '예'는 합쇼체와 해요체, '야'는 해요체의 일부와 하오체, 반말에 주로 쓰이는 것으로 알려져 있다(박경래 2005). 중간 등급인 '야'는 실제로 '야~'나 '냐~'처럼 콧소리가 얹혀 소리 나는 것이 일반적 인데, 여기서는 편의상 '야'로 적는다.

박경래(2005)는 중국 연변 지역의 조선족들이 사용하는 방언에서 이들 세 응답어는 응답어 외에 '화자가 군더더기말로 첨가하는 간투사의 기능' 도 한다고 하였다. 박경래(2005)에서 제시한 이러한 기능은 이들 응답어가 담화표지로 기능할 수 있음을 지적한 것이라 할 수 있다. 박경래(2005)가 제시한 담화표지의 예는 (9)와 같다.

(9)

가. 우리도 <u>응</u> 가마치 아이 먹어.(=우리도 응 누룽지 안 먹어.)

나. 여자들이 체칼루 쳐 가주서 <u>야~</u> 손질했지.(=여자들이 체칼로 쳐가지고 응 손질했지.)

다. 불러 보오. <u>양</u>, 전화 치면 되오.(=불러 봐요. 응, 전화 걸면 돼요).

라. 그리구 <u>예</u>, 호구가 틀려서 예, 신분증이 있어야 되요.(=그리고 예 주민 등록이 틀려서 예 신분증이 있어야 돼요.)

마. 우리 <u>예</u>, 참 서운항게 예, 많았댔습니다.(=우리 예 참 서운한 것이 예 많았었습니다.)

박경래(2005)에 이어, 오선화(2008)은 북한의 함경도 지역을 직접 방문하여 얻은 구술발화 자료를 통해 응답어 '응'과 '야'의 담화 기능을 살펴본 연구이다. 오선화(2008)에서 제시한 예를 보이면 아래와 같다.

(10)

가. 중국여자 체네응 따라서 작년에 애기 <u>낳는데응</u> 아이 그 어미너랑 허이너랑 다 있는데 이장 따라와 산다.{중국 여자 처녀 따라와서 작년에 아기 낳았는데 아니 글쎄 그 엄마랑 형이랑 다 있는데 지금 따라와 산다.}

나. 벵신이 ...<u>발르야</u> 이 발가락을르야 이렇게 하구 책으느야 책으느 입으르 먹는다.{병신이... 발로 이 발가락으로 이렇게 하구 책은 책은 입으로 먹는다.}

오선화(2008)은 담화표지로 기능하는 '응'과 '야'의 담화적 기능으로서 '호응 얻기', '주의 집중', '친밀감 나타내기'의 세 가지를 들었다. 호응 얻기는 담화표지가 문장 끝에 나타나면서 오름 억양을 취할 때 발휘하는 기능으로서 상대에게 자신의 발화를 확인하는 경우이다. 일종의 부가의문문의 꼬리말이 수행하는 기능과 같은 것이라 할 수 있다. '주의 집중'은 담화표지가 문장의 중간에 나타나서 선행 발화에 청자의 주의를 집중시키고 후행 발화에 관심을 기울이게 하는 기능이다. '친밀감 나타내기'는 문장의 끝이나 중간에 나타나 수행하는 기능으로서 상대에 대한 친밀감을 표현하기 위해 '응'이나 '야'가 쓰인다는 것이다. 특히나 명령문 뒤에 '응'이나 '야'가 나타나면 명령의 강도가 약해져서 명령보다는 권유하는 느낌이 드러난다고 하였다.

우리는 '야'가 긍정의 응답 표현에서 출발한 담화표지라는 사실은 인정하면서 '야'가 낱말과 첨사의 두 가지 형태적 지위를 갖는다고 주장하려한다. '야'의 이러한 두 지위는 곧 '낱말 > 첨사'로의 재구조화(또는 문법화)의 과도기에 있음을 의미한다. 한편 '야'의 담화적 기능에 대해서는 오선화(2008)과 달리 말할이 자신이 자신의 발화에 대한 긍정을 바탕으로 하면서 담화를 진행해 나가는 기능이 있다고 주장할 것이다. 이런 주장이 사실이라면 문장의 첫머리에 오는 '야'는 접속부사 '그래'와 거의 같은 기능을한다고 할 수 있다. 반면 반말의 '-지' 뒤에 '야'가 올 때는 자신의 발화 내용에 대한 긍정의 의미가 약화되면서, 서술문에서는 자신의 말을 강조하고, 의문문에서는 상대에게 확인을 요구하는 등의 기능을 하는 것으로 보았다. 즉 '야'는 출현 위치에 따라 수행하는 담화화용적 기능이 다르다고 해석한 것이다. 동북방언에서 응답어가 수행하는 이러한 담화화용적 기능은 표준어 '응'이나 '예'의 담화화용적 기능과 크게 다르지 않을 것으로 예상된다.

이 절에서 분석 대상으로 삼은 중앙아시아 고려말의 자료 가운데 카자흐스탄 자료는 글쓴이가 녹취한 것이고, 우즈베키스탄의 자료는 곽충구(2009)에 포함되어 있는 것이다.

2.1 낱말

2.1.1 응답어

'야'는 기본적으로 응답어로 쓰이는데 (11)-(13)이 이런 경우이다.

> (11)
> @ 그럴 때에는 열한 살이었습니까?
> # 네, 열한 살이 그적에 실 열두 살채 가는 <-음> 그래 경게서 그래 그
> 래다 난 난 본래 어시르 일찌기 잃구서레 맏아배 우에서 자랐소.{예.
> 열한 살에 그 적에 열두 살째 되어가는 그래 거기에서 그래 그러다 난 난 본
> 래 부모를 일찍이 잃고서 큰아버지 밑에서 자랐소.}
> @ 아 아 그래셨어요?
> # 야. 맏아배 우에서자라다나이{응. 큰 아버지 밑에서 자라다 보니}

> (12)
> @ 지금 어데 시 바자르 가서 일하세요? 아니면 어디? 뭐.{지금 어디 시장
> 에 가서 일하세요? 아니면 어디? 뭐?}
> # 암데도 어전 일 못하오.{아무 데서도 이젠 일 못 하오.}
> @ 아 지금 지금은 안 하시구?{아 지금 지금은 안 하시고?}
> # 야. 그전에.{응. 그전에}

> (13)
> @ 음 농사 지으셨어요?
> # 야. 그전에 옛날에는 내 소리 들어봐이 에떠[러] 고거 에떠 하문글으
> 괴원질 했답데. <-음> 선생~임질으 <-하> 양~.{응. 그전에 옛날에는
> 내 소리 들어보니 그거 한문 교원생활 했다고 하데. 교원생활. 응.}

'야'는 단순히 상대의 물음에 대한 긍정의 응답 외에 상대가 던지는 물음의 의도를 알았다는 의미로 쓰이기도 한다.

(14)

@ 그러문 선스나가, 아매 곱아한 사름운 없슴두?{그럼 사내아이가, 할머니
를 좋아했던 사람은 없었습니까?}

야~. 어찌는가나이 아:때 야 내 그래재오?{응. 어찌하는가 하면, 아이 때
응 내가 그러잖소?}

위의 예 (14)에서 조사자가 할머니를 좋아했던 사람이 없는지를 물었을
때 제보자는 '야~'라고 대답하였다. 이는 그런 사람이 없었다는 뜻이 아
니라 조사자가 의도하는 바를 알았다는 뜻으로 해석된다. 이처럼 '야'는
상대의 발화 의도를 제대로 파악했음을 뜻하기도 한다.

응답어로 쓰이는 '야'는 올림억양을 취하면 상대의 발화를 이해하지 못
했거나 상대의 발화에 대한 확인을 위한 되물음으로 쓰이는데 예 (15)가
이를 보여 준다. '야'의 이러한 기능은 응답어 '응'과 '예'에서도 쉽게 확
인되는 기능으로서 오선화(2008)에서 제시한 '호응 얻기'에 해당한다. '야'
가 응답어로 쓰일 때는 감탄사로서 독립적인 낱말로 기능한다.

(15)

@ 힘들게 사셨는가 봐

야?

@ 고생하셨는가 봐. (웃음)

2.1.2 담화표지

'야'는 자신의 발화에 대해 긍정하는 경우에도 쓰인다. 발화의 도중에
나타나는 이런 '야'는 상대의 물음이나 명령에 대한 반응이 아니라 자신
의 선행 발화를 긍정하고 강조하면서 발화를 진행하기 위한 담화의 장치
이다. 따라서 이런 기능의 '야'는 응답어에서 담화표지로 확대되어 쓰인

경우라고 하겠다. 발화의 도중에 나타나는 '야'는 대부분 문장의 첫머리에 오는데, (16)이 이를 보여 준다.

(16)
내 이 아때부터 이 저 어 분쉬가 없다가나이야 <-으흥흥> 그저 내 명
을루 자란 게나 한가지. <-아> 야. 그래 이날이때꺼저 어째 나: 먹
으무 죽는다는 게 죽주댕구 이르 이때꺼지 살았소. <=2 (웃음)>5) 긔
래두 또 이런 자꾸만 가자구서르 그래 <-아이> (혀를 차며) 처 어드
게 세면두 못하구 오늘 이래 <-예> 따라왔지.{내 이 아이 때부터 이 저
어 복이 없다가 보니 그저 내 운명으로 자란 것이나 한 가지지. 응. 그래서 이
날 이때까지 어째 나이 먹으면 죽는다는 것이 죽지도 않고 이렇게 이때까지
살았소. 그래도 또 이런 자꾸만 가자고 그래. (혀를 차며) 어떻게 세수도 못하
고 오늘 이렇게 따라왔지.}
@ 자 잘 잘 오셨습니다.
# 야~. 그램 분세 없는 노친이오.{응. 그럼 복이 없는 노인이오.}
@2 웃음
#= 야.
@ (웃음) 별 말씀.
# 야. 분세 없소. 그래 자라나서 무슨 출가르 갔대두 자식 하낳도 없지.
{응. 복 없소 그래서 자라서 무슨 결혼을 했더라도 자식 하나도 없지.}
@ 어 아 아 자식이 없으세요?
# 없어요.{없어요}
@ 아이구, 저런.
# 야. 자식 한내 딸으 하내 마흔다서 해 났다가 그저 그것두 채 사지 못
하구 죽구. <-어허> 긔래 이날이때꺼저 거저 이래 헐헐홀 혼자 <-아
하> 혼자 이래 있소. <-음>{응. 자식 하나 딸 하나 마흔다섯에 낳았다가
그저 그것도 채 살지 못하고 죽고. 그래 이날 이때까지 그저 이렇게 힘들게
혼자 혼자 이렇게 있소.}

---

5) < >는 상대의 반응어를 나타낸다. -은 상대 발화자, =2는 또 다른 상대 발화자를 가리킨다.

'야'가 문장의 첫머리에 올 때 '야' 뒤에 '그래'가 이어지면 발화자 자신의 선행 발화를 인정하면서 후행 발화로 이어지는 효과가 나타난다.

(17)
그래 이 여기르 이 우즈벡스딴에서 들어와서 <-음> 우리 사촌~이 핵교 다가 개다 주며서르 <-음> 이름으 바깠지. <-아하> 야, <u>그래</u> 이날일때 꺼저 그거 가주구 내레오지. <-아하> <u>야. 그래.</u> 무슨 그 이름 바꾸겠소? 가만 제대로 봐 뒀음사 제 이름 가져야 되지. <-아아> 그래 일없 그래두 일없다 하며서리 또 식이야 시간~에 따라 로시아 식으 하느라구 그래 노시아 이름 짓느라구 그릏게 떡 졌다 말이오. 야.{그래 이 여기를 이 우즈 베키스탄에 들어와서 우리 사촌이 학교에다 데려다 주면서 이름을 바꿨지. 응, 그래 이날 이때까지 그것 가지고 내려오. 응, 그래, 어찌 이름 바꾸겠소? 가만 제대로 봐 두었더라면 제 이름 가져야 되지. 그래 괜찮 그래도 괜찮다 하면서 또 식이야 시간에 따라 러시아식을 하느라고 그래 러시아 이름 짓느라고 그렇게 떡 지였단 말이오. 응.}

(18)
<u>야 그래</u> 그래구 이날이때꺼저 사오 그랭긴데 거저 날이무 저녁이문 눕었다가도 아침에 깨날 시간~이 돼서 발써 다섯시무 내 깨나오. <-예> 그래 나와보무 오꼴쉬까(러) 내바다 보무 번하지. 야 또 이거 온 아침에 살아났구나 이 궁리 들어가지. <-아하> <u>야 그래</u> 이 늘그막에 이제야 오연채 우리 그거 쩨르구르(러) 댕김니.{응, 그래 그러고 이날 이때까지 그랬는데 그저 날이면 저녁이면 누웠다가도 아침에 깨어날 시간이 돼서 벌써 다섯 시면 나 깨어나오. 그래서 나와 보면 창문 내다보면 훤하지. 응 또 이것 오늘 아침에 살아났구나 이런 생각 들지. 응, 그래 이 늘그막에 이제야 오 년째 우리 그것 교회 다니오.}

문장의 중간에 나타나더라도 '야' 앞에 쉼이 개재되는 수가 많다. 이때는 선행 발화를 긍정하면서 일단 매듭을 지은 뒤 새로운 발화를 이어 말하기 위해 빈자리를 메우는 메움말의 기능을 한다. 이런 경우의 '야'는 문법적 지위가 낱말이란 점, 그리고 선행 발화보다는 후행 발화에 초점이

놓이고, 말할이의 발화 진행을 돕는 기능이 두드러진다는 점에서 쉼이 없는 '야'와는 차이를 보인다고 하겠다.

(19)

가. 찰밥수꾸두 싱구구 <u>야~</u> 여러 가지 이런 곡석으 싱.{찰수수도 심고 응 여러 가지를 심고.}

나. 기램 그거 바름에다 지네느 그 잣이 이마 그런 거, <u>야~</u>, 긔래 그거느 닭제에두 그 잣이 그렇기 맛이 잇단 말이오.{그럼 그거 바람에다 날리어 떨어뜨리면 그 잣이 이만한 그런 것이 (나오는데) 응! 그래 그것은 볶지 않아도 그 잣이 그렇게 맛이 있단 말이오.}

다. 긔래 그놈우거 쇠기 전에 <u>야</u> 기랴 그거 캐서 물에다 데와서 말리워 두 짐.{그래 그놈을 쇠기 전에 응 그래 그거 캐서 물에다 데워서 말리어 두지 뭐.}

라. 그러다나이 그런 것두 주구. <u>야</u>. 그담에 어떤 때느 혹간 잘 정말 일거 기래무 신발두 주구.{그렇다 보니 그런 것도 주고. 응. 그 다음에 어떤 때는 혹시 정말 공부를 잘하고 그러면 신발도 주고.}

쉼이 개재된 '야'는 동일한 발화가 반복될 때 나타나는 수가 많다. 반복 표현의 특성상 반복하기 전에 선행 발화를 긍정하는 단계가 필요하기 때문이다. 이런 반복 과정에서 '야'는 말할이의 강한 확신을 나타낸다.

(20)

@ 어떤 이름이 있었나?{어떤 이름이 있었나?}

학, 내 동미 하나 가찹운 거느 고 곁에서 사는 거느 송, 송으느 송가구 이름으느 분옥이.{학(교), 내 동무 하나 가까운 사람은 거기 곁에서 사는 사람은 성은 송가고 이름은 분옥이고.}

@ 분옥씨.{분옥 씨.}

<u>분옥이 야~</u> 분옥이.{분옥이 응 분옥이.}

(21)

@ 예. 고다음에는 또 이렇게 에:: 낟을르 뻴때까지.{예. 고 다음에는 또 이렇게 에 낫으로 벨 때까지.}

가슬에. 야~ 가슬에.{가을에. 응 가을에.}

(22)

@ 고생하셨는가 봐. (웃음)

고생~느 더 말 없소. <-아하> 야 내 고상~느 어렸일 때부터 이때꺼정 일흔네살으 먹을 때꺼정 그저 재빌루 그저 흘글거리구 사오. <-아하> 걔 이래 말으 내 말으 하는 것 곧 들ㅅ 알아듣갰지?{고생은 더 말할 것이 없소. 응. 내 고생은 어렸을 때부터 이때까지 일흔네 살을 먹을 때까지 그저 혼자 그저 힘들게 사오. 그래 이렇게 말을 내 말을 하는 것 곧 알아듣겠지?}

(23)

공부도 못하구 <-아 ○○○○ (웃음)> 야. 공부도 못하구 이런 무식자 노친이오. <-아> 긔래 자꾸만 이래 넬랴 여기르 오자구 오자 하니 <-아하> 안 무에라구 가서 내 대답하겠는가 물어보무 <-아> 긔래 자애 그러등마니. 쪼쪼(러) 로자 그저 보통말 하오. <-예예예!> 보통말 해도 그릏지.{공부도 못하고. 응. 공부도 못하고 이런 무식자 노인이오. 그래 자꾸만 이렇게 넬리 여기를 오자고 오자 하니 무어라고 가서 내 대답하겠는가 물어보면. 그래 저 애 그러더구먼. 로자 아주머니 그저 보통말 하오. 보통말 해도 그렇지.}

2.2 첨사

2.2.1 문장 끝에 결합하는 경우

'야'가 문장의 끝 씨끝에 쉼 없이 바로 이어져 발화되는 경우가 있다. 아래의 예 (24)가 이를 보여 주는데, 쉼 없음을 시각적으로 보이기 위해 마침씨끝과 '야'를 이어 적었다.

(24)

가. 썩어두 먹구. 얼어두 먹지야.{썩어도 먹고 얼어도 먹지 응.}

나. 남포이란 데르 무르 바다 건네 지르 <u>만들었더구만이야</u>?{남포란 곳을
물을 바다 건너 길을 만들었더구먼 응?}

다. 그랗게 아이 핵교르 가무 요런 것들이 자단한 아이들이 글 <u>일으지
야</u>~? <-으흠> 벌써 세번 채 학교이 나느 그때느 벌써 큰 거 같애서
<-으흠> 부끄럽드란 말이오.{그러니까 아이 학교를 가면 이런 것들이 조
그마한 아이들이 공부하지 응? 벌써 삼 학년 학교에 나는 그땐 벌써 큰 것
같아서 부끄럽더란 말이오.}

이런 경우의 '야'는 독립적인 낱말이 아니라 첨사로 바뀐 것이다. 물론
학교문법에 따르면 이것도 토씨에 포함되므로 낱말이라 할 수 있지만, 쉼
이 개재되지 않는 점에서 쉼이 개재되어 독립된 낱말로 쓰이는 경우와는
구별되어야 한다. 낱말에 비해 첨사는 더 문법화된 형태이기 때문이다. 이
렇게 첨사로 쓰이는 경우는 결코 말할이가 자신의 발화를 긍정하는 기능
을 하지는 않는다. 오히려 선행하는 씨끝의 기능을 강조하는 역할을 한다
고 할 수 있다. 오선화(2008)에서 '주의 집중'이라 하여 선행 발화에 청자의
주의를 집중시키고 후행 발화에 관심을 기울이게 하는 효과를 발휘한다
고 하는 것도 이런 담화화용적 기능을 가리키는 것으로 보인다.

2.2.2 문장 중간에 나타나는 '야'

'야'가 문장의 중간에 나타나 어절 뒤에 결합할 때에는 쉼 없이 바로
연결되는 것이 일반적이다. 이때 '야'는 표준어의 토씨 '요'와 같은 담화
적 기능을 수행하는 것으로 이해된다. 이정민/박성현(1991:380)은 말할이가
긴 문장으로 이루어진 말을 매끄럽게 할 수 없는 상황에서 문중의 '요'는
말할이 나름대로 적당한 간격을 유지하면서 말을 이어갈 수 있도록 해 주

는 디딤말(hedge) 역할을 하며, 이는 상대방의 주의를 환기시키면서 동시에 말할이 자신의 입장을 방어적으로 가다듬어 나가는 기능이라고 한 바 있다. 이런 담화적 기능에 덧붙여 표준말의 '요'는 높임의 말맛을 더해 준다. 다만 그러한 높임의 뜻이 문장 중간에 사용되는 '요'의 일차적 기능이라고 하기는 어렵다. 높임의 뜻은 문장 끝에서 드러나면 그만이기 때문에 굳이 문장 중간에서 어절마다 되풀이 되어 나타날 필요가 없기 때문이다.

동북방언의 '야'도 문중에서 담화의 진행을 돕는 기능을 하며, 상대에 대한 말할이의 정감을 드러내는 이차적 기능을 수행하는 점에서 표준어 '요'와 같다. 다만 '요'와 '야'의 상대높임 위계가 다르므로 '야'는 높임이 아닌 다정한 느낌을 표명하게 된다. 오선화(2008)에서 '친밀감 나타내기'라고 규정했던 기능이 곧 이것인데, 아주낮춤의 응답어 '응'에서 첨사로 문법화한 서남방언의 '이'가 다정한 느낌을 주었던 것과 같은 것이다. 아래에서 예 (25)는 명사구와 부사구 뒤, (26)은 이음씨끝 뒤에 '야'가 오는 경우를 보인 것이다.

(25)
가. 한 바곤에, 한 바곤에야~.{한 차량(車輛)에, 한 차량에.}

나. 기래 잣송, 잣솔, 잣솔나무 그 여기 고담에느 거기는 아 우리 산골에느야 멀, 멀귀라는 게 여기 시장 이 우즈벡딴에랑 그 비나그라드(виноград) 잇재~이오?{그래 잣송이, '잣솔', '잣솔나무'(잣나무) 그 여기 고 다음에는 거기는 아 원동 우리 산골에는 응 머, 머루라는 게 여기 지금 이 우즈베키스탄에 그 포도라고 있잖소?}

다. 아, 이건 뚜렷뚜렷마 그 꼬랑대 짝두 어떤거느 이른[이릉] 커다만 큰: 괴기느야 그러구 맛이두 그것두 고기 크다나이 맛이 잇지, 맛이 잇지 이. 그러.{아, 이것은 둥글둥글한 것이 그 꼬랑지쪽도 어떤 것은 이런 커다란 큰 고기는 응 그리고 맛도 그것도 고기가 크다 보니 맛이 있지 이 (연어처럼). 그럼.}

라. 그래서 나느 어저느야~ 무스 아들이랑 무시게 다아 죽구 독산으 어전 언영 가야 되는게, 기래두 살아서 댕기다나이.{그래서 나는 이제는 응 무슨 아들이랑 뭐 다 죽고 북망산으로 이제는 얼른 가야 되는 것이, 그래

도 살아서 다니다 보니.}

마. 기래 기래 어떤 적에느 <u>그전에느야~</u> 우리 글으 이를 적에느 야 핵교
서 나까사니(наказание)르 주는 게 팔이 이라구 여기다 도목낭그 올
레놓소. 벌으 세우느라구. (웃음).{그래서 어떤 때는 그전에는 응 우리 공
부할 때에는 응 학교에서 벌을 주는 게 팔을 이러고 여기에다 통나무를 올려
놓소. 벌을 세우느라고 (웃음).}

(26)

가. 이붓애비 쌀 아~니 <u>멕이느라구야</u> <-으흠흠> 우리 맏아바이 뚝 잡아
떼서 자기 집에 뒀지.{의붓아버지 쌀 안 먹이려고 응 우리 큰아버지 뚝 잡
아떼서 자기 집에 뒀지.}|

나. 내 이 아때부터 이 저 어 분쉬가 <u>없다가나이야</u> <-으흥흥> 그저 내
명을루 자란 게나 한가지지.{나 이 아이 때부터 이 저 어 복이 없다가 보
니 그저 내 운명으로 자란 것이나 한가지지.}

다. 그래이까나 그거 배와주느라구 그저 낮이무 앉아서 시간~이 <u>있으무
야</u> 우릴 그거 배와 주지.{그러니까 그것 가르치느라고 그저 낮이면 앉아
서 시간이 있으면 응 우릴 그것 가르쳐 주지.}

라. 그전에느 거기서 <u>살메야</u> 모새두 없구 돌두 없구 짱작돌두 없구 그
래.{그전에는 거기서 살며 응 모래도 없고 돌도 없고 자갈도 없고 그래.}

2.3 서남방언 '어이'와의 비교

동북방언의 '야'와 서남방언의 '어이'는 모두 상대높임의 위계상 중간
에 위치하는 응답어라는 점이 동일하나, '야'는 하오체, '어이'는 하게체라
는 차이가 있다. 그런데 이 두 응답어가 담화표지로 문법화되는 과정에서
는 상당한 차이를 드러낸다. 우선 '어이'는 부름말이나 응답어의 지위에
머물면서, 첨사화되거나 담화표지로의 문법화를 겪지 않았다. 반면 동북
방언의 '야'는 낱말과 첨사의 두 지위를 공유하면서 담화적 기능을 수행
한다. 문장의 첫머리에서는 낱말로 기능하나 문장의 끝이나 중간 위치에

서는 쉼의 개재 여부에 따라 낱말과 첨사의 지위를 모두 갖는다. 따라서
이 위치에서는 낱말에서 첨사로의 재구조화(또는 문법화)가 부분적으로 이
루어지거나 이루어지는 과도기에 있다고 할 수 있다. 그 어떤 경우라도
'야'가 첨사화되는 수가 있으므로 '어이'에 비해 문법화가 훨씬 진전된 것
이다.

　첨사로 기능하는 '야'는 (27)에서 보듯이 중립적인 의문문에도 결합이
가능하여 표준어 '요'와 일치를 보이는데, 이런 점은 서남방언의 첨사 '이'
와 다른 점이라 하겠다. '이'는 중립적 의문문에 결합되지 않는다.

　(27)
　너느 집이 누구 있어서 가자우 **구래니야**? <-음> 누기르 보자우 **가야**?
　{너는 집에 누가 있어서 가자고 그러니 응? 누구를 보자고 가 응?}

3. 요약

　표준 한국어에서 긍정의 응답어는 상대높임의 위계에 따라 아주낮춤의
'응'과 아주높임의 '예' 두 종류가 있다. 그런데 서남방언에서는 '어이'가
하게체의 응답어로 쓰이고, 동북방언에서는 하오체의 응답어로 '야'가 쓰
인다. 따라서 이들 방언의 응답어는 '응'과 '예' 사이에 중간 단계가 존재
하여 삼 단계의 응답어 체계를 보여 준다.

　서남방언의 '어이'는 응답어 외에 부름말로 쓰이기도 하는데, 응답어
'응'이 보여 주었던 다양한 담화적 기능을 보이지 못하고, 또한 첨사로의
재구조화를 겪지 않아서 단순히 응답어로 머물러 있는 상태이다. 반면 동
북방언의 '야'는 상대의 물음이나 명령에 대한 반응 외에 자신의 선행 발
화를 긍정하고 강조하면서 발화를 진행하기 위한 담화의 장치로도 쓰여
담화표지의 기능을 갖는다고 할 수 있다. '야'는 단순히 담화표지로 기능

할 뿐 아니라 첨사로 재구조화되어 쓰이기도 한다. '야'가 첨사로 쓰여 문장 끝에 나타날 때에는 자신의 발화를 긍정하는 기능 대신 선행하는 씨끝의 기능을 강조하는 역할을 한다. '야'가 문중에서 쓰일 때에는 담화의 진행을 돕는 기능을 하며, 상대에 대한 말할이의 다정한 정감을 드러내는 이차적 기능을 수행한다.

4장 '암', '하모', '그럼'

1. 응답어 '암'

표준어에는 감탄사 '암'이 있다. 국어사전의 기술에 의하면 '암'은 '아무렴'과 동의어로서 '말할 나위 없이 그렇다는 뜻으로, 상대편의 말에 강한 긍정을 보일 때 하는 말'로 풀이되어 있으며, '그럼'과 비슷한 뜻을 갖는다고 한다. '그래', '그렇지.' '응', '예' 등도 긍정의 응답어로 쓰이지만, '암', '그럼'보다 긍정의 강도가 약하여 맞장구보다는 단순한 긍정만을 표시한다.

'암', '그럼'은 모두 반말이므로 높임의 토씨 '요'가 결합되어 '암요', '그럼요' 등으로 쓰일 수 있다. 표준어의 경우 '암'은 나이든 세대나 사용할 수 있는 말이지만 '그럼'은 세대에 무관하게 두루 쓰이는 말이다. '암'의 이러한 세대 제약은 '암'이 사라져가고 있는 표현이기 때문이다. 비록 '암'이 표준어 사전에 등재되어 있고, 표준어를 사용하는 이들의 머릿속 사전(어휘부)에 들어 있다 할지라도 대부분의 말할이들은 '암'을 이해하는 데 그치고 이를 적극적으로 사용하지 않는 것이 현실이다.

이진호(2014)에서는 대부분의 사전에서 '암'과 '아무렴'을 동일하게 취급

하고 있으며 '암'과 '아무렴' 모두 '아무려면'에서 줄어든 말로 보고 있다고 하였다. 그러나 『표준국어대사전』의 경우 '암'이 '아무렴'의 동의어로 기술되어 있고, '아무렴'이 '아무려면'의 준말로 풀이되어 있기는 하지만, '암'의 형태에 대해서는 아무런 설명을 하고 있지 않다. '암'을 '아무려면'에서 줄어든 말로 보려면 '아무렴 → 암'의 변화를 상정해야 하는데, 이러한 변화가 음운론적으로 가능할지는 의문이다. 따라서 표준어의 감탄사 '암'과 '아무렴'은 별도의 낱말로 보는 것이 온당할 듯한데, 그렇다면 '암'의 기원이 어디에 있는지 흥미로운 문제라 하겠다.

표준어의 '암'과 유사한 기능을 하는 감탄사로 동남방언의 '하모'가 있다. 이진호(2014)는 경남방언에서 강한 긍정을 나타내는 감탄사 '하모'가 동사 '하면'에서 발달한 것으로 추정한 바 있는데, 그렇다면 경남방언의 '하모'와 쓰임이 거의 같은 서남방언의 감탄사 '아면'이나 '함'도 '하면'의 서남방언형 '하먼'에서 발달한 말로 보는 것이 합리적이다. 서남방언의 '함'은 다시 /ㅎ/ 탈락을 겪어 '암'으로 변할 가능성이 충분하므로, 표준어 '암'을 기원적으로 '하면'에 소급시키는 것은 결코 무리한 시도라 할 수는 없을 것이다.

'암'을 '하면'에 소급시키면 같은 기능의 '그럼'과의 역사적 관계가 명확해지는 이점이 있다. 표준어 또는 중부방언에서 '암'은 앞에서 언급한 것처럼 나이든 세대에서나 가능한 표현인 반면, '그럼'은 모든 세대에 걸쳐 두루 쓰이는 긍정의 응답어라고 할 때, 이들 지역어에서는 아마도 '암 > 그럼'의 대체가 거의 이루어진 것으로 판단된다. 그런데 기원적으로 '암'이 '하면'에 소급하고 '그럼'이 '그러면'에 소급한다면, '암 > 그럼'의 변화는 결국 '하면 > 그러면'의 변화로 귀결되는 셈이다.

'하-'가 '그러하로 대체되는 변화는 접속부사에서 일어난 바 있는데, 예를 들어 접속부사 '해서', '하니까', '하지만' 대신 '그래서', '그러니까', '그렇지만'을 사용하는 변화가 그러한 경우이다. 이기갑(1994a)에서 이러한 접속부사의 변천 과정은 대용어 '하 > 그러하'의 변화로 귀결될 수 있음을 지적한 바 있는데, '암 > 그럼'의 변화 역시 같은 변화에 속한다고 하겠다. 따라서 여기서는 '암'을 동남방언의 '하모'와 함께 기원적으로 '하면'에서 발달한 것으로 해석하면서 지역에 따라 '그럼'으로 대체되는 변화를 겪은 것으로 가정한다[1]. 이때 '하면'에서 발달한 각 지역의 방언형을 통칭할 때에는 편의상 '암'을 대표형으로 세우겠다.

2. '암'과 '그럼'의 지역적 분포

표준어에서 '암 > 그럼'의 변화가 일어났다면, 이러한 역사적 변화는 지역적으로 양상을 달리할 가능성이 크다. 이를 확인해 보기 위해 국립국어원에서 발간된 『지역어조사보고서』(2005-2013)를 검토하였는데, 그 결과는 <표 1>과 같다. 『지역어조사보고서』에 실린 구술발화 자료는 지역마다 70대 이상의 제보자가 4시간 동안 구술한 자유로운 발화를 전사한 것으로서, <표 1>의 숫자는 이 구술발화에서 해당 표현이 사용된 횟수를 가리킨다.

<표 1> '암'과 '그럼'의 사용 빈도

지역		그럼	암	지역		그럼	암
경기	화성	4	0	경남	4시간(남)	2	1(하모)
	포천	1	0	창원	2시간(여)	6	15(하모3, 아모1, 하~아 9, 아~아1, 허~어1)
	이천	7	0		하동	0	92(하모76, 하머6, 함3, 하면1, 하:1, 하~아4, 아~아1)
	강화	49	0		울주	0	0

---

1) 응답어 '그럼'은 전남방언에서 '그럼', '고럼', '그러먼', '고러먼' 등으로 쓰인다.

강원	정선	37	0	경남	남해		0	201(하모42, 하아모1, 아모5, 하머33, 아머13, 하~아84, 아~아10, 하2, 하~오1, 허~어3, 어~어7)
	인제	5	0		산청	4시간	0	41(하모)
	평창	10	0			2시간	0	25(하모23, 아모1, 하~아1)
	홍천	48	0	전북	남원	4시간	1	1
충북	제천	81	0			2시간	39	27(하몬7, 하면5, 하믄1, 하모9, 함1, 하3, 아1)
	옥천	4	0		무주	4시간	3	2(암1, 하1)
	보은	13	0			2시간	3	2(함면1, 아문1)
충남	대전	3	1(암)		군산		4	0
	서천	0	0		고창		3	53(암)
	예산	2	0	전남	영광		0	28(아:면22, 암:만1, 아:만1, 아:문2, , 암:마1, 아:문면1)(여자) 33(아:면 22, 아멘1, 아:머1, 암:마1, 아:문2, 암:6)(남자)
	서산	2	0		광양		0	16(하모3, 항:1, 하:4, 하무6, 허:무1, 아문1)
경북	청송	0	1(암)		영암		0	0
	고령	1	0					
	청도	0	0		보성		0	8(아:문4, 하:문1, 아:면1, 아:문1, 아무1)
	의성	0	0					

<표 1>을 보면 우선 '암/그럼'의 사용 비율이 발화자에 따라 상당한 차이를 보이고 있음을 알 수 있다. 예를 들어 경남 울주의 제보자는 강한 긍정의 표현으로서 '암/그럼'의 어느 것도 사용하지 않는다. 아마도 상대의 말에 긍정을 표현할 때는 단순히 '응'이나 '예'로 만족하는 것 같다. 충남 대전, 예산, 전남 보성 등지의 발화자들도 10회 이내의 비율을 보이고 있다. 반면 경남 남해(201회), 경남 하동(92회), 충북 제천(81회) 등은 상대적으로 높은 사용 빈도를 각각 보인다. 이처럼 강한 긍정의 표현을 사용하

는 비율은 발화자에 따라 다를 수밖에 없으므로, 특히 낮은 사용 비율을 그 지역의 방언적 특성이라고 일반화하기는 어렵다고 할 것이다. 지역이 아닌 발화자 개인적 특성일 가능성이 크기 때문이다.

　같은 지역이라 할지라도 제보자에 따라 '암/그럼'의 사용 빈도가 크게 차이나기도 한다. 예를 들어 경남 창원 지역어의 제보자가 남자인 경우 4시간의 구술발화에서 '그럼'(2회), '하모'(1회)가 확인되었다. 반면 여자 제보자는 2시간의 구술발화에서 '그럼'(6회), '하모'계(15회)가 확인되었다. 여자 제보자의 발화 시간이 남자 제보자에 비해 절반밖에 되지 않았지만 '암/그럼'의 총 사용량은 7배나 많았다. 특히 '하모'계의 사용량이 남자에 비해 월등히 많은 것이 특징이다. 이처럼 제보자의 성에 따른 차이도 결국 지역적 차이가 아닌 개인의 차이로 돌려할 것이다.

　전북 남원은 더욱 흥미로운 결과를 보여 준다. 같은 제보자가 상황에 따라 '암/그럼'의 사용 빈도를 크게 달리하기 때문이다. 우선 4시간 동안의 구술발화에서는 '그럼'(1회), '암'(1회)가 확인된다. 그런데 화제를 바꾼 2시간 동안의 다른 구술발화에서는 '그럼'(39회), '암'(27회)가 확인된다. 동일한 말할이가 화제 내용 또는 상황에 따라 상대의 발화에 대한 긍정 반응의 빈도가 이렇게 달리 나타날 수 있는 것이다. 4시간보다는 2시간의 발화에서 '암/그럼'의 총 사용량이 33배나 높게 나타남을 알 수 있다. 이것은 화제의 내용이나 상황에 따라 긍정 반응 표현의 빈도가 크게 달라질 수 있음을 보이는 예라 하겠다.

　이런 점을 고려하면 '암/그럼'의 사용 빈도를 해석함에 있어 어느 한 지역만을 고려하는 것은 위험하며, 이웃한 지역의 상황을 함께 고려할 필요가 있다. 예를 들어 경기, 강원, 충북, 충남, 경북은 어느 한 군(郡)만이 아니라 4개 군 모두에서 '암'이 거의 사용되지 않으므로 해당 지역의 조사 결과를 일반적인 것으로 확신할 수 있다.

　이처럼 이웃한 여러 군의 상황을 함께 고려하면서 '암'과 '그럼'의 상관

관계를 검토해 보기로 하자. '암/그럼' 전체의 사용량이 10 이하인 지역(경기 일부, 충남, 경북 등), 곧 강한 긍정의 응답어를 선호하지 않는 경우를 제외할 경우, '암'과 '그럼'의 지역적 상관관계가 분명히 드러난다. '암'의 사용례가 거의 없는 지역(경기, 강원, 충북)에서는 '그럼'의 사용이 일반적이고, 반대로 '암'의 사용이 일반적인 경남이나 전남북 일부 지역에서는 '그럼'의 사용 빈도가 상대적으로 낮기 때문이다. 이 두 어형의 사용 비율을 지역에 따라 나누면 아래와 같다.

① '그럼' 우세 지역: 경기, 강원, 충북
② '암' 우세 지역: 경남, 전북, 전남
③ '그럼/암'의 비선호 지역: 충남, 경북

'암'의 경남 방언형 '하모'에 대한 연구는 이진호(2014)에서 이루어진 바 있다. 이진호(2014)에서는 경남에서 '하모, 하머, 하믄', 전남의 '하먼, 하믄, 함:, 항:, 하', 그리고 경북의 '하마, 하머' 등의 방언형을 제시하면서 이들이 모두 동사 '하'의 활용형 '하면'에서 기원한 것으로 보았다. 동사에서 접속부사를 거쳐 감탄사로 발달했다는 주장이다. 조건을 표현하는 형태가 감탄사로 발달할 수 있음은 '아무려면 > 아무럼'의 변화에서 확인할 수 있고, '하'가 접속부사로 쓰이는 다른 예로 '하기는'과 같은 경우를 들기도 하였다. 또한 '하면'에서 발달했다 할지라도 서남방언이 'ㅁ+모음+ㄴ'의 형태를 유지하는 반면 동남방언은 'ㅁ+모음'의 형태를 가지고 있는바, 이들은 서로 영향을 주고받은 관계가 아니라 독자적으로 발달한 것으로 추정하였다.

다만 이러한 주장에서 서남방언의 경우 동사 '하'는 '하'와 '허'의 두 형태가 나타나는데 반해, 감탄사는 오직 '하'만 쓰인다는 점, 그리고 동남방언의 경우 '하몬, 하만, 하먼'과 같은 동사 활용도 꽤 쓰이는데 이런

ㄴ-유지형이 감탄사에는 안 나타난다는 점 등이 문제로 남아 있다고 하였
다. 그런데 이진호(2014)에서 표준어 '암'을 '아무렴'과 동일시함으로써
'암'을 '하모'와 무관한 것으로 생각한 것은 아쉬운 점이라고 하겠다. 전
남방언이나 경남방언의 '함'이 존재하므로 '함'에서 '암'으로 발달했을 가
능성이 충분하기 때문이다.

이진호(2014)에 제시된 형태 외에도 국립국어원의 구술발화 자료를 살펴
보면 '암'의 방언형은 다양한 형태가 나타난다. <표 1>에 나타난 형태들
을 기준으로 할 때, 경남은 '하모/하머'가 일반적이며 어두의 /ㅎ/가 탈락
한 '아모'나 '아머'도 일부 보인다. 또한 '하모'의 축약형 '함'형도 소수 보인
다. 이 밖에 '하~아'처럼 '하모'의 /ㅁ/가 약화된 경우는 오히려 '하모'보다
더 높은 비율을 보이며, /ㅎ/가 탈락한 '아~아'형도 보인다. 그리고 '하~
오'나 '허~어', '어~어'형이 소수 나타난다.

전북은 동부와 서부가 달리 나타난다. 동부에 속하는 무주와 남원에서
는 '하몬', '하먼', '하모' 등이 많이 나타나 경남 지역과 같이 /ㅎ/가 유지
되고 있는 점이 특징이다. 반면 고창과 군산 등 서부 지역에서는 '암'이
일반적이며 여기에 '아'나 '하'가 소수 보인다. 동부에 비해 음절 축약이
일어났고 어두의 /ㅎ/가 탈락된 점이 특징이다. 특히 고창은 사용되는 모
든 어형이 '암'인 점이 돋보인다.

전남의 경우도 서부와 동부에 따라 달리 나타난다. 경남 하동과 접해
있는 광양은 '하모'나 '하무' 또는 음절이 축약된 '하:'나 '항:'처럼 어두의
/ㅎ/가 유지되지만, 서쪽의 영광 지역에서는 /ㅎ/가 유지된 형이 전혀 확인
되지 않는다. 대체로 '아:먼'이 일반적이며 '암'과 같은 음절 축약형도 꽤
나타난다[2]. 전남의 보성은 동남부에 위치하는 곳인데, /ㅎ/가 탈락하는 것
이 일반적이라는 점에서는 서부와 같다.

---

2) 영광 지역에서 '암'은 남성 제보자에게서만 확인된다.

구술발화 자료에는 잘 나타나지 않지만 강원도 영동 남부에서 '하모'가 쓰이며(이경진 2003), 경북 동남부인 영주, 경주, 포항에서도 '암:만'이나 '하기로'[3]가 쓰인다고 한다(정석호 2007). 그러나 구술발화 자료에 이런 형태가 확인되지 않는 것은 그 사용 빈도가 매우 낮기 때문일 것이다. 이러한 낮은 빈도는 이들 형태가 쇠퇴해 가는 표현이기 때문일 가능성이 크다. 아래는 정석호(2007)에서 제시된 예이다.

(1)
가. <u>암만</u>, 자네 말이 올키로.
나. <u>암만</u>, 더 말하며 잔소리지.

(2)
가. <u>하기로</u>, 내가 머라 카드노?
나. <u>하기로</u>, 사람 나고 돈 났지.

이상과 같은 지역적 분포형들을 살펴보면 경남 또는 경남과 접한 전남과 전북의 동부 지역은 낱말 첫소리 /ㅎ/를 유지하는 반면 전남북의 서부 지역은 /ㅎ/가 탈락한 형태가 일반적임을 알 수 있다. 한편 경남과 전남의 일부 지역은 대체로 2음절 형태를 보이지만, 전남의 북부와 전북의 서부 지역은 1음절 형태인 '함'과 '암'이 나타나고 있다. 이들 지역에 나타나는 '암'은 당연히 '함 > 암'의 변화를 겪은 것으로 해석해야 할 것이며, 이러한 변화를 표준어가 사용되는 중부방언 지역에까지 확대 적용해도 큰 무리는 없을 것으로 보인다. 따라서 표준어형 '암'을 '아무럼'의 축약형으로 설명하기보다는 '함'에서 /ㅎ/가 탈락된 것으로 보는 것이 타당할 것 같다. 서남방언의 '함'은 '하면'의 서남방언형 '하먼'에서 축약된 것으로 볼 수 있

---

3) '하기로'는 표준어 '하기는'과 비교된다. 긍정의 의미와 함께 낱말의 구성이 비슷한데, 다만 결합되는 토씨가 다르다. '하기로'는 목적격토씨, '하기는'은 도움토씨가 결합되었다.

으로 결국 아래와 같은 형태의 변화 과정을 추정할 수 있다. 경기를 비롯한 중부방언도 구술발화에는 나타나지 않지만 '암'이 어휘 목록에 있다고 볼 수 있으므로 이들 지역에서도 같은 종류의 변화가 일어났다고 생각해야 한다. 다만 이들 지역은 '암'이 '그럼'이나 '그렇지' 등으로 대체되어 가는 과정에 있다는 차이가 있다. 그렇다면 중부방언의 변화는 한 걸음 더 나아간 셈이다. 다만 그 변화가 진행 중이어서 아래에는 괄호로 이를 표시하였다.

> 동남방언: 하모 > 하모/아모 > 하~오/아~오 > 하~아/아~아
> 서남방언: 하면 > 하면/아면 > 함:/암:
> 중부방언: 하면 > 함: > 암: > (∅)

이상과 같이 '암' 계통의 감탄사가 다양한 형태로 분화했다면 '그럼'은 어떠한가? <표 1>에서 확인한 바와 같이 '그럼'은 중부방언, 예를 들어 경기, 강원, 충북 등지에서 '암' 대신 주로 사용되는 표현임을 알 수 있다. 이것은 '암' 계통의 표현이 '그럼'으로 대체된 결과로 해석된다. 반면 남부 지역인 경남, 전북, 전남에서는 아직도 '암' 계통의 표현이 주된 표현으로 사용되기 때문에 '그럼'의 사용 비율이 상대적으로 매우 낮게 나타났던 것이다. 이들 지역에서는 '암' 계통의 표현이 아직 '그럼'으로 완전 대체되지 않았다고 할 수 있다. 반면 그 중간지대인 충남과 경북 지역에서는 '암'과 '그럼'의 사용 비율이 모두 낮았다. 이것은 '암' 계통의 표현이 쇠퇴했지만 '그럼'이 아직 이 빈자리를 대체하지 못한 결과이다. 아마도 이들 지역에서는 '그럼' 대신 '응'이나 '그렇지'와 같은 보다 중립적인 긍정 표현이 이 자리를 메운 것으로 추정된다. 다음의 <표 2>는 충남과 경북의 구술발화(4시간)에서 '그렇지'가 '그럼'이나 '암' 대신 사용되는 상황을 보여 준다.

<표 2> '그렇지', '그럼', '암'의 사용 비율

도	시/군	그렇지	그럼	암
충남	대전	2	3	1(암)
	서천	20	0	0
	예산	4	2	0
	서산	11	2	0
경북	청송	27	0	1(암)
	고령	153	1	0
	청도	64	0	0
	의성	96	0	0

　　동북방언을 기반으로 하는 고려말의 경우, 감탄사 '옳소'나 '그럼' 또는 러시아어 '누(ну)' 등이 사용된다. 말할이에 따라 사용 비율이 다른데 적어도 '그럼'은 '옳소'에 비해 사용 횟수가 적게 나타나므로 고려말의 대표적인 강한 긍정의 감탄사는 '옳소'라고 해야 할 것이다. 물론 '옳소'는 표준어에도 있는 말이지만 입말의 담화에서 일반적으로 잘 쓰이는 말은 아니다. 아래 (3), (4)는 우즈베키스탄과 카자흐스탄에서 채록된 고려말의 예인데(곽충구 2009, 곽충구/김수현 2008), 우즈베키스탄의 경우 '옳소'가 12회 쓰이는 동안, '그럼'은 3회 나타났다.

(3)
가.
@ 내 닐굽 시간 걸렸습꾸마. 여기 오는데 비행기 닐굽 시간 앉아서 왔습꾸마.{내 일곱 시간 걸렸습니다. 여기 오는데 비행기 일곱 시간을 앉아서 왔습니다.}
　# 옳소, 옳소, 그렇기 야. 음.{옳소, 옳소 그렇게 응. 음.}

나.
　#1 그건 오십년도에 저기 스탈린게서 이게 그때 형, 아매두 아는 게 인

제 형수나 그때 이 즈베노보이(звеновой)질 하재앴소?{그건 50년도에
저기 스탈린에게서 이게 그때 김형수, 할머니도 알지만 이제 김형수나 그때
이 작업반에서 일하잖았소?}

\# 야~. 야~.{응. 응.}

\#1 그때 베농사르 하메서르 그런거 께나블(конопля){그때 벼농사를 하
면서 그런 거 삼}

\# <u>옳소. 옳소.</u>{옳소 옳소.}

\#1 야~. 이 께나불르 저 게로이(герой) 났어요.{응. 이 삼으로 저 영웅이
나왔어요.}

다.

@ 그런데 아까두 제가 말씀드렸지만은 제가 한 이십년 전에 스무해 전
에 그: 황만금: 게로이: 김병화 게로이 그런 분들을 책으로 봤단 말이
죠. 그때는 한국 사람이 여기 올 수 없을 때애요.{그런데 아까도 제가 말
씀드렸지만 제가 한 20년 전에 스무 해 전에 그 황만금 영웅 김병화 영웅 그
런 분들을 책으로 봤단 말이죠 그때는 한국 사람이 여기 올 수 없을 때에요}

\# <u>옳소, 옳소.</u>{맞소, 맞소.}

@ 올 수 없었을 때인데{올 수 없었을 때인데}

\# 야~. <u>옳소 옳소.</u> 응.{응. 맞소, 맞소. 응.}

라.

\#1 어, 까쨔 어째 왔는가 하이, 한식에 왔지, 삼월에. 그래 해마다 가아
게로이 되는 베스플라뜨노(бесплатно) 댕기다나이,{어, 까쨔가 어째
왔는가 하니, 한식에 왔지, 삼월에. 그래 해마다 그 아이(그 사람) 영웅이 되
어 무료로 다니고 보니,}

\# <u>옳소 옳소.</u>{맞소, 맞소.}

(4)

가.

@ 벌을 '낙하사니'라 하암둥?{벌을 '낙하사니'라 합니까?}

\# 나까사니(наказание), 음 <u>그럼.</u> 노시아말르 나까사니(наказание). 야
아! 말 마오! 무스 그런 거. 정말 어떤 적에느 가마:이 늫어서 아:때 일

이랑 가마·이 생각하무 무실하느라구 늙었는가! (웃음){나까사니. 음 그
럼. 러시아말로 나까사니. 웅. 말 마오. 무슨 그런 것. 정말 어떤 때에는 가만
히 누워서 아이 때 일이랑 가만히 생각하면 무엇하느라고 늙었는가?}

나.
@ 옛날 법이란 말이꾸마.{옛날 관습이란 말입니다.}
# 그래 옛날, 그, 옛날 법이지 <u>그럼</u>.{그래 옛날, 그, 옛날 관습이지 그럼.}

다.
@ 그럼 아매! 이 동미들이 고려 이름두 가지구 있고 노시아 이름두 가
　지구 있구 두 개씩 가지구 있었슴둥?{그럼 할머니! 이 동무들이 고려 이
　름도 가지고 있고 러시아 이름도 가지고 있고 두 개씩 가지고 있었습니까?}
<u>그럼 그럼</u> 두기 잇어.{그럼, 그럼 두 가지가 있어.}

　한편 아래의 예 (5)는 카자흐스탄에서 채록된 것인데(곽충구/김수현 2008),
러시아어의 감탄사 '누'(ну)가 사용된 것이 특징이다. 고려말은 일상적인
많은 어휘에서 러시아말을 사용하는 경향이 있는데, 이런 감탄사에서도
러시아말이 즐겨 사용되고 있음을 알 수 있다. 이러한 러시아말 사용은
결국 순수한 고려말을 대체해 가는 결과를 낳게 된다.

　(5)
　@ 내용이 내용이 생각이 나암두?{내용이 내용이 생각이 납니까?}
　# <u>누</u>(ну)! 그 저 아부지 보 보지 못하구 눈 눈이 메서 보지 못하구.{그럼!
　　그 저 아버지 보지 못하고 눈 눈이 멀어서 보지 못하고.}

고려말이나 표준어에 쓰이는 '옳소'는 단순히 응답어로만 쓰일 뿐 다른 담
화적 기능을 수행하는 담화표지로의 문법화는 일어나지 않았다.
　제주방언에서는 '게메'가 강한 긍정을 나타낼 때 쓰인다. '게메'는 어
원적으로 표준어의 '그럼'에 대응하는 것으로 보인다. 제주방언의 '게메'

는 응답어로 쓰일 뿐만 아니라 예 (6라)에서 보듯이 강조적인 기능을 수
행하기도 한다. 다만 이러한 강조 기능은 사용 빈도가 낮은 것이 특징
이다.

(6)
가.
#1 아 그다으메는.{아 그다음에는.}
@2 예.{예.}
#1 담제.{담제.}
#2 <u>게메</u>.{그럼.}

나.
#2 대상 도라오믄 저 대상 끈나믄 이젠.{대상 돌아오면 저 대상 끝나면 이
　　제는.}
@1 담제.{담제.}
#2 저 무신 걷꼬? ㄱ싸 아방 ㄱ라라마는.{저 무엇이지? 아까 아버지 말해라만.}
#1 졸곡쩬가 뭐 담제?{졸곡제인가 뭐 담제?}
#2 담제 그걸 끈나믄 이젠 식께에 도라가는 거라.{담제 그것 끝나면 이제
　　는 제사에 돌아가는 거지.}
#1 <u>게메 게메</u> 경헹 식께에 식께엘 돌아갈 ** 게난.{그럼. 그럼. 그렇게 해
　　서 제사에 제사에 돌아갈 **. 그러니까.}

다.
#1 모인 거 일쪽 헌디 여기서는 우리 주로 어띤 종뉴를 ㄱ라난는고? 어
　　떤 베씨로 가라나서?{메진 것 있고 한데 여기서는 우리 주로 어떤 종류를
　　말했었는가? 어떤 볍씨로 갈았었어?}
#1 산디.{밭벼.}
#2 아 산디?{아 밭벼?}
#1 으 <u>게메게</u>. 히린 거게. 춤쏠 저 산디 가라나고. 또 강나로기엔예 이제
　　모인 거. 바비 게삭지주게. 그거 허연 가라나고.{응. 그럼. 차진 것. 찹쌀
　　저 밭벼 갈았었고. 또 강나록이라고 해서 이제 메진 것. 밥이 풀기가 없지.

그것 해서 갈았었고.}

라.
#2 우리 동네서 허는 건 <u>게메</u> 제펜허곡 셍펜허곡 만뒤허곡 이제 지름떡 그거.{우리 동네에서 하는 것은 그럼 제편하고 송편하고 만두하고 이제 기름떡 그것.}

제주방언과 중앙아시아 고려말이 동사 '하다'의 활용형 '하면'에서 문법화한 감탄사를 과거에 사용하다가 현재의 '게메'나 '옳소' 등으로 대체해 갔는지는 분명하지 않다. 그러나 분명한 것은 이들 방언에서는 현재 '하면'에서 문법화한 형태가 감탄사나 담화표지로 결코 쓰이지 않는다는 사실이다. 따라서 현재의 공시적 상황만을 고려할 경우, 한반도에서 쓰이는 강한 긍정의 감탄사는 '암', '그럼', '옳소' 등의 세 갈래로 나누어 볼 수 있고, 이들 어형 대신 약한 긍정의 감탄사 '그렇지'가 사용되는 지역을 따로 설정할 수 있다. 각 갈래의 어형들은 한 방언에서 모두 나타날 수 있다. 예를 들어 전남방언에서는 '아면', '그럼', '옳제', '그러제' 등과 같은 표현들이 실제 담화에서 사용되고 있기 때문이다. 그러나 긍정의 강도나 사용 빈도 등을 고려할 때 전남방언의 대표적 감탄사로는 '아면'을 들 수밖에 없다. '그럼'과 '옳제'는 빈도가 낮고, '그러제'는 긍정의 강도가 상대적으로 약하기 때문이다. 이처럼 각 지역방언의 대표적인 표현들로 분류한다면 아래와 같은 네 종류의 분류가 가능하다.

① 암: 경남, 전북, 전남
② 그럼: 경기, 강원, 충북, 제주
③ 옳소: 고려말
④ 그렇지: 충남, 경북

3. '암', '하모', '그럼'의 담화적 기능

앞 절에서 우리는 표준어나 서남방언의 '아먼/암'이 동남방언의 '하모'
와 마찬가지로 '하면'에서 기원한 말이라고 해석하였다. 그러나 기원이 같
다고 하여 두 형태의 공시적인 기능까지도 동일함을 의미하는 것은 아니
다. 이와 관련하여 4시간 동안의 구술발화에서 경남 남해는 '하모'를 200
회 사용하였고, 하동은 79회 사용하였다는 사실에 주목할 필요가 있다. 이
러한 사용 빈도는 전북과 전남에 비해 상대적으로 매우 높은 빈도이기 때
문이다.

서남방언의 '아먼/암'이나 경남방언의 '하모'는 모두 상대의 물음에 대
한 강한 긍정을 보인다. 또한 상대의 물음뿐만 아니라 상대의 서술적 내
용에 대해 동의를 나타내는 점도 같다. 따라서 상대방의 발화에 대해 긍
정적 반응을 보이는 점에서 '아먼/암'과 '하모'는 하등 다를 바가 없다. 그
런데 경남방언의 '하모'는 상대방이 아닌 말할이 자신의 발화에 대해 스
스로 긍정을 표시하는 경우가 있는데 이런 용법은 '아먼/암'에서 별로 찾
아지지 않는다. 자신의 발화를 진행해 나가는 과정에 나타나는 이런 용법
이야말로 전형적인 담화표지의 기능이라 할 수 있는데, '하모'가 이런 기
능을 보이는 것은 응답어에서 담화표지로의 기능 전이가 '아먼/암'에 비
해 더 진행되었기 때문일 것이다. '하모'의 사용 빈도가 '아먼/암'에 비해
상대적으로 더 높은 것도 같은 이유로 생각된다.

3.1 응답적 기능

'암' 계통의 표현이 가장 전형적으로 보이는 기능은 상대의 물음에 강
한 긍정을 나타내는 것이다. 응답어 '응'도 긍정을 표현하지만, '암'은 이

보다 더 긍정을 강조하고, 사태의 당연함을 표현한다. 이런 기능으로 쓰일 때 '암'은 대부분 발화의 첫머리에 온다.

(7)
가.
@ 아, 그래요? 그 만사에다가 자기가 쓰고 시픈 마를 쓰는 거예요?{아, 그래요? 그 만사에다가 자기가 쓰고 싶은 말을 쓰는 거예요?}
# <u>암</u>.{암.}

나.
@ 그때부터 제사라고 하는 거야?
# <u>암</u>.

다.
@ 기제, 아, 차례? 차례라고 하는 거슨 추성명절 그 차례 지낸다고 해도 팬차는가요?{기제, 아, 차례? 차례라고 하는 것은 추석 명절 그 차례 지낸다고 해도 괜찮은가요?}
# <u>암</u>. 설 명저를 차례 지낸다고 해.{암, 설 명절을 차례 지낸다고 해.}

라.
@ 할머~이 기억하십니까?{할머니 기억하십니까?}
# <u>하모</u> 여거 만날 여기 사라농께 언자 그건 알지, 그 집터는.{아무렴. 여기 만날 여기 살아 놓으니까 이제 그건 알지, 그 집터는.}

마.
@ 그라고 언자 또: 꼬치 농사도 지:쓸꺼 아임니꺼?{그러고 이제 또 고추 농사도 지었을 것 아닙니까?}
# 꼬치도 <u>하모</u> 지찌요.{고추도 아무렴 짓지요.}

바.
@ 그라몬 요게 언자 그:는 가을에 숭구는 보리아임니꺼?{그러면 여기에

인제 그것은 가을에 심는 보리 아닙니까?}

\# 이잔, <u>하모</u> 봄 즈즈 보메 숭거가꼬, 보메 숭거가꼬 볼:써 타작 다허고 모 심어따아잉가요, 지금.{이제, 아무렴 봄 저저 봄에 심어 가지고, 봄에 심 어 가지고 벌써 타작 다 하고 모 심었잖아요, 지금.}

비록 상대의 발화가 물음이 아니더라도 '암'이나 '하모'가 쓰일 수 있 다. 상대의 서술이나 명령 등, 상대의 발화에 대한 당연한 긍정이나 동의 를 나타낼 수 있기 때문이다. 이러한 기능은 '응'이나 '예'와 같은 전형적 인 응답어에서도 쉽게 확인할 수 있는 기능이다. 이처럼 물음이 아닌 서 술이나 명령에 대한 반응이라 할지라도 '암'이나 '하모'는 발화의 첫머리 에 오는 수가 대부분이다. 여기서는 이처럼 상대의 발화에 대한 긍정적 반응을 나타내는 기능을 '응답적 기능'이라 부르기로 한다. 아래 예 (8)은 경남 하동과 남해 지역어의 예이다.

(8)

가.

@ 그 고농거 함문 쭈욱 옌나레 그 핻떵거 생가 함 더드머가지고 함문 **.{그 그런 것 한번 쭉 옛날에 그 했던 것 생각 한 번 더듬어 가지고 한번[X 말씀해 주십시오X].}

\# <u>하모</u>, 그래언자 감:자로 이자 쓱 정올따레 그래 숭구모.{아무렴, 그래 가 지고 이제 감자를 인제 정월에 그렇게 심으면.}

나.

@ 그라모 소가 어데.{그러면 소가 어디.}

\# 언자 걸리고{이제 걸리고.}

@ 나무: 걸리모 이라모 삥삥 감기모 크닐나는데:.{나무에 걸리면 이러면 빙 빙 감기면 큰일 나는데.}

\# <u>하:</u> 그런다고 어자 그렇게 자주 보지, 소를.{아무렴. 그런다고 이제 그러 니까 자주 보지, 소를.}

다.

@ 엔나레 저 항포똔때달고 배 아 떠 안하보~이.{옛날에 저 황포돛대 달고
배 안 떠 안 보(았습니까?)}

받:찌요, 마니 받:찌.{봤지요, 많이 봤지.}

@ 뜨고 안했습니까? 그거 우리는 여: 하 저: 섬진강을 머 오기는 여러번
와도 배뜨능거는 한분도 몬바꺼등네.{뜨고 안 했습니까? 그것 우리는 여
기에 하(동) 저 섬진강을 뭐 오기는 여러 번 와도 배 뜨는 것은 한 번도 못 봤
거든요.}

몬:받:찌요, <u>하모</u>.{못 봤지요, 아무렴.}

라.

@ 그라모 동정에넌자 몰바미 유멩핻꼬.{그러면 동정에는 이제 마름이 유명
했고.}

먼: 이파링고도 모르걷따. 나팔꼳매이다, 그 꼬치.{무슨 이파리인지도 모
르겠다. 나팔꽃처럼(생긴 것)이다, 그 꽃이.}

@ (웃음){(웃음)}

<u>하모</u>, 여 동:정에 저네언자 그랟찌, 저네.{아무렴, 여 동정에 전에 이제 그
랬지, 전에.}

마.

@ 그람: 여개: 성당이 이슴니까?{그럼 여기에 성당이 있습니까?}

성:당이 머잉가요? 에비당?{성당이 뭣인가요? 예배당?}

@ 예비당.{예배당.}

쎄:비릳찌, 여: 세:군데나 읻찌 여거.{많지, 여기에 세 군데나 있지 여기.}

@ 요게예?{여기에요?}

예.{예.}

@ 으~으.{음.}

여거 익꼬 저건.{여기에 있고 저기.}

@ 교헤카능거.{교회라고 하는 것.}

디헤, <u>하모</u>. 디에막 저저 세 군데나 이서요.{뒤에, 아무렴. 뒤에 막 저 저
세 군데나 있어요.}

바.

@ 요게 나락 하나 여:가꼬 쏙: 홀때니 요렁거 손홀태도 이써꺼등네.{여기
　에다 벼 하나를 넣어 가지고 쏙 훑는 요런 거 벼훑이도 있었거든요}

\# 아아. 손홀태 하모 요리 즈즈. 대:로가꼬 두:개. 두:개르 가꼬 요리, 아
　이고 얼매나 더디다고.{아아. 벼훑이 아무럼 요리 저 저. 대를 가지고 두 개.
　두 개를 갖고 이렇게, 아이고 얼마나 더디다고.}

'응'이나 '예' 등 응답어 뒤에 '암'이 오는 수도 많다. 이는 긍정을 다시
강조하기 위한 것으로서. 긍정의 강도가 약한 쪽에서 강한 쪽으로 진행되
는 것임을 보여 준다. 실제 구술발화 자료에서 역방향의 예, 즉 '암'이 선
행하고 '응'이나 '예'가 후행하는 경우는 발견되지 않는다.

(9)

가.

@ 심방 만들기 위혜서 도:그로{댓돌 만들기 위해서 돌로,}

\# 엉, 아:문.{응, 아무럼.}

\# 긍게 지비 너푸머는 우리자 우리지베 요만치를 싸:는 디도 이꼬{그러
　니까 집이 높으면은 우리자 우리 집에 이만큼을 쌓는 데도 있고}

나.

@ 아하 아 거기다 보리 꺼시라글 너코 그렌네요.{아하, 거기다 보리 까끄
　라기를 넣고 그랬네요.}

\# 응. 아:문면. 그서뽀꼬 보리뵈:께라고 그렌는다.{응, 아무럼. 그것보고 보
　리 '뵈께'라고 그랬는데.}

다.

@ 데살창은 자기가 직쩝 데를 짜서 헝거시고 응{대살창은 자기가 직접 대
　를 짜서 하는 것이고, 응}

\# 응 아:먼.{응, 아무럼.}

라.

\# 그때는 불때:면 제다머다 분:는 제까니 이써. 그 항카는 허청 거그다가
인자 연장가틍거 싹 걸:제.{그때는 불 때면 재 담아다 붓는 잿간이 있어. 그
한 칸은 헛간 거기다가 이제 연장 같은 것 싹 걸지.}

@ 아 거러요 허청에다{아, 걸어요, 헛간에다?}

\# <u>응 아:먼</u>. 그 삼카니여 그거또{응, 아무렴. 그 삼 칸이야, 그것도}

마.

@ 다 이기다 펭사리예 드러감니까?{다 이게 다 평사리에 들어갑니까?}

\# <u>예:. 하모이</u>. 펭사는 펭사리지.{예. 아무렴. 평사리는 평사리지.}

바.

@ 우~우:, 그 재첩뽀다 더 옌날 요:마리 갱주개네 언자 보니까.{으응, 그
재첩보다 더 옛날 요기 말이 '갱주개'네 이제 보니까.}

\# 예. (웃음){예. (웃음)}

@ 내나 요롱:마리지예?{내나 요 동네 말이지요?}

\# <u>예. 하모 하모</u>, 재:츱.{예. 아무렴 아무렴, 재첩.}

사.

@ 그러니까 도투마리에 걸린 시리 부글 통해서 나아가지고 베가 ***.{그
러니까 도투마리에 걸린 실이 북을 통해서. 나와 가지고 베가 ***.}

\# <u>예예, 하모</u>.{예 예, 아무렴.}

　'암'이 '응'이나 '예'와 같은 중립적인 응답어 바로 뒤에 오지 않고 하
나의 발화를 뛰어넘어 나타나는 수도 있는데, 이 역시 '예-하모'의 순서로
쓰였다. 이것은 상대의 발화에 대해 일단 '예'로 대응한 뒤, 다시 '하모'를
사용하여 상대의 발화에 대한 긍정적 반응을 강하게 표현하고 있는 경우
이다.

(10)

> \# 예, 정서 댕기더마느 내나 여너멘, 정수가자메 여:너메 그 예비당 엄뜽 가요, 지레? 부항대.{예, 정서 다니더니마는 내나 여기 너머, 정서 가자면 여 기 너머 그 예배당 없든가요, 길에? 부황대.}
>
> \@ ** 쿵거하나 일떼예.{** 큰 것 하나 있데요.}
>
> \# 예, 안뚜무 그:가 부항대, 동:네가 부항대라.{예, 안뚜물 거기가 부황대, 동 네가 부황대야.}
>
> \# 하모, 큰질로 요리 도라가머.{아무렴, 큰 길로 요렇게 돌아가면.}

예 (11)은 '예'와 '하모'가 발화를 달리하여 각각 사용된 경우이다. 이때 도 순서는 '예'가 '하모'보다 먼저 사용되었다. '하모'는 반말 표현이므로 본질적으로 '안 낮춤'의 표현이다. 그런데도 같은 상대에게 '예'와 '하모' 가 함께 쓰이는 것은 조사자와 제보자의 관계가 복합적이기 때문이다. 제 보자의 편에서 보면 조사자는 나이는 연하이나 신분이 교수이므로 '예'와 '하모'를 함께 사용하는 것이다.

(11)

> \# 사래미 마:~이 건네가.{사람이 많이 건너가.}
>
> \@ 시간 정해노코.{시간 정해 놓고.}
>
> \# 예. 시간 정해노코.{예. 시간 정해 놓고.}
>
> \@ 시가늘 정해야지, 앙그라모 머:.{시간을 정해야지, 안 그러면 뭐.}
>
> \# 하모, 정해노코 그리 사람 모이가꼬.{아무렴, 정해 놓고 그렇게 사람 모여 가지고.}

'암' 뒤에 상대 발화의 일부 내용이 반복되는 수가 많다. 이는 상대의 발화에 대한 적극적 동의를 표현하기 위한 말할이의 발화 방식 가운데 하 나이다. 상대의 발화에 대해 동의하거나 긍정적으로 반응할 때, 상대의 발 화 내용을 그대로 반복하거나, 대용어로 표현하거나('그래', '그렇지' 등), 아

니면 독립적인 긍정의 감탄사('응, 예, 암, 아무렴, 옳지' 등)를 쓰는 등 적어도
세 가지의 방식이 가능하다. 이 세 방식이 모두 사용되는 경우는 드물지
만 두 방식이 함께 쓰이는 수는 흔히 있다. 이것들을 가능한 경우로 나누
어 보면 아래와 같다.

> (a1) 반복-대용, (a2) 반복-감탄사, (a3) 반복-반복
> (b1) 대용-반복, (b2) 대용-감탄사, (b3) 대용-대용
> (c1) 감탄사-반복, (c2) 감탄사-대용, (c3) 감탄사-감탄사

여기서 a1, a3, b1, b3 등은 입말 담화에서 잘 쓰이지 않는 형식인데,
이들은 모두 응답의 감탄사를 포함하지 않는 점에서 공통이다. 상대의
물음에 대한 응답 표현은 응답의 감탄사를 포함하는 것이 가장 자연스
럽기 때문이다. 따라서 입말 담화에서 흔히 들을 수 있는 응답 표현은
이들을 제외한 다섯 가지로 귀결되는데, 이 다섯 가지 형식이란 필수요
소인 감탄사가 '반복', '대용'의 앞뒤에 각각 오는 경우와, 중립적 '감탄
사'와 더불어 쓰일 때이다. 중립적인 감탄사와 함께 쓰일 때에는 중립적
인 감탄사가 '암' 앞에만 오는 제약이 있으므로 '암' 뒤에 오는 형식은
배제된다.

> ① 반복-감탄사
> ② 대용-감탄사
> ③ 감탄사-반복
> ④ 감탄사-대용
> ⑤ 감탄사-감탄사

① 반복 – 감탄사

(12)

@ 저금넬떼는 머 좀 농사도 좀 <u>띠여 줍니까?</u>{분가할 때는 뭐 좀 농사도 좀 떼어 줍니까?}

\# 노니 마:는 사라믄 <u>띠여 주제. 암:만.</u> 띠여 주제라우.{논이 많은 사람은 떼어 주지. 아무럼. 떼어 주지요.}

② 대용 – 감탄사

(13)

@ 엔:날보믄 그런다 그레요. <u>당고리 자기가 그 이 구여글 또 판:다고</u> 그레요 나무한테.{옛날에 보면 그런다 그래요. 무당이 자기가 이 구역을 또 판다고 그래요, 남한테.}

\# <u>그레써. 아:먼.</u> 따른 기양 쩌 연변사라미 여그 와서 사서 헐쑤도 이꼬 고러코{그랬어. 암. 다른 그냥 저기 연변 사람이 여기 와서 사서 할 수도 있고 그렇고.}

③ 감탄사 – 반복

(14)

@ 거기다가 <u>몯 까튼 거 안 치죠?</u>{거기다가 못 같은 것은 안 치죠?}

\# <u>암, 모슨 안 치지.</u> 우구, 안 다 만는디, 우구다가 인자 천판만 모슬 치지.{암. 못은 안 치지. 위, 안 다 맞는데, 위에다가 이제 천판만 못을 치지.}

④ 감탄사 – 대용

(15)

@ 그럼, <u>만사가 맨 아페 가는 거여?</u> 나갈 때?{그럼, 만장이 맨 앞에 가는 거야? 나갈 때?}

\# <u>암, 그러제,</u> 만사. 대신 그인자 그를 지어서 인자, 써서 인자 다 각깍.

{암, 그러지, 만장. 대신 그 이제 글을 지어서 이제, 써서 이제 다 각각.}

⑤ 감탄사 – 감탄사

(16)
@ 다 이기다 펭사리예 드러감니까?{다 이게 다 평사리에 들어갑니까?}
# 예:. 하모이. 펭사는 펭사리지.{예. 아무렴. 평사리는 평사리지.}

위의 예 (16)은 '감탄사-감탄사'의 결합이면서 다시 '반복'이 덧붙는 형
식이므로 세 가지 응답 표현이 모두 쓰인 경우라 할 수도 있다. 이처럼 세
가지 형식이 모두 쓰이는 예로서 (17)에서처럼 '감탄사-반복-감탄사'의
유형도 확인된다. 이는 '감탄사-반복'와 '반복-감탄사'의 합성형이라 할
수 있다.

(17)
@ 과나루 뭐 무슨 동물 지나가면 안된다고던데 고이 고양이거튼 거.{관
  으로 뭐 무슨 동물 지나가면 안 된다 그러던데, 고양이, 고양이 같은 거.}
@ 그런 얘기?{그런 얘기?}
#1 에 지나가믄 안 되지 암면.{예, 지나가면 안 되지, 아무렴.}
#1 근게 내내 그거 과늘 사람 지내가게 놔두나요? 내내 거시기 허지.{그러
  니까 내나 그거 관을 사람 지나가게 놔두나요? 내나 거시기하지.}(충남 논산)

잘 알려진 대로 한국어의 응답은 상대방의 물음 형식에 따라 결정된다.
긍정의 응답어는 상대방의 물음 형식을 그대로 인정하게 되며, 부정의 응
답어는 상대의 물음 형식을 거부하는 것이다. '암'은 강한 긍정의 응답어
이므로 상대의 물음 형식을 반복할 경우 당연히 상대의 물음 형식 그대로
를 되받아서 서술 형식으로 쓰이게 된다. 이때 서술어의 마침씨끝은 반말
의 '-지'가 오는 수가 많다. 다른 씨끝과 달리 '-지'는 마땅함이나 당연함

과 잘 호응되는 씨끝이기 때문이다. 당연함을 함의하는 토씨 '야'가 예 (18)처럼 씨끝 '-지'와 잘 호응하는 것도 이 때문일 것이다. 따라서 '암'이 '-지'와 잘 어울려 쓰이는 것도 '암'이 갖는 마땅함이나 당연함의 의미 때 문으로 생각된다.

(18)

가. 나야 가지.(*가)

나. 철수가 공부야 잘하지.(ʔ잘해)

예 (19)는 전북 고창 방언에서 '암' 뒤에 '-지'가 오는 경우를 모은 것이다.

(19)

가.

@ 그럼 인제 천나른 그러케 해서 지나가요? 천날바메 머 특뼈리 하는 거 업써요?{그럼 이제 첫날은 그렇게 해서 지나가요? 첫날밤에 뭐 특별히 하는 것 없어요?}

\# <u>암</u>, 천날바메는 특뼈리 허는닐 <u>읍쩨</u>. 장만들 허고 인자.{암, 첫날밤에는 특별히 하는 일 없지. 장만들 하고 이제.}

나.

@ 거기다가 몯 까튼 거 안 치죠?{거기다가 못 같은 것은 안 치죠?}

\# <u>암</u>, 모슨 <u>안 치지</u>. 우구, 안 다 만는디, 우구다가 인자 천판만 모슬 치 지.{암. 못은 안 치지. 위, 안 다 맞는데, 위에다가 이제 천판만 못을 치지.}

다.

@ 생인들만 오는 거예요? 지브로?{상제들만 오는 거예요? 집으로?}

\# <u>암</u>. 생인들만 <u>오지</u>.{암. 상제들만 오지.}

라.

@ 그럼 인제 거더서, 거든 그 음시근 우리가 머거도 되는 거여?{그럼 이

제 건어서, 건은 그 음식은 우리가 먹어도 되는 거야?}
암. 머그면 <u>먹찌</u> 다.{암, 먹으면 먹지, 다.}

마.
@ 저금녈떼는 머 좀 농사도 좀 띠여 줍니까?{분가하려면 뭐 좀 농사도 좀
떼어 줍니까?}
노니 마:는 사라믄 띠여 주제.{논이 많은 사람은 떼어 주지.}
<u>암:만</u>. 띠여 <u>주제라우</u>.{아무렴. 떼어 주지요.}

바.
@ 그럼, 만사가 맨 아페 가는 거여? 나갈 때?{그럼, 만장이 맨 앞에 가는 거
야? 나갈 때?}
<u>암</u>, 그러제, 만사. 대신 그인자 그를 지어서 인자, 써서 인자 다 각깍.
{암, 그러지, 만장. 대신 그 이제 글을 지어서 이제, 써서 이제 다 각각.}

상대의 발화에 대한 뒤늦은 반응을 보일 때에는 '암'이 발화의 중간에
오기도 한다.

(20)
가.
@ 긍께 인자 조구를 사다가 말려야 되지요?{그러니까 이제 조기를 사다가
말려야 되지요?}
조구를 쌩노므로 사다 <u>암:면</u> 물끼 물끼 말리제.{조기를 생것으로 사다가
아무렴 물기 물기 말리지.}(전남 영광)

나.
근디 지금 꼬:치장 꼬:치 몸: 머거. 꼬:친닙.{그런데 지금 고추장 고추 못
먹어, 고춧잎.}
@2 농약 떼메.{농약 때문에}
하::도. <u>아:면</u>. 약또 약또 말도 모더게 헝게 꼬치에다.{하도 아무렴. 약도
약도 말도 못하게 하니까, 고추에다}(전남 영광)

발화 내용에 대한 당연함이나 강한 확신 등을 표현하는 담화표지의 역할
을 하고 있다고 하겠다.

'하모2' 역시 '하모1'과 마찬가지로 '저넫 써리홀태는 저네 하모2 우리
도 이써찌.'에서 보듯이 새로운 정보를 표현하는 발화 직전에 사용되었으
며, 후행 발화 내용의 당연함이나 강한 긍정을 나타낸다. 이처럼 '하모'가
문장의 중간에 나타나면, 대체로 상대의 발화에 대한 반응이 아니라 말할
이 자신의 발화 내용에 대한 강한 긍정이나 확신을 드러내는 담화표지로
기능한다. 이러한 기능의 '하모'는 물론 담화적 기능만을 수행할 뿐 통사
적 기능이 없으므로 그것이 없더라도 문장의 의미 형성에 아무런 영향을
끼치지 못한다. 따라서 전형적인 담화표지의 속성을 지닌다고 하겠다.

(23)은 (22)와 마찬가지로 담화표지로 기능하면서 문장의 처음이나 중간
에 나타나는 '하모'의 예를 모은 것이다.

(23)
가.
기양 잉간헌 중:잉께 기양 자기가 거 지블 지:각꼬 거거서 기도 디리
    고. 믿해 읻따가 고마인잔 안헌다고 나와비리찌.{그냥 웬만한 스님이
    까 그냥 자기가 거기에 집을 지어 가지고 거기에서 기도 드리고. 몇 해 있다
    가 그냥 이제 안 한다고 나와 버렸지.}
@ 예:.{예.}
# 나와각꼬언자 그 절로 뜨더다가 마 여: 경기사 짇:따 그러데요.{나와 가
    지고 이제 그 절을 뜯어다가 여기에 근기사 지었다 그러데요}
@ 예::.{예.}
# 하모, 머 갈리는 엄써요. 내나 요거요고또 머.{아무렴, 뭐 갈 일은 없어요.
    내나 요것 요것도 뭐.}

나.
@ 몰밤도 꼬츤 피지예?{마름도 꽃은 피죠?}
# 패:요. 핑께로 구리 열매가 열고{피어요 피니까 그렇게 열매가 열고}

@ 예::.{예.}

하모, 그건또 마 가사가사허니 막 그래. 까:시가 마나.{아무렴, 그것도 거
칠거칠하게 막 그래. 가시가 많아.}

다.

자기는 그걸언자 땅그걸 사가꼬 버젙:허이언자 절매이로 지:가꼬.{자기
는 그걸 이제 땅 그걸 사 가지고 버젓하게 이제 절처럼 지어 가지고}

인자 사람끄:디린다 그기라인쟌.{이제 사람 끌어 들인다 그거야 이제.}

@ 예:, 알겐씀니다.{예, 알겠습니다.}

절, 그러고 여이 궁:기사절도 익꼬헌디 하모 그사람드리 오머 안댄대.
{절, 그러고 여기 근기사(한산사) 절도 있고 한데, 아무렴, 그 사람들이 오면
안된대.}

라.

@ 고구매는 *.{고구마는 *.}

예, 골 처 가:꼬.{예, 고랑 쳐 가지고.}

@ 아니, 줄로 먼저 내야 델꺼 아임니까?{아니, 줄을 먼저 내야 될 것 아닙니까?}

즈그 언쟌 고구마는 은쟌 요리 골 처가꼬 짱아리를 바가노몬 수니 나
와요. 수니 나오고 그노믈 떼가꼬, 하모 심지.{저기 이제 고구마는 이제
요리 고랑을 내서 종자 고구마를 박아 놓으면 순이 나와요. 순이 나오고 그
놈을 떼 가지고, 아무렴 심지.}

마.

인자 뽕 닙 트먼 트고 인자 쪼꿈 크문 이양 한 사뭐리나 되거찌이~.
{이제 뽕잎 트면 트고 이제 조금 크면 이제 한 삼월이나 되겠지.}

@2 아

사뭘, 음녀그로 사먹 인나 되거찌.{삼월, 음력으로 삼월이나 되겠지.}

@2 그믄 사:월 정도{그러면 사월 정도}

사:월 정도 되지.{사월 정도 되지.}

@ 음

허:무 인자 그거를 인쟌 아페 나온 노문 인자 또 또 끄르슬 하나 노코
인자 또{아무럼. 이제 그것을 이제 앞에 나온 놈은 이제 또 또 그릇을 하나

놓고 이제 또,}

\# 거따가 인자 머 거석 그걸 가꼬 마:니 해. 저:얼 닥 날:개 거 쿵 거 쿵
거 거 빼:다가{거기에다가 이제 뭐 거시기 그걸 가지고 많이 해. 저 닭 날개
그 큰 것 그 빼어다가,}

(23)에서 '하모'는 모두 새로운 정보를 발화하기 직전에 사용된 점이 공
통이다. 그런데 다음의 예 (24)는 사정이 다르다.

(24)

\# 여:이 궁민학꾜매이룩 그리 커지요.{여기 이 초등학교처럼 그렇게 크지요.}

@ 아걍맹크로?{악양(지명)처럼?}

\# 예:, 아걍매이로 커요.{예, 악양처럼 커요}

@ 예.{예.}

\# 세군데 다 학:쪼는 마 항::정업시 널러요.{세 군데 다 학교는 한없이 넓어요}

@ 예:.{예.}

\# 여 자리가 맘 터가 마나각꼬 항:점시 널러. <u>하모</u>, <u>세군덴</u>: 학쪼가 마
항:정업시 너리지.{이 자리가 터가 많아 가지고 한없이 넓어. 아무렴, 세 군
데 학교가 한없이 넓지.}

예 (24)에서 '하모' 뒤에 오는 발화는 이미 앞에서 발화한 내용과 거의
동일하여 반복 표현으로 볼만한 것이다. 이런 경우의 '하모'는 앞선 발화
를 강조하기 위한 것으로서, 단순히 후행 발화에 대한 강한 긍정을 표현
하는 것과는 구별되어야 한다. 아래 (25)에 제시된 전북 고창 지역어의
'암'이나 전남 영광의 '암만'도 반복 과정에 나타난 것으로서 (24)와 같은
것이다.

(25)

가.

@ 채소는 대개 어떤 걸 노아야 돼요? 그 뭐 상관 업써요?{채소는 대개 어

떤 것을 놓아야 돼요? 그 뭐 상관없어요?}

\# 예. 채소하고. 콩나물 인자, 그런 거슨 너물깜. 채소요. 제사쌍이나 마찬가지지, 산 제상게 그거시. 그게 <u>산</u> 제사제, 산 제상게. 회갑짠치가 <u>암 산</u> 제사제.{예. 채소하고. 콩나물 이제, 그런 것은 나물깜. 채소요. 제삿상이나 마찬가지지. 산 제사이니까, 그것이. 그것이 산 제사이지, 산 제사이니까. 회갑잔치가 암, 산 제사지.}

나.

@ 저금넬떼는 머 좀 농사도 좀 띠여 줍니까?{분가하려면 뭐 좀 농사도 좀 떼어 줍니까?}

\# 노니 마:는 사라믄 <u>띠여 주제</u>. <u>암:만</u>. <u>띠여 주제라우</u>.{논이 많은 사람은 떼어 주지. 아무렴. 떼어 주지요}

이처럼 반복 과정에서 강조하기 위해 사용된 '암', '암만', '하모'는 결국 선행 발화에 대한 말할이 자신의 긍정적 반응을 나타내므로 그 뒤에 선행 발화 내용을 다시 반복하는 것은 마치 상대방의 발화에 대한 긍정적 반응을 나타내는 경우와 아주 흡사하다고 하겠다. 이미 앞에서 언급한 바와 같이 상대의 발화에 대해 반응할 경우, 다양한 형식이 가능했는데, 그 가운데서 특히 '감탄사-반복' 형식이야말로 예 (24), (25)에 사용된 형식과 같은 것이다. 상대 발화에 대한 반응과 달리 이 경우는 자신의 발화에 대해 긍정적 반응을 보이는 경우로 해석된다.

아래 예 (26)은 상대의 말에 대한 강한 부정을 표현하면서 '하모'가 쓰인 경우로서, 상대방의 발화에 대한 반응이 아니라 뒤따르는 자신의 말에 대한 긍정 및 강조를 나타내는 경우임을 확실하게 보여 주고 있다 하겠다.

(26)

@ 그거는 그라모 똗똗똗똗때배 ***.{그것은 그러면 돛 돛 돛 돛배 ***.}

똡빼 아이라. 하모, 그걸 각꼬 이리이리 저서요, 양:쪼게서. 양쪼게서
　마. 그렁께 사:라미.{돛배 아니야. 아무렴, 그걸 가지고 이리 이리 저어요, 양
　쪽에서, 양쪽에서. 그러니까 사람이.}

　감탄사 '암'과 '하모'가 상대의 발화에 대한 긍정적 반응인 응답적 기능
을 수행하는 점은 공통이다. 그러나 자신의 발화에 대한 긍정적 반응인
강조적 기능에서는 차이를 보인다. 이를 확인하기 위해 '하모'의 사용 비
율이 높은 경남 남해와 하동, 그리고 '암'의 사용 비율이 높은 전북 고창과
전남 영광의 양상을 비교해 보았다. 과연 이들 지역어에서 자신의 발화에
대한 긍정적 반응을 보이는 예가 얼마나 나타나는지를 비교해 보려는 것
인데 그 결과는 아래의 <표 3>과 같다.

<표 3> '암/하모'의 기능별 사용 비율

	경남 남해	경남하동	전남 광양	전남 영광	전북 고창
응답적 기능	104(52%)	73(83%)	15(94%)	60(98%)	52(98%)
강조적 기능	97(48%)	19(17%)	1(6%)	1(2%)	1(2%)
합계	201회	92회	16회	61회	53회

　<표 3>에서 보듯이 자신의 발화에 대해 긍정적 반응을 보이는 강조적
기능의 비율은 아래와 같은 순서로 나타난다.

　　남해(48%) > 하동(17%) > 광양(6%) > 영광(2%) = 고창(2%)

위의 순서는 결국 경남의 남해에서 서쪽으로 가면서 강조적 기능의 비율
이 낮아지는 경향을 보여 준다. 이는 전남이나 전북의 '암'이 대부분 응답
적 기능을 하는 데 반해 경남의 '하모'는 응답적 기능과 함께 강조적 기능
도 상당 부분 차지하고 있음을 의미한다. 전남이나 전북의 '암'도 강조적

기능이 전혀 없다고 할 수는 없으나 실제 사용례는 극히 낮게 나타난다. 이것은 '암'의 경우 응답적 기능에서 강조적 기능으로의 기능 확대가 그렇게 활발하지 않은 반면 '하모'는 이미 그러한 기능 확대가 완료된 탓이다. '하모'의 이러한 변화는 상대방 중심에서 말할이 중심으로의 변화 방향, 다시 말하면 주관성(subjectivity)의 강화 쪽으로 변화가 이루어진 예로서 문법화의 일반적 변화 방향과 일치하는 것이다.

3.3 '그럼'의 용법

경기도 강화 지역어의 4시간 구술발화에서 '그럼'은 49회가 사용되었는데, 대부분 상대의 발화에 대한 응답적 기능으로 쓰였으며, 자신의 발화에 대한 강조적 기능으로 쓰인 경우는 (27)의 한 예뿐이다.

(27)
근데 그냥 마껄리루 머글랴만 더러는 그러카구, 그냥 막 걸러서, 걸러서 다마노쿠 먹찌 뭐.{그런데 그냥 막걸리로 먹으려면 더러는 그렇게 하고, 그냥 막 걸러서, 걸러서 담아놓고 먹지 뭐.}
그리구 항아리에 그냥 저 써느런 데 내:다노쿠 그냥 머글 때만 저기해서.{그리고 항아리에 그냥 저 써늘한 데 내다놓고 그냥 먹을 때만 저기해서.}
그럼 인젠 허는 사람 음:써, 안해. 내:나 저기해서 허지.{그럼 이젠 하는 사람 없어, 안 해. 나나 저기해서 하지.}

이것은 '그럼'이 경남의 '하모'와 달리 응답어로만 사용될 뿐 강조적 기능을 담당하는 담화표지로의 기능 전환이 완결되지 않았음을 말해 준다. 이런 기능에 비추어 보면 '그럼'은 '하모'보다는 '암'에 가까움을 알 수 있다. '그럼'이 응답적 기능을 주로 담당한다는 사실은 '암', '하모' 등의 원초적 의미가 긍정적 응답이며, 말할이 중심의 강조적 기능은 이로부터 번져 나온 이차적 의미임을 말해 준다. 만약 앞에서 언급한 대로 '암'을 '그럼'이 대체했다면 '암'의 원초적 의미만을 대체한 셈이다.

한편 '그럼'은 '암'과 마찬가지로 문장의 맨 앞에 오는 것이 일반적이지만 (28)처럼 문장 끝에 오는 수도 드물지 않다. (28)은 경기 강화도의 구술 발화에서 따 온 것이다.

(28)

가.

@ 그럼 여기서 모:콰랑 이런 거뚜 다 길러써요?{그럼 여기서 목화랑 이런 것도 다 길렀어요?}

모콰두. 그러치, 시머까찌 시머까찌.{목화도 그렇지, 심었겠지 심었겠지.}

@ 아 모콰를 여기서, 여기서도 모콰를.{아 목화를 여기서, 여기서도 목화를}.

엉 시머찌 <u>그럼</u>.{응 심었지 그럼.}

나.

@ 그러믄 여긴 뭐, 채소 가튼 거는 사다 멍는 건 업꾸 다 그냥 길러서.

  {그러면 여긴 뭐, 채소 같은 거는 사다 먹는 건 없고 다 그냥 길러서.}

#2 그러치.{그렇지.}

그러치, <u>그럼</u>.{그렇지, 그럼.}

4. 요약

지금까지의 논의는 표준어의 '암', 경남방언의 '하모', 서남방언의 '아먼'이나 '함' 등을 모두 동사 '하면'에서 발달된 감탄사임을 전제로 한 것이었다.

표준어나 중부방언 등에서 '암' 계통의 방언형들이 쓰이는 빈도가 낮은 것은 이들 지역어에서 '암 > 그럼'으로의 대체가 진행 중이기 때문이다. '암 > 그럼'의 변화는 대용어 '하-'가 '그러하-'로 변하는 일반적 변화의 한 예이다. 남부방언(경남 지역어, 서남방언)에서는 '암' 계통의 감탄사가 그 세력을 유지하고 있으며, 그 결과로 '그럼'의 사용 비율은 중부방언에 비해 상대적으로 매우 낮게 나타난다. 중부방언과 남부방언 사이에 위치한 충남과 경북은 '암'과 '그럼'의 사용 빈도가 모두 낮게 나타나는데, 그것은 '그렇지'와 같은 중립적 긍정 표현이 이들 지역에서 활발히 쓰이기 때문으로 해석되었다.

'암'계의 표현은 상대의 발화에 대한 반응인 응답적 기능과 자신의 발화에 대한 긍정인 강조적 기능의 두 가지 기능을 수행할 수 있으나 실제 수행 여부는 방언에 따라 다르다. 서남방언의 '아먼/암'과 경남 지역어의 '하모'는 모두 응답적 기능을 수행할 수 있지만, 강조적 기능에서는 다른 양상을 보인다. '하모'의 강조적 기능 비율이 매우 높은 데 반해, '아먼/암'은 매우 낮게 나타나기 때문이다. 이는 '응답적 기능→ 강조적 기능'으로의 기능 확대가 '하모'에서는 활발히 일어난 반면 '아먼/암'에서는 그렇지 못한 결과이다. 이 때문에 실제 발화에서의 사용 빈도도 '하모'가 '아먼/암'에 비해 월등히 높은 것이 사실이다.

'암'계와 경쟁 관계를 보이는 '그럼'은 응답적 기능을 주로 수행하여 '아먼/암'과 가까운 양상을 보였다. 이것은 '암 > 그럼'의 대체가 응답적 기능 차원에서 이루어졌음을 말해 준다. '암'계의 표현과 '그럼' 사이의 지역적 분화는 응답적 기능에서 '암 > 그럼'의 변화가 빚어낸 결과이다. 반면 '암'계 내부의 방언형들 사이의 지역적 분화, 다시 말하면 서남방언의 '아먼/암'과 경남 지역어의 '하모'가 보이는 차이는 문법화 정도에 따른 방언차이다. '아먼/암'이 주로 응답어에 머물러 있는 반면 '하모'는 응답어를 넘어서 담화표지로까지 문법화가 활발히 진행되었기 때문이다. 이와 같은 문법화의 정도에 따른 방언차는 담화표지의 방언 분화에서 흔히 확인되는 현상이다. 8장-10장에서 살펴보겠지만 담화표지 '그저', '그만', '그냥'이 지역에 따라 각각 담화표지로 쓰이는 양상이 다른 것도 같은 이유 때문이다.

5장 '이제'

　이 장에서는 시간부사어 '이제'가 발화의 의미적 결속을 돕는 담화표지로 기능한다는 사실을 제시하고, 담화표지 '이제'가 원래의 시간부사적 용법과 어떻게 달라졌는지를 검토함으로써, '이제'가 담화 속에서 수행하는 기능의 일단을 찾아보려 한다. 특히 방언에 따라 '이제'가 담화표지로 사용되는 양상이 다를 수 있음을 전제하고, 각 방언에서의 '이제'의 쓰임을 비교하고자 한다.

　'이제'의 분석 대상으로는 전남 영광 지역의 구술발화 자료인 이기갑(2011)과 뿌리깊은나무사 간행의 『민중자서전』 시리즈 가운데 최소심 노인의 구술 자료를 주로 사용하였고, 그 밖에 이봉원, 서영욱, 송문옥 노인의 구술 자료는 보조적으로 사용하였다. 『민중자서전』의 경우 각 예문에는 출처 표시로서 구술자의 이름을 제시하였다.

　담화표지 '이제'에 대해서는 이미 몇몇 연구가 있었다. 이원표(1992), 이기갑(1995), 임규홍(1996), 김광희(2004) 등이 대표적이다. 이원표(1992)는 '이제'가 시간 표시 기능 외에 담화적 기능을 수행할 수 있다는 점을 지적한 최초의 연구이다. 이 연구에서는 '이제'가 시간 표시 부사로 쓰일 때 절대시제의 현재와 상대시제의 현재를 가리킬 수 있다고 하였다.

'이제'의 시간 표시 기능은 더 확대되어 두 개의 사건을 연결하는 접속사와 같은 기능을 하는데, 이원표(1992)는 이것을 '연결 표시 기능'이라 하였다. 이때 연결되는 두 사태는 대조, 인과, 이유, 조건, 연속 등을 포함한다.

'이제'가 보이는 이러한 연결 표시 기능은 담화 속에서 더 나아가 화자의 '화행 진행 표시 기능', '화자의 태도 표현 기능' 등으로 확대된다. 특히 이원표 (1992)에서는 화자의 화행 진행 표시로서 다음과 같은 기능을 제시하였다.

> a. 발화문의 맨 앞에 올 때에는 화자의 화행에 서두를 제공한다. 특히 상대의 화행이 끝난 뒤 후속 제안이나 질문을 할 때 많이 나타난다.
> b. 새로운 화제의 도입
> c. 하위 화제의 도입
> d. 하위 화제 도입 후 부연 설명이나 중요 요점 목록을 나열할 때
> e. 선행 발화 내용을 다른 말로 환원하거나 요약할 때
> f. 긴 발화 뒤 지시 표현을 통해 평가하는 화행과 연결할 때
> g. 자신의 말 속에서 가상적인 상대방의 역할을 맡아 질문할 때
> h. 실수의 교정(repair)

또한 화자의 태도를 표현하는 기능으로서 아래와 같은 두 가지를 들었다.

> i. 후속 발화의 일부 강조
> j. 놀람 표현

이원표(1992)에서 제시한 바와 같이 '시간부사 → 연결 표시 → 담화 기능'의 세 단계 속에서 '연결 표시 기능'과 '담화 기능'은 담화표지가 수행하는 기능이라 할 만하다. 따라서 '이제'는 시간부사에서 담화표지로 문법화되면서 단순히 발화시나 사건시를 표시하던 기능에서 연속적 상황 표시 기능으로 확대되고, 이어서 화자의 화행이나 태도를 표시하는 담화적

기능으로 번져나갔다고 할 수 있다.

이원표(1992)에 이어 이기갑(1995)에서 담화표지 '이제'가 다시 논의되었다. 이기갑(1995)는 이원표(1992)의 존재를 모른 채 진행된 것으로서 시간부사어 '이제'가 담화표지로 문법화되었음을 전제로 하면서 담화표지로서의 '이제'의 용법을 구술발화 자료를 통해 살펴본 것이다. 이 연구에서 '이제'가 수행하는 담화적 기능으로서 '선행 발화의 매듭지음, 선행 발화와 후행 발화의 의미적 연결, 후행 발화에 초점 맞추기'와 같은 세 가지 기능을 들었다. 여기에서 '선행 발화와 후행 발화의 의미적 연결'은 이원표(1992)의 '연결 표시 기능'과 유사하고, '후행 발화에 초점 맞추기' 기능은 후속 발화를 강조하는 기능과 비슷하다고 할 수 있다. 이기갑(1995)에서는 특히 '선행 발화와 후행 발화의 의미적 연결' 기능을 자세히 살피면서 국어 구술담화의 구조 속에서 '이제'의 쓰임을 살피고 있다.

이기갑(1995)에 바로 뒤이어 임규홍(1996)이 나왔으나 그 논의 결과는 이기갑(1995)와 크게 다르지 않았다. 김광희(2004)는 '이제'가 새로운 정보를 도입하기 위한 응집 기능의 표지로 활용된다고 주장한다. 선행 발화에 대해 '이제' 이후의 발화가 새로운 발화이며 선행 발화와 유관한 응집성을 나타내기 위해 '이제'가 사용된다는 견해이다. 담화표지가 담화의 응집성을 구현하는 역할을 한다는 점은 Halliday & Hasan(1976)이나 Schiffrin(1987)에서 지적된 바 있는데 김광희(2004)는 '이제'를 통해 이를 한국어에서 재확인한 셈이다.

1. '이제'의 방언형

'이제'는 어원적으로 지시어 '이'와 시간 명사 '제'의 합성어이다[1]. '제'는 '어제'나 '그제' 그리고 전남방언의 '후제'(=나중)에서도 확인할 수 있

---

1) 국어사전에는 '제'를 '적에'의 준말로 다루고 있다.

는 명사이다. 따라서 '이제'는 어원적으로 '발화 당시의 시점'을 나타내는 말이라 할 수 있다. 우리말에는 발화 시점을 나타내는 시간부사로 '이제' 외에 '지금'과 '시방' 등의 말이 더 있다. '지금'은 只今, '시방'은 時方에서 온 말인 반면 '이제'는 순수한 우리말이란 점에 차이가 있다. 물론 그 의미에서도 완전히 일치를 보이지는 않는데 이에 대해서는 후술하기로 한다.

'이제'는 명사와 부사로 쓰이는 말로서, 한반도의 모든 방언에서 쓰이는 매우 일반적인 시간어이다. 각 방언에서의 형태를 보이면 아래와 같다.

> 이제: 경기, 강원, 충남북, 경북 북부, 전북 동북부, 제주, 평남북
> 인제: 경기, 충남북, 경북 일부
> 이자: 평북
> 인저: 경기 남부, 충남북, 경북 서부, 전북 동북부
> 인자: 충남 남부, 전남북, 경남 일부
> 언자: 경남
> 어전/어저느: 중앙아시아 고려말, 함남북
> 인차: 중국 조선족어

방언형들을 검토해 보면 '이제'로부터 첫 음절 '이'의 형태 변화에 따라 '어'로 변하기도 하고, 둘째 음절 '제'가 '저'나 '자' 또는 '차' 등으로 바뀌기도 한다. 여기에 /ㄴ/ 첨가 유무에 따라 다양한 방언형의 분화가 나타난다. 특히 고려말 '어전'의 경우 토씨 '는'의 방언형 'ㄴ' 또는 '느'가 낱말 끝에 결합되어 '어전' 또는 '어저느'와 같은 형태로 굳어져 쓰인다.

2. 시간부사 '이제'와 '지금'

'이제'가 시간부사로 쓰일 때에는 '지금'과 거의 비슷한 쓰임새를 갖는다.

(1)

가. 이제/지금 가면 언제 다시 만나볼 수 있을까?

나. 학교에서 이제/지금 오니?

다. 이제부터라도/지금부터라도 정신 좀 차려라.

라. 이제라도/지금이라도 늦지 않으니 사태가 빨리 좀 해결되었으면 좋
겠다.

예 (1)에서 두 시간부사는 함께 쓰여, 발화 당시의 시점을 표현하고 있
는 점에서 공통점을 보이고 있다. 그러나 아래의 예 (2)는 이 두 부사가
항상 교체되어 사용될 수 있는 것이 아님을 보여 준다.

(2)

가. 지금/*이제 신문을 읽고 있는 저 사람 말이야.

나. 지금/*이제 살고 있는 집이 누구 이름으로 되어 있지?

(2)는 현재 진행형을 포함한 문장들이다. 현재진행은 발화 당시의 상황
을 나타내지만, 진행의 속성상 발화시 이전에도 같은 상황이 얼마간 지속
되고 있음이 전제된다. 이러한 진행의 속성은 결국 발화시를 기준으로 하
여 그 이전과 이후에 상황(행동)의 변화가 일어나지 않았음을 말해 주며,
이러한 사실은 곧 (2)에서의 문법성의 차이를 바로 설명해 준다. 상황의
변화를 요구하는 '이제'는 불가능하며 그러한 전제가 없는 '지금'은 허용
되고 있는 것이다.

(3) 이제/지금 그만 먹어라.

'그만'은 지속되던 상황이 더 이상 계속되지 않아야 할 때 쓰인다. 그
의미를 단순화한다면 '지속+중단' 정도가 될 것이다. 이처럼 '그만'과 '이

제'는 상황의 지속을 전제하는 점에서 공통이기 때문에 두 부사는 쉽게 어울릴 수 있다. 반면 '지금'은 발화시 자체이므로, '조금 있다 그만 먹지 말고 지금 당장 그만 먹어라'라는 대조의 뜻일 때는 가능하나, 그러한 대조의 뜻이 없다면 '그만'과 어울리기 어렵다.

(4) 자. 이제/지금 슬슬 일어섭시다.

위의 예 (4)에서는 '이제'와 '지금'이 모두 허용되더라도 이 둘 사이에는 의미 차이가 있다. '이제'의 경우, 발화시 이전까지의 상황(발화의 장소에 머물러 있었던 지속 상황)을 깨뜨리고, 새로운 상황의 전개(그 장소를 떠나려는 행위)를 재촉하는 경우에 쓰인다. 반면 '지금'은 그러한 상황의 변화에 대한 전제가 느껴지지 않고, 단지 그 자리를 일어서는 시점이 발화 당시임을 말하고 있을 뿐이다. 따라서 예 (4)에서 '지금'이 쓰일 경우, 그것은 다른 시간 표현, 예를 들어 '조금 있다가' 등과 대조되는 느낌을 갖기 쉽다. '조금 있다가 일어서지 말고 지금 당장 일어서자'는 뜻으로 해석될 수 있는 것이다.

'이제'는 발화시 기준 현재를 나타내는 데 그치지 않고 사건시 기준 현재 즉 상대시제로서의 현재를 가리킬 수 있다(이원표 1992). 아래 예 (5)는 이원표(1992)에 제시된 예를 그대로 인용한 것이다. (5)에서 '이제는'은 검은 구름이 흘러가고 있던 당시(상대시제로서의 현재)에 그 이전과는 다른 상황, 다시 말하면 구름이 조금도 무서워 보이지 않는 상황이 전개됨을 보여 준다.

(5) 서쪽 하늘에는 검은 구름이 흘러가고 있었으며 이제는 그 구름이 조금도 무서워 보이지 않았다.

이처럼 시간부사 '이제'는 절대시제와 상대시제의 어느 시제에서도 현재를 나타내되, 그 이전과 이후의 사태가 달라진 것을 표현하는 기능을 하는 점에서 발화시 현재의 '지금'과는 차이를 보인다.

이상의 예에서 '이제'와 '지금'이 시간부사로 쓰일 때 상당한 차이가 있다는 점을 확인하였다. '이제'가 절대시제와 상대시제의 현재를 가리킬 수 있는 반면 '지금'은 오직 절대시제로서의 현재만을 나타낸다는 점, 그리고 '이제'가 지속된 상황이나 행동의 존재를 전제로 한다면, '지금'은 그러한 전제가 없이 발화시와 동일 시점을 표현하는 시간부사라는 점 등이 그 내용이다.

3. 시간부사와 담화표지

(6) 어급시럽다고. 인자 자기 말 안 듣는다고(최소심).

(6)의 '이제'는 발화시 또는 사건시 기준의 현재로 해석될 수 없는 경우이다. 앞 발화에서 사용된 '어급시럽다'라는 표현을 상대방이 이해하지 못할 것을 염려하여, 다시 쉬운 말로 풀이를 하고 있는 과정에 '이제'가 쓰였기 때문이다. 따라서 이런 경우의 '이제'는 결코 시간부사가 아니며 두 개의 연속적인 발화의 과정에 나타나 발화의 흐름을 조절하는 기능을 하는 담화표지로 볼 수밖에 없다. 이처럼 '이제'는 시간부사의 기능과 함께 담화표지의 기능도 하는 것이다.

시간부사 '이제'는 지속된 상황이나 행동을 전제로 하였다. 이 점에서 담화표지 '이제'와 크게 다를 바 없다. 왜냐하면 담화표지 '이제'도 전제가 되는 선행 발화가 있고 난 뒤, 말할이가 계속 자신의 이야기를 진행시키기 위한 중간 단계에 나타나기 때문이다. 발화 당시까지 말한 바를 인정하면서, 이를 바탕으로 앞으로의 이야기를 진행시키려 할 때 이 부사가 쓰이는 것이다. 다만 선행 발화가 필수적으로 요구된다는 점에서 선행 발화가 수의적으로 나타나는 시간부사와는 차이가 있다고 하겠다. 또한 시간부사가 상황이나 행동을 전제한다면, 담화표지는 상황이나 행동 외에 발화 자체를 전제로 요구할 수도 있다는 것도 다른 점이다. 선행 발화의 내용을 구체화하는 (6)은 발화 자체를 선행 상황으로 요구하는 경우이다.

이처럼 시간부사와 담화표지가 갖는 본질적 차이 때문에 이와 관련하여 형태적, 통사적 차이가 발생한다. 첫째, 담화표지는 토씨가 붙지 않으나 시간부사에는 붙을 수 있다.

(7)
가. 이제부터라도 잘 해야지.
나. 이제까지 네가 한 게 뭐니?
다. 이제는 무얼 하지?

(8) 그래서 이제/*이제는/*이제도 거기를 침을 맞았지.

위의 예에서 (7)에 쓰인 '이제'는 시간부사이고, (8)은 담화표지이다. (8)처럼 담화표지로 쓰이는 경우에 도움토씨가 붙으면 어색하게 되는 예들에서 담화표지와 토씨와의 관계를 알 수 있는데, 담화표지에 토씨가 붙을 수 없는 것은 '이제'로 형태가 굳어져 더 이상의 골곡을 허용하지 않기 때문이다.

둘째, 담화표지 '이제'는 시간부사 '이제'와 같이 쓰일 수 있다. 영어의 now에서도 이 점은 마찬가지이다(Schiffrin 1987:38).

(9) 이제1 그 사람이 이제2 가려고 그러거든. 그러나 네가 좀 잘 타일러서 설득을 해 봐라. 그 사람 가면 아무래도 일이 잘 안될 것 같으니까.

예 (9)에서 '이제1', '이제2'가 모두 담화표지거나, 아니면 둘 중의 하나가 담화표지로 쓰이고 다른 하나가 시간부사로 쓰일 수는 있어도, 두 경우가 모두 시간부사이기는 어렵다[2]. 이런 반복이 가능한 것은 두 쓰임이 전혀 다른 차원의 것이기 때문이다.

셋째, 담화표지 '이제'는 문장 앞에 나타나는 경우 앞말과는 쉼이 있고 뒷말에 이어지는 경향을 보이며, 문장 중간이나 끝에 나타날 때는 대체로 앞말과 이어지며 뒷말과는 쉼이 있는 것으로 여겨진다[3]. 반면 시간부사는 앞말과의 사이에 쉼이 있고 뒷말에 이어지는 경향이 있다.

(10)
가. 그 배에다가 폭발얼 떵겨 부렀어. #인자^목포로 올라가는 배제.(최소심)
나. 가서^인자# 낭구(=나무) 밑으다(=밑에다) 웅그리고 앉았는데..(최소심)
다. 받침에다^인자# 그 떡둥구릴(=떡바구니를) 내려놓고는...(최소심)
라. 다른 식구들이사^인자# 나럴 허거지게(=아주) 좋아하지마는...(최소심)

(11) 우리 고모 이제 가면 죽는다.

위에서 #는 쉼을, 그리고 ^는 이어짐을 표시하는데, (10가)처럼 문장 앞에 쓰이는 경우에는 문장 경계에 쉼이 있고 '이제'는 뒷말에 이어진다. '이제'가 문중이나 문말에서 절, 명사구, 부사구 등을 경계로 하여 그 뒤에 나타날 때는, 앞말에 이어지면서 뒷말과는 쉼을 두는 경향이 있다. 한편 예 (11)에서 '이제'가 시간부사이면 '고모 #이제(^)가면'처럼 '이제'가

---

2) 물론 '이제'를 강조하여 일부러 한다면 전혀 불가능한 것은 아니다.
3) 담화표지 '이제'가 억양단위(intonation unit) 끝에 오는 경향이 있다는 점을 미국 인디애나 대학의 이효상 선생으로부터 개인적으로 지적받은 바 있다. 이 역시 '이제'의 운율적 특징과 무관한 것으로 보이지는 않는다. 다만 Chafe의 생각대로 억양 단위가 생각의 단위라 한다면, '이제'가 억양 단위 끝에 오는 경향은 곧 하나의 생각 단위와 또 다른 생각 단위를 매개해 주는 기능이 '이제'에 있다는 해석을 낳을 수도 있을 것이다.

앞말과 뒷말의 중간에 위치하여 양쪽에 쉼이 오거나 아니면 앞에 쉼이 오고 뒷말과는 이어지는 두 가지 가능성을 가져, 적어도 앞말과는 운율적으로 분리되는 경향을 보인다. 담화표지가 문장 경계와 같은 가장 큰 범주 단위를 제외하고는 앞말과 이어지면서 뒷말과 분리되는 경향을 보이는 것은 앞선 발화를 아우르면서 뒤 발화를 준비하려는 심리적 작용 때문으로 보인다. 시간부사일 경우는 선행 발화를 아우를 필요가 없기 때문에 운율적으로도 그러한 이어짐은 일어나지 않게 된다.

넷째, 담화표지는 생략되어도 의미에 손상이 없으나, 시간부사는 그렇지 않다.

(12)
가. 아까 안 가고 이제 가더라.
나. 가서^인자# 낭구(=나무) 밑으다(=밑에다) 웅그리고 앉았는데..(최소심)

(12가)에서는 '이제'를 생략하면 아주 어색한 문장이 되어 버리지만, (12나)는 '이제'를 생략하여도 전혀 뜻의 변함이 없다. (12가)에서는 '아까'와 '이제'가 의미적으로 서로 대조를 이루는 구문이기 때문에 여기에서 '이제'를 생략할 수는 없다. 반면 (12나)의 '이제'는 적극적인 어휘적 의미가 느껴지지 않는다. 이 경우의 '이제'는 문장의 명제 내용에 기여하는 바가 없고, 순전히 말하는 사람의 담화 책략으로 쓰이기 때문이다.

다섯째, 담화표지 '이제'는 '지금'과 함께 쓰일 수 있다. '이제'가 시간부사라면 이러한 공존은 불가능할 것이다.

(13)
가. 지금 인제 늙어오느서(=늙어와서) 그물루...(서영옥)
나. 통발두 그려. 통발두. 통발두 인제 지금 갖다 넣어 놓으면...(서영옥)

(13)은 실제의 담화에서 '이제'와 '지금'이 함께 나타나는 경우이다. 만약 '이제'가 시간부사라면 거의 동일한 의미의 시간부사가 반복되어 이상한 문장으로 변해 버린다. 그것은 '이제'가 '지금'과 달리 상황의 변화라는 전제를 함의하고 있기는 하지만, 교체되어 쓰이는 수도 있을 만큼 부분적으로 유사한 성분을 내포하고 있기 때문일 것이다.

이처럼 시간부사와 담화표지는 본질적인 차이를 지닌다. 시간부사가 어휘적 의미를 지니고, 문장 안에서 일정한 역할을 수행하는 의미적 요소라면, 담화표지는 단순히 담화를 진행하기 위해 말하는 사람이 수의적으로 사용하는 담화의 한 장치인 것이다. 따라서 시간부사와 담화표지는 기능하는 층위가 본질적으로 다르다.

그러나 담화표지로서의 기능과 시간부사로서의 기능이 완전히 독립되어 있지는 않다. 시간부사나 담화표지 모두 '이제' 이전의 지속된 상황이나 행동을 전제하면서, 발화시 이후에 그와는 다른 상황이나 행동이 전개될 것을 암시하고 있다는 점에서 공통성을 보이기 때문이다. 시간부사로부터 기능이 바뀌어 담화표지로 문법화된다 하더라도 원래의 의미가 부분적으로 유지된 결과 이러한 공통성이 나타나게 된다.

(14)
그런 때는 의사도 없고 이 한춤(=한방침) 주는 약방이 있었어. 한약방. 그런 약 걸어 놓고 하는 그런 의원이 와서 보고는 곪았다고. 거가 인자1 곪아졌다 그래. 그래 인자2 거 그럴 침얼 맞았제. 내래 주었단 말여. 침 주어 놔서. 그라는 판에 우리 엄매가 또 아팠어. 인자3 내 다리럴 치료하다가 우리 엄매가 아팠어.(최소심)

(14)에서는 '이제'가 세 번 나타나는데, '인자1'은 앞선 발화에서 '곪았다'고 한 부분을 '곪아졌다'로 바꾸는 과정에서 나타난다. 선행 발화의 표현을 부연 설명하는 점에서 (6)과 동일한 것이다. '인자2'는 접속의 대용어

'그래' 뒤에 나타나, 원인과 결과의 의미 관계의 중간 매듭을 표현하고 있다. '인자3'은 앞선 발화의 대용 표현 '그라는 판에'의 내용을 '내 다리럴 치료하다가'로 구체화시켜 되풀이하는 과정에서 쓰였다. '인자3'도 기능면에서는 '인자1'과 다를 바 없다고 하겠다. 반면 '인자2'는 계기적인 상황에 쓰인 경우로서 사건시 기준의 현재를 나타내는 시간부사로의 해석이 가능하다. 또한 연속적인 발화의 과정에 쓰여 발화의 진행을 돕는 담화표지로의 해석도 가능하다. '이제'의 이러한 중의성은 '이제'가 시간부사에서 담화표지로 변하는 과정에 있음을 말해 준다. 시간부사와 완전히 독립된 담화표지가 아니라 시간부사의 속성을 어느 정도 유지한 채 담화적 기능을 수행하기 때문일 것이다. 이러한 중의성이야말로 '이제'가 시간부사에서 담화표지로 문법화된다는 가정을 뒷받침해 주는 가장 적극적인 이유가 될 것이다.

4. 담화표지 '이제'의 효과

담화표지의 '이제'는 본질적으로 발화의 단락이 지어지는 곳이면 어디나, 그리고 몇 번이고 나타날 수 있다.

(15)
으쩨 <u>인자</u> 전불(=전부를) <u>인자</u> 거식헌(=거시기한) 사람덜 다 잡으다가
<u>인자</u> 거그서(=거기서) 선흔 사람덜 다 보내고(이봉원)

위의 예는 한 문장 안에 세 차례의 '이제'가 나타나는 실제 담화이나, 우리의 직관에 따르면 어절 단위로 '이제'가 사용될 수 있기 때문에 '이제'의 사용 가능성은 그보다 훨씬 많다고 할 수 있다.

그러나 '이제'의 가능성에 비해 실제 사용의 양상은 많은 제약을 받아 이루어진다. 지나치게 '이제'를 많이 사용하게 되면 말의 진행이 자주 끊겨 듣는 이로 하여금 답답한 느낌을 주고, 상대방의 발화에 대한 이해도 떨어지므로, 이런 점이 '이제'의 사용을 제약하는 한 요인이 될 수 있다. 한편 들을이의 이해도 외에, 말하는 사람의 개인차, 말하는 사람의 심리 상태, 담화의 성격 등이 '이제'의 사용에 제약을 가하는 변수로 작용한다. 개인에 따라 '이제'의 사용 빈도에 상당한 차이가 나타나는 것은 당연한 일이다. 또한 같은 말할이라 할지라도 발화 당시의 심리 상태에 따라 '이제'의 사용 빈도가 달라질 수 있다. 말할이의 감정이 고조되어 마음의 평정이 흔들린 상황에서는 '이제'가 더 자주 쓰일 수 있기 때문이다. 이처럼 '이제'는 말할이나 발화 상황에 따라 그 사용 빈도가 달라질 수 있는 것은 사실이나, '이제'의 사용 여부 또는 '이제'의 출현 위치 등과 같은 본질적 면에서는 개인차나 발화 상황적 요소가 별다른 영향을 미치지 못한다. 이 장에서 '이제'를 개인의 말버릇으로 간주하지 않고, 한국어 말법의 하나로 보는 이유도 여기에 있다.

담화표지 '이제'는 명시적으로 드러나는 선행 발화와 후행 발화를 필수적으로 요구하는데, 이때 '이제'가 사용됨으로써 담화에 가져 오는 효과는 적어도 다음의 세 가지를 포함한다(이기갑 1995).

    a. 선행 발화의 매듭지음
    b. 선행 발화와 후행 발화의 의미적 연결
    c. 후행 발화에 초점 맞추기

4.1 선행 발화의 매듭지음

'이제'가 사용되면 그 이전의 발화가 일단 매듭지어지는 효과가 생긴다. 이러한 매듭지음의 효과는 특히 '이제'가 선행 발화에 바로 이어지면서 후행 발화 사이에 쉼이 놓이는 환경에서 두드러진다. 그것은 마치 달리기의 출발선에서 출발의 신호를 기다리며 숨을 고르고 있는 육상 선수처럼, 선행 발화는 '이제'에서 일단 정리되고, 이를 출발선으로 하여 새로운 발화가 진행되기를 기다리는 상황이라 할 수 있다.

이러한 '이제'의 매듭짓기 효과는 특히 대용어와의 관계에서 극명하게 드러난다.

> (16)
> 암도(=아무도) 없어도 저 우에다(=위에다) 물 떠 놓고 쌀 집어넣고 빌지. 일테면 내가 애가 안 낳다고?(=이를테면 내가 아기 낳았잖아?) <u>그라믄 인자</u> 애기 낳고 드러누어. <u>그라면 인자</u> 재앙님네(=조왕) 저그다가 앞에 다가 욱에다가(=위에다가) 동이에다 쌀 하나 담아 놓고 미역 걸쳐 놓고 물 떠 놓고 한냥(=늘) 그래 놓제.(최소심)

예 (16)에서 '이제'는 접속의 대용어 '그라믄/그라면' 다음에 나타나고 있는데, 이때 접속의 대용어들은 모두 선행 발화 전체를 지시하며 아우르고 있기 때문에 이 대용어는 후행 발화의 새로운 출발점이 되고 있다고 할 수 있다. 이 자리에 '이제'가 나타남으로써 접속의 대용어에 의해 아우러진 선행 발화가 '이제'에 의해 일단 매듭이 지어지는 효과를 보이는 것이다.

> (17)
> [우리 까끔에가(=산에) 큰 나무가 있어, 고목나무. 그란디(=그런데) 그 고목나무럴 엄매가 찌러 가 갖고 톱으로 썩썩 써(=썰어) 갖고 도치로(=

도끼로) 패서 져 갖고 와서] <u>그놈 갖고</u> 인자 불도 옇고(=넣고) 그랬든가
부여(=봐). 그 나무 갖고. 그것이 들어서 그렇게 엄매가 아팠단다.(최소심)

예 (17)은 선행 발화의 아우름이 비단 접속의 대용어에서만 일어나는
것이 아니라 대용어 전반에 걸쳐 일어나는 일반적인 현상임을 보여 준다.
이 예에서 '이제' 앞의 대용어 '그놈 갖고'는 단순히 '도끼로 자른 나무토
막'을 지시하는 것이 아니라 대괄호로 묶은 선행 발화 전체를 지시 대상
으로 한다고 할 수 있다(이기갑 1994a). 이러한 아우르는 기능의 대용어 다
음에 담화표지 '이제'가 사용되는 경향이 높은데, 이 역시 복잡한 선행 발
화를 아우르고 이것을 다시 매듭지은 뒤, 다음 후행 발화를 진행시켜 가
려는 의도를 보이는 예인 것이다.

선행 발화를 매듭짓는 '이제'의 효과와 관련하여 흥미로운 사실은 '이
제' 앞에 나타나는 발화의 통사적 성격에 관한 것이다. 다음의 통계를 보
기로 하자(이기갑 1995).

접속문의 선행절(30%) > 문장(16%) > 접속의 대용어(14%) > 시간/공간/나
열 부사어(12%) > 주어(11%) > 주제어(7%) > 동격어(6%) > 양태/기타 부사
어(3%) > 목적어(2%)

위의 통계는 '이제' 앞의 발화가 갖는 통사적 단위가 『민중자서전』의 최소
심 노인의 전체 횟수 245회 가운데서 차지하는 비율을 보인 것이다. 접속
문의 선행절, 즉 이음씨끝 다음에서는 전체의 30%가 나타나며, 종결된 문
장 다음에는 16%가 나타나고, 접속의 대용어 다음에는 14%가 나타나는
것 등이다. 이 통계에서 알 수 있는 것은 통사적으로 큰 단위일수록 '이제'
가 나타나는 비율이 높으며, 반대로 작은 통사 단위일수록 '이제'의 출현
빈도가 낮다는 사실이다. 절이나 문장(접속문, 종결문)이 전체의 46%, 문장
전체에 걸치는 적용 영역을 갖는 부사어(접속의 대용어, 시간/공간/나열의 부사

어)가 26%, 그리고 주제에 해당하는 성분(주어, 주제어, 목적어)이 20% 등을 차지하고 있고, 반면 동사를 직접 수식하는 양태의 부사어 등은 3%, 명사를 직접 수식하는 관형어 다음에는 전혀 나타나지 않는 사실이 이를 보여주고 있다. 관형어나 양태의 부사어 다음에서 '이제'가 나타나는 비율이 극히 낮은 것은, '수식어-피수식어'처럼 통사적으로 매우 긴밀한 관계의 환경에서는 선행 발화와 후행 발화의 사이를 떼어 놓으면서 매듭을 짓기가 쉽지 않기 때문으로 보인다. 반면 통사적으로 큰 단위이거나 후행 발화와의 통사적 관계가 덜 긴밀한 경우에는 '이제'가 개입하여 선행 발화를 매듭지을 가능성이 그만큼 크다고 하겠다. 이상에서 보면 담화표지 '이제'의 매듭짓기는 대용어와 통사적 단위의 도움으로 그 효과가 극대화됨을 알 수 있다.

4.2 선행 발화와 후행 발화의 의미적 연결[4)]

'이제'가 담화적 기능을 수행하는 환경은 크게 두 가지로 나눌 수 있다. 첫째는 선행 발화와 의미적 연관성을 갖는 후행 발화가 연속적으로 이어지는 환경에 나타나는 경우인데, 이러한 예로는 '계기, 인과, 마무리, 배경-전경, 대조, 열거, 부연' 등을 들 수 있다. 둘째는 새로운 화제로 전환이 이루어지는 환경이다. 물론 이 경우도 선행 발화와 후행 발화 사이의 연속성이 전혀 없는 것은 아니나, 의미적 전환이 이루어지는 점에서 따로 구분할 만하다고 하겠다.

---

4) 이 절에서 제시한 예들은 특별한 언급이 없으면 이기갑(2011)에 실린 전남 영광 지역의 구술발화 자료에서 가져온 것이다.

4.2.1 연속적 환경

4.2.1.1 계기

계기는 시간상으로 연속적인 관계를 말한다. '이제'가 시간부사로 쓰일 때 특정한 사태를 전제하였고 뒤이어 이와는 다른 새로운 사태가 전개되는 시점을 표시하는 기능을 수행하였다. 이처럼 성격이 다른 두 사태가 연속적으로 이어지는 경우에 '이제'가 쓰였으므로 이것이 담화표지로 그 기능이 바뀌었다 할지라도 그 연속성은 유지된다. 사실 계기성을 나타내는 '이제'는 상대시제로서의 현재를 나타내는 것으로도 해석할 수 있다. 이러한 가능성은 예 (14)에서도 언급한 바 있는데, 아래 예 (18)에 쓰인 '이제' 역시 같은 가능성을 생각할 수 있다. (18)의 '인자'에 토씨 '는'을 결합한 '인자는'을 대체하여도 크게 어색하지 않는 문장이 형성되는 것이 그러한 가능성을 뒷받침하는 근거이다. 토씨 결합을 허용하는 것으로 보아 형태가 굳어졌다고 보기 어렵기 때문이다[5]. 그렇다면 이 경우의 '이제'는 시간부사와 담화표지의 중의적 해석이 가능한 셈이다. 이러한 중의성은 시간부사에서 담화표지로의 의미 확대 과정의 과도기적 현상으로 해석된다. 아마도 이 기본적인 '계기'의 용법에서 추가적인 다양한 담화적 기능이 파생되었을 것으로 추정된다.

(18)

가. 그레가꼬 <u>인자</u> 나:중에는 <u>인자</u> 또 모판 부서가꼬 허고 어쭈고 헤가꼬 <u>인자</u> 마니썩또 허고 그레쩨.{그래가지고 이제 나중에는 이제 또 모판 부어가지고 하고 어떻게 해가지고 이제 많이썩도 하고 그랬지.}

나. 그떼 딱 비여서 놉 비여서 <u>인자</u> 그놈 가꼬 <u>인자</u> 박꼭 곡썩 다 헤농게 <u>인자</u> 틈:트미 이러코 쩨:서 쩨:고이~ 저녀기면 으:런더른 불 써노코

---

5) 토씨의 결합을 허용하는 등 담화표지의 형태가 고착되지 않아 문법화가 미완의 단계의 있는 경우를 이 책에서는 '준담화표지'라 부른다. 이에 대해서는 7장 참조.

도 쌍:코 고로고{그때 딱 베어서 놉 베서 이제 그것 가지고 이제 밭곡 곡식
다 해놓으니까 이제 틈틈이 이렇게 째서 째고 저녁이면 어른들은 불 켜 놓고
도 삶고 그러고}

다.

그렇게 그때는 지금치름 보리 매:상헝게 누가 보리 사무근 사람 업써.
근디.{그러니까 그때는 지금처럼 보리 매상하니까 누가 보리 팔아먹는 사람
없어. 그런데}

그떄는 다::: 봄네:: 옴:눈 사라미 도:늘 가지가, 보리또늘, 나락짱시한
테.{그때는 다 봄 내내 없는 사람이 돈을 가져가, 보릿돈을 벼장수에게서.}

그러고는 <u>인자</u> 나락 쳐 보리 처서는 이러게 가주와.{그리고는 이제 벼
쳐 보리 처서는 이렇게 가져와.}

4.2.1.2 인과

인과 관계는 이유(원인)와 결과 사이의 관계이므로 시간적인 선후 관계
인 계기와는 차원이 다르지만 넓은 의미의 연속 관계에 포함된다. 아래
예 (19)에서 보듯이 '이유-결과' 또는 '결과-이유'의 순서에 관계없이 담화
표지 '이제'는 그 사이에 개재된다. 그러나 인과의 '이제'는 계기와 달리
토씨 '는'의 결합이 불가능하다. 따라서 (19)에서 '인자'를 '인자는'으로 교
체하면 어색한 문장이 생겨난다. 이처럼 인과의 '이제'는 더 이상 토씨의
결합을 허용하지 않는 굳어진 형식으로 쓰이기 때문에, 시간부사가 아닌
담화표지로 보아야 한다.

(19)

가.

응. 광주 싸라미 사써.{응, 광주 사람이 샀어.}

그렇게 비를 너무 집따 놔:두거쏘? 그렇게 <u>인자</u> 우리 손장게 우리 동
서가 인자 우리 시야제가 거그 당신네 터에다가 가따 모:셔쩨.{그러니
까 비석을 남의 집에다 놔 두겠소? 그러니까 이제 우리 손자니까 우리 동서가
이제 우리 시동생이 거기 당신네 터에다가 가져다 모셨지.}

나.

@ 근데 고 부:고를 바로 지바느로 안 드렡 너:트라니까뇨.{그런데 그 부고
를 바로 집안으로 안 들여 넣더라니까요.}

\# 암:시랑 아네.{아무렇지도 않아.}

\# 부:게 부:게가 머 무더따? 그런디 <u>인자</u> 초상난 디서 와따게서 그러제.
{부고, 부고에 뭐 묻었대요? 그런데 이제 초상난 곳에서 왔다고 해서 그러지.}

4.2.1.3 마무리

선행 발화의 내용을 마무리하는 후행 발화 앞에 '이제'가 쓰인 경우이
다. 이때 '이제'는 발화의 첫머리에 나타나거나 아니면 접속부사 다음에
오기도 한다. 그 어느 경우이든 '이제'는 토씨와의 결합 없이 굳어진 형태
로 쓰인다. 마무리는 보기에 따라서 계기의 범주에 포함시킬 수도 있다.
선행 발화를 근거로 하여 마무리의 내용이 논리적으로 연속되는 것이기
때문이다. 계기가 시간적 연속성이라면 마무리는 논리적 연속성이다. 따
라서 '이제'가 담화표지로서 마무리 구문에 쓰인다면 '이제'의 시간성은
사라지고, 논리성이 그 자리를 대체하게 되는 것이니, '이제'가 갖는 애초
의 시간적 의미가 희석된 것이라고 해석할 수 있다. 시간부사에서 담화표
지로 지위가 변하면 시간부사가 가졌던 시간성은 약화되거나 사라지게
되고 그 자리를 다른 형식적 의미가 채우게 된다. 이러한 의미의 변화와
더불어 담화표지로의 문법화가 이루어지게 되는데, 마무리 구문에 나타나
는 '이제'는 문법화가 요구하는 이러한 의미의 희석화를 겪었다고 할 수
있다.

(20)

가.

\# 큰 짜구질 헤서 요로코 먹쭐로 요로코 팅게가꼬 <u>그레서 인자1</u> 마당에
서 느:를 짬:따다.{큰 자귀질 해서 이렇게 먹줄로 이렇게 팅겨가지고 그렇게
해서 이제 마당에서 널을 짭다다.}

@ 아.{아.}

\# 근디 인자2 우리 커서는 저 우리 시지바서는 널: 안짜써.{그런데 이제
우리 커서는 저 우리 시집 와서는 널 안 짰어.}

나.

@ 긍게 인제 엔:나레 보머는 요 다무라기나 요론 디다 꼬자노코 글드마
뇨{그러니까 이제 옛날에 보면은 이 담이나 이런 곳에다 꽂아 놓고 그러더
구먼요.}

\# 글 안는 사라믄 또 글 아너고 다 그놈도 바더서 두고 딱:딱: 두고{그러
지 않는 사람은 또 그러지 않고 다 그것도 받아서 두고 딱딱 두고.}

\# 또 품 가풀라먼 그놈 보고 품 가푸로 뎅이고 다 그래써.{또 품 갚으려면
그것 보고 품 갚으러 다니고 다 그랬어.}

@ 아.{아.}

\# 근디 인자 그런 사라미 그러제 글 아네써. 근디.{그런데 이제 그런 사람
이 그러지, 그러지 않았어. 그런데.}

　　예 (20)에서 (가)는 죽은 사람의 관을 짜는 과정을 설명하는 발화이다.
이때 '그래서'에 이어지는 담화표지 '인자1'은 그 과정의 맨 마지막 단계
즉 마무리 과정에 나타난다. 앞에서 이루어진 발화를 마무리하면서 최종
결론으로 이끌기 위한 숨고르기라 할 수 있다. 반면 이어지는 '근디 인자2'
는 대조 관계에 쓰이고 있어 '그래서 인자1'과는 다른 경우이다. (20나)는
남의 부고를 받을 때 이것을 집안에 들이지 않고 집밖의 담 사이에 끼워
놓는 풍습에 대한 이야기이다. 이런 풍습을 지키지 않는 사람들이 많았다
는 내용을 한 차례 발화한 뒤 부연 설명을 하고 나서 이를 다시 밑줄 친
것처럼 반복하여 마무리를 짓고 있다. (20가)에서는 양태부사 '그래서' 다
음에 '이제'가 왔지만 (20나)에서는 접속부사 '그런데'의 뒤를 이어 담화표
지가 쓰였다. 그러나 부사의 차이에 상관없이 두 경우 모두 선행 발화 내
용을 마무리 짓는 점에서는 공통인데, 이때 담화표지 '이제'를 사용함으로
써 마무리 발화를 준비하는 여유를 갖게 된다.

4.2.1.4 배경 – 전경

　선행 발화가 배경을 제시하고 그 배경 지식으로부터 파생된 사태(전경)가 후행 발화에서 전개되는 방식이다. 이 역시 앞의 의미 관계와 마찬가지로 선후행 발화 사이의 연속성이 개재된 경우이다. 다만 두 발화 사이의 의미적 관계가 '배경-전경'의 관계일 뿐이다. 아래 예 (21)의 (가)와 (나)는 모두 어떤 사물이나 지점의 존재를 먼저 제시하고 그 사물이나 지점에 대한 이야기를 이어가고 있다. 여기서 사물이나 지점의 존재는 배경 지식, 이로부터 이어지는 관련 내용은 전경으로 해석할 수 있는데, 배경과 전경의 확대 과정에 담화표지 '이제'가 나타난다.

(21)

가.

소니로 마:니 헨:는디 우리 클때도 제방침 이써써.{손으로 많이 했는데 우리 클 때는 재봉틀 있었어.}

우리 부자쩝 우리 동네도 <u>한 지비 이썬는디</u>{우리 부잣집 우리 동네도 한 집이 있었는데.}

@ 아.{아}

<u>그렁게 인자</u> 거가서 여름네:: 밤메주고 적쌈도 헤:다입꼬 오또 헤다입꼬 그레쩨라우. (웃음){그러니까 이제 거기 가서 여름 내내 밭 매주고 적삼도 해 입고 옷도 해 입고 그랬지요 (웃음)}

적쌈 한나 가서 허머는 하레 가서 밤메줘.{적삼 하나 가서 하면은 하루 가서 밭 매 줘.}

나.

@ 염사니 거 저시 마:니 나지 안씀까?{염산(지명)이 거 젓이 많이 나지 않습니까?}

예, <u>거가 긍게 거:리 저저 진:다리</u>{예, 거기가 그러니까 그리 저저 긴다리 (지명)}

@ 예{예.}

> # 거그서 고:리 나와.{거기서 그리 나와.}
> @ 아.
> # 그러제. 그르면 인자 거그치가 만나다고 고:리 가 사로 뎅이고 그래써
>   라.{그러지. 그러면 이제 거기 것이 맛나다고 그리 가 사러 다니고 그랬어요.}

4.2.1.5 대조

대조는 계기나 인과처럼 둘 이상의 항을 필요로 하는 점에서 공통이나, 내적 항목 사이의 관계가 대등한 관계라는 점이 다르다. '이제'가 시간부사로 쓰일 때 전제되는 사태와 이어지는 사태 사이의 관계가 종속적인지 대등적인지의 여부는 분명히 드러나지 않는다. 따라서 '이제'가 담화표지로 쓰이더라도 굳이 종속적인 관계에만 나타날 필요는 없다고 하겠다. 아래 예 (22)에서 (가)는 갓난아기나 조금 큰 아이들이 죽었을 때 관을 만드는지의 여부에 차이가 있음을 말하고 있는데, 아기와 아이의 대조를 보이면서 '이제'가 사용되었다. (나)에서는 과거에 집에서 짠 옷감의 종류를 언급하면서 무명, 모시에 비해 명주는 상대적으로 많이 하지 않았음을 말하고 있다. 이처럼 무명, 모시와 명주를 대립시키는 과정에 '이제'가 쓰였다. 이때에도 인과의 경우와 마찬가지로 '이제'에 토씨의 결합이 허용되지 않아 담화표지로 굳어졌다고 할 수 있다. 대조는 계기나 인과와 달리 대등한 항목들끼리의 대립을 의미하므로 대립되는 항목 사이의 의미적 연결 관계는 존재하지 않는다. 순전히 형식적인 대립 관계만을 갖기 때문이다. 이것은 '이제'가 담화표지로 쓰이면서 선행 발화와 후행 발화 사이의 의미적 관계가 점차 희석되고 형식화되어감을 의미한다.

(22)
가.
@ 에:기드른 어쩜니까? 에:기들 에기들{아기들은 어떻습니까? 아기들 아기들.}
# 에:기드른 기양 금방 가따 무더버르제.{아기들은 그냥 금방 가져다 묻어

버리지.}

@ 관도 안 짜고{관도 안 짜고 }

\# 가늘 안 짜고 그때는.{관을 안 짜고 그때는}

\# <u>인자</u> 커야 간 쪼까라도 간 커야 간 짜제 에:기드른 간 안 짜.{이제 커야 관 조금이라도 관 커야 관 짜지 아기들은 관 안 짜.}

나.

@ 미영을 마:니 하셔써요?{목화를 많이 하셨어요?}

\# 예.{예.}

\# 미영허고 모시허고{목화하고 모시하고}

@ 모시하고{모시하고}

\# 응.{응.}

\# <u>인자</u> 맹기베는 어:쩌다 난는 사라미 한 사라미나 나:쩨 맹기베는 그러 케 안나써.{이제 명주는 어쩌다 낳는 사람이 한 사람이나 낳지 명주는 그렇 게 안 낳았어.}

4.2.1.6 열거

대조와 유사한 의미 관계로 열거를 들 수 있다. 대조는 비교의 공통성을 바탕으로 하여 차이나는 점을 대립시키는 관계라면, 열거는 공통성에 근거하여 단순히 나열할 뿐 그 차이를 드러내지 않는 관계이다. 따라서 열거의 기준에 해당하는 의미적 공통성을 제외하고는 선행 발화와 후행 발화 사이의 의미 관계는 없는 셈이니, 대조에 비해서 더욱 의미의 희석화가 진행되었다고 할 수 있다. 이 경우 토씨의 결합이 허용되지 않는 것은 물론이므로, 담화표지의 문법화는 더욱 굳어지게 된다. 예 (23)의 (가)에서는 벼 장사를 하면서 낳은 아이로서 막내딸과 아들을 열거하였고, (나)에서는 전을 부칠 수 있는 재료로서 버섯, 새우, 아무 것 등을 열거하고 있다. 이때 담화표지 '이제'는 열거되는 항목의 맨 마지막 항목 앞에 놓인다. 물론 마지막 위치를 고집하는 것이 절대적인 제약은 아니지만, 특별히 메움말(filler)이 필요하지 않는 상황이라면 일종의 마무리 구조로서 마지막 항목 앞에 놓이는 것이 일반적이다.

(23)

가. 나락쩡사헌다고 가서 나락짱시헌디 꼭:: 오월따레 에:기를 두:를 나써.
요 우리 막 먹뚜이 막뛰이 딸허고 우리 막 인자 아들허고 시방.{벼 장
사 한다고 가서 벼 장사 하는데 꼭 오월에 아기를 둘을 낳았어. 이 우리 막
막내 막내딸하고 우리 막 이제 아들허고 시방.}

나. 자 다릉거또 맘:데로 부치고 자푼데 아무꺼라도 부처. **버서또 사다
부칠라면 부치고 자 세우가틍거또 사다 부칠라면 부치고 인자 아:무
꺼나** 부치고 시푼데로 부쳐, 요거슨.{이제 다른 것도 마음대로 부치고 싶
은 대(로) 아무 것이라도 부처. 버섯도 사다가 부치려면 부치고 이제 새우 같
은 것도 사다가 부치려면 부치고 이제 아무 것이나 부치고 싶은 대로 부쳐,
이것은.}

4.2.1.7 부연

앞에서 언급한 '계기, 인과, 마무리, 배경-전경, 대조, 열거' 등은 선행
발화와 후행 발화의 의미 내용이 달라야 한다. 그 달라진 내용이 의미의
연속성을 구성하기 때문이다. 반면 '부연'은 동일한 의미 내용에 대한 서
술이지만 발화의 방식이 달라지는 경우이다. 이런 점에서 부연은 메타언
어적인 관계라 할 수 있다. '이제'가 '계기, 인과, 마무리, 배경-전경, 대조,
열거'를 넘어 '부연'의 단계에 이르면 형식적인 담화표지로의 문법화가
완결되었다고 할 수 있다. '이제'가 가졌던 시간부사로서의 시간성은 완전
히 사라지고 연속성만이 남기 때문이다.

(24)

가.

@ 그럼 결혼해서 오 오니까 시데에가 식꾸드리 어떤 분드리 게시딩가
요?{그럼 결혼해서 오니까 시댁에 식구들이 어떤 분들이 계시던가요?}

다:: 게시제라.{다 계시지요.}

인자 쉬운 할머니 하라버지 도라가게써도 시어마이~ 게시고 시아바이 게시고 지반 어:른드른 다 게시고{이제 시할머니 할아버지 돌아가셨어도 시어머니 계시고 시아버지 계시고 집안 어른들은 다 계시고.}

나.
근디 영광으로 나가서는 <u>굼:뜬</u> 아네써.{그런데 영광으로 나가서는 굶지는 않았어.}
근디 인자 <u>네:가 도라저 나 머꼬 근디</u>, 또 영광으로 나가서는 아이 너무 장사헌 사라믄 너무 비까꼬 마:니 허제 어쩐다요?{그런데 이제 내가 *** 나 먹고 그런데, 또 영광으로 나가서는 아이 남의 장사하는 사람은 남의 빚 가지고 많이 하지 어쩐대요?}

다.
@ 그러면 엔:나레는 제:사 함번 지네면 동:네 싸람드리 다 아치메 와서 밤 머거요?{그러면 옛날에는 제사 한 번 지내면 동네 사람들이 다 아침에 와서 밥 먹어요?}
# 그러제라우.{그러지요.}
# 인자 쩌:짜게 멀:리나 되면 마 이 거:팡 사라믄 다 무거써.{이제 저쪽에 멀리나 되면 (모르지만) 막 이 근방 사람은 다 먹었어.}

위에서 (24가)는 '다 계시지요'에 대한 내용을 후행 발화에서 부연 설명하고 있다. (24나)는 '굶지 않았다'는 내용을 '내가 나 먹고 그런데'로 설명한다. (24다)는 '제사 지낼 때 동네사람들이 아침에 와서 먹는지'에 대한 물음에 긍정의 응답어 '그러제라우'로 반응하고, 이 반응의 대용어를 다시 '이 근처 사람들은 다 먹었어'로 부연 설명한다. 이처럼 선행 발화를 부연하는 것은 담화의 진행에 관여하는 전형적인 담화표지의 기능에 해당한다.

4.2.2 화제의 시작 또는 전환

4.2.2.1 화제의 시작

'이제'는 상대의 물음에 대한 응답 발화에서 맨 첫 자리에 나타난다. 이 것은 상대의 물음을 선행 발화로 인식하고 그에 대한 응답을 후행 발화로 간주하기 때문이다. '이제'가 담화표지로 사용될 때 두 개의 연속적인 발화의 사이에 나타나는 것이 기본인데, 물음과 응답이 이러한 연속적인 발화를 구성하는 것이다. 물음과 응답은 말할이를 달리하는 발화 행위이다. 이 점에서 앞에서 든 '계기, 인과, 마무리, 배경-전경, 대조, 열거, 부연'과는 다르다. 상대의 물음에 대해 말할이가 자신의 발화로서 응답할 때 '이제'가 쓰이는데, 그 자리는 대체로 발화의 첫머리이다. 따라서 관점을 달리하면 새로운 화제를 시작하는 기능이라고도 할 수 있을 것이다(이원표 1992). 이때의 '이제'도 토씨와의 결합을 허용하지 않는 점에서 담화표지임이 분명하다. 예 (25)가 화제를 시작하는 자리에 '이제'가 쓰이고 있음을 보여 준다.

(25)
가.
@ 아저씨 도라가시니까는 인자 맘:데로 멀 하셔껜 혼자이~?{아저씨 돌아 가시니까는 이제 마음대로 뭘 하셨겠 혼자?}

인자 네:가 농사 지여서 이럭쩌럭 허고 바또 버러서 이럭쩌럭홍게 에: 기도 그남동 너무치로 잘 갈치도 모덤 그놈 갈치고 그럼서 헝게 기양 돈: 가지고도 그러::케 기양 외통 터지게 그러케 구에도 암바더보고 그러고 사라써요 기양.{이제 내가 농사지어서 마음대로 하고 밭도 부쳐서 마음대로 하니까 아이도 그나마 남처럼 잘 가르치지도 못한 그것 가르치고 그러면서 하니까 그냥 돈 가지고도 그렇게 그냥 애터지게 그렇게 구애도 안 받아보고 그렇게 살았어요 그냥.}

나.
@ 엔:나레는 어쩨써요?{옛날에는 어땠어요?}

인자 엔:나레는 수:가 마:넝게 지바니 마:넝게 저녀기면 지:사 지넴 진:
설혜노코 상을 메슬 나서 바블 머거.{이제 옛날에는 수가 많으니까 집안
이 많으니까 저녁이면 제사 지내 진설해 놓고 상을 몇을 놓아서 밥을 먹어.}

다.
@ 웨 하라버지 비를 거기다 놔 둬써요?{왜 할아버지 비석을 거기다 놔 두었
어요?}
인자 우떼 하나부지 비를 거그다가 거그다 헝거시 아이라 그 우:찝 망
네 아덜네 지비다 헤:써.{이제 웃대 할아버지 비석을 거기다가 거기다 한
것이 아니라 그 웃집 막내 아들네 집에다 했어.}

4.2.2.2 화제 전환

지금까지 '이제'가 사용된 발화에서 후행 발화는 선행 발화에 의미적으
로 관련이 있는 경우였다. 그런데 경우에 따라서 선행 발화와는 관점을
달리하는 새로운 화제의 발화가 시작될 때 '이제'가 사용되기도 한다. 완
전히 새로운 화제로의 전환은 아니지만 작은 범위 내의 화제 전환인 경우
에 '이제'가 쓰이는 것이다(이원표 1992).

(26)
@ 그 엔:날 잘살던 양반들또 제 주위에 바도 점:부 그 노:름헤가꼬 다 날
려불데요 그거슬 살리믈.{그 옛날 잘살던 양반들도 제 주위에 봐도 전부
그 노름해가지고 다 날려 버리데요, 그것을 살림을.}
예.{예.}
그레써요. 그레가꼬 <u>인자</u> 한자 삼:서는 네:가 한자 삼:서는 베구파 보
든 아네써.{그랬어요. 그래가지고 이제 혼자 살면서는 내가 혼자 살면서는
배고파 보지는 않았어.}

(26)은 옛날에 노름이 홍해서 많은 사람들이 재산을 탕진했다는 내용에
대한 조사자의 말에 동의하던 제보자는 화제를 바꿔 자신이 남편을 잃고

혼자 살면서 밥은 먹고 살았다는 이야기를 하고 있다. 이 경우는 전형적인 화제 전환의 예이다. 물론 선행 발화와 완전히 무관한 화제는 아니며 큰 범위 안에서의 작은 화제 전환이라 할 수 있다. 이처럼 담화표지 '이제'는 새로운 화제를 이끌기 위해서 사용된다.

4.2.2.3 문장 내부의 관계

'이제'가 발화의 맨 첫머리 또는 접속부사 뒤에 올 경우에는 위에서와 같이 화제의 시작이나 전환과 같은 관계를 나타낼 수 있다. 반면 문장 내부에 올 때에는 선행 발화와 후행 발화 사이에 이러한 의미 관계를 설정하기 어렵다.

(27)
가.
\# 근디 고거시 이리미 <u>인자</u> 언체는 덕짜여.{그런데 그것이 이름이 이제 워낙은 덕자여.}
\# 자:긍거시 벵치고.{작은 것이 병어고.}

나.
@ 사네 가머뇨?{산에 가면요?}
\# 사네 가면 취. 취도 <u>인자</u> 여러가지 이써. 먼 쳄빈너물도 이꼬 먼: 너물도 이꼬 그거이{산에 가면 취. 취도 이제 여러 가지 있어. 무슨 참빗나물도 있고 무슨 나물도 있고 그것이}

다.
\# 쩨게가꼬 돔는 토비 이써 이러케.{쩨가지고 톯는 톱이 있어, 이렇게.}
\# 토브로 <u>인자</u> 끝 데그빠글 탁 도파. 그레야 날캄헤야 그노미 이:서지제.{톱으로 이제 끝 대가리를 탁 톻아. 그래야 날카롭게 그것이 이어지지.}

라.

@ 정워레 마:니 헤:써요?{정월에 많이 했어요?}

정워레. 정워레가 <u>인자</u> 오레 놀:제.{정월에. 정월이 이제 오래 놀지.}

마.

긍게 시집싸리 헤:따고 모다 그러쌍:게 모르거쑵띠다 시집싸리 헨:능
가 어쩬능가{그러니까 시집살이했다고 모두 그러니까 모르겠습디다, 시집살
이 했는지 어쨌는지.}

@ 음.{음.}

이런 사라믄 그떼는 어:디 뎅이들 아너고 산: 시상이라 거그도 지바는
지바닌디.{이런 사람은 그때는 어디 다니지를 않고 살던 세상이라 거기도 집
안은 집안인데.}

검:나게 시집싸리 헤:따고 <u>인자</u> 에:기 허먼 그런디{굉장히 시집살이 했다
고 이제 얘기하면 그런데.}

@ 음.{음.}

이런 사라믄 모르제라. 안 뎅임서 바:서 시집싸리 시겐능가 어쩬능가.
{이런 사람은 모르지요. 다니면서 안 봐서 시집살이 시켰는지 어쨌는지.}

위의 예 (27)에서 (가)는 주어 '이름이', (나)는 주제어 '취도', (다)는 부
사어 '톱으로', (라)는 이중 주어 구문의 주어인 '정월이', (마)는 피인용문
'겁나게 시집살이 했다고' 다음에 담화표지 '이제'가 쓰였다. 그런데 '이
제' 앞의 여러 성분들은 모두 알려진 정보라는 공통점이 있다. (나)-(마)는
선행 발화에 이미 나타났던 표현이 '이제' 앞에 쓰였고 (가)에서는 '이름'
이라는 포괄명사가 쓰여 말할이와 들을이 모두에게 알려진 정보를 나타
낸다. 이처럼 문장 내부에 사용된 '이제'는 알려진 정보를 바탕으로 하여
새로운 정보를 이어나가는 과정에 참여한다. 문장 등에 의한 연속적 상황,
그리고 명사구 등에 의한 열거 등의 연속성과 비교할 때, 문장 내부의 성
분 사이에 나타나는 '이제'는 알려진 정보와 새로운 정보를 잇는 연속성
을 돕는 기능을 한다고 할 수 있다. 비록 성격은 다르지만 '이제'의 앞과

뒤에 오는 발화나 표현들은 모두 연속적인 담화를 구성하는 점에서 공통이라 하겠다.

4.3 후행 발화에 초점 맞추기

'이제'가 나타나는 발화의 진행 양식은 크게 연쇄적 진행과 병렬적 진행으로 나눌 수 있다. 연쇄적 진행은 선행 발화의 내용이 후행 발화에 다시 언급된 다음 이것을 바탕으로 해서 새로운 발화가 전개되는 진행 방식이다. 전형적인 것으로는 대용어나 선행 발화의 일부가 반복되는 유표적 방식이 이에 해당할 것이며, 이 외에도 주제-논평 관계, 배경-전경 관계 등도 연쇄적 진행의 예가 될 것이다. 연쇄적 진행은 알려진 정보를 새로운 발화의 출발로 삼고 있다는 점이 특징이다.

병렬적 진행도 선행 발화가 후행 발화의 토대가 된다는 점에서는 연쇄적 진행과 마찬가지다. 무릇 담화의 선적인 진행 속에서 앞선 발화는 어떤 식으로든지 뒤따르는 발화의 기초를 마련하는 데 도움을 주기 때문이다. 그러나 병렬적 진행은 선행 발화가 후행 발화에서 다시 언급되는 일 없이, 두 발화가 이어진다는 점에서 형식적 차이를 보이고, 이에 따라 병렬적 진행의 선행 발화는 당연히 알려진 정보가 아니라는 점에서 연쇄적 진행과 본질적 차이를 보인다. 병렬적 진행은 형식적으로 이음씨끝에 의한 접속문 구성을 이루는 경우와 단순히 두 문장 또는 두 표현이 대등하게 연결됨으로써 대조, 열거, 부연 등과 같은 의미 관계를 표현하는 경우 등을 포함한다.

'이제'는 연쇄적 진행에서 알려진 정보 다음에 오고, 병렬적 진행에서는 새로운 정보 다음에 나타난다. 따라서 연쇄적 진행의 경우, 자연히 발화의 초점은 새로운 정보를 담은 후행 발화에 놓이게 된다. 물론 '이제'가 없어도 알려진 정보 이후에 오는 정보가 초점을 받게 되기 마련이지만,

'이제'가 사용됨으로써 선행 발화와의 매듭이 지어지기 때문에 초점 맞추기의 효과는 극대화될 수 있는 것이다.

병렬적 진행은 정의상 선행 발화와 후행 발화가 모두 새로운 정보로 해석되지만, 병렬적 진행에 의해 표현되는 의미 관계는 선행 발화가 바탕이 되는 구조로 되어 있다. 이음씨끝에 의한 접속문이 그렇고, 대조, 열거, 부연 등의 관계가 모두 긴밀한 의미적 결속을 보이므로, '이제' 이후의 발화에 초점이 가해지는 것은 자연스러운 것이다.

어느 경우든 '이제'는 후행 발화에 초점이 가해진다. 후행 발화가 새로운 정보를 갖는 수가 대부분이기 때문이다. '이제'의 후행 발화가 초점을 받는 이유는 '이제'의 기본적 의미에 기인한다. '이제'는 앞에서 여러 차례 언급한 바와 같이 시간부사로 쓰일 때, 특정한 사태를 전제로 하면서 이와는 다른 새로운 사태가 이어지는 상황에 쓰인다. 이때 '이제'는 발화시나 사건시 기준의 현재를 나타낸다. '이제'의 후행 발화가 절대시제나 상대시제로서의 현재에 발생하는 사태를 가리키므로 당연히 후행 발화에 초점이 가해질 수 밖에 없는 것이다.

이원표(1992)에서는 담화표지 '이제'가 화자의 태도를 표현하는 기능으로서 아래 예 (28가)처럼 후속 발화의 일부를 강조하거나, (28나)처럼 놀람을 표현할 수 있다고 하였다.

(28)
가. 그거는 <u>인제</u> 사장님의 잘못이 아니고요, 엄밀히 따지면 이 환경이 안
   아다 준 저에게 준 그 상처의 부분이에요, 사장님의 탓이 아니고.
나.
   a. 신 선생님 인제 따님하고
   b. 우리 딸하고 그
   a. 그 집 딸하고 <u>인제</u> 같은 반이었구만?
   b. 상명국민학교.

그러나 (28)을 통하여 이원표(1992)가 제기한 강조와 놀람 표현의 기능은 결국 후행 발화에 초점을 맞추는 기능으로 환원될 수 있다. 새로운 정보를 갖는 후행 발화를 초점화시킴으로써 이를 강조할 수 있는 것이다. 놀람도 말할이의 관점에서는 아주 새로운 정보임을 전제하므로 '이제' 이후의 발화는 새로운 정보를 갖는 초점 표현일 수밖에 없다. 따라서 우리는 이원표(1992)와 달리 담화표지 '이제'를 통하여 말할이가 자신의 태도를 표현한다고 보지는 않는다. '이제'의 후행 발화가 갖는 새로운 정보로서의 성격이 부차적으로 말할이의 태도로 읽혀질 수 있다고 보기 때문이다.

5. 문법화의 방언차

'이제'는 대부분의 방언에서 담화표지로 사용된다. 그러나 모든 방언이 그런 것은 아니다. 일반적으로 입말 담화에서 담화표지는 사용 빈도가 높게 나타난다. 예를 들어서 시간부사 '이제'와 담화표지 '이제'를 비교하면 담화표지의 출현 빈도가 훨씬 높게 나타남을 알 수 있는 것이다. 그래서 시간부사에서 담화표지로의 문법화가 일어난 방언의 경우는 그렇지 못한 방언에 비해 '이제'의 사용 빈도가 상대적으로 높은 것은 당연하다.

'이제'가 담화표지로 쓰이면서 빈도가 높은 방언으로는 서남방언이 대표적이다. 그 빈도를 알아보기 위해 전남방언의 4시간 동안의 구술발화 자료에서 확인된 '이제'의 사용 횟수를 살펴보니 아래와 같은 결과가 나왔다. 물론 이 숫자에는 시간부사와 담화표지가 모두 포함되었다.

보성(1738), 곡성(1291), 광양(1216), 영암(507), 진도(420), 영광(350)

전남지역에서 '이제'의 사용 횟수는 340~1738회까지 커다란 편차를 보인다. 이러한 편차에는 물론 말할이의 개인적 차이나 발화 내용 등이 관여되었을 가능성이 크다. 그러나 전체적으로 전남지역에서는 '이제'의 사용 횟수가 상대적으로 매우 큼을 알 수 있다.

이와 비교하기 위해 조사가 가능한 중국의 조선족과 중앙아시아 고려말의 구술발화 자료를 살펴보았다. 중국 길림성 훈춘시 경신진 회룡봉촌에서 조사된 구술발화 자료(곽충구2007)는 육진 및 함북 방언이 반영되어 있다. 이 자료 역시 4시간 정도의 발화인데 여기에서 '이제'의 사용 횟수는 25회였다. 그 세세한 내용은 아래와 같다.

어전(3), 어전으(13), 어던으(1), 어전은(6), 이차(1), 인자(1)

또한 평북 방언을 반영하는 중국 요녕성 동항시의 구술발화(한성우 2009)는 4시간 30분 정도의 발화 시간인데, 이곳도 25회의 출현 횟수를 보였다.

이제(16), 인차(3), 인제(3), 이자(2), 인자(1)

여기서 특히 '인차'는 '이제'와 같은 의미로도 쓰이지만 '조금 있다가'나 '금세' 등의 의미를 나타내어 '이제'를 비롯한 다른 표현들과 의미적 차이를 보이기도 한다. 어떻든 '인차'를 포함하여 이들 표현의 출현 횟수를 보면 전남지역의 횟수에 비해 상대적으로 매우 낮아 전남지역의 1.5%~7% 정도밖에 사용되지 않는다고 할 수 있다. 따라서 우리는 함북과 평북방언 그리고 중앙아시아 고려말이나 중국 조선족의 말에서 '이제'가 담화표지로 문법화될 가능성이 그다지 크지 않다고 예상할 수 있다.

동북방언을 반영하는 중앙아시아 고려말의 경우도 양상은 비슷하다. 4시간 동안의 구술발화 자료에서 고려말은 '어전'과 '어저느'를 29~66회 정도 사용하였다. 다만 우즈베키스탄 타쉬켄트의 경우는 196회를 사용한 것이 확인되었는데, 이것은 발화 내용상 과거의 상황과 현재의 상황이 대조되는 경우가 많기 때문으로 추정된다. 실제 사용된 구체적인 횟수는 아래와 같다.

카자흐스탄 알마티(29회): 어전(17), 어저느(12)
카자흐스탄 틸디투르간(33회): 어전(23), 어저느(10)
키르기즈스탄 비슈체크(66회): 어전(20), 어저느(46)
우즈베키스탄 타쉬켄트(196회): 어전(125), 어저느(71)

중앙아시아 고려말에서도 '어전'은 발화시 현재나 계기적인 상황에서 쓰이는 경우가 전부이며, 중부방언이나 서남방언에서 보이는 다양한 담화적 기능은 찾아지지 않는다. 아래 예 (29)는 계기적 상황에 '어전'이 사용된 경우이다.

(29)
가. 여레 놀지. 기래 우리네 <u>어전</u> 놀굼 또 다른 사름이 들어서구. 음. 우리네 <u>어전</u> 나오구 다른 사름이 들릏기. 여레:서 그렇기. 여레:서 놀지.{여럿이 놀이. 그래 우리네 이제는 놀고 또 다른 사람이 들어서고. 음. 우리네 이제는 나오고 다른 사람이 들어서고 이렇게. 여럿이서 그렇게. 여럿이서 놀지.}
나. 기래 그 밥우 만저 안죽으느 소곰 좀 버무레서 요래 놔아 두구. 그담엔 괴기는 또 그것 으 그래 쏘올아서 괴기르 딸루 또 절구구, 소곰 처서. 그 다음에느 <u>어전</u> 한데다 섞을 적에 <u>어전</u> 여러 가지 무슨 양념 옇지. 마늘두 조끔 옇구. 그래구 이 파이느 아이 연단 말이.{그래 그 밥을 먼저 아직은 소금 좀 버무려서 요렇게 놓아 두고. 그 다음에는 고기는 또 그것을 그렇게 썰어서 고기를 따로 또 절이고, 소금을 쳐서. 그 다음에는 이제는 한데다 섞을 적에 이제 여러 가지 무슨 양념을 넣지. 마늘도 조금 넣고. 그리고 이 파는 안 넣는단 말이오.}

아래 예 (30)은 평북방언을 반영하는 중국 요녕성 동항시의 예인데, (30
가)는 발화시 현재, (30나)와 (30다)는 계기적 상황에 '이제'가 쓰인 경우이
다. 이들 예는 아직까지 시간부사로 해석할 수 있는 것들이다.

(30)

가. 베, 베, 머 지끔은 이제 다 고테 잇이요.{벼, 벼, 뭐 지금은 이제 다 달라
    져 있어요.}

나. 때리면 이제 콩알 다 나와요.

다. 베 갈 담아서, 거 이제 베 이거 동가리 이렇게 테 놓닪아요?{벼 담아
    서, 그 이제 벼 이것 동가리 이렇게 쳐 놓잖아요?}

그러나 아래 예 (31)의 경우는 좀 다르다. (31가)는 부연, (31나)는 문장
내부에 사용된 경우로서 새로운 정보를 갖는 후행 발화를 초점화하는 경
우에 해당한다. 따라서 (31)의 '이제'는 전형적인 담화표지로서의 용법을
보여 준다.

(31)

가. 그건: 손아래 사람인데, 이제 손아래 동새, 동새 겉은 거나, 손아래 사
    람보구 그러지요.{그건 손아래 사람인데, 이제 손아래 동생, 동생 같은 거
    나, 손아래 사람한테 그러지요.}

나.

\# 나두 이거 이거, 국문 쪼끔 배은 거요, 그거 조선에 열한나 나서디요,
  뭐 그때.{나도 이거, 이거, 국문(한글) 조금 배운 거요, 그거 조선에서 열한 살
  때지요, 뭐 그때.}

\# 내래 열 뚤에 나서 여기세 건너 왔는데, 열 한나 나서.{내가 열둘 나이
  에 …… 건너왔는데, 열하나 나이에.}

\# 밤:에요, 거긴 밤:에 이제 거, 아:들 이케 뫄: 놓구서 글 배워주는 거.
  {밤에요, 거긴 밤에 이제 거, 아이들 이렇게 모아 놓고서 글 가르쳐 주는 거.}

　　# 거기, 거기 댕기면서 쪼꼼 국문 쪼꼼 배왔이요.{거기, 거기 다니면서 조
　　금 국문 조금 배웠어요}

　　그렇다면 서북방언의 경우 비록 사용 빈도는 낮지만 시간부사에서 담
화표지로의 전환이 부분적으로 이루어졌다고 할 수 있다. 중부방언이나
서남방언에서 보이는 화제의 제시나 화제의 전환 기능은 확인되지 않았
으므로 이 점에서 이들 방언에 비해 담화표지로의 문법화가 덜 이루어진
셈이다. 물론 대상으로 삼은 서북방언의 구술발화 자료가 충분하지 않았
기에 이러한 해석이 결정적이라 할 수는 없으나, 검토한 자료만을 대상으
로 할 때 이러한 해석에 이를 수밖에 없는 것이다. 반면 고려말로 대변되
는 동북방언은 담화표지로의 용법이 전혀 확인되지 않으므로 아직까지
시간부사에 머무르고 있다고 해석해야 한다. 그렇다면 우리는 방언에 따
라 적어도 다음과 같은 문법화의 정도차를 상정할 수 있을 것이다.

　　서남방언 > 서북방언 > 동북방언

6. 요약

　　'이제'는 시간부사로서 절대시제와 상대시제의 현재를 나타낸다. 그러나
단순히 현재 표시 기능 외에 이전의 사태와 다른 새로운 사태로의 전환을
가리키기도 한다. 이러한 두 사태의 전환을 통하여 얻어지는 사태의 연속
성은 '이제'가 담화표지로 기능이 바뀐 후에도 유지된다. 따라서 '이제'는
담화표지로서 다양한 연속적인 의미 관계에 나타나는 것이다.

　　'이제'는 담화표지로서 (a)선행 발화의 매듭지음, (b)선행 발화와 후행 발
화의 의미적 연결, (c)후행 발화에 초점 맞추기와 같은 세 가지 기능을 수

행한다. 선행 발화를 매듭지을 때에는 대용어나 반복 표현 등을 통한 방법이 일반적이다. '이제'의 선후행 발화 사이의 의미적 연결을 돕는 경우 이때 나타나는 의미적 관계로는 '계기, 인과, 마무리, 배경-전경, 대조, 열거, 부연' 등이 있다. 이 가운데 '계기'가 가장 기본적인 관계인데 '계기'에 '이제'가 쓰일 때에는 시간부사와 담화표지의 중의적 해석이 가능하다. 반면 나머지 의미 관계는 모두 시간성이 약화되거나 희석화하여 담화표지로 바뀐 경우라 하겠다. '이제'는 이 밖에도 상대의 물음에 대한 응답의 발화 첫머리에 나타나 화제를 제시하거나 이야기를 시작하기도 한다. 또한 큰 화제 내부의 작은 화제로의 전환 과정에도 '이제'가 나타난다. 그 밖에 '이제'는 문장 내부에 나타나는데 이때는 대부분 알려진 정보 다음에 나타나 뒤따르는 새로운 정보의 발화를 초점화하는 기능을 수행한다.

시간부사 '이제'가 담화표지로 문법화하는 변화는 한반도의 대부분의 방언에서 일어났으나, 중앙아시아 고려말의 경우 계기적 상황에 나타날 뿐 그 이상의 담화적 환경에 나타나는 예는 확인되지 않았다. 이에 반해 서북 방언은 계기, 열거뿐만 아니라 문장 내부에 나타나서 후행 발화를 초점화하는 기능을 수행하기도 한다. 그렇지만 새로운 화제를 제시하거나 작은 범위의 화제로 전환하는 기능은 확인되지 않았다. 이를 바탕으로 하면 담화표지로의 문법화 정도는 '서남방언 > 서북방언 > 동북방언'의 순서임을 알 수 있다. 이처럼 담화표지로의 문법화 정도에서 방언차가 드러나기도 한다.

6장 '거시기'와 '머시기'

1. '거시기'

1.1 '거시기'의 어원과 방언 분포

'거시기'는 『표준국어대사전』에 의하면 대명사와 감탄사의 두 가지로 쓰인다. 대명사로 쓰일 때에는 이름이 얼른 생각나지 않거나 바로 말하기 곤란한 사람 또는 사물을 가리키는 경우에 쓰이는데, (1)과 같은 예가 그런 경우이다.

> (1)
> 가. 자네도 기억하지? 우리 동창, <u>거시기</u> 말이야, 키가 제일 크고 늘 웃던 친구.
> 나. 저기 안방에 <u>거시기</u> 좀 있어요?
> 다. 저 혼자서 한 게 아니고요, <u>거시기</u>하고 같이 한 일입니다만.

'거시기'가 감탄사로 쓰일 때에도 대명사처럼 하려는 말이 얼른 생각나지 않거나 바로 말하기가 거북할 때 쓰인다. 이런 감탄사적 용법이야말로 담화표지의 전형적인 용법이다.

(2)
저, <u>거시기</u>, 죄송합니다만, 제 부탁 좀 들어주시겠습니까?

'거시기'가 대명사로 쓰일 때에는 문장 내에서 일정한 통사적 역할을 하고, 다양한 토씨가 결합될 수 있다. 반면 감탄사로 쓰일 때에는 문장의 통사적 구조와는 독립되어 쓰이며, 토씨의 결합 없이 '거시기' 단독으로만 쓰이는 특징을 갖는다. 물론 '거시기'의 이러한 특징은 담화표지가 갖는 일반적 특징에 부합하는 것이다.

'거시기'가 비록 국어사전에 실려 있어 표준어로 대접받고 있지만 실제 사용되는 양상을 보면 서울을 비롯한 중부방언이나 북한 지역 방언에서는 그다지 빈번하게 쓰이고 있지는 않다. 국립국어원에서 간행한 『지역어 조사보고서』 자료를 검토해 보면, 동북방언에 근거를 둔 중앙아시아 고려말이나 서북방언을 반영하고 있는 중국 조선족 자료 등에서는 단 한 차례도 '거시기'가 확인되지 않았다. 그러나 『표준국어대사전』에 의하면 '거시기'의 평안도 방언으로 '거서가니'와 '머서가니'가 등재되어 있다. 또한 '한민족언어정보화' 프로그램에 의하면 훨씬 다양한 방언형이 제시되어 있는데, 서북방언으로서 '거서가니, 거시가니, 거시기'와 '머서가니, 머시가니, 머사니, 머시기, 메가시니, 메사가니, 메사니, 메세가니, 메시가니' 등이 보고되었다. '머서가니' 계통은 후술할 '머시기' 계통이므로 이를 제외하더라도 서북방언에서는 '거시기'의 방언형으로 '거서가니, 거시가니, 거시기' 등이 쓰이는 셈이다. '거서가니'는 아마도 '거석하니'에서 온 것으로 추정된다.

중부방언의 경우에도 강원도 원주의 '거시기'가 확인되고, '한민족언어정보화' 프로그램에서는 강원도 강릉 지역에서 '거시끼'를 보고하고 있다.

경기도 지역의 구술발화 자료에서는 '거시기'가 오직 강화에서 단 한 차례 사용된 예가 확인되었다. 충북 지역어에서도 약간의 예가 보인다. 제천, 충주, 청원 등지에서는 용례가 확인되지 않지만 옥천, 보은, 영동 등지에서는 대명사와 담화표지로서의 용법이 확인되는데, '거시기' 외에 '거시키'로 쓰이기도 한다. 또한 경북 지역에서도 청송, 청도, 의성, 봉화 등지에서는 '거시기'가 확인되지 않았지만 상주, 고령에서는 '그슥'이나 '거시기'가 일부 확인되기도 하였다.

반면 충남과 경남, 전남북, 제주방언에서는 상당한 양의 예가 확인되는데, 한반도 전체의 분포 상황을 보면 충남 이하의 지역에서 다수 나타나되 남쪽으로 내려갈수록 사용 빈도가 높아지며, 특히 서남방언이 가장 높은 빈도를 보임을 알 수 있다. 일반 대중들이 '거시기'를 서남방언의 표현으로 인식하고 있는 것도 이 때문이다. 형태적으로 보면 충북의 '거시키', 경기의 '거이키', 경기, 충남, 경북, 전남북의 '거시기', 경북과 경남의 '그슥'이나 '거석', 제주방언의 '거세기', 서북방언의 '거서가니'가 대표적인 형태이다. 아래에서 각 지역어에서 사용되는 예를 들어본다.

(3)

가. 아유, 인제 회:과네두 어저께 그냥 한: <u>거시기</u> 퍼가서, 저거.{아유, 이제 회관에도 어제 그냥 한 거시기 퍼 갔어, 저거.}(경기 강화)

나. 그랜::는데 사실 으른드리 서루 이러케 마으메 결쩡얼 해가주서넌, 그래 <u>거시기</u> 가마, 가마타구 가써.{그랬는데 사실 어른들이 서로 이렇게 마음의 결정을 해 가지고서는, 그래 거시기 가마, 가마 타고 갔어.}(강원 원주)

다. 그 홀:련 바꾸설랑은 어: 트꽈: 구니해꾜럴 어 <u>거시기</u>를 바다따고.{그 훈련 받고서는 어 특과 군의학교를 아 거시기를 받았다고.}(충북 옥천)

라. 내가 머 얘:기 하나 아나나 고거 보시쓰면 머 거기 다: 으: <u>거시키가</u> 돼:찌유, 머.{내가 뭐 얘기 하나 안 하나 그거 보셨으면 뭐 거기 다 응 거시기가 되었지요, 뭐.}(충북 보은)

마. 그때 인저 그 일번싸람땅 그렁걸 모두 부치는 사라미 분배해주구 나

중이 저 <u>거시기</u> 바 더가찌 쪼금씩 다 논까발 분배 그게 분배.{그때 이
제 그 일본사람 땅 그런 걸 모두 부치는 사람이 분배해주고, 나중에 저, 거시
기 받아 갔지, 조금씩 다, 논 값을, 분배 그게 분배.}(대전)

바. 단지다가 고 <u>거시기</u> 저기 콩:씨 그렁 건 마~이 뒈찌 머 단지 쏘기다
가.{단지에다가 그 거시기 저기 콩씨 그런 것은 많이 됐지 뭐, 단지 속에다
가.}(충남 논산)

사. 그러먼자 또 요런잰재 요로케 인자 <u>거시기</u>, 그거 실껃떠기라우려.{그
러면 이제 또 요런 이제 요렇게 이제 거시기, 그것 '실껏떡'이라고 그래.}(전
북 남원)

아. 멀 그케 생각할라면 생가기 안나. 대하귀는 <u>거시기</u> 저 또 이러케 생
가기 안 나네,{뭘 그렇게 생각하려면 생각이 안 나. 대학원은 거시기 저 또
이렇게 생각이 안 나네.}(전북 무주)

자. 비 오믄, 저 <u>거시기</u> 비 오라고.{비 오면 저 거시기 비 오라고.}(전남 영암)

차. 거시긴 거 머꼬 그을 쩨는 인좉 입춘, 첟 은자 봄나르 은자 버리 뿌
르 뽀부 봄버리 꾸리가 시: 가지 니리따.{거시기 거 뭐냐, 그럴 적에는
이제 입춘, 저 이제 봄날은 이제 보리 뿌리를 뽑아서 봄보리 뿌리가 세 가지
가 내렸다.}(경북 고령)

카. 그러며 인제 지그믄 여 그거 저저, <u>그슥</u> 그 뭐라.{그러면 이제 지금은
여기 그거 저저, 거시기 그 뭐라.}(경북 상주)

타. 에 우리가, 우리카모 지반 더 <u>그슥</u> 저근 사람도 다 재시리 이써.{예
우리가 우리보다 집안 더 거시기 작은 사람도 다 재실이 있어.}(경남 창원)

파. 삼녀늘 그게서 그 마글 지이가지고 <u>그스글</u> 해 하 핸능기라, 시모사리
로.{삼년을 거기에서 그 막을 지어 가지고 거시기를 해 하 한 거야, 시묘살이
를.}(경남 창원)

하. 우리 요새 영 두르는 <u>거세기</u> 읻찌 아녜여 뭐야?{우리 요새 이렇게 두르
는 거시기 있잖아? 뭐야?}(제주)

'거시기'는 접미사 '하-'와 결합하여 용언을 형성하기도 한다. 이 용언
형은 많은 방언에서 '거시기허다' 외에 '거식허다'나 '거석허다'로도 나타
나는데, 이때 '거식'이나 '거석'은 '거시기'의 기원형으로서, 복합어라는
보수적인 환경에 기원적인 어형이 보존된 결과이다.

(4)

가. 머, 예, 별로 머 이름나게 이레 <u>그슥하이</u> 낭거는 업쓰여.{뭐, 예, 별로
뭐 이름나게 이렇게 거시기하게 난 것은 없어요.}(강원 원주)

나. 인년데 에: 그 사래미 인재 치료하러 댕기넌대 내가 쪼끔 걸 <u>거서가</u>
닝깨 날:떠러 와: 보라 구리야.{있는데 예 그 사람이 이제 치료하러 다니
는데 내가 조금 그것을 거시기하니까 나더러 와 보라고 그래.}(충북 옥천)

다. 아 그 비러머글 놈더리 인자 애가 그냥 크구 <u>거식하닝까</u>. 즈보덤 다
우찔루 크구 자 모던 자랑게. 망 매로 조저서 방맹이루 막 투두려 패
가꾸 애가 쭉 뻐드러저 버런나 무서워가꾸.{아 그 빌어먹을 놈들이 이
제 애가 그냥 크고 거시기하니까. 저희보다 더 윗길로 크고, 걔가 무엇이든
잘하니까. 막 매로 조져서 방망이로 막 두들겨 패 가지고 애가 쭉 뻗어버렸
나 무서워 가지고.}(충남 논산)

라. 우리들 머 보통 이래 <u>거슥하는</u> 사람드른 그거 안해여.{우리들 뭐 보통
이렇게 하는 거시기하는 사람들은 그것 안 해요.}(경북 상주)

마. 그래가주: <u>그슥하머</u> 언자: 콩 쪼매서 해농거 머이 콩도. 이린데느 참
전답또 시방은 마~이 파디비서 전답또 이찌마는.{그래 가지고 거시기
하면 이제 콩 조금씩 해 놓은 것 뭐 콩도 이런 곳은 참 전답도 시방은 많이
파 뒤집어서 전답도 있지마는.}(경남 산청)

바. 그랑깨, 바뿐걸 머 구차나다 머 <u>거시기하다</u> 생강말고 그걸 고마께 생
가가고 게 열씨미 이케 그러케 생가글 하야지.{그러니까, 바쁜 것을 뭐
귀찮다 뭐 거시기하다 생각 말고 그것을 고맙게 생각하고, 그 열심히 이렇게
그렇게 생각을 해야지.}(전북 무주)

사. 그런디 얼:메가 <u>뻽</u>따구가 얼마나 <u>거시게꺼쏘</u>? 그런디 인자 어:찌 네
가 긍:강허게 셍에 농게 글도 그만치나 거시게쩨.{그런데 얼마나 뼈가
얼마나 거시기했겠소? 그런데 이제 얼마나 내가 건강하게 생겨 놓으니까 그
래도 그만큼이나 거시기했지.}(전남 영광)

아. 고르게만 다려불민 덜따려지나 너머다려시민 꼬라지지 안허믄 <u>거세</u>
<u>기허는디</u> 꼭 곧뜬 기우네 곧뜬 무게에 꼬라지게끔 호면 금 아이 감니
께.{고르게만 다져 버리면 덜 다지나 너무 다지면 가라앉지 않으면 거시기하
는데 꼭 같은 기운에 같은 무게에 가라앉게끔 하면 금이 안 갑니다.}(제주)

자. 경헌디 따시 셴따더른 이제 장설허명 혼 더레 혼 번썩 사느로 가그네
막 시방 <u>거세기허여</u> 오나네 불공을 허여오난 이제 셴아덜 물 부끄들

막.{그런데 다시 둘째 아들은 이제 장사를 하면서 한 달에 한 번씩 산으로 가서 막 지금 거시기해서 오니까 불공을 해서 오니까 이제 둘째 아들은 물 끓듯 막.}(제주)

'거시기'는 어원적으로 '*그슥'에서 변이된 것이다. '*그슥'의 '그'는 지시어이며 여기에 결합된 '슥'은 독자적인 형태소나 낱말로 보기는 어려운데, 아마도 중세어의 의문사 '므슥'에서 유추된 것으로 추정된다. '무슥'에 유추되어 '그슥'이 생겨날 수 있었던 것은 '므슥'과 '그슥'의 의미가 유사했기 때문이다. '므슥'은 의문대명사형이지만 부정대명사로도 쓰일 수 있다. '므슥'의 부정대명사적 용법은 오늘날 '거시기'가 갖는 용법과 크게 다르지 않은데, 이러한 의미의 유사성이 유추를 촉발했을 것으로 추정된다. '그슥'에 주격 토씨 '이'가 결합된 '그스기'가 오늘날의 '거시기'로 바뀐 것이다. 그것은 중앙아시아 고려말에서 '무스기'나 '무스그'가 한 낱말로 굳어져 담화표지로 쓰이는 것과 같은 현상이라 하겠다(7장 3.1 참조). 동남방언에 보이는 '그슥'이나 '거슥'은 애초의 '그슥'을 반영하는 형태이다. 다른 지역 방언과 달리 주격토씨 '이'의 결합 없이 '그슥' 단독형으로 쓰이는 것이 다르다. 앞에서 언급한 것처럼 여러 방언에서 '거시기허다'를 '거식허다'나 '거석허다' 등으로 말하기도 하는데 이때의 '거식'이나 '거석' 역시 원래의 말 '그슥'과 같은 것이다. 복합어인 '거식허다'에 옛 형태가 남아 있는 경우라 하겠다. 그렇다면 '거시기허다'와 같은 형태는 '그슥'이 '그스기'로 바뀐 뒤 다시 파생의 접미사 '-허'가 결합되었다고 할 수 있다.

1.2 '거시기'의 선행 연구

담화표지로서의 '거시기'에 대해서는 이미 몇몇 학자들이 논의한 바가 있다. 이봉선(1998)은 '거시기'가 담화표지로 쓰일 수 있음을 지적하고 그

기능으로서, 양보하기, 난처한 입장 피하기, 시간 벌기, 관심 끌기, 직접
언급 피하기의 다섯 가지를 들었다. 다만 이 연구는 대명사로서의 '거시
기'와 담화표지로서의 '거시기'를 구별하지 않아, 사회적으로 금기시되는
표현을 피하려는 '직접 언급 피하기'와 같은 용법을 들고 있지만, 이는 전
형적인 대명사로서의 쓰임일 뿐 담화표지와는 무관하다.

　박근영(2000)은 이봉선(1998)과 달리 '거시기'가 대명사에서 담화표지로
문법화되었음을 주장하는데, 이는 담화표지 '거시기'의 생성에 대한 타당
한 해석이라 하겠다. 대명사로서의 '거시기'는 지시대명사 '그것'과 유사
한 면을 보이는데, '그것'이 상황 지시, 담화 지시, 상념 지시의 세 가지
쓰임을 갖는 데 반해 '거시기'는 오직 상념 지시만을 갖는 점에서 차이를
보인다고 하였다. 상념 지시란 말할이와 들을이의 의식 속에 존재한다고
믿는 것을 가리키는 기능으로서 발화 현장이나 선행 발화에 없는 지시 대
상을 말한다. 이 점에서 일반 지시대명사보다는 [지시]의 의미가 약하다.
반면 부정대명사에 비해서는 훨씬 구체적인 지시 범위를 갖는데 박근영
(2000)에서는 이를 [한정]이라 규정하였다. 그렇다면 '거시기'는 부정대명
사에 비해서는 [한정]의 의미가 더 강하고 지시대명사에 비해서는 약하다
고 할 수 있다.

　박근영(2000)에서는 대명사 '거시기'가 담화표지로 문법화된 이유로서
'거시기'의 고쳐 말하기 또는 역행대용의 용법을 제시하였다. '거시기 그
건강'과 같은 발화에서 선행사 '거시기'는 후행의 명사 '건강'을 가리키는
말인데, 이러한 역행대용의 구조에서 '거시기' 뒤의 쉼이 길어지면서 후행
명사와의 관계가 멀어지고 이에 따라 담화표지로 변했다는 것이다. '거시
기'가 뒷말이 생각나지 않을 때 흔히 쓰이는 것도 이러한 문법화로 이해
될 수 있다고 하였다. 한편 박근영(2000)에서는 담화표지 '거시기'의 기능
으로서 '시간 벌기'와 '머뭇거림'의 두 가지를 들었다.

　'거시기'가 대명사에서 담화표지로 문법화되었다는 지적은 타당하지만,

대명사의 어느 용법에서 문법화가 비롯되었는지에 대해서는 달리 생각할 여지가 있다. 대명사로서의 '거시기'는 생각나지 않는 지시물을 가리키거나 발화 상황에서 들을이도 충분히 알 만한 경우에는 부정칭으로서 쓰이는데, 아마도 이러한 부정대명사로서의 '거시기'로부터 담화표지 '거시기'가 발달하였다고 해석하는 것이 온당할 것이다. 그런데 '거시기'의 이러한 부정대명사적 용법은 역행대용과 같은 통사적 구조를 필수적으로 전제하지는 않으므로 담화표지로서의 '거시기'가 역행대용의 통사구조에서 비롯되었다고 말하기는 어렵다.

Noh(2002)에서는 '거시기'의 대명사와 담화표지의 두 가지를 구별하지 않고 기술하였는데, 여기에서 제시된 '거시기'의 기능은 말할이가 명시적으로 말하기를 꺼리는 것과 발화 첫머리에서의 시간 벌기 두 가지를 들었다. '거시기'가 일반적으로 지시대명사로 쓰이지 않지만 명시적으로 말하기를 꺼리는 말을 대신하는 기능을 갖는 점에서 metarepresentational한 기능을 갖는다고 주장한다.

김영철(2004)에서는 '거시기'의 담화 기능으로서 주의 집중, 간접 표현(우회적인 표현), 시간 벌기, 망설임의 표시 등 네 가지를 들었다.

이상의 논의들을 검토해 보면 '거시기'에 대명사와 담화표지의 두 가지가 있다는 사실, 그리고 담화표지 '거시기'가 대명사로부터 문법화된 것이라는 점은 분명하다. 한편 담화표지 '거시기'의 기능은 학자들에 따라 다양한데 의견의 일치를 보이는 기능으로는 '시간 벌기'와 '망설임 표시' 등을 들 수 있다. 이러한 선행 연구 결과를 바탕으로 하여 '거시기'의 쓰임이 가장 활발한 서남방언의 용법에 대해 살펴보기로 하자.

1.3 '거시기'의 용법

1.3.1 placeholder

'거시기'가 대명사로 쓰이면 일반적인 대명사와 같은 통사적 역할을 한다. 그러나 '거시기'와 지시대명사 '그것'은 들을이에 대한 말할이의 전제에서 차이를 보인다. '그것'의 지시 대상은 들을이도 충분히 알 수 있음을 전제하지만, '거시기'의 지시 대상은 그런 전제가 없다. '거시기'의 지시 대상이 말할이의 머릿속에 존재하는 것은 사실이나, 그 지시 대상에 대한 명확한 표현이 생각나지 않아 대신 사용하는 것이기 때문이다. 따라서 '거시기'는 명사나 지시대명사를 써야 할 자리에 임시적으로 사용하는 모호한 표현이라는 점에서 이른바 placeholder의 개념에 가깝다고 할 수 있다.

placeholder는 사람, 사물, 지점, 장소 등을 가리킬 수 있는데, 특정의 명칭 대신 임시적으로 사용하는 포괄적인 명칭이며 문법적으로는 명사와 같은 구실을 하는 말이다[1]. 그러나 그 지시 대상이 발화 상황에 의해 결정된다는 점에서 대명사와 같은 성질을 보인다. 다만 지시 대상이 없을 때에도 사용될 수 있다는 점에서 대명사와도 차이를 보인다. 영어의 경우 사람을 가리키는 placeholder로서 John Doe, Jane Doe 등이 쓰이고, 사물은 widget, 지점은 Main Street, 장소는 Anytown 등이 쓰인다. 예를 들어 widget은 조그마한 장치의 이름을 모를 때 단순히 사용되는 말로서, 'The secret is a little widget in the can'처럼 쓰일 수 있다. 여기서 widget은 특정한 사물의 이름이 아니라 작은 장치를 포괄적으로 가리키는 임시적인 말이다. 우리말에서도 이처럼 포괄적인 지시대상을 가리키는 임시적인 표현으로서 사람에 대한 '아무개' 등이 있을 수 있는데, '거시기'도 이런 범주

---

1) placeholder에 대한 기술은 wikipedia의 내용을 참조한 것이다.

에 든다고 할 수 있다. 우리말에서 '거시기'는 사람이나 사물 또는 사태 등
에 두루 쓰일 수 있는 placeholder인 셈이다. 아래에서 placeholder로서의
'거시기'가 사용되는 구체적인 경우를 살펴보기로 하자.

1.3.1.1 생각나지 않는 지시 표현

말하려고 하는 체언이 생각나지 않을 때, 이를 대신하는 말로 '거시기'
가 쓰인다. (5)는 전남 곡성 지역의 구술발화 자료에서 따온 것이다.

> (5)
> 고노물 인자 실:로 또 열 때배를 쩌그 저 잘 <u>거시기에다가</u> 인자 머야 그
> 어이 실:뺑거시 머:요 거:이? 고거세다가 인자 실:뺀데다가 요고 :딱 해가
> 꼬는.{그것을 이제 실로 또 열 대뱅이를 저기 저 잘 거시기에다가 이제 뭐야 그
> 것이. 실 빼는 것이 뭐요? 그것이? 그것에다가 이제 실 빼는 데다가 요롷게 딱 해
> 가지고는.}

예 (5)를 보면 '거시기에다가' 뒤에 지시물의 이름을 찾는 과정을 설명
하는 '실 뺀 것이 뭐요?'라는 표현이 뒤따르고 있다. 그렇지만 뒤에 오는
발화에서 해당 지시물의 이름은 끝내 나타나지 않고 '고것'과 같은 대명사
적 표현이 대신해 쓰였다. 그러므로 '거시기에다가...실 뺀 것....고것에다
가'와 같은 구성으로 담화가 진행되고 있는 셈이다. '거시기'가 가리키는
지시물은 뒤따르는 '실 빼는 것 그것'을 통해 짐작할 수 있지만 '거시기'는
그 의미가 아니라 표현을 가리키는 말이다. 이처럼 '거시기'는 말할이가
말하고자 하는 지시 대상의 지칭 표현이 얼른 생각나지 않을 때, 임시적
으로 그것을 가리키는 기능을 갖는다.

> (6)
> 고거시 등어리 가서 저 입싹 등어리 가서 힌: 그 <u>머이냐 거시기가</u>? 쑥가

치 흐:개요. 모신닙싹 등어리가 쑥가치 흐:개.{그것이 등에 가서 저 잎 등에
가서 흰 그 뭐냐 거시기가? 쑥같이 하얘요, 모시 잎 등이 쑥같이 하얘.}

(6)에서도 말할이가 원하는 지시 표현이 얼른 생각나지 않는다는 사실을
'그 머이냐'에서 확인할 수 있으며, 이때의 '거시기' 역시 지시 표현을 대
신하는 대용적 표현에 해당한다.

전문적인 술어처럼 말할이가 익숙하지 않은 낱말일 경우 그 정확한 표
현이 생각나지 않는 것은 매우 일반적인 현상인데, 이때 흔히 '거시기'가
사용된다. 예 (7)에서 '문화 거시기'는 삼베의 전통을 잇는 '문화재'를 가
리킨다. '문화재'처럼 전문적 술어가 바로 생각나지 않으므로 '문화 거시
기'로 표현한 것이다.

(7)
그래 인자 그거시 가비 업쩨 기수리 부족허고 긍깨 저그 머시냐 석쪽 저
그 저 거 머이냐 그런 말허자먼 <u>문화 거시기로</u> 인자 그런 사람 가튼 사
람드른{그래 이제 그것이 값이 없지, 기술이 부족하고 그러니까 저 그 뭐냐 석
곡(지명) 저기 저 그 뭐냐, 그런 말하자면 문화 거시기로 이제 그런 사람 같은 사
람들은}

1.3.1.2 역행대용의 선행사

'거시기' 바로 뒤에 이에 해당하는 명사가 따름으로써 '거시기'가 이 명
사의 선행사로서 역할을 하는 경우이다. 이 경우는 일종의 역행대용으로
해석할 수 있다. 이때 '거시기'와 후행 표현 사이에 반드시 쉼이 개재될 필
요는 없다. 당장은 할 말이 생각나지 않아 '거시기'를 발화하였지만 바로
하고자 하는 말이 생각났기 때문에 후행 발화를 생각할 시간적 여유가 필
요 없을 수 있기 때문이다.

(8)

    가. 물오릴 때 요로고 <u>거시기에다가 꼬쟁이다</u> 해가꼬 착: 요로고 이러내
       키머는,{물 오를 때 이렇게 거시기에다가 꼬쟁이에다가 해가지고 쫙 이렇게
       일으키면은}

    나. 그라너믄 자근 방에다가 고:구마까나라게서 그 쭈:시떼로 여께서 멘
       드라 여 <u>거시기 둑접말로</u>.{그렇지 않으면 작은방에다가 '고구맛간'이라고
       해서 그 수숫대로 엮어서 만들어. 이 거시기 나락뒤주처럼}

'거시기'가 역행대용의 선행사로 쓰일 때는 placeholder로서의 기능이 분명하지 않다. 일단 임시적으로 통사적인 자리를 차지한다는 점에서는 placeholder가 분명하지만, 바로 이어 지시 대상을 가리키는 제대로 된 표현이 오기 때문에 대명사와도 유사한 면이 있기 때문이다. 예를 들어 (8가)의 '거시기에다 꼬쟁이다'는 '거기에다 꼬쟁이다'로도 바꿔 쓸 수 있다.

할 말이 생각나지 않을 때 우리말에서는 흔히 '그거'나 '저거' 등의 대명사를 사용하는 수가 많은데, 여기에 포함된 지시어 '그'나 '저'는 모두 말할이로부터 멀리 떨어진 것을 가리키는 말로서, '그'는 말할이 또는 말할이와 들을이의 의식 속에 있는 대상을 가리키고(상념 지시), '저기'는 말할이와 들을이로부터 멀리 떨어져 있는 대상을 가리킨다(상황 지시). 이처럼 말할이로부터 먼 곳을 가리키는 지시어를 사용하여 생각나지 않는 표현을 임시적으로 지시하는 것은 매우 자연스러운 일이다. 지시 표현을 찾는 과정에서 의식의 먼 곳을 헤매는 것으로 해석되기 때문이다. 그러므로 '거시기'는 대명사 또는 담화표지 '그거'나 '저거'와 같은 기능을 한다고 할 수 있는데, 이는 '거시기'의 '거'가 지시어 '그'에서 유래한 것이기 때문일 것이다.

1.3.1.3 부정대명사

　말할이가 지시하려는 대상을 들을이가 충분히 알 수 있다고 판단하여 굳이 정확한 명칭 대신 모호한 지시 대상을 가리키는 '거시기'를 사용하는 경우이다. 이때의 '거시기'는 일종의 부정대명사와 같은 기능을 한다. '거시기'가 이러한 부정대명사로 사용될 때에는 후행 발화에서 '거시기'의 지시물이나 의미적으로 대응되는 표현을 찾을 수 없다. 말할이는 '거시기'라고 말하더라도 발화상황에서 들을이가 충분히 그 의미를 파악할 수 있을 것으로 믿고 있으므로 따로 구체적인 지시물을 제시할 필요가 없기 때문이다. '거시기'의 이러한 용법이야말로 전형적인 placeholder의 기능이라 할 수 있다. 아래 예 (9)가 이런 경우를 보여 준다.

(9)

가. 자연 <u>거시기로는</u> 그 저네 마니는 여그도 안해꺼찌마는 쫑:무리라고 해서 그 쪼글 쫑:무리라고 그 물까미 이써. 푸리. 그 푸를 그거슬 시머가꼬 쫑:무리라고 해서{자연 거시기로는 그전에 많이는 여기도 안 했겠지마는 쪽물이라고 해서 그 쪽을, 쪽물이라고 그 물감이 있어, 풀이. 그 풀을 그것을 심어가지고 쪽물이라고 해서}

나. 먼: 일:만 자러면 잘 쌀지 아나 베만 잘 짜면 잘 쌀지 아냐고 막 머라거고 그로고 뎅이 드라고요. 그레쩨 다릉 <u>거시기는</u> 업:꼬{무슨 일만 잘하면 잘 살 줄 아느냐 베만 잘 짜면 잘 살 줄 아느냐고 막 야단치고 그렇게 다니더라고요. 그랬지 다른 거시기는 없고.}

다.

다 여그도 검::나게 양:반사리를 헙띠다 시집옹게 기양 아조.{다 여기도 굉장히 양반 행세를 합디다. 시집오니까 그냥 아주.}

@ 음.{음.}

다 호:적싸리 이써가꼬 다 쫑:덜 나두고 시게머꼬 여그도 옹게 그럽띠다.{다 종문서 있어가지고 다 종들 놔두고 시켜 먹고 여기도 오니까 그럽디다.}

긍게 사:는 <u>거시기는</u> 가:틉띠다 봉게.{그러니까 사는 거시기는 같습디다, 보니까.}

1.3.1.4 '거시기허다'

'거시기'와 '허다'가 결합한 '거시기허다'는 서남방언에서 '거식허다' 또는 '거석허다' 등으로도 나타나는데 형용사나 동사로 쓰인다. 이 역시 '거시기'와 마찬가지로 할 말이 생각나지 않거나 역행대용어 또는 부정대 용어 등 세 가지 용법으로 쓰일 수 있다.

(10)

@ 그러면 에 전 쩌 조상:을 모시는 거슨 조상딴지 말고는 특뻬라게 다 른 건 업써쓰니까?{그러면 전 저 조상을 모시는 것은 조상단지 말고는 특 별하게 다른 것은 없었습니까?}

\# 야 머 제 보:통 마라자믄 인자 이편 <u>거시기헌</u> 사람드른 어 머이냐 에 머 인자 머.{예 뭐 저 보통 말하자면 이제 이편 거시기한 사람들은 뭐냐 예 뭐 이제 뭐}

\# 사당을 모신다든지 또 마라자믄 인자 그런 사람들 <u>거식허먼</u>는 그러코 머 지비서 인자 제:사때나 다 제:사 모시고 그래쩨.{사당을 모신다든지, 또 말하자면 이제 그런 사람들 거시기하면은 그렇게 뭐 집에서 이제 제사 때 나 다 제사 모시고 그랬지.}

예 (10)에서 '거시기허다'는 아마도 말하고자 하는 표현이 생각나지 않 아 쓰인 대용 표현으로 보인다. 뒤의 문맥을 보더라도 딱히 '거시기허다' 의 의미 내용을 파악할 수 없으므로 역행대용의 예로 보기는 어렵다.

(11)

@ 그다메 떠근 어:떤 떠글 주로 제:사떼 올릴 떡뜨른 함니까? 어떤?{그 다음에 떡은 어떤 떡을 주로 제사 때 올릴 떡들은 합니까? 어떤?}

\# 시리떡 시리는 상에 놀랑게 시리떠근 벨라 <u>안 거시경게</u> 상에 놀라고 쪼끔 허고{시루떡 시루는 상에 놓으려니까 시루떡은 별로 거시기 안 하니까 상에 놓으려고 조금하고}

예 (11)에서 '벨라 안 거식헝게'는 아마도 '별로 안 먹으니까' 정도의 해
석을 갖는 것으로 추정된다. 문맥을 통해 충분히 이런 의미를 상정할 수
있으므로 모호한 표현인 '거식허다'를 사용한 것이다.

(12)
밥 허능 거슬 기양 호레~이마큼 <u>거시거고</u> 이:러능 거슨 호레~이마치
무사:가꼬는 저 부어게 드러강 거슬 그러케 시러허시드마.{밥 하는 것
을 그냥 호랑이만큼 거시기하고 일하는 것은 호랑이만큼 무서워가지고는 저
부엌에 들어가는 것을 그렇게 싫어하시더구먼.}

예 (12)에서 '거식허고'는 뒤의 발화를 통해서 '무서워하고'를 뜻하는 말
로 보이며 후행의 표현이 있으므로 일종의 역행대용어로 볼 만하다.

(13)
말::도 모더게 무과. 보리까메이 그노미.{말도 못하게 무거워. 보릿가마니
그것이.}
그런디 고노믈 고티고 달헤써.{그런데 그것을 버티고 잘 했어.}
그런디 얼:메가 뺍따구가 얼마나 <u>거시게꺼쏘</u>? 그런디 인자 어:찌 네가
긍:강허게 셍에놓게 글도 그만치나 <u>거시게쩨</u>.{그런데 얼마나 뼈가 얼마나
거시기했겠소? 그런데 이제 얼마나 내가 건강하게 생겨 놓으니까 그래도 그만
큼이나 거시기했지.}

(13)에서는 '거식허다'가 두 차례 쓰였는데 그 의미 내용은 각각 달라서,
첫 번째 '거식허다'는 '골병들었겠소?', 두 번째는 '버텼지' 정도로 해석된
다. 이 역시 발화 상황이나 문맥을 통해 들을이가 충분히 이해할 만하다
고 판단하여 부정대용어로 쓰였다고 할 수 있다. 다음의 예 (14)도 모두
부정대용어로 사용된 경우이다.

(14)

가.

그렇게 지금 도라가시고 다 도라가시고 안 지게써도 인자 한 냥바나나 두 냥반 인는 냥반드리 시방도 말헤.{그러니까 지금 돌아가시고 다 돌아가시고 안 계셨어도 이제 한 양반이나 두어 양반 있는 양반들이 시방도 말해.}

그러코 시아바이안테 거시기헤:따고{그렇게 시아버지한테 거시기했다고.}

착:: 건:실허게 그러코 헤써도 어쩨 여그 와게서도 참 말 한자리도 나도 아네씽게 당신도 아네쩨마는 나도 아너고.{착 건실허게 그렇게 했어도 어쩨 여기 오셨어도 참 말 한 마디도 나지도 않았으니까 당신도 안 했지마는 나도 안 하고.}

나.

먼 금:방 주그먼 그날 가따 거시게버려. 거 셍에 장:게 안 상안 사라믄.{무슨 금방 죽으면 그날 가져다 거시기해 버려. 그 상어 장가 안 간 사람은.}

나 얼:렁 먼 하레 지네고 머더고도 아너고{나 얼른 무슨 하루 지내고 뭐 하지도 않고}

다.

자근어메 난중에 게양 여그 큰집 식꾸는 꼴도 모뽀고 큰집 자식뜨른 꼴도 모뽀고 아 여그 우리 참 실랑이란 사람허고 상:주고 사써 멘녀늘.{작은어머니 나중에 그냥 여기 큰집 식구는 꼴도 못보고 큰집 자식들은 꼴도 못보고 아 여기 우리 참 신랑이란 사람하고 상종을 안 하고 살았어, 몇 년을.}

@ 아하.{아하.}

자그 그 어메란 사라미 광 차:꾸 머시로 게양 거시기를 헤:쌍게{작은 그 어머니란 사람이 자꾸 무엇으로 그냥 거시기를 해 대니까}

그러코 게양 저리 나가꼬 모다 그러고 사라써라. 그러드이{그렇게 그냥 의절해가지고 모두 그렇게 살았어요 그러더니}

라.

메:도 안 쓰고 게양 지피 파고 깡 무꼬 기양 거그다 동: 나버르고 그런다 헙띠다 에:기더른.{묘도 안 쓰고 그냥 깊이 파고 꽉 묻고 그냥 거기다 돌놔 버리고 그런다고 합디다, 아기들은.}

@ 응, 에기드른.{응, 아기들은.}

어쩨 그야먼 먼 짐성 모:꺼시거라고 독: 주서다 동: 나버르고 그런다
헙띠다.{어쩨 그러냐면 무슨 짐승 거시기 못 하도록 돌 주어다 돌 놔 버리고
그런다고 합디다.}

@ 음. 그레요이~.{음, 그래요.}

마.

애어콘 회사애 댕이다가 인자 댕인시롱 그 애어코늘 인자 <u>거시기해써</u>
요.{에어콘 회사에 다니다가 이제 다니면서 그 에어콘을 이제 거시기했어요.}

그래가지곤 지그믄 인자 막 사:방 천지 대한민국 다 기냥 막 강주도
오고 어:디 부산 머 대구 막 어:디 다 인자 출짱을 댕인닥 헙띠다마는
{그래 가지고는 지금은 이제 막 사방 천지 대한민국 다 그냥 막 광주도 오고
어디 부산 뭐 대구 막 어디 다 이제 출장을 다닌다고 합디다마는}

예 (14)에서 '거시기허다' 또는 '거식허다'가 (가)는 '잘했다고', (나)는 '장
례 치러 버려', (다)는 '못살게 구니까', (라)는 '훼손하지 못하도록', (마)는
'수리했어요' 정도의 의미를 가리키는 부정대용어로 쓰였다.

1.3.2 담화표지

1.3.2.1 placeholder에서 filler로의 변화

발화 중간에 쉼이 있음을 상대에게 알리되, 해당 발화가 끝나지 않았음
을 나타내기 위해 내는 소리나 낱말들을 흔히 메움말(filler)이라 한다. 영어
에서 ah, uh, uhm 등이 이에 해당하고 특히 젊은 세대에서 사용되는
"like", "you know", "I mean", "okay", "so", "actually", "basically", "right" 등
도 이 범주에 넣을 수 있다[2]. 한국어의 경우 '어, 그, 거, 저, 저기' 등이
흔히 메움말로 쓰이는데 이러한 메움말은 중국어의 zhege, nage나 일본어

---

2) filler에 대한 기술은 wikipedia의 내용을 참조하였다.

의 ano와 같이 모두 지시어에서 발달한 것이라는 점에서 공통적이다. 이러한 메움말은 담화의 진행을 위해 필요한 장치로서 담화표지의 일종이라 할 수 있다.

'거시기'는 감탄사로 쓰일 때, 할 말이 당장 생각나지 않아 해당하는 낱말을 찾기 위한 시간을 벌기 위해 사용된다. 따라서 '거시기'와 후행 발화 사이에는 상당한 쉼이 있는 것이 보통인데 이런 점에서 앞에서 언급한 역행대용어로 쓰이는 '거시기'와는 차이를 보인다. '거시기'의 이러한 용법은 메움말이 수행하는 기능으로서 담화표지의 용법에 속하는 것이다. 메움말 또는 담화표지로 쓰이는 '거시기'의 이러한 용법은 물론 placeholder의 기능을 하는 대명사에서 발달한 것이다. 앞에서 제시한 '할 말이 생각나지 않을 때'의 경우처럼 말할이의 머릿속에서 맴돌고 있는 잡히지 않는 표현을 가리키는 placeholder로서의 대명사적 용법, 다시 말하면 후행사 없이 '거시기'가 대명사 단독으로 쓰이는 용법에서 발달한 것으로 추정된다.

(15)
@ 목쩨말고 그냥 그냥 나:무 비여다가 데:충 *** 그러케 쭈시떼나 이롱 거스로 데:충{목재 말고 그냥 그냥 나무 베어다가 대충 *** 그렇게 수숫대나 이런 것으로 대충}

(웃음) <u>거시기</u> 그거뽀고 이름 무시락 허냐 우리도 그거슬{(웃음) 거시기 그것보고 이름 뭐라고 하냐 우리도 그것을}

예 (15)에서 '거시기'는 후행 발화에 나오는 '그것'을 가리키는 대명사라기보다는 생각나지 않는 표현을 찾는 과정에서 메움말처럼 사용된 표현이므로 담화표지라 할 수 있다.

1.3.2.2 담화표지의 용법

'거시기'는 선행 발화를 바탕으로 하여 이를 부연하거나 수정하거나 하는 등의 후행 발화가 이어질 때 그 사이에 쓰이는 수가 많다. 이때의 '거시기'는 후행 발화를 생각할 시간을 벌고 보다 정확한 후행 발화를 말하기 위한 준비 단계의 역할을 한다. 메움말로 쓰이는 '거시기'가 사용되는 환경을 살펴보면 몇 가지로 분류할 수 있다.

a. 부연

선행 발화를 좀더 구체적으로 표현하는 후행 발화가 이어질 때, 그 중간에 '거시기'가 쓰인다. 이것은 선행 발화를 일부 수정하는 것으로서 일종의 '고쳐 말하기'(repair) 방식이라 할 수 있다. 선행 발화를 부연하는 과정에서 후행 발화가 얼른 생각나지 않으므로 일단 '거시기'를 발화한 다음 정확한 발화가 이어지도록 하는 책략이라 할 수 있다.

(16)
아이 투 가머는 쩌 염산 봉:덕싸네 가머는 저 허리 다께 <u>산 거시기 중터게가</u> 회:뜰 파논디가 일본놈드리 여그서 파쩨.{아이, 가면은 저 염산 봉덕산에 가면은 저 허리 닿을 정도로 산 거시기 중턱에 뺑 둘러서 파 놓은 곳이 일본 놈들이 여기서 팠지.}

예 (16)에서 '거시기'는 선행 표현 '산'과 후행 표현 '중턱에가' 사이에 나타나는데, 후행 표현은 선행 표현의 내용을 더 정밀하게 고쳐 말함으로써 부연 관계를 형성하고 있다. 결국 '산'을 발화한 뒤 이 산의 부분 이름을 찾는 과정에서 메움말을 사용한 것이다.

(17)
이러고 지살 지버 지서서 저금네고 시방 저:짜게 큰::집 그 지아집 안 이
섭띠여? 우게 산 미테? 거시기 면:디 인는디. 그거시 막뚜~이아들 지비
고.{이렇게 집을 지어서 분가시키고 시방 저쪽에 큰 집 그 기와집 있잖습디까?
위에 산 밑에? 거시기 먼 데 있는 데. 그것이 막내아들 집이고.}

예 (17)에서 '거시기'는 '위에 산 밑에'라는 선행 표현과 '먼 데 있는 데'
라는 후행 표현 사이에 나타난다. 이 의미 관계는 후행 표현이 선행 표현
을 부연 설명하는 관계인데, 그 중간에 쓰인 '거시기'는 선행 표현을 보다
더 구체적인 표현으로 바꾸는 과정에서 시간을 벌기 위한 메움말로 쓰인
경우라 할 수 있다.

(18)
이거시 톱. 거시기 모시 돔는 칼, 톡칼.{이것이 톱. 거시기 모시 톺는 칼, 톱칼.}

예 (18)에서 '거시기'는 선행 표현 '톱'과 후행 표현 '모시 톺는 칼' 사이
에 나타나는데 이때 후행 표현은 선행 표현의 지시물을 보다 구체적으로
부연하여 설명하고 있다. 따라서 이때의 '거시기'도 (16), (17)과 마찬가지
로 선행 표현을 부연하기 위해 시간을 버는 메움말 기능을 한다.

b. 고쳐 말하기

말할이가 선행 표현을 발화한 뒤 이를 고쳐 후행 표현을 발화하는 과정
에 '거시기'를 사용하는 경우이다. 이 역시 앞에서 설명한 부연의 경우와
같이 후행 표현을 말할 시간을 벌기 위해 또는 즉각적으로 생각나지 않는
표현을 생각할 시간을 벌기 위해 메움말로 사용된 경우라 할 수 있다. 예
(19)는 모두 고쳐 말하기의 과정에 '거시기'가 사용된 예이다.

(19)

가. 콩 당과따가 골로 싹:싹 <u>칼 거시 주레다가</u> 볼라. 그레야 안 드러부
  쩨.{콩 담갔다가 그것으로 싹싹 칼 거시기 줄에다가 발라. 그래야 들어붙지
  않아.}

나. 아::이고 쩌그 처뤄:내 그 <u>처뤈까서 아니 거시기 춘천</u> 춘천깡깨 캄캄
  헌 바민디 비는 막 억:쑤로 따라진디{아이고 저기 철원에 그 철원에 가
  서 아니 거시기 춘천 춘천 가니까 캄캄한 밤인데 비는 막 억수로 퍼붓는데}

다. 사이사이다 인자 거 긍깨 아까도 말:씀드리다시피 인자 거 <u>설: 자이</u>
  <u>거시기 서:숙까틍 거또</u> 인자 거그다 인자 숭겨노코{사이사이에다 이제
  그 그러니까 아까도 말씀드리다시피 이제 그 설 자이 거시기 조 같은 것도
  이제 거기다 이제 심어 놓고}

라. 일:쏜 저:근 사람드리 그르캐 저 <u>파:종 거시기 직파</u>를 마:니 해:요.{일
  손 적은 사람들이 그렇게 저 파종 거시기 직파를 많이 해요.}

마. 고거슨 예, 예, 엔나레 사서 걍 이러코 크나큰 <u>항간 거시기 오가리다</u> 다
  머서 이런 투마그로 가꼬 와 그떼는.{그것은 옛날에 사서 그냥 이렇게 크나
  큰 항아리 거시기 오지항아리에다 담가서 이런 **으로 가지고 와, 그때는.}

예 (19)에서 (가)는 '칼→줄', (나)는 '철원→춘천', (다)는 '설→서숙', (라)
는 '파종→직파', (마)는 '항→오가리' 등으로 고쳐가는 과정에 '거시기'가
쓰였다.

c. 열거

둘 이상의 항목을 열거하는 과정에 '거시기'가 사용된 경우이다. 말할
이는 대등한 관계에 있는 항목들을 열거하거나 또는 연속적으로 진행되
는 과정을 열거할 때 그 중간에 '거시기'를 사용하는 수가 많다. 이 역시
후행 발화를 준비하는 시간을 벌기 위한 경우로 해석된다. 다음 예 (20)은
연속적인 상황에서 항목을 열거하는 경우이다. 연속적인 상황이므로 열거
되는 항목 사이에는 선후의 관계가 있기 마련이다.

(20)

글믄 그그 엔:날 어:른들 허는 지시 그레따고. 기:뚝뿌텅 막꼬 그 볼 원님 군:수 지금가트먼 군:수 이름 부르고 그 <u>거시기</u> 지봉 올라가서 속등지게 영거나따가 가꼬가서 시:번 네드림서 거 보보 거 부리제 혼부리제.{그러 면 그 그 그것이 옛날 어른들 하는 짓이 그랬다고. 굴뚝부터 막고 그 고을 원님 군수 지금 같으면 군수 이름 부르고 그 거시기 지봉 올라가서 속적삼 얹어 놓았 다가 가지고 가서 세 번 휘두르면서 거 '복복' 그 부르지, 혼 부르지.}

예 (20)은 사람이 죽었을 때, 죽은 사람이 생시에 입던 윗옷을 갖고 지 봉에 올라서거나 마당에 서서, 왼손으로는 옷깃을 잡고 오른손으로는 옷 의 허리 부분을 잡은 뒤 북쪽을 향하여 '아무 동네 아무개 복(復)'이라고 세 번 부르는 초혼(招魂) 의식을 설명하고 있다. 이 설명 과정에서 '굴뚝 막 고', '군수 이름 부르고', '등지게 갖고 가서 세 번 복 부르는' 일련의 연속 적인 과정 가운데 세 번째 단계를 말하기 전에 '그 거시기'가 쓰이고 있다. 이때 '그'나 '거시기'는 모두 뒤에 올 말을 생각할 시간을 벌기 위한 메움 말의 기능을 한다.

(20)이 연속적인 상황이라면 (21)은 대등한 관계에 있는 항목을 나열하 는 경우이다. 다수의 항목이지만 그 사이에는 선후의 순서 없이 나열되는 것이 특징이다. 비록 선후가 없지만 다수의 항목이므로 발화자는 발화를 진행하는 과정에서 뒤따르는 항목을 생각할 시간을 벌 필요가 있으며, 이 때 메움말로서 '거시기'가 사용되는 것이다.

(21)

가. 엔:나레라 다 멩기베 나먼 멩기베. <u>고시기</u> 미영베 나먼 미영베. 당목 고롱 거시로 헤:서 다 오슬 메 함:보글 함볼 헤:써.{옛날이라 다 명주베 낳으면 명주베. 거시기 무명 낳으면 무명. 당목 그런 것으로 해서 다 옷을 매 한복을 한 벌 했어.}

나. 나라가꼬 (웃음) 미영떼다 올린 놈말 다 올려가꼬 나라가꼬이~ 이러

케 <u>거시기</u> 또:: 다메: 또. 세: <u>거시</u>게약 보두이 또 이스 보두가 이써. {날아가지고 (웃음) 무명 대에다 올린 것을 다 올려가지고 날아가지고 이렇 게 거시기 또 다 매, 또. 세 거시기 바디가 또 있으 바디가 있어.}

다. 응 보메 받 받 노네 바체 가서는 바테 너무리고 보 <u>거시기</u> 곰바부리 가틍거 모다 그런 강:데제기 가틍거 인자 그렁거시고{응, 봄에 밭 논에 밭에 가서는 밭의 나물이고 거시기 별꽃 같은 것 모두 그런 광대나물 같은 것 이제 그런 것이고}

라. 보두가 칠썽미 이꼬 팔씅 저 <u>거시</u> 팔씅이 이꼬 그레. 팔씅은 더 조아, 가늘고 베가.{바디가 칠승이 있고 팔승 저 거시기 팔승이 있고 그래. 팔승 은 더 좋아, 가늘고, 베가.}

마. 엔:나레 그거이 홍 지게서 마라자먼 담:비떼나 쩌 <u>거시기</u> 데 데받 데 나, 시누데나 쭈:시 떼나 인자 고놈 가지고 웃찌블 마라자먼 여꺼.{옛 날에는 그것이 흙 이겨서 말하자면 담뱃대나 저 거시기 대 대밭 대나, 조릿 대나 수숫대나 이제 그것 가지고 웃짚을 말하자면 엮어.}

바. 하나, 할머니, 우리 아부님, <u>거시기</u> 우리 어먼님, 시숙, 자 말무단 자 근아부지, 일곰, 우리 성님, 나, 시누드른 다 여워블고 업:떼요.{할아, 할머니, 우리 아버님, 거시기 우리 어머님, 시숙, 말 못하는 작은아버지, 일곱, 우리 형님, 나, 시누이들은 다 여의어 버리고 없데요.}

d. 확실하지 않은 사실을 진술할 때

(22)

가. 은중바:뉘리랑건 물 우개 떠 인는 거이 <u>거시기</u> 쟁바니라 글등가 무: 라 글등가 그거 매: 짜리가 그르캐 존: 자리가 이따.{은중반월이란 것 은 물 위에 떠 있는 것이 거시기 쟁반이라 그러던가 뭐라고 그러던가 그것 묏자리가 그렇게 좋은 자리가 있다.}

나. 그래가지고 다시 인자 워낙 인자 사장이 야물고 서울대학꾜 먼:: 거 <u>거시기</u> 광:부꽝가 머잉가 나와써요{그래 가지고 다시 이제 워낙 이제 사 장이 야물고 서울대학교 무슨 거 거시기 광산과인가 뭔인가 나왔어요}

다. 우리 친정 어무니가 아이마다 쩌, <u>거시기</u> 우리집까 먼: 야기땀마다. 가서 가꽈야 쓰거따 그라고.{우리 친정 어머니가 "아이 말이다, 저, 거시 기 우리집에 무슨 약이 있단 말이 다. 가서 가지고 와야 되겠다." 그러고.}

(22)를 보면 '거시기'가 사용된 뒤 밑줄 친 부분처럼 말할이가 말하고자 하는 바에 대한 명확한 표현을 몰라 주저하는 발화가 이어진다. 따라서 이런 경우의 '거시기'는 앞 절에서 설명한 placeholder으로 해석될 여지가 있지만, 실제로는 단순히 알맞은 표현을 생각할 시간을 벌기 위한 메움말로 해석하는 것이 타당하다. 뒤에 오는 표현과의 격 관계가 일치하지 않기 때문이다.

e. 새로운 이야기의 도입

(23)
글드마는 인자 재:가 재대해가꼬 옹깨 아:따 너이 가서 저 <u>거시기</u> 내:가 중매쓰꺼잉깨 너 장:가 가그라 그래서는{그러더니마는 이제 제가 제대해 가지고 오니까 "아따 너 가서 저 거시기 내가 중매할 테니까 너 장가 가거라" 그래서는}

(23)에서 '거시기'는 새로운 화제나 이야기를 시작하면서 사용되었다. 무릇 새로운 이야기를 시작할 때에는 준비 과정이 필요한 법인데, '거시기'가 이런 역할을 한다고 할 수 있다.

f. 하기 어려운 말을 하려고 할 때

(24)
\# 그래서는 우리 친정 아부지나 그떼 우리 짐니, 그떼는 지붕이로 짐 마람 여꺼서 짐 넌디, 곧 주꺼써 에기가.{그래서는 우리 친정아버지나 그때 우리 짚 이 그때는 지붕으로 짚 이엉 엮어서 짚 이는데, 곧 죽겠어 아이가.}
\# 그래서 <u>거시기</u> 어:쩨 이러고 에기가 요로고 마:니 아푸끄나고, 머 에기가 숨:도 모:쉬고, 말:도 모다고 그라더니.{그래서 거시기 왜 이렇게 아이가 이렇게 많이 아픈가 하고, 뭐 아이가 숨도 못 쉬고, 말도 못하고 그러더니.}

아이, 가서 이제 어꼬, 어꼬 갈 떼는 에기가 <u>거시기</u> 저 곧 죽꺼써라. 디렁디렁하고 말 한자리도 아나고 가드니.{아이, 가서, 이제 업고, 업고 갈 때에는 아이가 거시기, 저, 곧 죽겠어요. 드렁드렁하고 말 한 마디도 안 하고 가더니.}

좋지 않은 일이나 상황을 말하려 할 때 말할이는 바로 말하기보다 약간의 뜸을 들이는 수가 있다. 이야기의 내용 때문에 머뭇거리는 경향이 있기 때문인데 이러한 주저하는 시간을 메우기 위해 '거시기'가 사용된다. 위의 예 (24)에서 두 차례의 '거시기'가 확인되는데 모두 아이가 심하게 아픈 상황을 말하기 직전에 사용된 경우이다.

지금까지 '거시기'가 메움말로 사용되는 여러 가지 경우를 살펴보았다. 부연, 고쳐 말하기, 열거, 확실하지 않은 진술, 새로운 이야기의 도입, 하기 어려운 말을 하려고 할 때 등이 그것이다. 이들은 모두 후행 발화를 하기 위해 뜸을 들일 시간이 필요한 경우들이다. 이러한 머뭇거리는 시간을 메우기 위해 '거시기'가 사용되었다고 할 수 있다.

'거시기'는 다른 담화표지와 함께 쓰이는 수가 많다. '거시기' 앞에 오는 담화표지로는 '인자'(=이제), '저', '거'(=그), '먼'(=무슨) 등이 있고, 때로는 이들이 함께 결합하여 '인자 거시기 거', '인자 거 거시기', '먼 저 거시기' 등으로 쓰이기도 한다. '거시기' 뒤에 오는 담화표지로는 '거'가 확인된다.

담화표지 '저'나 '거'는 메움말로 기능하며 발화를 생각할 시간을 벌기 위해 주로 쓰인다. 또한 '먼'(=무슨)은 후행 발화의 불확실함을 나타내는 담화표지이다. 따라서 이러한 담화표지들과 '거시기'가 함께 쓰인다는 사실은 '거시기'가 담화표지로 쓰일 때 메움말 또는 불확실함을 나타내는 기능을 한다는 사실을 뒷받침하는 증거라 할 수 있다.

담화표지 '인자'는 연속적인 사태를 나타낼 때 흔히 사용되는 것으로서

예 (20), (21)에서 언급한 것처럼 다수의 항목을 나열하거나 열거할 때 '거
시기'가 사용되는 경우와 부분적으로 일치한다. 연속적인 항목을 나열하
면서 후행 발화를 준비하는 과정에 쓰인 '거시기'라 할 것이다. 아래는 '거
시기'와 다른 담화표지가 함께 사용된 예를 모아 본 것이다.

a. '인자 거시기'

(25)

가. 그그똔자 오쟁이애다가 인자 다른:자 거시기 곡씩가틍거또 다물 쑤 이
　　꼬 그라너면 따릏 거또 인자 약초가틍거또 거그다 다머서 인자 쟁애
　　노코 그릏거뿌고 오쟁이라 그래요.{그것도 이제 오쟁이에다가 이제 다른
　　이제 거시기 곡식 같은 것도 담을 수 있고 그렇지 않으면 다른 것도 이제 약
　　초 같은 것도 거기다 담아서 이제 쟁여 놓고 그런 것보고 오쟁이라 그래요}

나.

#1 시야자 쏘리라고 인자 들:레기 한다 해서 오:전 들:레기.{시야자 소리
　　라고 이제 들내기 한다고 해서 오전 들내기.}

@ 아, 오:{아, 오}

#1 오:후 들:레기 그라요.{오후 들내기 그래요}

#2 인자 거시기 인자 논 다 메고 인자 들: 인자.{이제 거시기 이제 논 다 매
　　고 이제 들 이제.}

#1 아: 들::로 노께 데믄.{아 들로 놓게 되면}

#2 지비로 밤 머그로 온다든지{집으로 밥 먹으러 온다든지}

b. '인자 거시기 거'

(26)

그다으매는 인자 거시기 거 초나 인자 이릉거 쓰고 서규뿔 쓰다가 인자
{그 다음에는 이제 거시기 그 초나 이제 이런 것 켜고 석유불 켜다가 이제}

c. '인자 거 거시기'

(27)
거 여그 가서 <u>인자 거 거시기</u> 그 얼릉 말:해서는 앤:나래는 시방 말로
해:서 깡:패들 가튼거 요룡거뜰 인자 모 인자 업:씨 헐라고요 지서를
거:리 끄지버와가꼬 거가 인자 지서가 이써써요.{그 여기에 이제 그 거시
기 그 얼른 말해서는 옛날에는 시방말로 해서 깡패들 같은 것 이런 것들 이제
뭐 이제 없이 하려고요 지서를 그리 끌어와 가지고 거기에 이제 지서가 있었
어요.}

d. '먼 거시기'

(28)
부산 오유꾼 병:원 인는디 거가 <u>먼: 거시기</u> 장:정 대:기소라 하등만. 거그
옹깨{부산 5 육군 병원 있는데 거기에 무슨 거시기 장정 대기소라 하더구먼. 거
기 오니까,}

e. '먼 저 거시기'

(29)
거그서는 그 학꾜 거으 신채금사를 허로 가따그면 인자 저 영고자 인자
그 <u>먼: 저 저 거시기</u> 전:사한 지바나나 먼:헌 지바내 인자 그런 사람드리
나 어:치면 한나써기나 빼:주까 글안흐면 무조끈 갑쫑이여. 머 너는 구니
내 가라 인자 이거시여요.{거기서는 그 학교 거기 신체검사를 하러 갔다 그러
면 이제 저 연고자 이제 그 무슨 저 저 거시기 전사한 집안이나 뭐 한 집안에 이
제 그런 사람들이나 어쩌면 하나씩이나 빼 줄까 그렇지 않으면 무조건 갑종이야.
뭐 너는 군인에 가거라 이제 이것이에요.}

f. '거시기 거'

(30)

#1 아라지도 게, 게다.{아라지도 게, 게다.}

#2 <u>거시기 거 저</u> 나:무로 멘든 겓따 일.{거시기 그 저 나무로 만든 게다.}

g. '거시기 거 거시기'

(31)

#2 타고 쩌:: 사네로 어:디로 옹께 꼭 머 산중이로 시지본줄 아라써라.{타고 저 산으로 어디로 오니까 꼭 뭐 산중으로 시집온 줄 알았어요}

#1 <u>거시기, 거아 거, 거시기</u> 금지 미차 모:동게.{거시기, 거기가 거, 거시기 금지(지명) 미처 못 오니까.}

h. '저 거시기'

(32)

가. 보:성 여그로 내:가꼬 보:성 여개서 막 고빼애다 다머가꼬 여:수로 막 기양 (웃음) <u>저 거시기</u> 군 자 뭄:니까 쩌그 그 과냥으로 막 거:리 막 시러내:가꼬 일보느로 건:내가고 그래써요.{보성역으로 내 가지고 보성 역에서 막 화물차에다 담아 가지고 여수로 막 그냥 (웃음) 저 거시기 뭡니까 저기 그 광양으로 막 그리 막 실어내 가지고 일본으로 건너가고 그랬어요.}

나. 나도 보도 아나고 중마해쏘. 나도 <u>저, 거시기</u> 겨로네쏘.{나도 보지도 않고 중매했소. 나도 저 거시기 결혼했소}

다. 아이, 저 네가 저 주저 버:러논놈 왼: 저 자기 또 두:마지기 인는 노고 그넘 <u>저 거시기</u> 상하냥도 안 드러간 저 거시기 서:마지기아고 가까웅께 그놈 버러라고 헨디.{아이 저 내가 저 부쳐 놓은 것 원 저 자기 또 두 마지기 있는 것하고 그것 저 거시기 상환도 안 들어간 저 거시기 서 마지기 하고 가까우니까 그것 부치라고 했는데,}

라.

#1 올라 여그 올라가믄 제수쩨라고 올라가믄, 그라믄 거 가서 인자, 엔

나레 거: 가물고 그라믄 어:른드리 가서 치로 막 이러고 까:불데요.
{올라, 여기 올라가면 재숫재라고 올라가면, 그러면 거기서 이제, 옛날에 그
가물고 그러면 어른들이 가서 키로 막 이렇게 까부르데요}

#1 {웃음}

#2 비 오믄, <u>저 거시기</u> 비 오라고.{비 오면 저 거시기 비 오라고}

2. '머시기'

2.1 '머시기'의 방언형

서남방언에는 '거시기'와 유사한 기능을 하는 대명사 '머시기'가 있다.
'머시기'는 '거시기'에 비해 사용 빈도가 낮기는 하지만 전남 지역의 구술
발화 자료에서 간헐적으로 확인된다. 다만 빈도가 낮은 탓에 국립국어원
의 구술발화 자료에서는 오직 전남 영암 지역 자료에서만 확인되었다. 그
러나 글쓴이의 직관에 따르면 전남의 북부 지역에서도 쓰이므로 사실상
전남의 대부분의 지역에서 사용된다고 보는 것이 옳을 것이다.

이 '머시기'는 형태적으로 중세어의 의문대명사 '므슥'의 주격형 '므스
기'에서 온 것으로 보인다. 아마도 '므스기'가 '무스기'를 거쳐 '머시기'로
바뀐 것으로 보이는데, '무엇'의 서남방언형 '멋'에 유추되어 '무스기'의
모음 /ㅜ/가 /ㅓ/로 변한 것으로 추정된다. 의문대명사 '무엇'은 '므스'와
'것'의 합성어 '므스것'에서 발달한 것이므로, 서남방언은 '므스것'에서 비
롯된 '멋'(<무엇)과 '므스기'에서 발달한 '머시기'의 두 가지 형태가 공존하
는 셈이다. '멋'은 표준어 '무엇'에 완전히 대응하는 형태로서 의문대명사
와 부정대명사의 두 가지 용법으로 쓰이지만, '머시기'는 오직 부정대명사
로만 쓰이는 점에서 차이가 있다. 따라서 '머시기'는 표준어 '무엇'의 입
말체인 '뭐' 정도로 옮기는 것이 알맞다.

『표준국어대사전』에 의하면 '거시기'의 평안도 방언으로 '거서가니'와 '머서가니'가 등재되어 있다. 또한 '한민족언어정보화' 프로그램에 의하면 훨씬 다양한 방언형이 제시되어 있는데, 서북방언으로서 '거서가니, 거시가니, 거시기'와 함께 '머서가니, 머시가니, 머사니, 머시기, 메가시니, 메사가니, 메사니, 메세가니, 메시가니' 등이 보고되었다. '거서가니, 거시가니'가 '거시기'의 서북방언형이라면, '머서가니, 머시가니, 머사니, 메가시니, 메사가니, 메사니, 메세가니, 메시가니' 등은 서남방언 '머시기'의 서북 방언형임이 분명하다. 서북방언에 '머시기'형도 쓰이는 것으로 보고되었기에 이러한 추정은 거의 확실하다고 하겠다.

'머서가니'는 아마도 '머석하다'의 부사형 '머석하니'에서 발달한 것으로 추정된다. '머서가니'는 다시 '메사가니', '메세가니', '메시가니' 등으로 변이하고 '가'가 탈락하여 '메사니'와 같은 형이 생겨났다. 그리고 '메시가니'의 둘째 음절과 셋째 음절이 서로 자리를 바꾸어 '메가시니'가 생긴 것으로 보인다.

서북방언과 서남방언을 제외한 다른 지역 방언에 대해서는 '머시기'의 존재에 대해 알려진 바가 없다. 국립국어원의 구술발화 자료에서도 서남방언을 제외한 다른 지역 방언 자료에서 '머시기'는 확인되지 않는다. 그렇다면 '머시기'는 한반도 안에서도 매우 제한된 경우에 한하여 쓰인다고 해야 할 것이다.

2.2 '머시기'의 용법

2.2.1 placeholder

서남방언에서 '머시기'의 쓰임새를 살펴보면 '거시기'와 다를 바 없는데, 전남 영암 지역의 자료에 나타난 '머시기'의 예를 검토하기로 하자.

(33)

#1 집짱은 부사케다가 마:니 합니다.{집장은 아궁이에다가 많이 합니다.}

#2 거그다 메주까리 느:코 무수 무수지 이쏘안?{거기다가 메줏가루 넣고 무
무김치 있잖소?}

#2 무수지 고놈 뚝뚝 뿌어 느:코 베:추지 잔 써:러 너코 거 짐체 궁물 하고
{무김치 그것 뚝뚝 부러뜨려 넣고 배추김치 좀 썰어 넣고 그 김치 국물 하고}

@ 에

#2 헤:서 집짱 다머서 저런 <u>머시기</u> 저{해서 집장 담아서 저런 거시기 저}

#1 부옥 여 불 뗀 디다{부엌 불 때는 곳에다}

#2 불 뗀다도 느터, 느:키도 하고{불 때는 곳에다도 넣기 넣기도 하고}

#2 (기침) 저런 디 먼 제뜬다도 깡:: 무더나두고 그라데요.{(기침) 저런
데 무슨 재 뜨는 곳에다가도 꽉 묻어 놔두고 그러데요.}

위의 예에서 밑줄 친 '머시기'는 선행하는 관형어 '저런'에 의해 수식을
받고 있으므로 체언임이 분명하다. 이때 '머시기'가 의미하는 바는 '거시
기'와 마찬가지로 지시물의 이름이 얼른 생각나지 않을 때 임시적으로 사
용하는 말이라 할 수 있다.

(34)

@ 머:멀 여기다 오레 하셔써요?{뭐 뭘 여기다 올해 하셨어요?}

오렌: 머 항거또 업써. 께아고{올핸 뭐 한 것도 없어. 깨하고,}

@ 예.

들, 들께 인자 엥게노코.{들, 들깨 이제 옮겨 놓고,}

@ 들께요?{들깨요?}

응

@ 에

고추아고{고추하고}

@ 고추 하시고{고추 하시고}

응, 쩌런 <u>머시기</u> 호:박{응, 저것 거시기 호박.}

@ 에

까:지{가지.}

(34)에서 '머시기'는 올해 밭에서 지은 채소류의 이름을 열거하는 과정에 사용되었다. 생각나지 않은 채소류의 이름 대신 임시적으로 사용된 대명사로 해석할 수도 있고, 아니면 열거되는 항목의 중간에 쓰인 메움말로도 해석될 수 있다. 만약 후자라면 담화표지로 기능하는 셈이다.

2.2.2 filler

'머시기'는 '거시기'와 마찬가지로 메움말로 쓰일 수 있다. 방언의 구술 발화 자료에는 '머시기'가 메움말 또는 담화표지로 쓰이는 전형적인 예가 확인되지 않는데, 그러나 이는 자료의 부족 때문으로 생각되며, '머시기'도 '거시기'처럼 담화표지로 쓰일 수 있음은 분명하다. 1.3.2.2에서 우리는 '거시기'가 담화표지로 쓰이는 경우를 '부연, 고쳐 말하기, 열거, 확실하지 않은 사실의 진술, 하기 어려운 말을 할 때' 등으로 정리한 바 있는데, 각각의 경우에 쓰이는 '거시기' 대신 '머시기'를 대체하여도 아무런 차이가 없다. 아래 예는 담화표지로 쓰이는 '거시기'를 '머시기'로 바꾼 것인데 서남방언의 직관을 갖는 글쓴이로서는 별다른 차이를 찾을 수 없다. 예문의 번호는 앞에서 든 번호에 ′을 찍어 놓았다.

(16′) 아이 투 가머는 쩌 염산 봉:덕싸네 가머는 저 허리 다께 <u>산 머시기 중터게가</u> 회:뜰 파논디가 일본놈드리 여그서 파쩨.{아이, 가면은 저 염산 봉덕 산에 가면은 저 허리 닿을 정도로 산 거시기 중턱에 뺑 둘러서 파 놓은 곳이 일본놈들이 여기서 팠지.}

(19나′) 아::이고 쩌그 처뤄:내 그 <u>처뤈까서 아니 머시기 춘천 춘천깡께</u> 캄캄헌 바민디 비는 막 억:쑤로 따라진디{아이고 저기 철원에 그 철원에 가서

아니 거시기 춘천 춘천 가니까 캄캄한 밤인데 비는 막 억수로 퍼붓는데}

(20´) 글문 그그 엔:날 어:른들 허는 지시 그레따고. 기:뚝뿌텅 막꼬 그 볼 원님 군:수 지금가트면 군:수 이름 부르고 그 <u>머시기</u> 지붕 올라가서 속 등지게 영거나따가 가꼬가서 시:번 네드림서 거 보보 거 부리제 혼부리제. {그러면 그그 그것이 옛날 어른들 하는 짓이 그랬다고. 굴뚝부터 막고 그 고을 원님 군수 지금 같으면 군수 이름 부르고 그 거시기 지붕 올라가서 속적삼 얹어 놓았다 가 가지고 가서 세 번 휘두르면서 거 '복복' 그 부르지, 혼 부르지.}

(22가´) 은중바:뉘리랑건 물 우개 떠 인는 거이 <u>머시기</u> 쟁바니라 글등가 무:라 글등가 그거 매:짜리가 그르캐 존: 자리가 이따.{은중반월이란 것은 물 위에 떠 있는 것이 거시기 쟁반이라 그러던가 뭐라고 그러던가 그것 묏자리가 그렇 게 좋은 자리가 있다.}

(23´) 글드마는 인자 재:가 재대해가꼬 웅깨 아:따 너이 가서 저 <u>머시기</u> 내:가 중매쓰꺼잉깨 너 장:가 가그라 그래서는{그러더니마는 이제 제가 제대해 가지고 오니까 "아따 너 가서 저 거시기 내가 중매할 테니까 너 장가 가거라" 그래 서는}

(24´) 아이, 가서 이제 어꼬, 어꼬 갈 떼는 에기가 <u>머시기</u> 저 곧 죽꺼써라. 디렁디렁하고 말 한자리도 아나고 가드니.{아이, 가서, 이제 업고, 업고 갈 때에 는 아이가 거시기, 저, 곧 죽겠어요. 드렁드렁하고 말 한 마디도 안 하고 가더니.}

2.2.3 '머시기허다'

'머시기'는 '허다'와 결합하여 '머시기허다' 또는 '머식허다'나 '머석허 다'로도 쓰이는데 이것은 '거시기'와 '거시기허다'의 관계와 동일하다. '거 시기'를 '머시기'로 대체할 수 있었던 것처럼 '머시기허다'도 '거시기허다' 로 대체할 수 있다.

(35)

#1 거가 큰지비여.{거기가 큰집이야.}

#2 거그서 인자 거뜨 <u>머시기혜쩨</u>. 그 형니미 모:세쩨 다.{거기서 이제 거시
기했지. 그 형님이 보셨지다.}

(35)에서 '머시기했제'는 후행하는 '모셨제'의 선행 표현으로 쓰였으므
로 역행대용의 예라 할 수 있다. 일단 대용언으로 발화한 뒤 이를 구체적
인 표현으로 대신하는 경우이다. 이런 용법은 '거시기허다'에서도 확인된
바 있다.

(36)

#2 그레가꼰 그러케 어리통아리 혜:나따가 인자 나락 사고{그래 가지고
그렇게 나락뒤주 해 났다가 이제 벼 팔고,}

#2 <u>머시기할라믄</u> 인자 고놈 어리통아리 허러가꼬{거시기하려면 이제 그것
나락뒤주 헐어 가지고,}

#1 거그서 인잔 거그서 퍼서 인자 또 삼{거기서 이제 거기서 퍼서 이제 또 삼,}

#2 퍼서 찌:키도 허고{퍼서 찧기도 하고,}

(36)은 벼를 수확해서 나락뒤주에 넣어서 보관해 두었다가 나중에 이를
헐어서 팔거나 아니면 찧어 먹기도 한다는 내용을 담고 있다. 이 예에서
'머시기허다'는 두 번째 경우인 '찧어서 먹다'에 나타난다. '머시기허다'의
의미 내용이 명시적으로 드러나 있지는 않지만 발화 상황에 비추어 해석
될 수 있는 내용이다. 따라서 이런 경우의 '머시기허다'는 명확하지 않은
내용을 진술할 때 쓰이는 '거시기'와 같은 것이다.

이상에서 본 바와 같이 서남방언에서 '머시기'나 '머시기허다'는 일차적
으로 대명사 또는 대용언으로 쓰이는데, 대명사로 쓰일 때에는 의문대명
사가 아닌 부정대명사로 기능하는 것이 주된 용법이다. 여기에서 확대되
어 담화표지로 쓰일 가능성이 있으며 위의 예에서도 이러한 가능성을 확

인할 수 있었다. 그러나 '거시기'에 비해서는 사용 빈도가 낮고, 전남 지역 외에서는 별로 사용되지 않는다는 점에서 그 사용 지역이 '거시기'보다 매우 제약된다고 할 수 있다. 만약 '그슥'이 '므슥'에 유추된 것이라면 유추의 바탕이 된 원말의 쓰임은 오히려 약화되고 유추의 결과형인 '그슥'형이 더 활발히 쓰이는 셈이다.

3. 요약

'거시기'는 '그슥'에서 발달한 말인데 '그슥'은 중세의 의문사 '므슥'에 유추되어 생긴 말로서 지시어 '그'를 포함하고 있다. '거시기'는 서북방언을 비롯하여 중부방언, 동남방언, 서남방언 등에서 널리 확인되지만, 사용 빈도에서는 서남방언이 압도적이다.

'거시기'가 대명사로 쓰일 때, 지시하고자 하는 사물의 이름이 생각나지 않아 통사적 빈자리를 임시로 메우기 위해 쓰이거나, 역행대용의 선행사, 부정대명사 등으로 쓰이며, 사람, 사물, 지점, 장소 등을 가리킬 수 있는데, 특정의 명칭 대신 임시적으로 사용하는 포괄적인 명칭이라는 점에서 일종의 placeholder라 할 수 있다.

'거시기'는 특히 서남방언에서 담화표지로 쓰이는데, 대체로 생각할 시간을 벌기 위한 메움말로 기능한다. '거시기'가 담화표지로 쓰이는 담화적 환경은 부연, 고쳐 말하기(repair), 열거 등 복수의 항목을 요구하는 경우이다. 또한 '거시기'는 확실하지 않은 사실을 진술하거나 하기 어려운 말을 할 때 그리고 새로운 화제를 시작할 때 등에 나타나서 역시 메움말로 기능한다. 담화표지 '거시기'는 다른 담화표지 '인자'(=이제)나 '거'(=그) 등과 함께 어울려 쓰이는 경향을 보여 준다.

'머시기'는 중세어 의문사 '므슥'에서부터 발달한 말인데, '거시기'와 달리 서북방언과 서남방언 등에서만 한정되어 확인된다. 서남방언에서도 사용 빈도를 비교해 보면 '거시기'보다는 훨씬 낮은 빈도를 보인다. 이처럼 빈도에서 차이가 나기는 하지만 '머시기'의 쓰임은 '거시기'와 완전히 같아서 placeholder로서의 대명사적 기능과 담화표지로서 쓰이는 두 가지 용법을 보여 준다.

'거시기'와 '머시기'는 모두 '하'와 결합하여 용언으로 쓰이는데, 대체로 표준어 '뭐하다' 정도에 대응시킬 수 있다.

7장 '무엇'

1. 담화표지 '뭐'와 '무슨'

'무엇'의 축약형 '뭐'가 담화표지로 쓰인다는 사실은 이한규(1999)에서 논의된 바 있다. 이한규(1999)는 '뭐'의 담화적 의미 가운데 '확실하지 않음'을 기본의미로 설정하고 이로부터 다양한 화용적 의미가 번져 나온 것으로 해석하였는데 아래는 그가 제시한 '뭐'의 화용적 의미들이다.

① 확실치 않은 화자의 발화 표시
　　예 영희가 뭐 결석을 했대요./네 뭐 잘 지냅니다.
② 시간 벌기
　　예 뭐 그 대신 뭐 저 뭐 저 횟집으론 비브리오 균 때문에
③ 말문이 막히거나 대답하기 곤란한 경우
　　예 글쎄 뭐...알았습니다.
④ 발화 교정
　　예 문을 열고 뭐 문도 없으니까
⑤ 화자가 생각하는 여러 가능성 중의 하나임을 나타냄
　　예 뭐 커피전문점이라든가 또 피부 비만 관리실이라든가...
⑥ 화자의 발화 내용 강조

　　예 공부하지 뭐/겨우 하루거린데요 뭐
　⑦ 남의 발화 반박
　　예 저기 오네 뭐.
　⑧ 화자의 자신감이나 확신
　　예 이거야 뭐 식은 죽 먹기죠.
　⑨ 화자의 겸손함 표시
　　예 저야 뭐 한 일이 있나요?

　위에서 ④는 이른바 '고쳐 말하기'(repair) 구문의 예이다. ⑥은 말할이의 발화를 강조한다고 하였지만, 오히려 말할이가 자신의 발화를 강하게 단언하는 것이 아니라 완곡하게 표현하는 효과를 보이고 있다. 이것은 '뭐'에 '별것이 아님'이라는 화용적 의미가 있어, 자신의 발화를 부드럽게 만드는 효과를 발휘하기 때문이다. ⑧과 ⑨ 역시 이한규(1999)의 주장과는 달리 '별것이 아님'이라는 하나의 의미로 설명이 가능하다.

　남길임/차지현(2010)에서는 말뭉치 자료를 대상으로 하여 담화표지로 쓰이는 '뭐'의 패턴을 조사한 바 있는데, 이를 빈도순으로 보이면 아래와 같다.

　　① 대용어 패턴
　　　예 이런 저런 인턴십 프로그램이나 뭐 이런 거.
　　② 나열 및 예시 패턴
　　　예 국어랑 뭐 수학이랑 뭐 여러 가지 과목들
　　③ 접속부사 패턴
　　　예 지정곡은 성가 아 찬송가에 있는 곡이었어요. 그래서 뭐, 문제없
　　　　이 불렀고,
　　④ 어휘적 담화표지 패턴
　　　예 대중가요가 나쁘다는 건 아니지만 그냥 뭐 음악 프로그램에서 나
　　　　오는 음악 듣구
　　⑤ 수사의문 패턴
　　　예 당연하지, 안 바꾸믄 뒤지 씨. 그거 뭐 확인하겠어?

⑥ 양태 씨끝 패턴

　　예 어차피 기계로 하는건데 뭐.

위에서 ①은 나열 항목 뒤에 오는 아우르는 표현을 말하는 것으로서, 기능상 ②와 통합될 수 있다. 한편 ③은 접속부사 다음에 '뭐'가 흔히 오는 유형을 말하는데, 접속부사뿐만 아니라 알려진 정보 다음에 '뭐'가 온다는 보다 일반적인 유형으로 수정할 필요가 있다. ⑤의 수사의문 패턴은 이한규(1999)에서 지적한 '남의 발화 반박'과 함께 상대의 믿음이나 생각을 부정하는 기능으로 통합될 수 있다. 수사의문은 본질적으로 청자가 믿고 있는 전제적 사실을 부정함으로써 그 반대의 사실을 강조하는 표현법이기 때문이다. 그 밖에 ②, ⑥은 이한규(1999)에서도 언급된 바 있으며, 특히 ⑥ 패턴은 '발화를 완곡하게 하는 효과'를 위한 유형으로 해석할 수 있다는 점을 앞에서 지적한 바 있다.

김명희(2006)는 '무슨'에 담화표지로서의 기능이 있음을 주장하고 있는데, 부정사(不定詞)의 기능과 매우 흡사하여 구별이 쉽지 않지만 '생략 가능성'과 '후행 명사와의 의미적 연속성'을 기준으로 볼 때, 담화표지의 설정이 가능하다고 하였다. 그리고 '무슨'의 기본적인 담화 기능으로서 정보의 불확실성을 가리키는 '어림 지칭'을 들었고 이로부터 시간 벌기나 메움말(filler)[1]로 확대될 수 있다고 하였다. 아래의 (1가)는 어림 지칭, (1나)는 메움말로의 쓰임을 보여 준다.

(1)

가. 무슨 겨울아인가 그 노래를 신청을 한 거야 근데 애는.

나. 학교별로 지역별로 무슨 직업별로 모두 패거리 짜 가지고 이 약자를 눌르고 이렇게 하고 있는 것이 우리 사회의 현실 아닙니까?

---

1) 김명희(2006)에서는 filler를 '디딤말'로 번역하였다. 이 책에서는 '메움말'로 일관되게 번역하였으므로 원문의 '디딤말' 대신 '메움말'로 바꿔 놓았다.

김명희(2006)은 어림 지칭의 '무슨'이 주관화의 과정을 거쳐 '평가절하'라는 화자의 믿음이나 태도를 나타내는 기능으로 발전한다고 하였다. 그리고 이로부터 화자 자신의 주장 혹은 의견에 대한 순화 혹은 더 나아가 자기변명 등으로 나타나게 된다고 하였다. 또한 청자가 전제하고 있는 사실이나 발화 사태에 대하여 평가절하하여 반박, 부정 등의 부정적인 태도를 나타낸다고 하였다. 김명희(2006)은 아래 (2라)와 같은 수사의문문의 '무슨'에서 (2다)의 부정적 기능이 나온 것으로 보기도 하였다.

(2)
가. 한 가지 말씀 드리고 싶은 것은 노사정위원회는 무슨 노동자가 손해 보는 기구가 아닙니다.(발화의 순화)
나. 그 동안에는 자꾸 등치가 좀 크다 보니까 무슨 뒷골목 깡패 이런 것만 맡았었는데 그래서 상당히 해야 되겠다는 의욕이 굉장히 많았었어요.(자기변명)
다. 거의 포기 상태에 있다고 한다면 그게 무슨 정신이 있고 또 정기가 있는 사회 나라라고 말하기 어려울 것입니다.(반박)
라. 그러는데 제가 무슨 죄를 지었다고 무슨 자술서를 써 주고 뭐를 해요?(수사의문문)

'무슨'의 기능이 어림 지칭으로부터 다양한 담화적 기능으로 확대되었다는 것은 충분히 설득력을 갖는다. 특히 평가절하와 같은 말할이의 믿음으로 의미가 발달하였음은 담화표지 '뭐'에서도 확인할 수 있었다. '별것이 아님'이라는 의미가 '뭐'에서도 찾아지기 때문이다(이한규의 ⑥, ⑧, ⑨). 말할이 자신의 의견에 대한 순화 역시 자신의 발화를 별것이 아닌 것으로 만듦으로써 얻어지는 화용적 효과이다. 이것은 담화표지 '뭐'가 반말의 씨끝 '-지' 뒤에 오는 환경에서 발화를 완곡하게 만드는 효과와 같은 것이다. 그런데 자기변명은 '무슨'이 쓰이는 담화 환경(문맥)일 수는 있지만 이

것을 '무슨'의 담화적 기능으로 규정하기는 어려울 것으로 판단된다. 자기
변명을 자신의 발화를 완곡하게 만드는 범주에 포함시키면 충분하리라고
본다. 마지막으로 수사의문문에 '무슨'이 오는 수가 많지만 이것을 독자적
인 기능으로 보는 대신 청자의 전제 사실에 대한 부정의 범주에 포함시킬
수 있다는 견해는 앞에서 표명한 바 있다.

　지금까지 기술된 담화표지 '무슨'의 기능을 '뭐'와 비교해 보면 그 기능
이 매우 유사함을 알 수 있다. 우선 '뭐'와 '무슨'은 '확실하지 않음'을 공
통의 의미로 갖고 있다. 그러나 '무슨'이 원래 관형사이므로 담화표지로
그 기능이 바뀌었다 해도 앞의 예 (1), (2)처럼 대부분 명사 앞에 쓰이는
점에서 그런 제약이 없는 '뭐'와 차이를 보인다. 아래의 예 (3가)-(3마)는
이한규(1999), (3바)는 남길임/차지현(2010)에서 담화표지 '뭐'가 쓰였던 것
을 '무슨'으로 바꿔 본 것이다.

(3)
가. 네 뭐/*무슨 잘 지냅니다.
나. 글쎄 뭐/?무슨…알았습니다.
다. 공부하지 뭐/*무슨.
라. 저기 오네 뭐/*무슨.
마. 이거야 뭐/?무슨 식은 죽 먹기죠.
바. 지정곡은 성가 아 찬송가에 있는 곡이었어요. 그래서 뭐/*무슨 문제
　　없이 불렀고

　예 (3)은 '뭐'가 확실하지 않거나(예 3가), 대답하기 곤란한 경우(예 3나),
말할이가 완곡하게 발화하기 위한 경우(예 3다), 상대의 믿음이나 생각을
부정하는 경우(예 3라) 등에 쓰인 것을 보여 주는데, '무슨'으로 교체하면
모두 어색한 문장을 낳는다. 이것은 '무슨' 뒤에 용언이 오거나 아무런 말
이 오지 않았기 때문이다. 이처럼 '무슨'은 명사 앞이라는 조건 하에서 담

화표지로 기능한다. (3마)는 '식은 죽'이라는 명사구 앞이라도 '무슨'이 쓰여 자연스럽지 않은 결과를 초래하는데, '식은 죽 먹기다'라는 관용적 표현이 하나의 형용사처럼 기능하기 때문일 것이다. 굳이 '무슨'이 의미를 발휘하려면 '무슨 식은 죽'처럼 '식은 죽'을 수식하는 등의 해석을 가져야 한다. (3바)는 접속부사 다음에 '무슨'이 오는 경우인데, 이때에도 '뭐'만큼 자연스럽지는 않다. 이 역시 '문제없이'가 부사구로 기능하기 때문이다.

반면에 '무슨'은 나열하는 경우 명사가 아니더라도 매우 자연스럽게 쓰인다. 아래에서 (4가)-(4나)는 명사의 나열, (4다)는 절의 나열에 '무슨'이 쓰인 경우이다.

(4)
가. 이런 저런 인턴십 프로그램이나 뭐/무슨 이런 거.
나. 국어랑 뭐/무슨 수학이랑 뭐/무슨 여러 가지 과목들
다. 또 전통문화 공동 개발이라든지 또 뭐/무슨 한국 고대사 공동 편찬을 한다든지...

또한 메움말이나 고쳐 말하기 구문에서도 '무슨'은 반드시 명사 앞이라는 통사적 제약을 고집하지 않는다. 예 (5나)가 이를 보인다.

(5)
가. 뭐/?무슨 그 대신 뭐/?무슨 저 뭐/?무슨 저 횟집으론 비브리오 균 때문에
나. 문을 열고 뭐/무슨 문도 없으니까

이상을 살펴보면 '무슨'이 가장 완벽한 담화표지로 쓰이는 경우는 (4)와 (5)에서 본 바와 같이 나열 구문, 고쳐 말하기 구문, 메움말로 쓰일 때, 그리고 홀로 쓰여 상대가 전제하는 사실을 부정하는 경우(예: 무슨? 절대 그럴

리 없어.) 등이며, 그 밖의 경우는 (3)처럼 명사 앞이라는 통사적 제약을 유지하는 것으로 보인다. 담화표지가 통사 구조의 제약에서 자유로운 것이라는 일반론을 받아들인다면, 쓰임에 따라 완전한 담화표지와 불완전한 담화표지의 두 종류가 있다고 할 수 있는데, 불완전한 담화표지는 담화표지로의 문법화가 완결되지 않아 생긴 결과일 것이다. 이처럼 담화표지로의 문법화가 진행 중인 경우를 '준담화표지'라고 부른다면, '무슨'이야말로 전형적인 준담화표지인 셈이다2).

이 장에서 우리는 중앙아시아 고려말에 나타나는 의문사 '무슥', '무스', '무스그', '무슨' 등이 수행하는 담화표지의 기능에 대해 살펴보려 한다. 이들 형태는 모두 표준어 '뭐'나 '무슨'에 대응하는 것인데, 표준어와 마찬가지로 담화적 기능을 수행한다. 방언은 여러 차원에서 분화를 보이는데, 담화 차원에서도 방언에 따른 분화 양상이 나타나리라는 예상은 지극히 당연한 것이다.

고려말의 담화표지를 검토할 때 기존의 연구 결과(이한규 1999, 남길임/차지현 2010, 김명희 2006)와 경기 지역의 구술발화 자료에 대한 글쓴이 자신의 분석을 기준으로 삼았다. 이러한 분석 결과를 비교의 틀로 삼아 고려말의 담화적 기능을 살피기 위함이다. 고려말의 구술발화 자료는 곽충구(2009)를 대상으로 하였다. 이 자료는 2008년에 우즈베키스탄 타슈켄트에서 조사된 것인데 제보자는 김알렉산드리아 슈라(여. 원동 이름 김금단. 당시 88세)이다. 제보자는 러시아 연해주 블라디보스토크에서 태어났으며, 선대 거주지는 함경남도 단천군(端川郡) 하다면(何多面) 백자동(柏子洞)이다.

---

2) '무슨'의 준담화표지로의 성격은 현행 국어사전들이 대부분 '무슨'을 관형사로 다룰 뿐, 담화표지의 성격을 갖는 감탄사로 분류하지 않는다는 사실에서도 알 수 있다.

2. 경기도 방언의 담화표지 '뭐'

2.1. 선행 발화와 후행 발화의 단절

'뭐'가 발화의 도중에 나타나 담화표지로 기능하면 선행 요소와 후행 요소는 발화상에서 일단 단절된다. 이러한 발화의 단절은 말할이에게는 발화가 숨 가쁘게 이어지는 것을 막는 숨고르기 효과를 가져오며, 들을이로 하여금 뒤따르는 발화에 관심을 유도하는 효과를 일으킨다. 물론 모든 담화표지가 이러한 담화의 단절을 초래하지만, 담화표지에 따라 단절이 일어나는 위치가 다를 수 있다.

'뭐'에 의해 발화의 단절이 일어날 수 있는 곳은 다양하다. 기본적으로는 모든 어절이 잠재적인 단절 위치이다. 그러나 실제 '뭐'에 의해 단절되는 곳은 담화의 단위가 일반적이다. 예를 들어 구정보와 신정보 사이, 나열 구문의 나열 항목이나 아우르는 표현의 앞, 고쳐 말하기의 선행 발화와 후행 발화 사이, 화제의 시작과 끝 등 다양하다[3]. 물론 말할이에 따라 아주 빈번하게 사용하는 경우, 모든 어절의 앞에 '뭐'를 둘 수 있으므로, '뭐'의 사용 양상은 개인에 따라 달라질 수 있는 것이 사실이다. 그러나 실제 구술발화 자료를 검토해 보면 구정보와 신정보의 사이에서 '뭐'가 나타나는 빈도가 가장 높다.

최명옥(2005)은 경기도 화성 지역어의 구술발화 자료인데, 이 자료에서 가장 빈도가 높았던 담화표지 '뭐'의 용법은 새로운 정보를 발화하기에 앞서 쓰인 경우였다. 이때의 '뭐'는 알려진 정보를 발화한 뒤, 이어서 새로운 정보를 담고 있는 발화를 말하기 위한 예비 발화의 역할을 한다.

---

3) 그러나 담화표지 '뭐'가 언제나 발화의 단절을 초래하는 것은 아니다. 문장의 끝에 나타나 상대의 믿음이나 생각을 부정하고, 말할이의 완곡함을 나타내는 등의 기능은 단절과는 무관하다.

'뭐'에 앞서는 알려진 정보의 표현들에는 접속부사, 발화 현장을 가리키는 시공간 표현, 그리고 대용어 등이 있다[4]. 이들은 모두 말할이나 들을이에게 이미 알려져 있거나 알 수 있는 것으로 추정되는 정보를 갖는다. 이처럼 '뭐'가 새로운 정보의 발화에 앞서 나타나는 것은 '뭐'에 새로운 정보를 유도하는 기능이 있기 때문이다. '뭐'는 본시 의문사 또는 부정사로 쓰이면서 상대에게 궁금증을 유발할 수 있는 화용적 효과를 갖는다. 예를 들어 '뭐랄까?', '뭐냐면'과 같은 표현들도 새로운 정보를 발화하기 직전에 사용되는 것들인데, '뭐'도 이들과 같은 유형의 담화적 기능을 갖는 것으로 보인다.

(6)

가. 채소는, 채소는 뭐 이제, 봄에는 아욱이나 시금치 같은 것을 많이 심어요.

나. 그런데 그 전에 고추장 담그는 것은 뭐, 하얗게 담그고. 그 전에는 좀 그랬어요. 음식이. 그런데 지금은 그렇게 하얗게 안 담그잖아요.

다. 그런데도 이제 다른 애들은 뭐 엄마들이 끼고 앉아서 가르치고 그러니까 잘 하는데.

라. 왜냐하면은 저 맨 진짜 어려웠을 때는 저희들 뭐 정월이라구 하면 그 때는 주로 광목이었나 봐요. 그 광목에다가 뭐 그것으로 분홍색깔 노랑색깔 물들여 가지고 그것으로 치마저고리 해준 것 같아요.

마. 메주덩어리 꺼내고 저, 거기다가 저는 넣는 것이 뭐, 다른 사람들은 쌀가루도 해서 뭐, 어떻게 하고 한다는데. 저는 그냥 보리쌀, 보리쌀 한 서너되 삶아 가지고 그것밖에 넣는 것이 없어요.

(7)

가.

@ 비름나물 좋지요.

---

4) 남길임/차지현(2010)의 접속부사 패턴도 여기에 속한다.

예, 좋다고 하고들, <u>여기서 뭐</u> 많이 나면 따서 저기 올리더라고요, 팔러

나. <u>이런 데는 뭐</u> 산소 봉분이 그렇게 크지도 않잖아요. 그런데도.

다. 그 사람들은 <u>지금 뭐</u>, 땡볕이거나 말거나 그냥, 돈 버는 욕심에 그냥, 그냥 밭에 가서 뭉쳐 살다시피 해요.

라. 그런데 <u>지금 뭐</u> 간장을 그렇게 많이, 우리 애들이 가져다가 간장을. 그 애들은 세상 없어도 조선 간장을 가져다가 먹어요.

마. 그 종이 따로 부르지 않고 종이를 붙여야 되었잖아요 그 전에는. 예, <u>지금은 뭐</u> 사서 달지마는 꿰매는 거요.

(8)

가. <u>그런데 뭐</u> 우리 자라서는 그 물 들이는 것이 그래도 별로 없었죠

나. <u>그러니까 뭐</u> 사다가 하는 것이 아니라 그냥 자연산 저 캐어다가 그렇게 해서 좀 먹었어요.

다. <u>그렇게 해서 뭐</u> 이렇게 쪽쪽쪽 늘어놓고서는 거기다가 쌀가루 또 밑창에 넣은 것처럼 거기에 맞추어서 놓고.

위의 예 (6)에서 밑줄 친 부분은 알려진 정보인데, 선행 발화에 이미 제시되었거나, 문맥에 의해 충분히 들을이가 알 수 있는 것들이다. (7)은 발화 당시의 시간이나 공간을 표시하는 말로서 발화 현장을 가리키기 때문에 당연히 들을이에게 알려진 내용이다. (8)은 접속부사 또는 이에 상당하는 표현으로서 대용적 성격을 가지므로 역시 들을이에게 잘 알려진 정보라 하겠다. 이런 표현들 다음에 '뭐'가 발화되면 알려진 정보가 하나의 정보 단위로 매듭지어지고, 이것이 이어지는 발화를 위한 기초 역할을 하게 된다. 이러한 담화의 매듭 곧 단절은 말할이로 하여금 뒷말을 생각할 시간을 벌게 해 주고, 들을이에게는 이어지는 말에 대한 관심을 갖도록 유도하는 효과를 발휘한다. 이런 기능이야말로 담화의 진행을 돕는 전형적인 담화표지의 기능이다. 따라서 이런 예가 구술발화 자료에서 가장 높은 출현 빈도를 보이고 있다는 것은 새로운 정보를 발화하기 위한 예비 발화

로서 시간 벌기와 관심의 촉구가 '뭐'의 용법 가운데 가장 대표적이라는 사실을 말해 준다.

담화표지 '뭐'가 문장의 맨 첫머리에 나오는 수가 있는데 이런 경우도 새로운 정보를 발화하기 위한 준비 발화로 생각할 수 있다.

(9)
가. 그것이 고역이었지요 뭐 빨래하면 풀(을) 먹여서 또 밟아야 되고 뚜들기는 것은 또 뚜들겨야 되고 방망이로다가 다듬이질
나.
@ 감자, 고구마, 무. 그 외에는 뿌리를 먹는 것이
# 뭐 생강 같은 것도 심으면 뿌리 먹는 것이고 당근도 심으면 뿌리 먹는 것이고

위의 예 (9)에서 '뭐'는 문장의 첫머리에 나타난다. 그러나 이미 선행 문장이 알려진 정보를 나타내므로 비록 문장 경계로 나뉘었다 하더라도 이때의 '뭐'는 알려진 정보와 새로운 정보 사이에 놓이는 예 (6)-(8)과 같은 경우라 하겠다.

다수의 항목을 나열하는 구성에서도 '뭐'가 흔히 사용된다[5].

(10)
가. 예, 그것이 뭐 정월 때다 그러면 그냥 저기 정월 쉴려고 그것 해야지 뭐 떡해야지 정신 하나 없었어요
나. 선생님 잘못은 했지마는 그 애가 얼마나 돈이 필요했으면 그 돈을 가져갔겠느냐고 선생님이 한번쯤 용서를 해주시라고 그러면서 뭐 첫번째로 예를 들자면 꼭 필요해서 가져갈 수도 있었고 뭐 두번째로 예를 들자면 날이 하도 더우니까 하드 같은 것이 사먹고 싶어 가져가.

---

5) 이한규(1999)에서 화자가 생각하는 여러 가능성 중의 하나임을 나타낸다고 한 것, 그리고 남길임/차지현(2010)의 나열 및 예시 패턴이 여기에 속한다.

다.
산에 가면 그 전에 이제 여기는 별로 산이 없어서 없는데. 저기에는
도라지라든가 뭐 두껄이라고 그러지 그 나물을. 이렇게 쌈도 먹을 수
있다던가, 털이 수북수북한 것 같은 것. 둥글둥글한 것.
@ 두껄.
# 예, 그것 별안간 생각하려니까. 또 뭐 홀이불이라는 나물이 있고,

위의 예 (10)은 다수의 항목들을 차례로 열거하는 경우인데, 열거되는
항목은 모두 새로운 정보를 담고 있으므로 이때의 '뭐' 역시 새로운 정보
를 발화하기 위한 예비 발화로 기능한다. 그런데 나열 구문의 아우르는
표현 앞에 '뭐'가 오는 수가 있는데, 이때는 담화표지로 쓰이기도 하지만
경우에 따라 대명사로 쓰이는 수도 있다.

(11)
가. 콩이랑, 팥이랑, 뭐 이런 것을 많이 심었어요.
나. 콩이나 뭐 이런 것을 많이 심었어요.

(11가)의 밑줄 친 '이런 것'은 선행하는 나열 항목을 아우르는 표현으로
서 그 자체는 새로운 정보가 아니다. 그런데도 여기에 '뭐'가 쓰인 것은
아우르는 표현을 또 다른 나열 항목으로 간주하여, 선행항목과 아우르는
표현 사이에 단절을 두기 위함이다. 한편 (11나)의 '뭐'는 휴지를 어디에
두느냐에 따라 해석이 달라진다. '콩이나'와 '뭐' 사이에 휴지를 두어 '뭐'
와 '이런 것'을 함께 발화하면 이때는 단절 효과를 나타내는 담화표지로
쓰인 것이다. 그러나 '뭐'를 '콩이나'와 함께 발화하면서 후행하는 '이런
것'과의 사이에 약간의 휴지를 두면 이때의 '뭐'는 '그 밖의 것'을 가리켜,
'콩이나 뭐'는 '콩이나 그 밖의 곡물'로 해석된다6). '뭐'가 '그 밖의 것'을

---

6) '뭐'가 '그 밖의 것'을 가리키는 다른 예로는 아래와 같은 경우를 들 수 있다.

의미하면 이때는 담화표지가 아닌 대명사로 보아야 한다[7]. 따라서 나열 구문에서 아우르는 표현 앞에 쓰인 '뭐'는 기능에 따라 담화표지와 대명사 두 가지의 지위를 갖는 셈이다.

담화표지 '뭐'가 한 발화 안에서 연속적으로 나타나는 수가 있다. 이런 경우도 대체로 새로운 정보를 말하기 위한 예비 발화로 쓰이는 경우가 겹친 것이다. 그러나 경우에 따라 알려진 정보가 오기도 한다.

(12)

가. 그 엄마하고 있으면 더 잘하지요. 공부 같은 것도 더 잘하지요. 그런데 제가 <u>뭐1</u> 짧으니까 <u>뭐2</u> 가르칠 수도 없는 것 아녜요?

나.

@ 주로 옷을 지을 때 사용한 천 천은 어떤 것을 썼습니까?

천이 <u>뭐1</u> 옛날에는 광목이었지만 저 <u>뭐2</u> 시집 오고 그 저기에는 <u>뭐3</u> 좋은 것은 본견이라고

@ 예

(예) 콩이랑 뭐랑/콩이나 뭐나/콩이야 뭐야/콩이든지 뭐든지 다 심었어요.
위에서 '뭐'는 모두 선행 요소 '콩' 이외의 것을 가리킨다. 그리고 '뭐' 뒤에 오는 '다'는 '콩'과 '뭐'를 아우르는 표현이다. 이처럼 '뭐'가 열거되는 항목의 맨 나중에 올 때는 그 밖의 것을 가리키는 수가 일반적이다.

7) '뭐'는 역행대용(cataphora)의 선행사로 쓰이기도 한다.
(예) 가. 그래가지고 애, <u>뭐</u> 만질 것 없냐고.
　　　나. 그 진짜. 핏덩이들 다 놓아두고 내가 나가면, <u>뭐</u> 좋은 것이 있다고.

위의 예에서 '뭐'는 후행하는 '만질 것', '좋은 것'과 동격을 이룬다. 우리말에는 이처럼 의문대명사가 부정사로 쓰이면서 후행하는 구체적인 지시물과 동격을 이루는 구문이 있다. 다음 예가 그런 경우이다.
(예) 가. <u>어디</u> 매운탕 잘 끓이는 집 아는 데 없어?
　　　나. <u>누구</u> 사귀는 사람 없어?
　　　다. <u>언제</u> 서울 올 때 있으면 연락해라.
　　　라. <u>뭐</u> 마실 것 있어요?

위의 예에서 밑줄 친 부분은 모두 부정사로 쓰이는 의문대명사와 후행 명사(절)이 동격 관계를 이루면서 역행대용의 경우를 보인다. 이런 경우의 '뭐'는 담화표지가 아닌 의문대명사로 해석하여야 한다.

인조라고 그러고 그 <u>뭐4</u> 그 전에 <u>뭐5</u> 월광단 <u>뭐6</u> 일광단 이렇게 이런 식으로

위의 예 (12가)에는 '뭐'가 두 차례 나타나는데, '뭐' 뒤의 표현들이 모두 새로운 정보를 담고 있다. (12나)에서는 '뭐'가 여섯 차례 쓰이고 있는데, '뭐1, 뭐2, 뭐3, 뭐5, 뭐6'은 뒷말이 새로운 정보를 나타내지만, '뭐4'는 그러지 않는다. 그러나 '뭐4' 앞에 담화표지 '그'가 쓰인 것으로 미루어 이때의 '뭐'는 뒷말을 생각할 시간을 벌 목적으로 쓰인 메움말이라 할 수 있다. 이러한 메움말은 본질적으로 선행 발화와 후행 발화의 단절을 초래하게 한다.

(13)

가. 할 일 그냥 하고 마냥 있고 <u>뭐1</u> 나를 <u>뭐2</u> 쫓아다니며 귀찮게 한다든가 어려서 여섯 살 때부터 와 있는 것인데 그런 것이 없어요. 그런 것이

나. 어려서부터 그냥 혼자 있어요. 그래서 내가 <u>뭐1</u> 어디서 <u>뭐2</u> 먹으러 오라고 해서 가도 "너 집에서 내 줄 테니까 먹고 있어." 그러면 그냥 있어요.

다. 그 떡은 진짜로 질겨요, 이상하게. 질겼어요. 그 떡이. 그런데 지금은 <u>뭐1</u> 방앗간에서 <u>뭐2</u> 빻아가지고 하니까 지금은 딱 맞게 좋지요.

예 (13)에서도 '뭐' 뒤의 발화는 대부분 새로운 정보를 담고 있지만 (13나)의 '뭐1' 뒤의 발화는 특정한 장소를 명시하지 않은 부정사로 쓰였으므로 적극적인 의미의 새 정보라 할 수는 없다. 그러므로 이때의 '뭐1'은 단순히 발화의 단절 효과를 노린 것이다.

2.2 완곡한 의사 표명

> (14) 메주가 이렇게 다 차다시피 해도. 그러니까 그냥 진간장이 되는 거
>   죠 뭐.

'뭐'가 문장의 끝 부분에 나타나는 수가 있다. 이런 경우는 대체로 '-지'
나 '-는데' 등의 씨끝과 결합한다. 이미 남길임/차지현(2010)에서도 이런 유
형의 패턴을 '양태 패턴'이라 부르면서 입말 담화에 흔히 나타나는 경우
로 분류한 바 있다[8]. '-지'나 '-는데'는 말할이가 자신의 발화에 대한 단언
이 아니라 완곡한 의사를 표명할 때 쓰인다. 이런 씨끝들 뒤에 '뭐'가 오
는 것은 '뭐'가 말할이의 발화를 완곡하게 만들기 때문이다. '뭐'는 화용
의미의 하나로 '별것이 아님'을 갖는데, 이 의미가 말할이 자신의 발화에
적용되면 완곡함으로 이해되는 것이다. 물론 '뭐' 없이 '-지'나 '-는데'만
으로도 완곡한 의사 표명이 되지만, '뭐'가 이 완곡함을 더 강화시킨다고
할 수 있다.

2.3 상대의 믿음이나 생각 부정

> (15)
> 가. 비가 안 오네 뭐.
> 나. 바나나 좋아한다고 옛날에는 귀했잖아요. 바나나가. 그랬더니, 그냥
>   올 적마다 이만한 것을(양손을 크게 벌리면서) 그래서, 이 사람아, 바
>   나나는 뭐 항상 좋아하는 줄 아나?

위의 예 (15가)는 상대방이 밖에 비가 온다고 말한 바 있음을 전제로 한
다. 그리하여 말할이가 실제 확인한 후 상대의 생각이 틀렸음을 주장할

---

8) 이한규(1999)에서는 말할이의 발화를 강조하는 것으로 이해하였다.

때 '뭐'가 쓰이고 있다. (15나)는 수사의문문인데 남길임/차지현(2010)이 언급한 바와 같이 담화표지 '뭐'는 수사의문의 패턴에 사용되는 수가 상당하다. 그러나 수사의문문의 '뭐'도 (15가)와 마찬가지로 상대방의 생각을 부정하는 용법에 속한다. (15나)는 말할이가 바나나를 좋아하는 줄로 잘못 알고 방문할 때마다 바나나를 한 보따리씩 사오는 것에 대해 핀잔하는 발화인데, 이때 '뭐'가 사용되었다. 수사의문문이란 상대의 믿음이나 생각과 반대의 방향을 주장할 때 흔히 사용되는 의문문이란 점에서 상대의 믿음이나 생각을 부정하는 경우에 속한다.

2.4 강조

(16)
\# 이것이, 할머니 것 하나면 내 것 하나. 하, 하.
@ 싹 달라졌네요.
\# <u>뭐 그냥</u>, 아주 꼭 똑같이 그냥, 사오더라고요. 그것을.

'뭐'는 '그냥'과 같은 말과 더불어 쓰일 때 이를 강조하는 기능을 한다. 남길임/차지현(2010)에서 제시한 어휘적 담화표지 패턴도 부분적으로 이런 경우를 포함하는데, 남길임/차지현(2010)에서는 '그냥 뭐' 외에 '이제 뭐'나 '아니 뭐'처럼 다른 담화표지와 더불어 사용되는 예를 어휘적 담화표지 패턴이라고 분류하였다. 그러나 '이제'나 '아니'와 같은 담화표지 다음에는 새로운 정보가 뒤따르게 되어 있으므로 이런 경우의 '뭐'는 모두 새로운 정보를 발화하기 위한 예비 발화로서의 기능을 수행한다고 할 수 있다. 다만 담화표지 '그냥'의 경우 '뭐'는 '그냥'을 강조하는 것일 뿐 새로운 정보에 대한 예비 발화로 보기는 어렵다. 강조의 기능을 수행할 때 '뭐'는 특정한 어휘의 앞이나 뒤에 온다.

지금까지 경기지역어의 구술발화 자료를 토대로 '뭐'의 담화 기능을 검토함으로써 우리는 아래와 같은 네 가지의 기능을 찾아내었다. 여기서 ①은 담화의 진행을 돕는 기능, ②-④는 말할이의 심리를 드러내는 기능이다. 이 밖에도 불확실함이나 주저스러움 등과 같은 말할이의 심리를 표명하기 위해 '뭐'가 사용될 수 있다. 그만큼 '뭐'의 화용적 기능은 다양하다.

> ① 선행 발화와 후행 발화의 단절
> ② 말할이의 발화를 완곡하게 함
> ③ 상대의 믿음이나 생각을 부정
> ④ 강조

3. 고려말의 '무슥', '무스', '무스거', '무슨'

현대국어의 '뭐'나 '무슨'에 대응하는 중세어의 의문대명사에는 '므스', '므슥', '므슴'이 있다. '므스'와 '므슥'은 이른바 특수어간의 교체를 보이는 낱말로서, 모음 토씨 앞에서는 '므슥', 자음 토씨나 휴지(낱말 경계) 앞에서는 '므스'로 변동한다. 그래서 주격형은 '므스기', 목적격형은 '므스글', 관형격형은 '므슷', 처격형은 '므스게' 등이 확인된다. 반면 물음토씨 '고' 앞에서는 '므스고', '일'과 같은 명사 앞에서는 '므스 일'이 문헌에 보인다. '므스 일'은 '므슷 일'로 쓰이는 것이 일반적이나 현대국어에서 관형격 토씨 없이 두 개의 명사가 결합될 수 있는 것처럼(예: 학교 운동장), 중세어에서도 '므스'와 명사 '일'이 관형격 토씨 'ㅅ' 없이 바로 결합할 수 있었던 것으로 보인다. 한편 '므슴'은 관형어로 쓰이는 것이 일반적이어서 '므슴 慈悲', '므슴 일', '므슴 病'과 같은 예가 확인된다. 그렇다면 중세어에서 '므슷'과 '므슴'은 동일한 기능을 수행했던 셈이다. 물론 '므슴'은 접미사 'ᄒ-'와 결합한 '므슴ᄒ다'와 같은 파생어의 어근으로 쓰일 수 있는 점에서 그러한 쓰임이 없는 '므슷'과 구별된다.

중세어의 '므스/므슥', '므슴'은 후대에 형태적 변화를 입게 된다. 우선 '므스'는 의존명사 '것'과 결합해 '므스것'과 같은 합성어를 형성하고, 이 것이 '므스것 > 므섯 > 무엇'과 같은 과정을 거쳐 현대의 의문대명사 '무 엇'에 이른다. '므스'와 '므슥'이 '므섯'으로 통일되면서 '므스'나 '므슥' 또는 관형형 '므슷'과 같은 형태는 사라지게 된다. 한편 '므슴'은 아마도 이화작용에 의해 둘째 음절의 끝소리 /ㅁ/이 /ㄴ/으로 변하여 현대어의 '무슨'을 낳게 된 것으로 추정된다. 이러한 변화의 결과로 현대 표준 한국 어는 '무엇'과 '무슨'의 두 가지 낱말을 갖게 되었다.

3.1. '무슥'

중앙아시아 고려말의 의문사는 표준 한국어 또는 다른 방언과 달리 중 세어의 형태와 유사한 표현들이 나타난다. 우선 고려말에서 확인되는 사물 의 의문대명사 또는 의문관형사는 '무스', '무슥', '무스거', '무슨' 등이 있 다. 여기서 '무스'와 '무슥'은 중세어에 있었던 '므스'와 '므슥'의 후대형이 다. 중세어에서 이 두 형태는 음운적 교체를 보였다. 고려말에서도 모음으 로 시작하는 토씨 앞에서는 '무슥'이 쓰임에 따라 주격형은 '무시기', 목적 격형은 '무스그'로 나타난다[9]. '무슥'은 '이'로 시작되는 토씨나 지정사 등 의 앞에서도 흔히 나타난다. 아래의 (17)은 '무슥'에 주격 토씨 '이', 지정사 '이-' 그리고 토씨 '이구'나 '이나'가 결합된 예들을 보여 주고 있다.

(17)

가. <u>무시기</u>?{무엇이?}

---

9) 그러나 공동격 토씨 '가' 앞에서는 '무스'가 예상되지만 실제로는 '무스것'이 쓰여 '무스 것가'처럼 나타난다(곽충구 2009).

나. 골에 남아 <u>무시기</u> 잇갯소?{머리에 무엇이 남아 있겠소?}

다. 애구! <u>무시기</u>라 했던지 모르갯네.{아이구! 무엇이라 했던지 모르겠네.}

라. 애구! 그 <u>무시기</u>던가?{아이고! 그 무엇이던가?}

마. 내 이릏기 여자래두 남자덜 하는 일이구, <u>무시기</u>구 벨란 일, 모 해 본
일이 없이 다아 했어.{내 이렇게 여자라도 남자들 하는 일이고, 무엇이고
별난 일, 못 해본 일이 없이 다 했어.}

바. 우리 고렛사름덜으느 무슨 임석하는 게 우리 재비 그저 <u>무시기</u>나 다
재비 임석하지 서양, 기름지게 서양임석 아이 하오{우리 고려 사람들은
무슨 음식을 하는 게 우리 자신, 그저 무엇이나 다 자기 음식을 하지 서양,
기름지게 서양 음식을 안 하오.}

'무스그'는 대명사 '무슥'에 목적격 토씨 '으'가 결합한 형태이며 목적
어로 쓰이면서 의문사나 부정사로 쓰인다.

(18)

가. 그 우즈베끄스딴으 들어오이까나 이사 처음에 <u>무스그</u> 주는가이 영기
입쌀으란 거 처암 귀거했지.{그 우즈베키스탄에 들어오니까 처음에 무엇
을 주는가 하니 여기 쌀이란 것 처음 구경했지.}

나. 어 그날엔 다 모도 그저 기렴 쇠서 임석이랑 해서 잡, 재비 손엣거
<u>무스그</u> 해서 모도 잡숫지.{어 그 날에는 다 모두 그저 기념일을 쇠어서
음식이랑 해서 잡(숫고), 자기 손엣 것을 뭐 해서 모두 잡숫지.}

그런데 '무슥'이 중세어의 교체 환경과 달리 모음이 아닌 휴지 앞에 오
는 수도 있다. 다시 말하면 '무슥' 홀로 쓰이는 경우가 있다는 말이다. 물
론 이러한 쓰임의 빈도는 매우 낮지만 곽충구(2009)에서 확인된다. (19)의
'무슥'은 명사 앞에 나타나 관형어로도 쓰일 수 있는 용법을 보인다.

(19)

야~. 사름날이오 무슨 즘스~으날이오, <u>무슥</u> 곡석이 날이오 무시기 이런

게 다 잇어 야~.{응. 사람날이오, 무슨 짐승의 날이오, 무슨 곡식날이오 무엇이
이런 게 다 있어, 응.}

한편 '무슥'이 홀로 쓰일 때에는 관형어뿐만 아니라 독립어인 메움말
로 쓰일 수 있다. 아래 (20)의 '무슥'이 이런 경우이다. 특히 이 '무슥'은
고려말의 담화표지 '그저'와 함께 쓰이고 있다. 이것은 '무슥'의 담화표지
로서의 기능을 뒷받침해 준다. 그렇다면 담화표지로 쓰이는 '무슥'은 모음
토씨 앞에 쓰이는 '무슥'과는 구별되어야 한다. 하나의 독립적인 표현으로
재구조화가 일어났다고 해석할 필요가 있다. 다만 이런 예는 그 빈도가
매우 낮은 것이 특징이다.

(20)
다른 이름으느 모르갰어. 더러 어떤 거느 <u>무슥 그저</u> 그저 이롷기 그저 농
촌에서 살메서.{다른 이름은 모르겠어. 더러 어떤 놈은 뭐 그저 그저 이렇게 그
저 농촌에서 살면서.}

구술발화 자료를 살펴보면 나열 구문에서 '무시기'나 '무스그'가 흔히
쓰이는데, 이것은 예 (10)에서 살펴본 바와 같이 경기 지역어의 '뭐'와 같
은 것이다.

(21)
가. 야~. 사름날이오 무슨 즘스~으날이오. 무슥 곡석이날이오 <u>무시기</u> 이
　런 게 다 잇어 야~.{응. 사람날이오 무슨 짐승의 날이오, 무슨 곡식날이오
　뭐 이런 게 다 있어, 응.}
나. 고기는 일없단 말이오, 맛이 일 없어. 기래지만 그런 지름이 그런 곱:
　이 <u>무시기</u> 이런 게 없단 말이오.{고기는 괜찮단 말이오, 맛이 괜찮아. 그
　렇지만 그런 기름이 그런 곱이 뭐 이런 것이 없단 말이오.}

예 (21)에 나타나는 '무시기'는 아우르는 표현 '이런 게' 앞에 쓰여 담화의 단절 효과를 발휘한다. 이때 뒤따르는 절의 서술어는 모두 '잇-'과 '없-'처럼 한 자리 서술어이다[10].

(22)

가. 그저 재비 이 터밭에느 재빌르 먹을 거 감자두 싱구구 <u>무스그</u> 까지두 싱구구{그저 자기 이 텃밭에는 스스로 먹을 거 감자도 심고 무슨 가지도 심고}

나. 정말 싸하르(caxap)두 그때 눅었지. 기래다나이 눅다나이 그게랑 기래서 <u>무스그</u> 와렌(варенье)이두 달이구 동삼 먹을 걸 그래서.{정말 사카린도 값이 쌌지. 그렇다 보니 싸다 보니 그거랑 그래서 무슨 잼을 달이고 겨울에 먹을 것을 그랬어.}

다. 그담에 오다두, 큰: 오다두 미인직에 그런 도시 같은데다 세와 놓오 네네느 그 녀려가서 오좀두 누구 <u>무스그</u> 두이랑 보기만함 그런다구. {그 다음에 오다가도, 오다가도 많이 지칠 적에 그런 도시 같은 데다 세워 놓으면 그 내려가서 오줌도 누고 무슨 뒤랑 보고 그런다고.}

나열 구문 (22)에서는 (21)과 달리 '무스그'가 쓰였다. (22)가 (21)과 다른 점은 아우르는 표현이 없다는 점과 '무스그'가 나열되는 항목의 앞에 쓰였다는 점이다. 이것은 새로운 정보를 말하기 위한 예비 발화로 쓰인 전형적인 예이다. 그런데 여기서 흥미로운 점은 '무스그' 뒤의 절이 나열되는 항목의 하나인데 이 절의 서술어가 모두 타동사라는 사실이다. (21)에

---

10) 나열 구문에는 '무시기'의 수의적 변이형 '무시게'도 나타나는데, 자동사 앞에서 쓰인다는 점은 '무시기'와 같다.

(예) 가. 그래서 나는 어저느 야~ 무스 아들이랑 <u>무시게</u> 다아 죽구 독산으르 어전 언영 가야 되는게, 기래두 살아서 댕기다나이. 기래 내 이랬지 야.{그래서 나는 이제는 응 무슨 아들이랑 뭐 다 죽고 북망산으로 이제는 얼른 가야 되는 것이, 그래도 살아서 다니다 보니. 그래 내가 이랬지 응.}

나. 과줄두 하지. 과줄두, 과자두 하지. 무시 묵이라는 것두 하지. 어 그담에느 에따(это) 드비두 앗지. <u>무시게</u> 고레임식이 다아 잇지 뭐.{과줄도 하지. 과줄도, 과자도 하지. 뭐 묵이라는 것도 하지. 어 그 다음에는 음 두부도 앗지. 무슨 고려 음식이나 다 있지 뭐.}

서 아우르는 표현을 포함한 절이 한 자리 서술어일 때 그 앞의 담화표지
가 '무시기'였다는 사실을 고려하면 나열되는 절의 서술어에 따라 담화표
지가 '무시기'나 '무스그'로 달리 쓰인다는 점을 알 수 있다. 자동사이면
'무시기', 타동사이면 '무스그'가 쓰인 것이다. 이것은 '무시기'와 '무스그'가
각각 주격형과 목적격형임을 말해 주며, 따라서 이때의 '무시기'와 '무스
그'는 모두 곡용형인 셈이다.

　(21)과 (22)의 나열 구문에 쓰인 '무시기'와 '무스그'는 발화의 단절을
초래하면서 새로운 정보를 발화하기 위한 예비 발화로 쓰인 담화표지이
다. 그런데 뒤의 서술어에 따라 자동사일 경우는 '무시기', 타동사일 때는
'무스그'가 쓰인다는 것은 이들이 모두 곡용형으로서 뒤의 통사구조에 연
계되었음을 말해 준다. 이러한 통사적인 의존성은 담화표지들이 갖지 않
는 특성이다. 담화표지는 그 형태가 고정되어 있기 때문에 곡용이나 활용
을 하지 않는 것이 일반적이기 때문이다. 그렇다면 '무시기'나 '무스그'는
기능적인 측면에서는 담화표지지만 형태적인 측면에서는 곡용을 하는 대
명사이니, 담화표지와 대명사의 속성을 부분적으로 가지고 있는 '준담화
표지'인 셈이다. 이런 현상은 아마도 '무슥'이 대명사에서 담화표지로 문법
화되어 가는 과정에 있기 때문일 것이다. 표준어의 '뭐'는 이미 문법화가
완성되었으므로 통사 구조로부터 독립적이 되었지만, 고려말의 '무슥'은
문법화의 과정이 완성되지 않아 아직도 형태적인 측면에서는 대명사의
특징을 보이고 있는 것이다.

　다음의 (23)은 고쳐 말하기(repair) 구문에 나타나는 '무스그'이다. 예에서
보듯이 '임석으'가 '잡술거'와 '식료르'로 고쳐 말해지고 있는데, 이 과정에
'무스그'가 쓰였으니 이것은 전형적인 담화표지이다. 이기갑(2014)에서 지
적한 바와 같이 고쳐 말하기의 구문에 '이제'나 '아니' 등의 담화표지가 흔
히 쓰이는데, '무스그'도 이런 경우에 속한다고 할 수 있다. 다만 여기서
목적격형 '무스그'가 쓰인 것은 후행하는 서술어가 타동사인 '싸'이기 때

문일 것이다. 따라서 고쳐 말하기 구문의 담화표지도 나열구문의 경우와 마찬가지로 곡용을 하는 준담화표지인 셈이다.

(23)

기래 거반 어떤 사름 노시아말으 농촌에서 알아 못 듣는 사름은 버역해 주지. 저 라지오다 시장 말하는 게 에 임석으 <u>무스그</u> 잡술 거 식료르 싸 라 간다구. 오~ 기래.{그래 거의 어떤 사람, 러시아 말을 농촌에서 살아서 알 아듣지 못하는 사람들에게는 번역을 해 주지. 저 라디오에다 지금 말하는 것이 에 음식을, 뭐 먹을 거 식료를 사러 간다고 음. 그래.}

다음의 예 (24)도 담화표지로 쓰인 '무스기'인데, 다만 나열 구문이나 고쳐 말하기 구문이 아니라는 점이 다르다. 이때의 '무스기'는 새로운 정 보를 발화하기 위한 예비 발화 또는 '별것이 아님'을 나타내는 기능을 하 는데, 후행하는 절의 서술어가 자동사라는 점이 돋보인다. 이 '무스기'가 자동사에 결속되어 있다면 이 역시 준담화표지의 성격을 갖는다고 할 수 있다.

(24)

가. 어어, 아츰에 어떤 때느 날이 밝아서 좀 푸름하무 내 나가 <u>무스기</u> 풀 이 베우무 어전 일 해야 데지.{어, 아침에 어떤 때는 날이 밝아서 좀 날이 새면 내가 나가 뭐 풀이 보이면 이젠 일해야 되지.}

나. 상깁이라는 게 므스거 주갰소? 그전에느 <u>므시기</u> 벨게 없다나이 책 자~이랑 무스 이 쩨뜨라지(тетрадь)랑 그전에느 이거 다 싸재이오? 그러나나 다 그런 것두 주구. 야.{상급이라는 게 뭐 주겠소? 그전에는 무 슨 별 것이 없다 보니 책장(冊張)이랑 무슨 이 공책은 그전에는 그거 다 사잖 소? 그렇다 보니 다 그런 것도 주고. 응.}

다. 에이그! 재미잇는 얘기느 내게 <u>무시기</u> 아무것두 없어.{에이구! 재미있 는 얘기는 내게 뭐 아무것도 없어.}

　그런데 아래의 (25)는 특이하다. 뒤따르는 절의 서술어가 자동사인데도 '무스그'가 쓰였기 때문이다. 사실 '아무것두 없-'과 같은 동일한 절에 대하여 (24다)는 '무시기', (25가)는 '무스그'가 쓰였다. (25나)의 경우도 후행 서술어가 '그립-'처럼 형용사이니 '무스그'가 쓰일 이유가 없는데 쓰였다. 그러므로 (25)의 '무스그'가 잘못된 발화가 아니라면, 준담화표지 '무슥'의 곡용형이 아니라 단일한 형태 '무스그'로 굳어진 담화표지로 해석해야 한다.

　　(25)
　　가. 아무리 큰 닭이래두. 쿠다만 발톱 이래가지구 발톱에다 걸어 가지구
　　　　달아난단 말이오. 아, 그년에느 원동에서느 우리네 <u>무스그</u> 아무것두
　　　　없지.{아무리 큰 닭이라도. 커다란 발톱을 이렇게 해 가지고 발톱에다 걸어
　　　　가지고 달아난단 말이오. 아, 그때에는 원동에서는 우리네 뭐 아무것도 없지.}
　　나. 기래다나~이까더 정말 <u>무스그</u> 그립운 게 없이 살았단 말이.{그러다
　　　　보니 정말 무슨 부족한 것이 없이 살았단 말이오.}

　'무슥'이 담화표지로 기능할 때는 '무슥' 홀로거나(예 20) 아니면 '무시기'나 '무스그'처럼 곡용형으로 쓰일 때이다(예 21-24). 그래서 우리는 이런 경우를 '준담화표지'라 불렀다. '무스그'는 경우에 따라 독자적으로도 담화표지로서의 기능을 하는 수가 있다(예 25). 이때는 '무스그'가 하나의 담화표지로 완전히 재구조화된 경우이다. 이런 점을 미루어 보면 담화표지로의 문법화는 '무시기', '무스그'와 같은 준담화표지 단계를 거쳐 '무시기'와 '무스그'가 각각 단일한 형태로 굳어진 담화표지 단계로 변화하고 있다고 할 수 있으므로, 문법화의 속도는 용법에 따라 다르다는 사실을 알 수 있다.

3.2 '무스'

고려말의 '무스'는 중세어 '므스'의 후대형이지만 중세어와 달리 다양한 용법을 보여 준다. 우선 '무스'는 대명사와 관형사의 두 가지로 쓰인다. 특히 조사 대상의 구술 자료에 한정한다면 '무스'는 관형사적 용법이 두드러지게 나타나며, 관형사로 쓰일 때에는 의문사보다 부정사로 쓰이는 예가 대부분이었다. 즉 실제 구술발화 자료에서 '무스'는 부정사적 의미를 갖는 관형사 용법이 가장 전형적인 것이다. 이에 반해 앞서 살펴본 '무슥'은 대명사적 용법이 주된 것이었다. 이를 근거로 한다면 중세어에서 변이관계에 놓였던 두 형태가 현대 고려말에서는 각각 대명사와 관형사로 갈려 쓰이기 시작한 것으로 보인다. 물론 이 변화는 완료되지 않아 두 형태의 쓰임이 겹치는 경우가 없지는 않으나 그 사용 빈도에 근거한다면 이러한 변화의 방향을 예상할 수 있다.

'무스'의 용법은 몇 가지로 나누어 볼 수 있다. 첫째는 대명사로서 쓰인 경우인데, 의문사와 부정사로 각각 쓰인다. (26가)는 '무실하-'에 포함된 '무스'가 의문사로 쓰인 경우로서 '무실하-'의 '무실'은 '무스 일'이 축약된 형이다[11]. (26나)는 부정사로 쓰인 경우이다.

(26)
가. 정말 어떤 적에느 가마:이 눕어서 아:때 일이랑 가마:이 생각하무 <u>무실하느라구</u> 늙었는가! (웃음) 야 <u>무실하구</u> 이렇게 늙었는가::구.{정말 어떤 때에는 가만히 누워서 아이 때의 일을 생각하면 무얼 하느라고 늙었는가! (웃음) 야! 무엇을 하고 이렇게 늙었는가 하고.}

나. 그럴적에느 모다서 집이서 <u>무스</u> 유희르 노나 이런 게 없소.{그럴 적에는 모여서 집에서 무슨 유희를 놀거나 이런 것이 없소.}

---

11) 곽충구 교수가 준비 중인 동북방언과 중앙아시아 고려말의 방언사전 원고를 참조한 것이다.

'무스'는 경기 지역어의 '뭐'와 같이 담화표지로 쓰이면서 담화의 단절을 나타내기도 한다.

(27)
그저 부지르 하는 거 뉘 친척덜이 가져오무 그 집이서 <u>무스</u> 보태 쓰라구 쌀두 가져오구 무슨 지름두 가져오구 돈두 가져오구 이릏기 기래지 그저.{그저 부조를 하는 거 누구 친척들이 가져오면 그 집에서 뭐 보태 쓰라고 쌀도 가져오고 무슨 기름도 가져오고 돈도 가져오고 이렇게 그러지 그저.}

또한 고려말의 '무스'는 '무시기'나 '무스그'처럼 사물을 나열할 때 흔히 나타난다.

(28)
가. 그전에느 믜시기 벨게 없다나이 책자~이랑 <u>무스</u> 이 쩨뜨라지(тетра дь)랑 그전에느 이거 다 싸재이오? 그러다나 다 그런 것두 주구.{그전에는 무슨 별 것이 없다 보니 책장(冊張)이랑 무슨 이 공책이랑 그전에는 그거 다 사잖소? 그렇다 보니 다 그런 것도 주고.}

나. 이상집이 우리 마약에 우리집이라 하녜녜느 내 어마이: 동새이나 헤~이나 <u>무스</u> 어마이 삼추이나 아바이 뻬대짝에 이런. 기램 이런 술평재두, 남자덜이 잇으무 술평재두 가지구 가구.{손윗분이 우리, 만약에 우리집이라 하면 내 어머니 동생이나 형이나 무슨 어머니 삼촌이나 할아버지 혈족 쪽에 이런 (것을 가지고 가지). 그럼 이런 술병도, 남자들이 있으면 술병도 가지고 가고.}

다. 그담에느 야~ <u>무스</u> 오월단위구 <u>무스</u> 취셱이구 한식구 이거 그러지 이 초패일은 없어졌단 말이오.{그 다음에는 응 무슨 오월 단오고 무슨 추석이고 한식이고 이걸 쇠었지 이 초파일은 없어졌단 말이오}

라. 기래던게 그담부터느 어저느 그 씨 차차차차 없어지메 고려 그런 게 <u>무스</u> 조이구 피나지구 <u>무스 이런 게</u> 없어졌념. (중략) 찰조이구 찰지재~이구 <u>무스 이런 그런 게</u> 싹 잇었지. 기랜게 시자느 어전 없어.{그러던 것이 그 다음부터는 이제는 그 (재래종) 씨가 차차차차 없어지며 한국의

그런 것이 뭐 조고 피고 뭐 이런 것이 없어졌지. (중략) 차조고 찰기장이고 무슨 이런 그런 것이 싹 있었지. 그러던 것이 지금은 이제 없어.}

마. 어떤 사름우느 <u>무슨</u> 괴기두 가져오구 <u>무스</u> 여러 가지 이런 거랑 야. 아, 시자~으느 그저 이 도~이지. 시자~으느 그저 돈으 가져오지.{어떤 사람은 고기도 가져오고 뭐 여러 가지 이런 거랑 응. 아, 지금은 돈이지. 지금은 그저 돈을 가져오지.}

바. 어드메 그런 데 곳간에 걸어놓구 쩌:두 먹구 <u>무스</u> 굽어두 먹구 정말 물고긴지 내 이릏기 채나게 먹어 먹었짐. 음.{어디 그런 데 곳간에 걸어 놓고 쪄서도 먹고 무슨 구워도 먹고 정말 물고기는 아주 이렇게 신물나게 먹어, 먹었지 뭐.}

사. 구럭달깃날으느 아침이네네느 야~ 밥우 하는게 서르 여러 가지 쌀으, 지장쌀두 여구 입쌀두 여구 <u>무스</u> 피낟쌀두 여구 이래. 여러:가지 밥우 하오.{'구럭달깃날'은 아침이면 응 밥을 하는데 서로 여러 가지 쌀을, 기장쌀도 넣고 입쌀도 넣고 무슨 핍쌀도 넣고 이렇게. 여러 가지 (쌀로) 밥을 하오.}

아. 구런 잣:이랑. 잣:이랑, 깨애미랑. 그담에 여르매두 여름에느 <u>무스</u> 달기두 잇지. 거기 벨란 여르매 다아 잇지.{그런 잣이랑. 잣이랑, 개암. 그 다음에 열매도 여름에는 무슨 딸기도 있지. 거기 별난 열매 다 있지.}

(28)의 나열 구문에서 '무스'는 나열 항목의 앞에 나타난다. (28가)-(28다)는 나열의 토씨 '이랑', '이나', '이구'가 쓰여 명사를 나열하는 예이고 (28라)-(28마)는 나열 항목 뒤에 아우르는 표현이 오는 경우이다. 한편 (28바)-(28아)는 절이 나열되는 경우라 하겠다. 나열 항목이 여럿일 때, '무스'는 각 항목의 맨 앞에 나타날 수 있지만, 실제는 일부의 나열 항목 앞에 오는 수가 일반적이다. 그리고 나열 항목을 아우르는 표현도 하나의 나열 항목처럼 생각하여 (28라)-(28마)처럼 그 앞에 '무스'가 오기도 한다.

(28마)를 보면 선행의 나열 항목에 '무슨'이 쓰였고 뒤의 아우르는 항목에는 '무스'가 쓰였는데, 이로 보면 '무스'와 '무슨'이 거의 같은 기능으로 쓰이고 있음을 알 수 있다. '무시기'나 '무스그'도 나열 구문에서 같은 기

능을 수행한다는 사실은 3.1에서 언급한 바 있다. 다만 '무시기'는 명사를 나열할 때 사용되었으나 '무스그'는 절이 나열될 때만 사용된 예가 확인 되었다. 이런 점을 제외하면 같은 말할이가 나열 구문에서 '무스'와 '무시기/무스그'를 수의적으로 사용하고 있는 셈이다. '무스'가 주로 관형어로 쓰이고 '무슥'이 주로 대명사로 쓰이는 점을 고려하면, 담화표지로 쓰이는 '무스'는 표준어의 '무슨', 담화표지 '무시기/무스그'는 표준어의 '뭐'에 각 각 대응시킬 수 있을 것이다.

'무스'가 담화적 기능을 수행할 때, '무스기', '무스게' 등과 함께 쓰이 는 수가 있다. 이것은 이들이 모두 같은 담화표지로서 기능하기 때문이다. 예 (29)가 이를 보여 준다.

(29)
가. 그래서 나느 어저느 야~ 무스 아들이랑 무시게 다아 죽구 독산으르 어전 언영 가야 되는게, 기래두 살아서 댕기다나이.{그래서 나는 이제 는 응 뭐 아들이랑 뭐 다 죽고 북망산으로 이제는 얼른 가야 되는 것이, 그래 도 살아서 다니다 보니.}
나. 임석두 임석두 무스 찰떡두 만들구 기지떡두 만들구 무스거 이래 채 쉬두 만들구 이룋기 기래구서.{음식도, 음식도 뭐 찰떡도 만들고 증편도 만들고 뭐 이렇게 반찬도 만들고 이렇게 그러고서.}

'무스'는 반말의 씨끝 '-지' 뒤에 나타나 발화를 완곡하게 만드는 효과 를 낳기도 한다. 이것은 경기 지역어의 담화표지 '뭐'가 담당했던 기능이 기도 하다. '-지' 뒤의 '무스'는 '무'로 줄어들기도 하고 더 나아가 'ㅁ'으 로 줄어 '-지'와 결합한 '-짐' 형이 흔히 쓰인다. 따라서 이런 경우의 '무 스'는 경기 지역어의 '뭐'에 완전히 대응한다.

(30)

가. 그담에 감제랑 그런 건 이룽기 먹지 무스.{그 다음에 감자랑 그런 건 이
렇게 먹지 뭐.}

나. 거기 윈도오느 어우! 고기 새나서 못 먹지 무.{거기 원동은 어우! 고기
신물이 나서 못 먹지 뭐.}

다. 기래 그 씨 어전 다아 없어졌짐.{그래 그 씨가 이제는 다 없어졌지.}

고려말의 '무스'는 주로 관형사로 쓰였다. 따라서 이 '무스'가 담화표지
로 쓰일 때에는 표준어의 '무슨'에 대응시킬 수 있을 것이다. 발화의 단절
이나 나열 구문에 쓰일 때의 '무스'가 특히 그러하다. 반말의 씨끝 '-지'
뒤에 나타나 말할이의 완곡한 발화 태도를 표현하는 경우 고려말은 '무
스' 외에 '무슨'이 쓰이기도 하나(예 43 참조), 표준어에서는 '무슨'이 불가
능하고 '뭐'만 가능하다. 따라서 이런 환경의 '무스'와 '무슨'은 모두 표준
어의 '뭐'에 대응하는 셈이다. '무스'에는 담화의 진행을 돕는 기능과 말
할이의 심리를 드러내는 기능이 있으므로 '무슥'보다는 담화표지로서의
기능이 더 다양한 편이다.

3.3 '무스거'

고려말의 '무스거'는 중세어 '므스것'에서 /ㅅ/이 탈락한 형으로서 표준
어 '무엇'과 기원을 같이 한다. '무스거'는 의문사와 부정사로 쓰이는데
(31)이 이를 보여 준다. 여기서 흥미로운 것은 '무스거'가 주로 목적어로
쓰이며, 주어나 지정사 앞에서는 결코 나타나지 않는다는 점이다. 그 자리
에는 '무시기'가 쓰이기 때문이다. 그렇다면 목적어 위치에서 '무스거'와
'무스그'는 수의적인 변이 관계에 있는 셈이다. 그러나 공동격토씨 '가'
앞에서 '무스거' 또는 '무스것'이 쓰이므로(곽충구 2009) 이런 경우는 '무스
그'와 변별된다.

(31)

가. 상깁이라는 게 <u>므스거</u> 주겠소?{상급이라는 게 뭐 주겠소?}

나. 묵으느 <u>무스거</u> 가지구 하는가나이 에떠(это) 그 녹디, 야 긔게 녹디 앙궘이 많소.{묵은 뭐 가지고 하는가 하면 음 녹두, 녹두가 앙금이 많소}

다. 남에게 눼게 <u>무스거</u> 달란 말으 아이하구{남에게 누구에게 무엇을 달란 말은 안 하고.}

라. 그래 가지무 그거 매달아서 이런 거 지슴매구 <u>무스거</u> 어찌는 건 내 다 해야 된단 말이{그래 가지면 거기에 매달려서 이런 거 김을 매고 뭐 어찌하는 것은 내가 다 해야 된단 말이오}

'무스거'는 역행대용의 선행사로 쓰이기도 하는데, 이때는 '이'나 '그' 등 지시어를 포함한 후행어가 오는 수가 많다.

(32)

꿀까치기느 낭그 이릏기 앞두짝 이 까란다시(карандаш)처르 앞두쩍이 다아 이런 게지. 기래 그 어간에 <u>무스거 이런 거</u> 놓구 이거 놓지. 걔 내 이거 치지. 쳐서 이게 서무 가메 그 몽치르 치녜느 기게 어디가 먼 데가 떨어지는 거지.{자치기는 나무를 이렇게 앞뒤쪽이, 이 연필처럼 앞뒤쪽이 다 이런 것이지. 그래 그 사이에 뭐 이런 것을 놓고 이거 놓지. 그래 내가 이거 치지. 쳐서 이게 서면 가며 메뚜기를 치면 그게 그게 어디 가 먼 데 가서 떨어지는 거지.}

예 (32)의 '무스거'는 두 가지 해석이 가능하다. 첫째는 담화표지로서 뒤 따르는 '이런 거'를 발화하기 위한 메움말의 구실을 한다고 보는 해석이 다. 둘째는 역행대용의 선행사로서 후행어 '이런 거'와 동지시 관계를 맺 는다는 해석이다. 이때에는 물론 대명사이다. 이 역행대용은 일반적인 역 행대용과 달리 선행사와 후행사가 인접해 나타난다는 점이 특징이다. 또 한 일반적인 역행대용에서는 '이, 그, 저' 등의 지시어가 포함된 표현이 선 행사 역할을 하는 수가 많은데 여기서는 오히려 '무스거'에 대한 후행사로 나타난다는 점이 특이하다. 그러나 상대적으로 '무스거'에 비해 '이런 거'

의 지시가 더 구체적이므로 역행대용의 일반적 의미 관계를 따르는 것은 분명하다. 이런 역행대용의 구성에서 '무스거'는 목적어로 기능하고 있다.

'무스거'에 대해 역행대용의 선행사와 담화표지의 두 가지 해석이 가능하지만 기실 이 두 해석은 하나로 통합될 수 있다. 애초 역행대용의 선행사는 뒷말이 바로 생각나지 않아 일단 부정칭의 대명사나 지시어를 포함한 선행사를 발화한 뒤 이어서 구체적인 지시물을 발화하는 통사적 구성이다. 그러므로 이러한 역행대용의 성격상 그 선행사는 담화상의 메움말이 될 수밖에 없다. 따라서 역행대용의 선행사와 메움말로서의 담화표지는 단지 관점을 달리한 것일 뿐이다. 통사적 측면에서는 역행대용, 담화적 측면에서는 메움말로 보기 때문이다. 이러한 성격의 역행대용은 아래 예 (33)에서도 다수 확인된다.

(33)

가. 야~. 기래단 기래다나이 그런거 물색으 <u>무스거 이런 거</u> 입더란 말이오 싹 다.{응. 그렇다 보니 그런 거 물감을 (들인) 뭐 이런 거 입더란 말이오 싹 다.}

나. 기래 그저 껍질 바르구 그래, 고기사 머, 먹을만하지. 산에서 풀이구 <u>무스거 여러 가지 그런 거</u> 먹다나이.{그래 그저 껍질 바르고 그래, 고기야 뭐 먹을 만하지. 산에서 풀이고 뭐 여러 가지 그런 것을 먹고 보니.}

다. 음 빨리 <u>무스거 잡술 거</u> 이 쌀 사람덜은 싸라구.{음 빨리 무엇을 먹을 것을 살 사람은 사라고.}

라. 그래 그 후에 그 <u>무스거 내가 물는거</u> 다아 내 말했짐.{그래 그 후에 그 뭐 나에게 묻는 거 다 내가 말했지 뭐.}

마. 가메서 <u>무스거 잡술게랑 무스거 그런 게</u>랑 통 기래서 기래.{가면서 무슨 먹을 것이랑 무슨 그런 거랑 모두 그렇게 준비를 하지.}

바. 긔램 식뇨랑 내 곡석으 <u>무스거 그런 거</u> 일년 거 쩛어무 숫거, 그 밥 해서 거기다 쓸 거 싹 딸루 주머이 샛하얀 거 고거 고래 저어서 거기다 옇어서 딸루 둔단 말이오.{그럼 식량을 내가 곡식을 뭐 그런 거 일년 농사지은 것을 쩛으면 숫것, 그것을 가지고 밥을 해서 거기다 쓸 거 싹 따

로 주머니 새하얀 거 고거 고래 지어서 거기다 (그 쌀을) 넣어서 따로 둔단 말이오.}

위의 (33다)는 선행사가 '무스거', 후행사가 '잡술 거'로서 지시어 '이' 나 '그'가 없이 바로 구체적인 지시물이 뒤따랐다. 실제 역행대용에서는 이런 후행사가 일반적이다. (33라)의 경우도 마찬가지이다. (33마)에서 첫 번째 '무스거'는 두 가지로 해석할 수 있다. 첫째는 후행하는 동사 '잡수' 의 목적어일 가능성이고, 다른 하나는 '잡술 게'와 역행대용의 관계를 이루면서 선행사로 기능할 가능성이다. 여기서는 아마도 후자로 해석하는 것이 자연스러울 것 같은데, 그렇다면 이 경우는 역행대용의 후행사가 지시어 없는 것과 지시어 있는 것의 두 종류가 함께 나타나 (가)-(나) 유형과 (다)-(라) 유형이 공존하는 제 삼의 유형에 해당한다고 할 수 있다. (33)에서도 '무스거'는 모두 목적어로 기능한다. (33바)의 밑줄 친 '무스거 그런 거'와 '일년 거'는 모두 선행 발화인 '곡석으'의 의미 내용을 고쳐 말하면서 한정하는 경우이다(이기갑 2014). 이때 '무스거 그런 거'는 역행대용 어의 선행사와 후행사 관계를 이루고, 이것은 다시 뒤따르는 '일년 거'의 선행사로 기능하며 '일년 거'는 이들 복합적인 선행사의 후행사로서 선행 사의 의미 내용을 구체화하고 있다. '일년 거'를 바로 말하지 않는 대신 '무스거 그런거'로써 뒤에 올 말을 생각할 시간을 버는 효과를 갖기 위함 이다. 여기서도 '무스거'는 후행하는 동사 '찧다'의 목적어로 기능한다.

'무스거'와 '그런 거'의 순서가 바뀐 경우도 있다.

(34)
새여~ 새여~ 새~여~ 생영, 새여~ 즘승 잡우라 생여~. 원동서느 산으로 초~오 메구 어 <u>그런 거 무스거</u> 잡울라 가짐. 음. 잡울라.{사냥, 사냥, 사냥, 사냥, 사냥 짐승 잡으러 사냥. 원동에서는 산으로 총을 메고 어 그런 거 무엇을 잡으러 가지 뭐. 잡으러.}

(34)에서 '그런 거'와 '무스거'는 모두 사냥감을 가리키는 것이지만, 실제 발화에서는 불분명한 지시물을 가리키고 있다. 형식적으로 본다면 '그런 거'가 선행사, '무스거'가 후행사로서 역행대용 관계를 이룬다고 할 수 있다.

'무스거'는 나열 구문에 쓰이기도 한다.

(35)

가. 임석두 임석두 무스 찰떡두 만들구 기지떡두 만들구 <u>무스거</u> 이래 채쉬두 만들구 이룽기 기래구서.{음식도, 음식도 뭐 찰떡도 만들고 증편도 만들고 뭐 이렇게 반찬도 만들고 이렇게 하고 쇠지.}

나. 낭그, 낭그 열매구 <u>무스거</u> 낭그 껍지구 벨거 다 먹구 그저 쥐처르 벨거 다아 먹는다오.{나무의, 나무의 열매고 뭐 나무의 껍질이고 별거 다 먹고 그저 쥐처럼 별거 다 먹는다오.}

(35)에서 '무스거'는 여러 항목을 나열하는 과정에 나타나고 있다. 이런 경우의 '무스거'는 목적어로 기능한다고 할 수 없으니, 순전히 담화적인 기능만을 하는 셈이다. 앞에서 '무스기', '무스그', '무스'가 나열 구문에 오는 경우를 살핀 바 있는데, '무스거' 역시 같은 기능을 하므로 이 역시 담화표지로 쓰인 예라 하겠다.

다음은 모두 발화의 단절을 초래하는 담화표지의 기능을 하는 예이다.

(36)

가. 가슬이무 봄에느 없, 동, 가슬이 어저느 고렬르 딸루 시월이 지나가무 그담에는 어저느새~여~으 댕긴단 말이오. 음. 무스거. <u>기래서느 무스거</u> 껍데기랑 뼈께서 말리워서 국가 다 가져다 댄단 말이오.{가을이면 봄에는 없, 동(겨울), 가을이 이제 고려와는 달리 시월이 지나가면 그 다음에는 이젠 사냥을 다닌단 말이오. 음. 뭐. 그래서 뭐 껍데기(짐승의 가죽)를 말려서 국가에다 가져다 댄단 말이오.}

나. <u>기래서 무스거</u> 재빌르 힘이 세, 무겁아서 못 가질 건 말게다가 쳐서 그래서 가지구 네레와 그 술게다 싫어 놓.{그래서 뭐 자기 스스로 힘이

세, 무거워서 못 가질 것은 말에 다 지워서 가지고 내려와 그 수레에다 실어
놓지.}
다. 어쩨 한:갑 임석으 어쩌재이오? 빨리 기별하라구. 음:. 채비르 하라구
채비르 <u>무스거</u> 도~이랑 보내.{어쩨 환갑 음식을 어쩌하잖소? 빨리 기별
하라고. 음. (환갑 잔치) 준비를 하라고 준비를 뭐 돈이랑 보내.}
라. 그러재잉구! 그래서 아이 그거 어트기 하무 내 살아야 되갯다 하메서
느 무스거 어트기 하나 먹을 <u>무스거</u> 궁리르 해야지.{그렇고 말고! 그래
서 아니 어떻게 하면 내 살아야 되겠다 하면서는 무엇을 어떻게 하나 먹을
무슨 궁리를 해야 하지.}

(36가)-(36나)는 접속부사 다음에 '무스거'가 쓰인 경우로서 새로운 정보를
발화하기 위한 예비 발화의 성격을 갖는다. (36다) 역시 새로운 정보를 위
한 단절의 '무스거'라 할 수 있다. (36라)는 '먹을 궁리' 사이에 '무스거'가
놓인 것이므로 단순히 부정사로 쓰였다 할 수도 있고, 아니면 '먹을'과 '궁
리' 사이에 단절을 부여하기 위해 쓰인 담화표지로 해석할 수도 있다.

다음의 '무스거'는 '왜'의 의미를 지닌 채 부사적으로 쓰이는 경우이다.
아마도 '무스거'의 의문사적 용법에서 파생된 것으로 보인다.

(37)
사람이 <u>무시거</u> 저르 오라 하는가, 무스거 어찌 어드르 가는가.{사람이 왜
저를 오라고 하는가 아니면 어찌 어디로 가는가.}

지금까지 기술한 것 가운데 '무스거'가 담화표지로 사용된 경우는 나열
구문에 사용된 경우(예 35)와 발화의 단절을 초래하는 경우(예 36)가 전형적
이다. (32)-(34)는 역행대용의 선행사로 쓰인 것인데, 관점을 달리하면 메
움말의 담화표지로 해석할 수 있는 경우이다.

3.4 '무슨'

　고려말의 의문관형사 '무슨'(또는 '무승')의 용법은 표준어의 '무슨'과 크게 다르지 않다. 아래 (38)에서 (가)-(나)는 의문사, (다)-(라)는 부정사의 예이다.

(38)

가. 더 <u>무슨</u> 얘기할 게 잇어!{더 무슨 얘기할 것이 있어!}

나. 리갠게 야 <u>무슨</u> 리갠거 모르오. 리연복이. 야~.{이(李)가 인데 응 무슨 이(李)가인지 모르오. 리연복. 응.}

다. 기래 아 아무리 <u>무슨</u> 장난으 살차게 장난으 해애두 이래지, "자알 깔딱 다치지 말라구. 아아덜이 맘:대르 자라야 된다구.{그래 아무리 무슨 장난을 짓궂게 장난을 해도 이러지, "저 아이를 조금도 건드리지 말라고 아이들이 마음대로 자라야 된다고.}

라. 그담에느 무승 고렷사름 식해라는 것두 하구. <u>무슨</u> 벨란 그 임석으 그 구 고렷사름운 다 하지 머, 야~.{그 다음에는 무슨 고려 사람은 식해(食醢)라는 것도 하고 무슨 별난 그 음식을 그 그 고려 사람은 다 하지 뭐, 응.}

　부정사로 쓰이는 경우, 역행대용으로 볼 만한 구성에 쓰이는 수가 있다. 예 (39)에서 '무슨'은 뒤따르는 관형어를 대신하는 역행대용이라 할 수 있는데, 관점에 따라 메움말로 볼 수도 있다.

(39)

가. 거저 이 그럴 쉬 없소. 그저 무흘르 그저 지나갈 쉬야 없소. 조끔 <u>무슨 그런</u> 게 잇을 기오.{그저 이 그럴 수 없소 그저 무효(無效)로 그저 지나갈 수야 없소. 조금 무슨 그런 것이 있을 것이오.}

나. 버슷이랑 나무 그런 거느 먹지. 버슷이나 낭게 게[꺼]. 그러나 그 낭 그 가지구서느 <u>무슨 그런</u> 임석은 아이 하오, 음.{버섯이랑 나면 그런 것은 먹지. 버섯이나 나무엣거. 그러나 그 나무 (자체를) 가지고서는 무슨 그런 음식은 안 하오 음.}

다. 어없소! 거저 그집우루 어 친척이 잇으무 설:래 늙으이덜 잇는 집우
느 <u>무슨</u> 잡술게랑은 가지구 가오.{없소! 그 집으로 어 친척이 있으면 설
이라서 늙은이들 있는 집은 무슨 잡술 것은 가지고 가오.}

라. 거저 이릏기 쁘로또(просто) 이런 게지. 이런 <u>무슨</u> 너르구 솔구 이런
게 없구 거저, 거저.{그저 이렇게 보통 이런 것이지. 이런 뭐 너르고 솔고
이런 것이 없고 그저, 그저.}

마. 그래구 또 핵교르 댕기구 집우르 오구: 그저 이릏기. 기래 다른 일은
<u>무슨</u> 힘든 일이라는 그때 나이 어리다나이 아무 일두 아이했:짐.{그리
고 또 학교를 다니고 집으로 오고 그저 이렇게 (살았지). 그래 다른 일은 무
슨 힘든 일은 그때 나이가 어리다 보니 아무 일도 안 했지 뭐.}

바. 그 숭년에 삼십삼년도 숭년에 굶어 죽을 적에 노시아사름덜은 <u>무슨</u>
<u>어떤</u> 거 먹어시무 좋은 거 모르다나이 굶어 죽은 게 많구,{그 흉년에
1933년도 흉년에 굶어 죽을 적에 러시아 사람들은 무슨 어떤 거 먹었으면 좋
을지 모르고 보니 굶어 죽은 것이 많고}

'무슨'은 나열 구문에도 쓰인다.

(40)

가. 기래 고렷사름덜은 그전에 차조이 거저 그런 조이: <u>무슨</u> 피나지: 이
런 거 싱궈.{그래 고려 사람들은 그전에 차조 그저 그런 조 무슨 피 이런
거 심어.}

나. 그런거 글쎄 기렴이랑 돌아오무 설:이나 고례설 <u>무슨</u> 보름:: 이럴 적
에느 이상양반덜이 잇으무{그런 거 글쎄 기념일이 돌아오면 설이나 고려
설 무슨 보름 이럴 때에는 윗분들이 있으면}

다. 그담에 거기다 감지 갈기나 <u>무슨</u> 언감제 갈기나 쌀갈기랑 조꿈 옇어
서 그래서 그런게랑 먹구서 살았지.{그 다음에 거기다 감자 가루나 무슨
언 감자 가루나 쌀가루를 조끔 넣어서 그래서 그런 게랑 먹고서 살았지.

라. 개두 고렛사름덜은 내 <u>무슨</u> 낭그 껍데기구 풀이구 그런 거 먹을 줄
하다나이 살아났지.{그래도 고려 사람들은 내가 무슨 나무의 껍데기고 풀
이고 그런 것을 먹을 줄 알고 보니 살아났지.}

마. 찰조이구 찰지재~이구 <u>무슨</u> 이런 거 싱궈서 고려에 그런 거 게 어전

씨 다아 없어졌지.{차조이고 찰기장이고 무슨 이런 것을 심어서 (먹고 살았
는데) 고려의 그런 씨가 다 이제는 씨가 없어졌지.}

바. 어떤 사름우느 <u>무슨</u> 괴기두 가져오구 무스 여러 가지 이런 거랑 야.
아, 시자~으느 그저 이 도~이지. 시자~으느 그저 돈은 가져오지. 그
전에 그렇게.{어떤 사람은 무슨 고기도 가져오고 뭐 여러 가지 이런 거랑
응. 아, 지금은 돈이지. 지금은 그저 돈을 가져오지. 그전에 그렇게 (했지만).}

사. 없어 그런 게. 그저 부지르 하는 거 녜 친척덜이 가져오무 그 집에서
무스 보태 쓰라구 쌀두 가져오구 <u>무슨</u> 지름두 가져오구 돈두 가져오
구 이롷기 기래지 그저.{없어 그런 게. 그저 부조를 하는 거 누구 친척들
이 가져오면 그 집에서 무슨 보태 쓰라고 쌀도 가져오고 무슨 기름도 가져오
고 돈도 가져오고 이렇게 그러지 그저.}

아. 그래 그 적에 설: 보름꺼지 설: 보름꺼지 엿:이두 달이구 찰떡두 하구
<u>무슨</u> 여러 가지 증편두 내 하구 그래구서리{그래 그 때에 설 보름까지
엿도 달이고 찰떡도 하고 무슨 여러 가지 증편도 내 하고 그러고서}

예 (40)에서 (가)-(마)는 명사의 나열, (바)-(아)는 절의 나열이라 할 수 있는
데, 두 경우에 모두 '무슨'이 쓰였다. 나열 구문에 오는 담화표지로 앞에
서 우리는 '무스기', '무스그', '무스', '무스거' 등을 든 바 있었는데 여기
에 '무슨'을 추가할 수 있을 것이다.

아래의 예 (41)은 고쳐 말하기(repair)의 구문인데 이때에도 '무슨'이 쓰
인다.

(41)

가. 야~ 없어. 그전에 우리 나이 어릴 적에 노인덜께서 이게 들은 말이
지. <u>시장으느 무슨 시장</u> 젊운 아덜은 아무것두 그런.{응 없어. 그전에
우리 나이 어릴 적에 노인들에게서 이게 들은 말이지. 지금은 무슨 지금 젊
은 아이들은 아무것도 그런 (것에 대해 모르지).}

나. 기애 그담엔 마우재덜 언바르 가 살메서리 그저 <u>그때느 무슨 안죽으
느</u> 그런 거 베울 예사이 없구.{그래 그 다음에는 러시아 사람들이 사는
근처로 가 살면서 그저 그때는 뭐 아직은 그런 거 배울 예산이 없고.}

다. 긔래구서는 누(Hy) 동네 다 모다서 이 적간두 하구. 기랴구 그 담에
삼년새~이 지나가무 어저느 산으로 <u>한 해 세 번 무슨, 아, 한식이무
아침이라지, 단위무 점슴이라지 취석은 제녁이라지</u>. 기랴 한 해애 세
번으 거기 진지랑 떠가자구 이러구 산으로 가지.{그러고서는 정말 동네
사람 다 모아서 대접도 하고 그리고 그 삼년상이 지나가면 이제는 산으로
한 해 세 번, 뭐, 아, 한식이면 아침이라지, 단오면 점심이라지, 추석은 저녁
이라지. 그래 한 해에 세 번 거기 가 메를 떠 가지고 이러고 산으로 가지.}

(41가)의 밑줄 친 '시장으느'를 '시장 젊은 아덜은'으로 고쳐 말하는 과
정에 '무슨'이 쓰였고, (41나)는 '그때느'를 '안죽으느'로 바꿔 말하면서 역
시 '무슨'이 쓰였다. (41다)는 '한 해 세 번'의 구체적인 내용을 설명하는
과정에 '무슨'이 쓰였다. 이들은 모두 선행 표현을 한정하거나 다른 의미
를 갖거나 아니면 선행 표현을 부연하는 후행 표현으로 바꿔 발화되는 과
정에 '무슨'이 나타난 예인데, 이런 고쳐 말하기에는 '무슨' 외에도 '이제',
'아니' 등의 다양한 담화표지가 오는 것이 흔하다. 따라서 이런 고쳐 말하
기 과정에 나타나는 '무슨'은 전형적인 담화표지인 셈이다.

예 (42)도 모두 '무슨'이 담화표지로 기능하는 경우이다. 특히 (42가)-(42
라)는 명사 대신 용언이 뒤따르고 있어 '무슨'이 통사적 제약에서 완전히
자유로운 모습을 보여 준다. 또한 (42마)-(42바)는 '무슨'이 발화 맨 뒤에
나타나 '별것이 아님'과 같은 말할이의 마음 상태를 드러내고 있다. 그렇
다면 (42)의 '무슨'은 들을이의 믿음이나 생각을 부정하거나, 앞뒤의 발화
가 대단하지 않거나 별것이 아니라는 점 등 말할이의 심리를 부각시키는
기능을 한다고 할 수 있다. 이런 점을 고려하면 담화표지로 쓰이더라도
고려말의 '무슨'이 표준말의 '무슨'에 비해 훨씬 사용 범위가 넓다는 사실
을 알 수 있다.

(42)

가. 그전에느 <u>무슨</u> 어찌갯소 깨지 못하다나이, 무슨 다른 그런 게.{그전에
는 뭐 어쩌하겠소 깨지 못하고 보니, 무슨 다른 그런 놀이가 없는데.}

나. <u>무슨</u> 그리 헐히 오갰소?{어떻게 그렇게 쉽게 오겠소?}

다. 이 그런거 농촌에서 살메 <u>무슨</u> 보지 못하다나~이 이런 놀옴우. 그담
에 낭그 깎아서 꿀깨치기라는 거 하지. 꿀깨치기 야~.{이 그런 거 농
촌에서 살며 뭐 보지 못하고 보니 이런 놀이를 (했지). 그 다음에 나무를 깎
아서 자치기라는 것을 하지. 자치기 응.}

라. 그 <u>무슨</u> 고롷기 못 되게 영. 나느 정말 아덜 자래와두 그렇기 아푸게
쳐 못 밧스.{그 무슨 고롷게 못 되게 아주. 나는 정말 아이들 길러도 그렇게
아프게 쳐 보지 못했소}

마. 그저 재미잇는게 그저 핵교 가 그저 글으 이르구 노는 게 그 <u>무슨</u> 그
저. 아이, 내 그래 재이오? 그 애[а?] 슈, 그전에느 이그라(игра)라는
게 없어 그 매치르 가지구 랍뚜르 놀구 꿀깨치기르 하구 이런 거 그
저 놀았지 무 그저.{그저 재미있는 게 그저 학교에 가 그저 공부를 하고 노
는 것이지. 그 무슨 그저 그렇지. 아, 내가 그러잖소? 그, 아, 그전에는 놀이라
는 것이 (별다른) 놀이가 없어서 그 공을 가지고 '랍뚜' 놀이를 하고 자치기
를 하고 이런 것을 하고 놀았지 뭐 그저.}

바. 똥돌이, 그래 똥돌이 <u>무슨</u> (웃음) 야아! 정말. 그래.{똥돌이, 그래 똥돌이
뭐 (웃음) 야! 정말. 그래.}

한편 반말의 씨끝 '-지' 뒤에 '무슨'이 나타나는 경우가 많다. 이런 경우
의 '무슨'은 말할이가 자신의 발화를 부드럽게 만드는 화용적 효과를 갖
는데, 경기 지역어에서는 이 자리에 '뭐'가 쓰였다. 고려말에서는 같은 환
경에서 '무스'가 쓰일 수 있다는 점은 앞에서 언급한 바 있다.

(43)

가. 그저 핵교르 댕기구 그저 거기서 그전에 아아때느 슥딱슥딱 하구 시
장 아덜처로 이짝집 우루 가구 저짝집우루 가구 이런 게랑 <u>없었지</u>
<u>무슨</u>. 그랬단 말이오.{그저 학교를 다니고 그저 거기서 그전에 아이 때는

** 하고 지금 아이들처럼 이쪽 집으로 가고 저쪽 집으로 가고 이런 것이 없었지 뭐. 그랬단 말이오.}

나. 그래 아들으 낳으이까더 우리 마마 재빌르 우리 어마이 그 간나르 본 냄펜에게 간나 서 이다나이 이게 나 벨게지 무슨. 아들이 그런 거 얻어보다나이 그거 벨개란 말이오.{그래 아들을 낳으니까 우리 어머니, 자기가, 우리 어머니 본 남편에게 계집아이가 셋이다 보니 이게(아들이) 나와 별난 것이지 뭐. 아들, 그런 걸 얻으니 그거 별난 것이란 말이오}

다. 마을이 그지 그전에 이 정말 이 이상 우즈벡딴에 야 조꼬만 이 베께 덜 저 초~이 잇재이오? 싹 고롱기 고롱기 이롱기 살았지 무슨 야.{마을이 그저 그전에 이 정말 이 이상 우즈베키스탄에 응 조끄만 우즈베크인들 촌(村)이 있잖소? 고롱기 고롱기 이렇게 살았지 뭐 응.}

라. 야, 금수이. 야 기랬지. 기랴구 우리네느 더어 달씨 더 글으 모 일겄지 무슨, 헹페이 못 돼서.{응, 금순이. 응 그랬지. 그리고 우리네는 두어 달씩 더 공부를 못했지 뭐, 형편이 못 되어서.}

마. 기래 그거 가지구 묵이두 하구. 고렛사름 임석하는데사 벨란 거 다하지 무슨 정말.{그래 그거 가지고 묵도 하고. 고려 사람들 음식을 하면야 별난 것을 다 하지 뭐 정말.}

반말의 씨끝 '-지' 뒤에 '무슨'과 '무스'가 나타나는데, '무스'는 '무'나 'ㅁ'으로 줄어들어 쓰인다. 곽충구(2009)만을 대상으로 하여 그 출현 빈도를 살펴보면, '-짐(140회) > -지 무(13회) > -지 무슨(9회) > -지 무스(1회)' 순이었다. 축약형의 출현 비율이 압도적으로 높고, 완형으로 나타날 때는 '무스'보다 '무슨'이 훨씬 높은 빈도를 보인다는 사실을 알 수 있다. 한편 이들 형태가 섞여 사용된 발화도 보인다.

(44)
야~ 그래 달기우무, 가슬에 그게 어느 때 뜯는 때 잇단 말이오 잘 아이 익으무 떫운 게 맛이 없지 무. 잘 익구야 맛이 잇짐. (중략) 먹는 건 재빌루 역 빠르무 벨개 다 잇었지 무슨. 그렇기 음.{응 그렇게 달리면, 가을에 그게 어느 때 따는 때가 있단 말이오 잘 안 익으면 떫은 것이 맛이 없지 뭐. 잘 익어야만 맛이

있지 뭐. (중략) 먹는 건 스스로 역빠르면 별게 다 있었지 뭐. 그렇게 (살았지) 음.}

'무슨'이 마침씨끝 '-지' 외에 '-소' 다음에도 나타나는 예가 글쓴이가 조사한 카자흐스탄 알마티 자료에서 확인된다.

(45)
야 농사르 거저. 그래 전쟁 무렴에 정재이 나다나이 농사르 해도 무스기 있소? 그저 뚜르두(러)다 조끔조끔 줘선 그래 살구살구 이랬지. 급 그배 낀 더 <u>없소 무슨</u>.{예. 농사를 그저. 그래 전쟁 무렵에 전쟁이 나다 보니까 농사를 해도 뭐가 있소? 그저 뚜르두다 조금 조금 주어서 그래 살고 살고 이랬지. 그 밖엔 더 없소 뭐.}

아래 예 (46)에서 '무슨'은 목적어로 해석되는 독특한 경우이다.

(46)
기름. 누(Hy) 음석이랑 해:놓구 <u>무슨</u> 잡아 기름 쇠지. 기름.{기념. 음, 음식 을 해 놓고 무얼 잡아서 기념을 쇠지. 기념.}

지금까지 기술한 '무슨'의 내용 가운데 담화표지로 볼 만한 것들은 나열 구문, 고쳐 말하기 구문 등에 나타나거나 대단하지 않음의 표명, 발화를 완곡하게 만들기, 상대의 생각이나 믿음의 부정 등의 기능을 수행하는 경 우들이다. 나열 구문, 고쳐 말하기 구문이 담화의 진행을 돕는 경우라면 대단하지 않음, 완곡하게 말함, 상대의 생각이나 믿음의 부정과 같은 것은 말할이의 심리를 드러내는 기능이다. 표준어에서도 '무슨'이 담화표지의 기능을 수행하지만, 고쳐 말하기의 경우 '뭐'가 주로 쓰이며 '무슨'은 잘 쓰이지 않는다. 마찬가지로 씨끝 '-지' 뒤에 나타나 발화를 완곡하게 만 들 때에도 표준어는 '뭐'를 사용한다. 이러한 점들을 감안하면 고려말의 '무슨'은 표준어에 비해 그 쓰임의 범위가 훨씬 넓다는 사실을 알 수 있다.

고려말 '무슨'의 이러한 넓은 쓰임은 '무슨'이 목적어로 쓰이는 예가 있다는 사실에서도 뒷받침된다. 앞에서 표준어의 '무슨'이 명사 앞에 오는 통사적 제약을 지키는 점에서 준담화표지의 성격을 갖는다는 점을 언급한 바 있다. 고려말의 '무슨' 역시 이러한 제약을 지키고 있지만, 표준어나 다른 방언의 '무슨'에 비해 (42)처럼 통사적으로 훨씬 자유로운 면을 보이므로 준담화표지에서 담화표지로의 이행 과정에 있다고 할 수 있다.

지금까지 기술한 고려말의 의문사 '무슥', '무스', '무스거', '무슨'의 담화 기능을 비교하면 아래의 표와 같다.

<표 1> 고려말 의문사의 담화적 용법 비교

기능	의문사	무슥	무스	무스거	무슨
발화의 진행	발화의 단절	○	○	○	○
	나열 구문	○	○	○	○
	고쳐 말하기	○	×	○	○
말할이의 심리	대단하지 않음	○	○(?)	×	○
	완곡한 발화	×	○	×	○

위 표에서 의문사는 크게 두 종류의 담화 기능을 수행한다. 발화의 진행 범주에는 '발화의 단절, 나열 구문, 고쳐 말하기' 등이 포함되고, 말할이의 심리 범주에는 '대단하지 않음, 완곡한 발화' 등이 포함된다.

<표 1>을 보면 '무스거'에는 말할이의 심리를 드러내는 기능이 없다. 이것은 주관화로의 문법화가 일어나지 않았기 때문이다. '무슥'은 대단하지 않음 또는 별것이 아님과 같은 화용적 의미를 갖고 있으나 이것이 말할이 자신의 발화를 완곡하게 만드는 기능으로 발전하지는 못했다. 이처럼 비록 사물 의문대명사나 의문관형사로 출발한 '무슥', '무스', '무스거', '무슨'이라 할지라도 담화 기능의 세세한 면에서는 약간의 차이를 보인다고 하겠다. 이것은 담화표지로의 문법화가 일어나는 속도나 방향이 다르기 때문일 것이다.

4. 요약

이 장에서 우리는 중앙아시아 고려말에서 의문대명사, 의문관형사로 쓰이는 '무슥', '무스', '무스거', '무슨'을 대상으로 각 대명사들이 의문사나 부정사 외에 담화표지로 사용되는 용법을 살펴봄으로써 담화 차원에서의 방언 분화 현상을 알아보려 하였다.

담화표지 '뭐'는 다양한 기능을 갖는데, 특히 경기도 방언의 구술발화 자료를 통해 ① 선행 발화와 후행 발화의 단절(새로운 정보를 도입하기 위한 예비 발화) ② 말할이의 발화를 완곡하게 함 ③ 상대의 믿음이나 생각을 부정, ④ 강조 등의 기능을 확인하였다. 그 밖에도 '뭐'는 불확실함, 머뭇거림, 별것이 아님 등을 나타내는 화용적 기능을 수행한다.

중앙아시아 고려말에서 사물을 나타내는 의문대명사로 '무슥', '무스', '무스거', 의문관형사로 '무슨'이 있다. '무슥', '무스', '무스거'는 중세어의 형태를 그대로 유지한 것이다. 중세어에서 '므슥'과 '므스'는 음운적 조건에 따라 교체되는 변이형태의 관계에 있었으나, 고려말에서 이 두 낱말은 각각 다른 낱말로 재구조화된 것으로 보인다. 특히 '무슥'은 아직도 대명사의 용법을 보이고 있지만, '무스'는 주로 관형사로 쓰여 차이를 드러낸다.

'무슥'이 담화표지로 쓰일 때에 '무스기'나 '무스그'처럼 곡용형을 보이는 수가 많다. 이는 표준어나 다른 방언과 달리 '무슥'이 형태적으로 완전히 동결되지 않았기 때문이다. 이것은 담화표지로의 문법화가 '무시기', '무스그'와 같은 준담화표지 단계를 거쳐 하나의 단일한 형태로 변화하는 과정에 있음을 말해 준다. 그러나 경우에 따라 그 변화가 완결되어 '무스그'가 독자적으로 담화적 기능을 하는 수가 있으니, 이때에는 형태가 동결되었다고 할 수 있다. 결국 현재의 고려말은 '무슥' 또는 '무스그'의 굳어진 형태로 담화표지 기능을 수행하기도 하지만, 대개의 경우는 '무시기'와

'무스그'의 곡용 형태로 담화적 기능을 수행하는, 준담화표지의 단계에 있다고 할 수 있다. '무스기'나 '무스그'가 준담화표지로 기능할 때는 새로운 정보를 발화하기 위한 예비발화, 나열 구문이나 고쳐 말하기 구문의 중간에 나타나는 등의 기능을 한다. 그 밖에 '별것이 아님'과 같은 말할이의 심리를 드러내는 화용적 의미을 나타내기도 한다.

'무스'는 고려말에서 주로 관형사로 쓰이는데, 담화표지로 쓰일 때에는 나열 구문이나 발화를 단절함으로써 새로운 정보를 도입하기 위한 예비 발화로 쓰이는 경우 등이다. 그 밖에 씨끝 '-지' 뒤에 나타나 말할이의 완곡함을 나타내기도 한다. 이런 완곡함의 표현은 표준어의 '뭐'가 담화표지로 쓰일 때 보이는 용법이기도 하다.

'무스거'는 중세어 '무스것'에서 발달한 형태로서 '무엇'의 선대형이다. 고려말에서 '무스거'는 역행대용의 선행사, 나열 구문, 발화의 단절을 통해 새로운 정보를 도입하기 위한 예비 발화로 쓰이고 있다. 그 밖에 '왜'의 의미로 쓰이는 용법이 더 있기도 하다. 다만 '무스거'는 말할이의 심리를 드러내는 기능이 없어 '무슥'이나 '무스'와는 차이를 보인다.

고려말에서 '무슨'은 표준어와 비슷하게 의문관형사와 담화표지로 쓰인다. 특히 담화표지로 쓰일 때 나열 구문, 고쳐 말하기 구문에 나타나 발화의 진행을 돕는다. 그 밖에 들을이의 믿음을 부정하거나 별것이 아니라는 등의 말할이의 심리를 나타내기도 한다. 별것이 아니라는 심리는 특히 씨끝 '-지' 뒤에 나타나 말할이의 발화를 완곡하게 만드는 기능을 하기도 한다. 이런 기능은 고려말의 '무스'가 수행하였던 기능이기도 한데, 이 점에서 '무스'와 '무슨'은 매우 유사하다고 하겠다. 이것은 아마도 고려말에서 '무스'가 주로 의문관형사로 쓰임으로써 '무슨'과 같은 기능을 하기 때문으로 보인다. 의문관형사로서의 유사한 형태가 확대되어 담화표지로서도 같은 기능을 갖게 되었던 것으로 추정된다.

8장 '그저'

부사 '그저'는 일상에서 흔히 접하는 낱말인데도 그 의미를 정확히 기술하기가 쉽지 않다. 한글학회편 『우리말큰사전』이나 국립국어원의 『표준국어대사전』에는 아래와 같은 여섯 가지의 뜻풀이가 제시되어 있다.

① 변함없이 이제까지.

　　예 비가 그저 내리고 있다.

② 다른 일은 하지 않고 그냥.

　　예 그는 그저 웃기만 했다.

③ ('그러하다' 따위와 함께 쓰여) 별로 신기한 일 없이.

　　예 그저 그렇습니다.

④ 어쨌든지 무조건.

　　예 그저 감사할 뿐입니다.

⑤ 특별한 목적이나 이유 없이.

　　예 그저 한번 해 본 말이다.

⑥ 아닌 게 아니라 과연. 남을 책망하거나 비난하는 뜻으로.

　　예 내 그저 그럴 줄 알았지.

위의 뜻풀이를 보면 여섯 가지의 뜻이 모두 제각각이다. 예를 들어 ①

의 '변함없이 이제까지'라는 뜻과 나머지 ②-⑥은 전혀 무관해서 마치 완전히 다른 낱말의 뜻풀이로 보이기까지 한다. 그러나 어떤 낱말의 의미가 이처럼 서로 무관한 것들로만 이루어질 수는 없다. 낱말의 의미란 기본의미에서 다의(polysemy)적 과정을 거쳐 다른 의미로 확대되어 쓰이는 것이 일반적이기 때문이다. 국어사전에 풀이된 뜻들이 서로 관련 없이 보이는 것은 문맥에 따라 달리 해석되는 '그저'의 성격이 그대로 반영된 탓이다. '그저'의 기본의미를 파악하지 못한 채 문맥에 따른 의미만을 나열하다 보면 이러한 결과를 초래하게 되는 것이다.

이 장에서 우리는 입말의 담화에 사용되는 '그저'의 용법을 기술하고자 한다. 대립적 구성에서 특정의 대립항을 선택하는 것을 '그저'의 기본 용법으로 규정하고, 이로부터 다양한 이차적 의미가 파생되는 것으로 가정한다. '그저'의 기본의미를 설정하는 일은 쉽지 않다. 일반적으로 구체적이며, 빈도가 높고 역사적으로 오래 지속된 의미를 기본의미로 삼는다. 그러나 여기에서처럼 역사적인 의미 변화가 아닌 공시적인 의미 체계 안에서 의미의 확대 현상을 다루는 경우는 반드시 역사적 증거를 기준으로 삼을 필요는 없다. 마치 음운론에서 기저형을 설정할 때, 역사와 무관하게 표면의 실현형을 도출하기에 가장 적합한 이론적 기저형을 설정하는 것처럼, 공시 의미론에서의 기본의미는 다양한 의미 등을 가장 적절하게 도출해 낼 수 있는 의미면 족한 것이다. 역사적 문헌을 보면 '그저'는 흔히 한자 只의 번역어로 쓰였다. 只가 '다만'의 뜻이니, 역사적으로는 '다만'이나 '오직' 등이 가장 일반적인 의미였던 셈이다. 그러나 여기에서는 이러한 역사적 사실을 무시하고, 순전히 공시적인 테두리 안에서 '그저'의 기본의미를 세우되, 그 기본의미를 '선행항과 비교하면서 선행항 대신 후행항을 선택함'으로 보고자 한다.

담화표지는 어휘적 의미를 지닌 부사나 대명사 등에서 문법화 과정을 거쳐 생겨나는 것이 일반적이다. 담화표지로 쓰이는 '그저' 역시 이러한 과정을 밟았다면 그 기본의미도 어휘적이어야 한다. 그러나 우리가 설정한 '선행항과 비교하면서 선행항 대신 후행항을 선택함'이라는 기본의미는 완전히 어휘적이라고는 할 수 없다. 그러나 약간의 추상성을 띤 기본의미라 할지라도 이로부터 화용적 함축이 파생될 수 있는 것은 전형적인 어휘적 의미와 마찬가지이다. 방언에 따라 '그저'는 이러한 기본의미나 화용적 의미를 넘어 담화의 진행을 돕는 기능이나 강조와 같은 말할이의 심리를 반영하는 형식적 용법으로 다시 확대되기도 하는데, 이러한 '그저'의 확대된 의미나 용법은 단순 부사에서 담화표지로 문법화된 결과이다1).

입말 담화에 쓰이는 '그저'의 용례를 살펴보면, 사람에 따라 또는 방언에 따라 그 사용 빈도나 양상이 다르다는 사실을 쉽게 알 수 있다. 여기서 개인차는 무시하더라도 방언적 차이는 결코 무시될 수 없다. 방언에 따라 '그저'의 사용 빈도가 현격하게 차이 난다면, 그 이유가 어떤 식으로든지 설명되어야 하기 때문이다. 이 장에서는 방언에 따른 '그저'의 사용 빈도 차이를 일차적으로 '그저'의 용법 차이로 설명하려 한다. '그저'의 사용 양상은 사용 빈도와 긴밀한 상관관계를 맺는다는 것이 이 장의 또 다른 가정인 것이다.

1. 담화 자료

'그저'의 용례를 확인할 수 있는 담화 자료는 몇 가지 종류가 있다. 우선 남한의 각 방언이 반영된 구술 담화 자료로 국립국어원의 『지역어 조사 사업 보고서』를 이용하였다. 2005년부터 2013년까지 해마다 간행된

---

1) 이기갑(2007a)에서는 '선행항과 비교하면서 선행항 대신 후행항을 선택함'이라는 추상성을 띤 기본의미 역시 담화적 기능으로 해석하였으나, '그저'가 애초부터 담화표지로 기능한다고 보기 어려우므로 이를 수정하여 여기서는 어휘적인 의미로 해석하고자 한다.

보고서는 남한의 각 도(道)에서 녹취한 구술 발화를 음운 차원에서 전사하여 싣고 있다(2010년 보고서 제외). 각각의 보고서는 4시간 정도 녹취된 담화 자료를 포함하고 있으므로, 각 도마다 적어도 32시간 이상의 구술발화 말뭉치(corpus)가 확보된 셈이다. 이 자료는 70대 이상의 노인 토박이가 해당 마을의 유래나 전통적인 생활 방식, 예를 들어 농사, 의생활, 식생활, 주거 생활 등에 대한 설명을 구술한 자료이므로, 형식적으로는 구술 담화(narrative discourse)이다. 구술은 대부분 한 사람이 행한 것이며, 경우에 따라 보조제보자가 일부 참여하기도 하였다.

이 밖에 중앙아시아 고려말의 담화도 분석의 자료로 이용하였다. 고려말의 자료는 글쓴이가 1999년 카자흐스탄의 알마타에서 조사한 것으로서 제보자는 리계옥(당시 82세), 신로사(당시 74세) 두 할머니다. 리계옥 할머니는 약 50여분 동안, 그리고 신로사 할머니는 3시간 정도의 담화가 전사되었는데, 전사는 국립국어원의 자료와 달리 형태소를 구분하여 이루어졌다. 이 역시 구술 담화에 속하고 그 내용은 주로 연해주에서 중앙아시아로 이주해 온 과정, 이후 중앙아시아에서의 생활상에 관한 것이다.

고려말은 중앙아시아에 살고 있는 고려 사람들의 말이다. 고려 사람들은 1860년대부터 궁핍을 피해 한반도에서 러시아 연해주 지방으로 옮겨와 살았던 우리 동포들을 말한다. 이들은 1937년 스탈린의 정책에 의해 카자흐스탄, 우즈베키스탄, 키르기스스탄 등지로 강제 이주를 당한 이래 80여 년의 세월을 이 지역에서 외따로 살아 왔다.

고려 사람들은 주로 함경도에서 건너왔기 때문에 이들의 말은 함경도 말이 기반을 이룬다. 그러나 러시아 땅에서 러시아말을 공용어로 쓰다 보니 발음이나 어휘에 러시아어의 영향을 받지 않을 수 없었다. 게다가 다른 방언과의 접촉 없이 오랜 세월을 지내면서 독자적인 언어 변화를 겪기도 하였다. 따라서 고려말은 애초의 함경도 말과는 여러 면에서 많이 달라진 것도 사실이다. 다만 문법의 측면에서는 러시아어의 영향을 받을 가능성이 별로 없으므로 함경도 방언과의 문법적 동질성은 긴 세월을 거쳤음에도 비교적 잘 유지되었다고 할 수 있다.

'그저'는 고려말뿐만 아니라 함경도나 평안도 방언에서도 그 쓰임이 매우 활발하다. 그러나 북한 지역 방언에 대한 직접적인 조사를 할 수 없는 상황에서 우리는 고려말의 양상이 함경도 방언에도 그대로 적용될 수 있을 것으로 추정하려고 한다. 그렇다면 우리는 '그저'를 통해 함경도 방언의 담화에 대한 간접적인 이해를 얻게 되는 셈이다.

2. '그저'의 사용 빈도

<표 1> '그저'의 사용 횟수(4시간의 담화 기준)

방언 / 그저	경기	강원	충북	충남	전북	전남	경북	경남	제주	고려말
사용 횟수	포천(5) 화성(1)	원주(11) 양양(62)	제천(9) 청원(7)	대전(8) 논산(0)	무주(6) 남원(1)	곡성(3) 진도(1)	청송(8) 상주(3)	창녕(1) 창원(0)	한경(5) 서귀포(102)	카자흐스탄 알마타(297)
사용 간격(분)	80	6.5	30	60	68.6	120	43.6	480	4.5	0.8

<표 1>은 고려말을 포함한 각 방언의 4시간 동안의 입말 담화에서 '그저'가 사용된 횟수를 보여 준다. 그리고 담화가 진행된 시간과 사용 횟수에 따라 '그저'의 사용 간격이 계산되었다. 남한의 경우 각 도(道)마다 두 지점을 골라, 한 지점 당 4시간씩 총 8시간 정도의 구술발화를 분석 대상으로 삼았으며, 이것의 평균을 내어 사용 간격을 계산한 것이다. 예를 들어 경기도의 경우, 포천 지역은 5회, 화성 지역은 1회 사용되었으므로 8시간 동안에 '그저'가 6회 사용된 셈이니, '그저'의 사용 간격은 80분으로 계산되었다. 고려말 역시 리계옥 할머니의 담화는 50분, 신로사 할머니의 담

화는 3시간 8분 지속되었으므로, 약 4시간 정도의 담화가 진행된 셈이다. 리계옥 할머니는 50분 동안 53회, 신로사 할머니는 3시간 8분 동안 244회 사용하였으니, '그저'의 사용 간격은 리계옥 할머니가 0.9분, 신로사 할머니는 0.8분마다 '그저'를 말한 셈이고, 이를 평균해서 0.8분이 사용 간격으로 제시되었다.

　<표 1>을 보면 제주도의 사정이 매우 특이함을 알 수 있다. 제주도라는 좁은 지역 안에서도 한경면과 서귀포는 엄청난 빈도의 차이를 보이기 때문이다. 그 차이가 너무도 크기 때문에 과연 어느 쪽이 제주도의 일반적인 경향인지를 이 두 자료만으로는 판단할 수가 없다. 그래서 이를 판가름하기 위해, 강영봉 교수가 2007년에 조사한 남제주군 표선면의 구술 자료를 참고하였다. 이 자료는 약 3시간 40여분 동안의 구술 담화를 전사한 것인데, 여기에서는 '그저'(제주방언으로는 '기자', '그자')가 58회 사용되었다. 58회는 남한의 내륙 지방만을 본다면 매우 높은 빈도인데, 이로 미루어 보면 제주도는 남한의 육지 지역과 달리 '그저'의 사용 빈도가 비교적 높은 지역으로 결론 내릴 수 있을 것이다. 결국 서귀포 자료에서 102회가 사용된 것이 제주방언의 일반적 경향이며, 한경면의 자료가 오히려 이례적인 경우인 셈이다[2]. 따라서 한경면의 자료를 개인어의 탓으로 돌린다면 제주도는 '그저'의 사용 빈도에서 함경도와 유사한 양상을 보인다고 할 수 있다.

　강원도의 원주와 양양에서도 상당한 차이가 발견된다. 강원도 양양은 영동에 속하면서 동해안을 따라 함경남도와 이어지는 점에서 영서 지방

---

2) 표선면과 서귀포는 남제주에 속하고 한경면이 북제주에 속하므로 '그저'가 남제주에서는 빈번하게 쓰이고 북제주에서는 드물게 쓰일 가능성을 생각해 볼 수 있다. 그러나 제주도와 같은 좁은 지역 안에서 과연 이러한 담화적 차원의 방언차가 있을지는 의문이다. 제주 대학의 강영봉 교수 역시 이 점에서 글쓴이와 같은 견해를 표명하였다. 한편 이기갑 (2007a)에서는 서귀포에서 '그저'가 101회 사용된 것으로 제시하였으나 다시 검토해 본 결과 102회로 최종 확인되었다.

인 원주와는 지역적 성격을 전혀 달리하는 곳이다. 영서 지방은 강원도 영동 지역보다는 오히려 경기도 지역과 비슷한 방언적 특색을 보이는 것으로 알려져 있다. 고려말이 함경도 방언을 기반으로 형성된 것이라면, 강원도 영동 지역어가 고려말과 가까운 양상을 보이는 것은 쉽게 수긍이 가는 일이다. 따라서 강원도 내에서 원주와 양양이 보이는 빈도 차이는 개인어가 아닌 방언적 차이로 해석되어야 한다.

    <표 1>에 나타난 '그저'의 사용 횟수를 크기에 따라 분류하면 아래와 같다. 강원도와 제주도는 두 지역의 평균을 낸 결과이다.

    (A) 0-9회 : 경기, 충북, 충남, 전북, 전남, 경북, 경남
    (B) 10-99회 : 강원(37회), 제주(54회)
    (C) 100회 이상 : 고려말(297회)

이 분류에서 확연히 알 수 있는 것은 고려말의 사용 빈도가 남한의 어느 방언보다도 압도적으로 높다는 점이다. 사용 간격을 보더라도 약 50초마다 '그저'를 사용하고 있으니 4시간의 발화 동안 단 한 차례도 '그저'를 사용하지 않았던 충남 논산이나 경남 창원과는 너무도 뚜렷하게 대조되는 양상이라 할 수 있다.

    고려말을 제외하고 남한에서 '그저'를 제일 많이 사용하는 방언은 강원도 양양과 제주 서귀포 지역어이다. 강원도 양양은 앞에서도 언급한 바와 같이 영동 지역에 속하면서 북으로는 함경남도와 이어진 곳이다. 따라서 이 지역이 남한의 다른 지역에 비해 상대적으로 '그저'를 자주 사용하는 이유는 쉽게 수긍이 간다. 또한 제주 지역은 함경도와 마찬가지로 한반도의 변두리에 위치하고 있는데, 이러한 지리적 특성이 '그저'의 사용 빈도에 영향을 미쳤을 가능성이 있다.

    강원도 양양과 제주도를 제외한 나머지 지역에서 '그저'가 사용되는 상

황을 살펴보면 지역에 따른 미세한 경향을 찾을 수 있다[3]. 대체로 한반도의 서쪽보다는 동쪽에서 '그저'가 더 빈번하게 사용된다. 충북, 경북, 그리고 강원도 영동은 남한의 서부에 속하는 경기, 충남, 전남북에 비해 상대적으로 '그저'의 사용 빈도가 높다. 이런 점에 비추어 보면 경남은 지역적으로 한반도의 동부에 위치하지만 결코 충북, 경북, 강원도 영동 지역의 양상과 같지 않은 셈이다. 이것은 다시 '그저'가 남쪽으로 내려올수록 드물게 사용된다는 사실을 암시하는 것이다. 경남은 비록 동부이지만 남부에 속하므로 '그저'가 별로 사용되지 않았던 것이다. 그렇다면 '그저'는 북쪽과 동쪽으로 갈수록 빈번하게 사용되는 셈이다. 한반도에서 북쪽과 동쪽을 겸한 가장 극단적인 곳은 함경도이다. 사실 함경도 방언은 고려말과 마찬가지로 '그저'의 사용 빈도가 매우 높다. 그러므로 '그저'는 함경도를 중심으로 하여 거리가 멀수록 그 사용 빈도가 낮아진다고 할 수 있는데, 함경도에서 멀어진다는 것은 결국 남쪽으로, 서쪽으로 가는 것을 의미하는 것이니, 이러한 지리적 분포는 남한의 각 방언에서 '그저'가 사용되는 실제 양상과 그대로 일치하는 것이다[4]. 다만 남북보다는 동서가 훨씬 중요한 변수로 작용한다. 왜냐하면 서부에 속하는 경기, 충남, 전남북 사이에서는 남북에 따른 '그저'의 빈도상의 차이가 별로 나타나지 않지만, 동부의 경우에는 남쪽으로 갈수록 '그저'가 덜 사용되는 경향이 뚜렷하기

---

3) 10회 이하의 빈도를 보이는 남한의 대부분의 지역에서 과연 의미 있는 경향을 찾을 수 있는지는 분명하지 않다. 그러나 5개 이상의 빈도를 보이는 지역이 대체로 경기, 강원, 경북 등 남한의 북부 지역임을 감안할 때, 이를 완전히 무시하기도 어려웠으므로, 이 점을 고려하여 '미세한 경향'이라는 표현을 썼다.

4) 이러한 경향을 역사적 변화의 결과로 해석할 수 있다. 담화표지 '그저'가 함경도 방언에서 처음 시작되었고 이러한 개신이 다른 지역으로 퍼져 나갔다고 생각할 수 있기 때문이다. 그러나 이러한 해석은 사실이 아니다. '그저'의 사용 빈도는 공시적인 것이고 역사적인 것이 아니다. 사실 '그저'의 사용 양상은 이와 기능이 유사한 '그만', '그냥'의 양상과 관련이 있다. '그저'와 '그냥'/'그만'의 사용 빈도는 반비례 관계에 있어서 '그저'가 많이 쓰이는 지역은 '그냥'/'그만'이 덜 쓰이고, 반대로 '그냥'/'그만'이 우세한 지역은 '그저'의 사용이 매우 낮기 때문이다. '그만'과 '그냥'에 대해서는 9장, 10장 참조

때문이다.

함경도 방언에 기반을 둔 고려말이 함경도 방언과 마찬가지로 '그저'를 빈번하게 사용하는 것은 지극히 자연스러운 일이다. 그러나 고려말의 높은 사용 빈도를 이러한 지역적 경향만으로 설명하는 것은 문제 해결의 끝이 아니다. '그저'가 무슨 이유로 지역적인 빈도 차이를 보이는지에 대한 본질적인 해명이 이루어지지 않았기 때문이다5). 이런 해명을 위해서는 '그저'의 용법에 대한 세밀한 검토가 우선 되어야 할 것이다.

3. '그저'의 용법

고려말과 다른 방언의 차이를 알아보기 위해 강원도 양양 지역어를 우선적으로 검토하고자 한다. <표 1>이 보여 주었듯이 남한의 대부분 지역에서는 '그저'의 사용 빈도가 매우 낮다. 이처럼 사용 빈도가 낮은 방언에서는 '그저'의 용법을 파악할 만한 충분한 용례를 확보하기 어렵다. 그래서 여기에서는 63회의 출현 횟수를 보이는 강원도 양양 지역어를 대상으로 하여 '그저'의 대략적인 쓰임새를 살펴보고자 한다.

---

5) 사용 빈도의 차이가 용법의 차이를 반영하는 또 다른 예로 조동사 '버리다'를 들 수 있다. 전라도 방언에서는 일상의 담화에서 조동사 '버리다'가 사용되는 빈도가 다른 방언에 비해 매우 높은데 그 이유는 '버리다'의 용법이 다르기 때문이다. 우선 전라도 방언의 '버리다'는 다른 방언과 달리 형용사에까지 넓혀 쓰이면서 그 의미도 동작의 완료뿐 아니라 말할이의 기대에 배치되는 뜻밖의 상황을 경험하였음을 뜻하기도 한다(예: 겁나게 추와 부네!). 이처럼 용법과 빈도는 상관관계를 맺는 것이 일반적이다.

3.1 강원도 양양 지역어의 '그저'

3.1.1 대립항의 선택

'그저'는 둘 이상의 대상이 대립하는 상황에서 후행의 대립항을 부각시켜 선택할 때 흔히 쓰인다. 풀어 말하면 '선행항과 비교하면서 선행항 대신 후행항을 선택'할 때 '그저'가 쓰이는 것이다. 우리는 이것을 '그저'의 기본의미로 삼고자 한다. 아래 예 (1)과 (2)가 이를 보여 준다.

> (1)
> @ 그면 거기서 성장하셔서서 거기서 <u>학교도 나오셔떼요?</u>{그러면 거기서 성
>   장하셔서서 거기서 학교도 나오셨데요?}
> # 하이꼬 머 거기 하이꼬 머 방동니 <u>하이꼬가 인나유</u> 머. 기양 <u>그저 한:</u>
>   <u>문 은:문 쪼끔</u> 인제 하러 댕게씨유, 그래유.{학교 뭐 거기 학교 뭐 방동리
>   학교가 있나요 뭐? 그냥 그저 한문 언문 조금 이제 하나 다녔어요. 그래요.}

> (2)
> @ 아, 그래요? 거 방아에는 밀로 찐는 그런 <u>밀방아도 이꼬,</u> 또 보릴 찔
>   보리방아도 이짜나요?{아 그래요? 그 방아에는 밀로 찧는 그런 밀방아도
>   있고 또 보리를 찧는 보리방아도 있잖아요?}
> # 밀방애는 우리가 <u>밀방애가 오구,</u> <u>그저 갈기 메또레다</u> 가러.{밀방아는
>   우리가 밀방아가 없고, 그저 가루 맷돌에다 갈아.}

예 (1)에서 조사자는 '학교를 다녔는지'를 묻고 있다. 이에 대해 제보자는 '학교가 없었다'는 사실을 언급한 뒤 '한문, 언문을 조금 배웠음'으로 답하였다. 따라서 '학교에 다님'과 '한문, 언문 조금 배움'의 두 사태가 명시적으로 대립되고 있음을 알 수 있다. 이때 대립되는 두 항의 의미적 관계가 동등한 것은 아니다. 선행항인 '학교에 다님'은 후행항 '한문, 언문 조금 배움'을 드러내기 위한 비교의 대상으로 기능하기 때문이다. (2)에서

도 조사자가 '밀방아를 사용하였는지'를 물은 데 대해 제보자는 밀방아 대신 '맷돌'을 사용하였음을 이야기하였다. 여기서 보듯이 '맷돌'에 대해 말할이가 '그저'를 사용한 것은 그 비교의 대상이 되는 '밀방아'에 비해 '맷돌'의 질이나 수준이 떨어지기 때문일 것이다. 이것은 결국 '그저'를 사용하기 위해서는 비교되는 항목이 전제되어야 함을 의미한다.

여기서 흥미로운 것은 대립되는 선행항의 부정이 중간에 개재된다는 사실이다. (1)에서는 '하이꾜가 인나유'로 발화되었지만 이 발화의 속뜻은 '학교가 없어서 다니지 못했음'을 의미한다. (2)도 마찬가지이다. 조사자가 '밀방아'의 존재를 확인하는 물음에 대해 제보자는 '밀방아가 없고' '맷돌'이 쓰였다고 답한다. 여기서도 '말방아'와 '맷돌'이 '밀방아가 없고'를 징검다리로 하여 대립하고 있는 것이다. 결국 대립하는 두 개의 항 P, Q, 그리고 P의 부정인 ~P의 세 항이 존재할 때, 담화의 진행은 흔히 아래의 (3)과 같은 순서로 이루어진다.

　　　(3) (P) → (~P) → 그저 Q

(3)에서 '그저'는 후행의 대립항 Q 앞에 나타나서 선행의 대립항 P를 부정하고 후행의 대립항 Q를 선택하는 기능을 수행한다. 예 (1)과 (2)에서 P, Q의 말할이가 각각 달랐지만, 반드시 그럴 필요는 없다. 한 사람이 대립의 두 항을 비교하면서 '그저'를 사용할 수도 있기 때문이다.

(3)의 진행에서 ~P가 명시적으로 나타나면 '그저'의 의미 해석은 부분적으로 잉여적일 수 있다. ~P가 있으므로 '그저'에 의해 선행의 대립항을 부정하는 기능은 군더더기일 뿐이기 때문이다. 그러나 이 경우에도 후행의 대립항 Q를 선택하는 기능은 여전히 작용하며, 오히려 선택의 기능이 두드러지게 느껴지기도 한다.

실제 입말의 담화에서 '그저'가 사용되는 예들을 살펴보면 대립항이 존재하는 담화가 언제나 P→~P→Q의 순으로 진행되는 것은 아니다. 순서가 바뀔 수도 있고, P, ~P 가운데 어느 하나가 명시되지 않을 수도 있다. P, ~P를 괄호 안에 넣은 것도 이 때문이다. ~P가 없이 쓰이면 두 개의 대립항이 단순히 대조되는 해석을 낳기도 한다. 예 (4)가 이런 경우이다.

(4)
그래 그걸 여지가니 맨저 봐가주구 그걸 인제 한푸니니 두:푸니니 그거 지리가 요마쿰씩 해가주구는 내 적썽에 만 쫌, 나는 <u>육푸늘</u> 머거야 되거 등요, 쏠개를. 그러치만 산:모는 보:통 <u>그저 스:푼 내:지 느:푼</u>.{그래 그걸 어지간히 먼저 봐가지고 그걸 이제 한 푼이니 두 푼이니 그것 길이가 이만큼씩 해가지고는 내 적성에 맞 좀 나는 육 푼을 먹어야 되거든요, 쏠개를. 그렇지만 산 모는 보통 그저 서 푼 내지 너 푼.}

3.1.2 '다른 것이 아니라'

'그저'는 선행의 대립항 P가 명시적으로 드러나지 않을 때도 쓰인다. 그럴 경우에 '그저'는 어떤 특정의 항을 부정하는 것이 아니라 선택 대상을 제외한 다른 모든 것을 부정하는 포괄적인 의미 해석을 얻게 된다. 즉 'P가 아니라' 대신 '특별한 것이 아니라' 또는 '다른 것이 아니라'와 같은 뜻으로 해석되는 것이다[6]. 예 (5)와 (6)을 보기로 하자.

(5)
요는 이게 이게 요기서 불르긴 <u>그저 압싸니라</u> 그래지요 뭐, 서림 압싼. {이는 이게 여기서 부르기는 그저 앞산이라 그러지요 뭐. 서림 앞산.}

(6)
@ 거 왜 조침녕꼬립니까?{그 왜 조침령골입니까?}

---

6) 이 해석은 국어사전의 여섯 가지 뜻풀이 가운데 ②에 해당하는 것이다.

그저 새:조짜라고 무슨 뜨시 뜨시 우린 모르지요. 왜: 조침녀~인지.{그
　저 새 죠(鳥)자라고 무슨 뜻이 뜻이 우리는 모르지요 왜 조침령인지.}

예 (5)에서 '그저'는 산 이름을 '앞산'이라고 부르는 데 특별한 이유가 없
음을 나타내며, (6)에서도 지명 '조침령골'에 '鳥'자를 쓴 이유에 특별한
것이 없음을 보이고 있다.

대립의 선행항이 없더라도 후행항이 복수일 때가 있다. 이런 경우는 복
수의 항목이 열거되는 것으로 해석되는데, 나열되는 항목이 제한되지 않고
개방되는 특징이 있다. 아래의 (7)-(9)가 이런 예들이다.

(7)

@ 화:저니면 어떠게 해씀니까?{화전이면 어떻게 했습니까?}

화:저는...(중략) 유몽미니나 항... 그니깐 사:라미 사능기 뭐 그기 매련
　상읍쪼 뭐. 그저 콩두 하구 옥쑤수, 메물 그저 그러케 해:가주구{화전
　은...(중략) 유목민이나 한 그러니깐 사람이 사는 것이 뭐 그것이 변변찮지요
　뭐. 그저 콩도 하고 옥수수, 메밀 그저 그렇게 해 가지고.}

(8)

@ 음 그러며는 도올잔치를 할때는 어떵거 머머 준비를 함니까?{음 그러
　면은 돌잔치를 할 때는 어떤 것 뭐 뭐 준비를 합니까?}

그저 머 어떤 때는 돈:두 노쿠 머머 연필두 노쿠 인제 그런다구, 기런
　데{그저 뭐 어떤 때는 돈도 놓고 뭐 뭐 연필도 놓고 이제 그런다고, 그런데}

(9)

@ 어떤닐 하셔써요?{어떤 일 하세요?}

낭그도 뭐 그양 이런 죽때기 가틍거 던제주구 그저 밀꾸루마도 밀:구{나
　무도 뭐 그냥 이런 죽데기 같은 것 던져 주고 그저 짐수레도 밀고}

(7)은 화전민의 생활이 그다지 변변하지 않았다는 것을 언급한 뒤, 이어

서 심었던 농작물을 나열하고 있다. 이때 나열되는 '콩, 옥수수, 메물' 등
은 단지 열거되는 항목일 뿐, 서로 대립적으로 해석되지 않는다. 이들은
모두 Q에 속하기 때문이다. (8)에서도 돌잔치에 준비하는 물건으로 '돈'과
'연필'을 들고 있을 뿐, 이들이 대조되거나 하찮은 물건으로 낮추어 판단
되지 않았다. (9)에서는 그 당시 하던 일을 열거하는데, 나무도 내던지고
짐수레도 밀고 하는 등의 행위들이 열거되고 있을 뿐, 이들이 서로 대립
되어 대조적으로 쓰이거나 변변찮은 일거리로 여겨지지 않았다. 이런 경
우 역시 모두 '다른 것이 아니라'의 해석이 적용되는 예라 할 수 있다.

3.1.3 부정적 함축

P와 Q가 대립을 보일 때, Q는 그 질이나 양에 있어 P보다 못한 경우가
대부분이다. 그래서 Q를 지배하는 '그저'는 부정적인 함축을 가질 때가
많다. 예를 들어 앞의 예 (1)에서 Q인 '한문, 언문을 조금 배움'은 선행항
P에 속하는 '학교를 다님'과 비교할 때 그 질이 낮은 것으로 평가된다. 예
(2)에서도 후행항 '맷돌'은 방아가 아니므로 제대로 곡식을 빻을 수가 없
는 점에서 선행항 '밀방아'에 비해 질이 떨어진다. 이처럼 '그저'는 질이
더 좋은 것을 생각할 수 있지만 실제에는 이에 못 미치는 선택이 이루어
졌음을 의미한다. 그러나 '그저'의 부정적 함축이 언제나 절대적인 가치가
낮은 경우만을 의미한다고 말할 수는 없다. 예 (4)에서 구술자는 쓸개를
'육 푼'을 먹어야 자기의 적성에 맞지만 산모는 일반적으로 '서 푼' 또는
'너 푼'을 먹는다고 말한다. 이때 산모가 먹는 양 '서 푼' 또는 '너 푼' 앞
에 '그저'가 나타나 있다. 이 경우의 '그저'는 산모가 먹는 양이 선행항인
'육 푼'에 비해 그 양이 적기 때문에 쓰인 것일 뿐, 산모가 먹는 양이 바
람직한 기대치에 못 미친다는 등의 절대적 가치를 기준으로 하여 쓰인 것
은 아니다. 오히려 산모라면 구술자보다 적은 '서 푼'이나 '너 푼'이 더 바

람직한 양이라 할 것이다. 따라서 (4)의 '그저'는 절대적인 기준에서 부정적이 아니라 선행항과 비교하여 그 양이 적다는 점에서 부정적이다. 달리 말하면 상대적인 부정이라 할 만하다. 그렇다면 예 (1), (2)의 '그저'는 절대적인 부정의 함축, (4)는 상대적인 부정의 함축을 갖는다고 말할 수 있다. 이 장에서 말하는 '부정적 함축'은 이처럼 절대적인 부정과 상대적인 부정을 아우르는 개념이다.

그러나 모든 대립적 구성에서 '그저'가 언제나 부정적인 함축을 갖는 것은 아니므로 상황에 따라 결정되는 수의적인 함축이라 할 수 있다. 예를 들어 '우리 아들은 제 방에서 게임만 하는데 딸은 그저 공부만 해'와 같은 문장에서 '그저'가 부각시키는 '공부'는 선행의 대립항 '게임'보다 절대적으로나 상대적인 기준에서 결코 부정적으로 판단되지 않기 때문이다.

'그저'가 부정적 함축을 가질 때는 일반적으로 두 개의 대립항을 필요로 한다. 그래야만 선행항과 비교하여 후행항이 부정적으로 판단될 수 있다. 그런데 경우에 따라 선행항이 없는 경우도 있다. 이럴 때에는 비교될 만한 선행항이 없기 때문에 후행항이 부정적인 함축을 갖기 위해서는 세상에서 통용되는 일반적 기준, 또는 말할이의 기대나 바람이 비교의 기준으로 선택될 수밖에 없다. 아래 예 (10)을 보기로 하자.

(10)
\# 잔친나래 인제 처빵가면 대:개 다 국쑤유.{잔칫날에 이제 첫 번 가면 대개 다 국수요.}

@ 어떵국쑤입니까?{어떤 국수입니까?}

\# 그저 메물국쑤. 그맘때는 그저 예를 드러서 지끔망큼 메무리 인나유? 그맘때 참 머 메미리 인나유?{그저 메밀국수. 그때는 그저 예를 들어서 지금만큼 메밀이 있나요? 그때 참 뭐 메밀이 있나요?}

(10)에서 '그저'가 수식하는 '메밀국수'는 다른 음식과 특별히 대립을 보이

지는 않지만, 변변치 못한 음식이라는 말할이의 판단이 포함되어 있다. 물론 예 (10)의 내용으로 미루어 보면 옛날에는 메밀이 지금처럼 흔한 곡물이 아니었으므로 옛날의 기준을 적용하면 '메밀국수'만으로도 훌륭한 음식이라고 생각할 수도 있을 것이다. 그러나 말할이가 여기서 '그저'를 사용한 것은 '메밀국수'에 대한 평가가 당시의 기준이 아니라 현대의 기준이기 때문이다. 오늘날의 일반적 상식에 비추어 볼 때, 잔치 음식으로서 '메밀국수'만을 준비한 것은 결코 내세울 수 없는 일이었다는 함축이 포함된 것이다. 그런데 이처럼 선행항이 없을 경우에는 3.1.2에서 설명한 바와 같이 '다른 것이 아니라'의 의미로도 해석이 가능하므로, 엄격히 말하면 (10)은 중의적인 문장이라 할 수 있다.

경우에 따라서는 '그저'가 갖는 부정적 함축이 통사적 구성에 아예 고정되기도 한다. 국어사전에서 '그러하다' 등과 어울려 쓰일 때에 나타난다고 기술한 의미가 바로 이것이다. 아래의 예 (11)-(12)에 쓰인 '그저'는 모두 고정된 부정적 함축을 내포한 것이다.

(11)
돈:두 벌:지두 모타구 <u>그저 그러케</u> 심녕가늘 하다 보니까{돈도 벌지도 못하고 그저 그렇게 십 년간을 하다 보니까.}

(12) <u>그저 어지간하믄</u>{그저 어지간하면}

위의 예 (11)은 '그렇다'와 함께 쓰인 '그저'인데, '그저 그렇다'는 거의 관용화되어 '변변치 않다'와 같은 부정적인 뜻을 나타낸다. (12)의 '그저'는 '어지간하다'에 앞서 있다. '어지간하다'는 정도나 형편이 말할이의 바람이나 기준에 크게 벗어나지 아니한 상태에 있음을 가리키나, 말할이의 바람이나 기준에 비해 썩 훌륭한 상태가 아니므로 이런 점에서 부정적이라 할 수 있다. 그래서 '그저 어지간하면'이라는 말 속에는 '말할이의 마음에는 안 차지만'이라는 의미가 내포된 것으로 해석되는 것이 보통이다[7]. 이처럼 '그저'가 특정한 표현과 결합하여 관용적으로 굳어져 쓰이게 되면, '그저'의 부정적 함축도 고정되어 더 이상 수의적인 해석이 아니라 필수적으로 얻어져야 할 함축으로 바뀐다. 비교 또는 대조의 선행항이 없다는 점에서는 공통이나, 관용화되어 중의적 해석을 허용하지 않는 점에서 (11), (12)는 (10)과 차이를 보인다.

그러나 '그저'가 갖는 이와 같은 부정적 함축은 '그저'의 독립된 의미로 볼 수는 없다. 이것은 어디까지나 '그저'의 기본의미에 동반되는 함축이기 때문이다[8]. 그뿐만 아니라 모든 기본의미가 부정적 함축을 갖는 것도 아니기 때문에 우리는 부정적 함축을 '그저'의 기본의미에 수반된 수의적 함축으로 해석하려고 한다.

3.1.4 강조

'그저'가 뒤따르는 표현을 강조하는 경우도 있다[9].

(13)
예저네는 <u>그저</u> 뭐 이 일려니믄, 우리집 우리집뜰두 <u>일녀니믄 열:뻐늘</u> 지내야되유. 매:달 제:사르 하다시피하니 그 베게뇨오? 자손드리 <u>그저 뭐 수타 마:느니까</u> 하루쩨에 음:복쑤르 마걸리 이러케 해:노면 한말씩 한 도~우씩 음:보쑤라 나가니 그기 뭐, 아유, 그래가주군.{예전에는 그저 뭐 이 일 년이면 우리집 우리집들도 일 년이면 열 번을 지내야 돼요. 매달 제사를

---

7) '그저 어지간하면'은 '나쁘지 않으면'과 같이 해석되면 부정적이라 할 수 없지만, 본문에서 설명한 대로 '욕심에는 차지 않지만'과 같이 일정한 기대에 못 미치는 의미로 해석될 경우 부정적이다.
8) 이기갑(2007a)에서는 '부정적 함축'을 '그저'의 독립된 의미로 해석하였으나 이는 잘못이다.
9) 굳이 포함시킨다면 국어사전의 용법 가운데 ④와 ⑥이 여기에 해당할 것이다.

하다시피 하니 그 배겨내요? 자손들이 그저 뭐 숱하게 많으니까 하루 저녁에 음
복 술을 막걸리 이렇게 해 놓으면 한 말씩 한 동이씩 음복 술이라 나가니 그것이
뭐 아유 그래가지고는,}

(14)
기어게 남능게 아플쩨: 아버미 <u>그저 주굴꼬생해:서</u> 그래두 그 아드리 쾌
히 이러나능거, 그 이상{기억에 남는 것이 아플 때 아범이 그저 죽을 고생해서
그래도 그 아들이 쾌히 일어는 것, 그 이상}

(13)은 제사를 많이 지냈던 옛 이야기의 일부인데, 이때 '그저'는 제사를
지냈던 횟수인 '일 년이면 열 번'과 '숱하게'를 강조하고 있다. '그저'가 부
정적인 함축을 가질 때는 말할이의 바람이나 예상에 비해 상대적으로 양
이 적음을 전제하였다. 그런데 예 (13)의 '그저'는 횟수가 아주 많음을 강
조하고 있어 이와는 다른 면을 보인다. (13)의 '그저'가 양을 강조한다면
(14)의 '그저'는 정도를 강조한다. 아들을 치료하기 위해 죽을 정도의 심한
고생을 겪었음을 '그저'는 강조하고 있는 것이다.

한편 '그저'는 제한적 의미를 갖는 토씨 '만'이나 '밖에' 등과 더불어 쓰
일 때 제한적 의미를 강조하기도 한다. 예 (15)와 (16)이 이런 경우이다.

(15)
아매도 머 그양, 그 양반드리야 봐께지만 그래두 우리 그러케 궁하분 그
러케 워나지 아은 사라미유. 그거 보믄 머 아~이 아~이 걸리능게 인나
유? <u>그저 원:진살만</u> 업쓰믄 되니까, 궁합.{아마도 뭐 그냥 그 양반들이 봤겠
지만 그래도 우리 그렇게 궁합은 그렇게 원하지 않는 사람이에요. 그것 보면 뭐
안 안 걸리는 것이 있나요? 그저 원진살만 없으면 되니까 궁합.}

(16)
그래 뭐 내무부 장:관꺼지 타구, 궁민운동 주~앙본부장까지 강원도 지사
꺼지 이러케 해:서 그러케 참. 이 뭐 타 봐야 거기 송요~이 인나요, 뭐?

그저 국까를 위해서 애:써따는 표시배께는 안 되더라구요, 그게.{그래 뭐 내무부장관까지 타고 국민운동중앙본부장까지 강원도 지사까지 이렇게 해서 그 렇게 참. 이 뭐 타 봐야 거기 소용이 있나요 뭐? 그저 국가를 위해서 애썼다는 표 시밖에는 안 되더라고요 그게.}

예 (15)에서는 결혼할 때 궁합을 심각하게 고려하지 않았던 이야기를 하 고 있다. 단지 '원진살'만 없으면 된다고 생각했기 때문이다. 이 경우에 쓰 인 '그저'는 다른 것은 별로 고려하지 않고 단지 원진살만 고려의 대상이 었음을 강조한다. (16)은 여러 종류의 포상을 수상하였지만 특별한 의미가 없었음을 회고하는 내용이다. 이 예의 '그저' 역시 상을 타는 행위가 다른 것이 아닌 단지 국가를 위해 애썼다는 표시에 불과함을 강조하고 있다.

'그저'가 후행의 표현을 강조하는 것은 단수의 항을 가질 때이다. 강조 란 두 개의 대립항 사이에서 맺어지는 상대적 의미가 아니라 독립적인 항 에 대한 말할이의 화용적 의미이기 때문이다. 복수가 아닌 독립적 항을 필요로 했던 시초의 용법은 '다른 것이 아니라'로 해석되는 경우였다. 그 렇다면 '그저'가 후행 표현을 강조하는 기능은 '다른 것이 아니라'의 이차 적 용법에서 발달한 것으로 보는 것이 합리적일 것 같다. '다른 것이 아닌 바로 이것'이라는 점에서 선택은 곧 선택되는 항을 두드러지게 하는 화용 적 효과를 가져오기 때문에 이 효과가 바로 강조로 해석되는 것이다. 그 렇다면 '강조'는 이차적 용법에서 파생된 삼차적 용법인 셈이다. 여기서 말하는 '강조'란 부정의 방향을 고집하지 않고 중립적으로 해석되는 강조 이다. (13)에서는 다수의 양을 강조하였던 것이 이를 반영한다.

'그저'가 갖는 '강조'의 기능은 그 의미 때문에 담화 속에서 생략하여도 발화자가 의도하는 의미의 전달에는 별다른 변화를 초래하지 않는다. 이 런 점에서 이 경우의 '그저'는 본래의 어휘적 의미를 잃고 '강조'라는 화 용적 의미로 전환되는 변화를 겪었다고 할 수 있다. '강조'는 담화를 연결 하는 기능에 속하지는 않으나 말할이의 심리를 반영하는 화용적 의미에 속한다. 그렇다면 생략 가능성과 화용적 의미를 근거로 '강조'의 '그저'를 담화표지의 일종으로 해석할 수 있을 것이다.

3.1.5 부연

'그저'가 어떤 표현을 수정하거나 부연 설명하는 데 쓰이는 수가 있다.

(17)
여그서두 저 인제 그 일번넘드리 <u>목, 그저 기차 철로미테 철로목</u>, 그거 여그서 전체 깨:끄덩요.{여기서도 저 이제 그 일본놈들이 목, 그저 기차 철로 밑에 철로목, 그거 여기서 전체 깼거든요.}

(18)
기양 <u>함: 짊어지구 그저 사람 하나 짊어지구</u> 가선 기양 드러가믄 하:머 {그냥 함 짊어지고 그저 사람 하나 짊어지고 가서는 그냥 들어가면 하면}

(19)
계 가대기에다가 인제 해가지구 살작살작해서 <u>두 마리가주</u> 그래믄 <u>그저 쇠 두: 바리</u> 사:람 하나면 논 받 다: 가러.{그래 가대기에다가 이제 해가지고 살짝 살짝 해서 두 마리 가지고 그러면 그저 소 두 마리, 사람 하나면 논 밭 다 갈아.}

(20)
@ 바~울 여페.{방울 옆에.}
\# <u>바~울, 그저 요량,</u> 그 저 소리지르는 사람, 그 사라미 인제 인젠 가자 그러면 눌러 그 우무레 드러서서 그래믄 일어나선{방울 그저 요령, 그 저 소리 지르는 사람, 그 사람이 이제 이제 가자 그러면 눌러 그 우물에 들어 서서 그러면 일어나서는}

(21)
@ 보통 논: 가는거는 언제쩍 함미까?{보통 논 가는 것은 언제 합니까?}

보메.{봄에.}

@ 보메: 하구요?{봄에 하고요?}

<u>보메 그저 머 보메가 가알지.</u>{봄에 그저 뭐 봄에 갈지.}

예 (17)-(21)은 모두 앞선 표현을 부연 설명하는 중간에 '그저'가 쓰인 경우이다. (17)에서는 '목'을 다시 '철로목'으로 바꾸어 정확하게 표현하기 위해 쓰였고, (18) 역시 선행 표현인 '함 짊어지구'를 부연하여 짊어지는 사람이 하나임을 말하는 데 '그저'가 쓰였다. (19)에서는 애초에 '소 두 마리'만을 이야기했다가 다시 이를 수정하여 '소 두 바리 사람 하나'로 고쳐 말하는데 '그저'가 사용된 것이다. (20)은 '방울'을 한자어인 '요령'(鐃鈴/搖鈴)으로 바꿔 말하는 데 '그저'가 쓰인 경우이고, (21)도 선행 표현인 '봄에'를 더 자세한 표현인 '봄에 갈지'로 바꿔 말하는 데 '그저'가 사용되었다.

  부연이란 어떤 표현 P를 보다 자세하고 명확한 표현 P'로 바꾸는 것을 말한다. 따라서 부연은 본질적으로 두 개의 표현을 요구한다. 그리고 선행항 P를 부정하고 후행항 P'를 선택하는 점에서 '그저'의 기본적인 용법인 '대립항의 선택' 기능과 궤를 같이 하는 용법이다. 다만 대립의 구성은 선행의 대립항 P를 완전히 부정하고 그 대안으로 제시된 새로운 대립항 Q를 선택하는 것이었지만, 부연은 P를 수정하여 더 자세하고 명확한 표현인 P'로 바꾸는 차이만 있을 뿐이다. 대립되는 P, Q는 의미적으로 모순되고 상보적인 관계를 이루지만, 부연 관계에 있는 P, P'는 수정되거나 의미적으로 확대된 관계라고 할 수 있다. 따라서 부연 관계에 있는 P' 곧 Q는 선행의 P에 비해 결코 부정적으로 평가되는 일은 없다. 그렇다면 부연 관계를 표시하는 '그저'의 기능은 담화의 연결 관계를 돕는 담화표지의 용법과 본질적으로 맥을 같이 하는 기능인 셈이다.

3.1.6 용법에 따른 사용 빈도

지금까지 우리는 '그저'의 기본의미를 대립하는 선행항을 부정하고 후행항을 선택하는 것으로 설정하고, 이로부터 세 가지의 의미가 파생되는 것으로 설명하였다. 그 변화의 방향을 고려하면 (22)처럼 나타낼 수 있을 것이다.

(22)
대립항의 선택 → ① 다른 것이 아니라 → 강조
               → ② 부연 표시

여기서 ①은 단수의 항만이 요구되는 용법으로 발전한 경우이고, ②는 복수의 대립항이 요구되는 용법이다. 기본적 용법인 '대립항의 선택'은 본시 복수의 대립항을 필요로 했었지만 변화 ①에서는 선행의 대립항 없이 쓰이는 구성이 가능하게 되었고, 이런 구성에서는 '대립항의 선택'이란 상대적 해석은 불가능하게 되었다. 따라서 '다른 것이 아니라'와 같은 절대적 해석만이 가능해졌고, 이로부터 강조와 같은 또 다른 의미가 파생되게 되었다.

②의 변화는 복수의 대립항을 그대로 유지한 채 다만 대립되는 항 사이의 의미적 관계만 바뀐 것이다. 기본적 용법에서 의미적으로 모순되거나 대립 관계를 이루었던 항들이 부연에서는 수정이나 의미적 보완 관계로 바뀌게 된 것이다. 그러므로 그 담화 구조는 변화하지 않고 의미적 관계만 변화를 입었다고 할 수 있다.

위의 변화에서 ①과 ②의 변화로 빚어진 '강조'와 '부연 표시'의 의미는 담화표지로 볼 만한 기능이라 할 수 있다. 반면 '대립항의 선택', '다른 것이 아니라'와 같은 의미는 생략되면 의미 변화에 영향을 미치므로 담화표지로 볼 수 없다[10].

지금까지 논의한 파생적 의미와 기본의미가 실제로 사용되는 빈도를 보이면 아래 <표 2>와 같다. <표 2>를 보면 '강조'와 '부연' 등 담화적 기능을 하는 용법의 빈도가 39%에 이름으로써 강원도 양양 지역어의 '그저'는 아직도 61% 정도의 용례가 어휘적 의미를 나타낸다고 할 수 있다. 담화표지로의 문법화가 전체 용례의 39%에서 확인되므로 이 지역어에서 담화표지로 쓰이는 '그저'의 용법은 결코 주된 용법이라 할 수 없다.

<표 2> '그저'의 출현 횟수 및 비율(강원도 양양)

	용법	출현 횟수	백분율(%)
어휘적 기능	대립항의 선택/ 다른 것이 아니라	38	61%
담화적 기능	강조/부연	24	39%

3.2 제주도 서귀포 지역어의 '그저'

제주도 서귀포 지역의 구술발화에서 '그저'는 '기자' 또는 '그자'로 실현되는데 4시간 동안의 구술발화에서 102회 사용되었다. 아래 (23)은 대조항의 선택에 해당하는 전형적인 예이다.

(23)
@1 물도 허여납디까? 물 무른.{말도 했었습니까? 말 말은.}
#2 무른.{말은.}
#1 무른 흐는데 나도 물도 질롸봣쭈마는 이 <u>쉐는 집찜마다 읻꼬 무른 기자</u>.{말은 하는데 나도 말도 키워봤지만 이 소는 집집마다 있고 말은 그저.}

---

10) 이기갑(2007a)에서는 '그저'의 모든 의미를 담화적 기능으로 해석하였으나 여기에서는 '강조'와 '부연'만을 담화적 기능으로 해석하였다. '생략 가능성'이 이러한 수정을 뒷받침하는 주요 근거가 되었다.

#1 집찜마다 으선.{집집마다 없어.}

#1 집찜마다 으성 혼 혼 삼십 가구에 혼 가구 아니믄 혼 오십 가구에 혼 가구 기자 건.{집집마다 없어서 한 한 삼십가구에 한 가구 아니면 한 오십 가구에 한 가구 그저 그것은.}

#1 소위 뭐라 홀까? 그 벨도로 기자 영 취미 가정 치는 데가 이서서 사름도 이서서.{소위 뭐라고 할까? 그 별도로 그저 이렇게 취미 가지고 치는 데가 있었어. 사람도 있었어.}

(23)은 제주도의 각 집에서 소와 말을 기르는 문제에 대한 담화이다. 소는 집집마다 길렀지만 말은 오십 가구에 한 가구 정도, 그것도 취미로나 길렀음을 이야기하고 있다. 이때 '그저'는 말의 경우에만 나타나는데 소와 말의 두 가지 가운데 말을 선택하는 경우를 가리키고 있는 것이다. 여기에는 부정적 함축이 얹혀 있는데 '그저'가 대조항을 선택하는 경우 주로 부정적인 대조항을 선택할 때 사용됨을 보여 준다.

그러나 '그저'가 항상 부정적인 대조항만을 선택하는 것이 아님을 아래 (24)가 보여 준다.

(24)

#2 아니우다.{아닙니다.}

#1 그 흐는 거슨 다 남자가 허단 이제 세 시대가 나나네 기자 메느리가?{그 하는 것은 다 남자가 하다가 이제 새 시대가 나니까 그저 며느리가.}

#2 믄딱 헤연.{모두 해서.}

#1 아랑 다 만드런 머.{알아서 다 만들어서 뭐.}

(24)는 제삿날 쇠고기나 돼지고기를 썰어서 굽고 꼬챙이에 꽂아 산적을 만드는 것을 이전에는 남자들이 하다가 요새는 며느리(여자)가 한다는 내용의 발화이다. 이때 사용된 '그저'는 두 개의 대조항 '남자'와 '며느리' 가운데 '며느리'를 선택하였음을 보여 준다. 이때 '며느리'에 특별한 부정

적 함축이 얹힌 것으로는 느껴지지 않기 때문에 이 경우는 중립적인 대조항의 선택을 나타내는 경우라 하겠다.

아래의 예 (25)는 대조항이 따로 설정되지 않아 '다른 것이 아니라' 정도의 의미로 해석되는 경우이다. 강원도 양양 지역어의 (5), (6)과 같은 경우이다.

(25)
#1 아하.{아하.}
@1 건 특별리 업꼬.{그것은 특별히 없고.}
#1 특벨히 이슨 거 답찌 아년디. 그기.{특별히 있는 것 같지는 않은데. 거기.}
#2 원통 원통 통물 통물 <u>기자 경만</u>.{원통 원통 통물 통물 그저 그렇게만.}

'대조항의 선택'과 '다른 것이 아니라'의 용법으로 '그저'가 쓰일 때 부정적 함축은 흔히 얹혀져 나타나지만 그것이 절대적인 조건이 아님은 앞에서 언급한 바 있다. 그러나 어떤 경우에는 오로지 '부정적 함축'만 드러나고 대조항의 선택이나 '다른 것이 아니라'의 의미가 느껴지지 않을 때가 있다. 앞에서도 '그저 그렇게'나 '그저 어지간하면'과 같은 굳어진 통사적 구성에서 부정의 고정적인 함축이 나타난다는 사실을 언급한 바 있는데, (26)에서도 이러한 고정적인 함축을 다시 확인할 수 있다.

(26)
가. 문체엔 헌 거슨 에 대문 아페 가서 간딴헌 그 거기도 제물 <u>기자 간딴허게</u> 올리곡 헤서 거기서 허는데.{문전제라고 한 것은 에 대문 앞에 가서 간단한 그 거기도 제물 그저 간단하게 올리고 해서 거기서 하는데.}
나. 경헤그네 경허영 하관 저 그 절차는 <u>기자 약씨그로</u> 다 허곡.{그렇게 해서 그렇게 해서 하관 저 그 절차는 그저 약식으로 다 하고.}

(26)에서 '그저'에 뒤따르는 '간단하게'와 '약식으로'는 모두 말할이가 부

정적으로 판단하는 표현이다. 이러한 표현 앞에 나타나는 '그저'는 이들
표현의 부정성을 강화시키는 효과를 보여 준다.

　제주의 서귀포 자료에서는 '대조항의 선택', '다른 것이 아니라'의 두
가지에 포함시키기 어려운 경우도 2회 나타난다.

(27)

가.

겐디 스삼사건 우리가 경 헐 무려베는 에 가을뜨러서 허막헫쭈 냥.{그
런데 사삼사건 우리가 그렇게 할 무렵에는 에 가을들어서 힘했지요}

그 헤 <u>그자</u> 슴어강 답딸허곡 심어강 족치곡 그런 사꺼는 막 처 막 발
쩐헤도.{그 해 그저 잡아가서 닦달하고 잡아가서 족치고 그런 사건은 막 처
막 발전해도.}

나.

상 싱그거드네 상 싱그민 벌써 조상니미 영호니 왕 안즌 걸로 셍각혜
서 상 싱그 건 절허게. 허연.{상 차리면 상 차리면 벌써 조상님이 영혼이
영혼이 와서 앉은 것으로 생각해서 상 차리면 절하자. 해서.}

경헨 요즈믄 예 상 <u>그자</u> 싱걷쩬 허민 흔 번 딱 자손드리 드러상 다 절
허는 거.{그렇게 해서 요즘은 예 상 그저 차렸다고 하면 한 번 딱 자손들이
드러서서 다 절하는 거.}

예 (27)에서 (가)는 '아무 이유 없이', (나)는 '지체 없이 바로' 정도로 해석
되는 경우로서 우리가 설정한 두 가지 용법에는 포함되지 않는 것이다.
혹시 '다른 것이 아니라'의 넓은 의미 영역 안에 포함시킬 수 있을지도 모
르나 우선은 독자적인 의미로 남겨 두기로 한다.

　제주도 서귀포 지역의 구술발화에서 '그저'의 용법에 따른 출현 비율을
보이면 다음의 <표 3>과 같다.

<표 3> '그저'의 출현 횟수 및 비율(제주 서귀포)

용법		횟수	백분율(%)
어휘적 기능	대조항 선택/ 다른 것이 아니라	100	98%
	아무 이유없이/ 지체없이 바로	2	2%

<표 3>이 보여 주듯이 제주 서귀포 지역의 구술발화에 나타난 '그저'의 용례 102개 가운데 100개는 '대조항의 선택', '다른 것이 아니라'의 두 가지 용법에 포함시킬 수 있는 것들이었고, 단지 2개만이 '아무 이유 없이', '지체 없이 바로' 정도의 독자적인 용법을 나타내었다. 그런데 이러한 용법은 담화의 진행을 돕는 담화표지의 기능과는 무관한 것이다. 그렇다면 서귀포 지역의 구술발화에서 비록 102 차례나 '그저'가 쓰였지만 이들은 아직까지 담화의 진행을 돕는 담화적 기능으로까지 확대되지는 못하였다고 말할 수 있다. 이 점에서 서귀포와 강원도 양양 지역의 차이가 드러난다. 양양 지역의 경우 '강조'나 '부연'과 같이 매우 형식적인 기능을 나타내는 경우가 39% 정도 확인된 반면 서귀포는 그러한 담화표지로서의 기능을 전혀 보여 주지 못한 것이다.

강원도 양양이나 제주 서귀포를 제외한 한반도 남부의 다른 지역에서도 비록 소수이지만 입말의 담화에서 '그저'를 확인할 수 있었다. 그러나 이들 지역은 워낙 사용 빈도가 낮아 '그저'가 담화표지로 굳어졌다고 말하기는 어렵다. 담화표지는 본질적으로 담화 안에서 높은 빈도를 보이는 표현이기 때문이다. 그렇다면 왜 이들 지역은 이토록 '그저'의 사용 비율이 낮은 것일까? 우리는 그 이유로서 지역마다 선호하는 표현이 다르다는 사실을 제기하려 한다. 적어도 제주의 서귀포나 그 밖의 지역에서는 '그저' 대신 다른 표현을 담화표지로 선호한 탓일 가능성이 크다는 것이다. 그리고 '그저'를 대신하는 가장 유력한 후보로서 '그냥'이나 '그만'을 들

고자 한다. '그저', '그냥', '그만'은 용법이나 지역적 분포에서 매우 밀접한 관계를 갖는데, 이에 대해서는 장을 달리하여 논의할 것이다.

3.3 고려말의 '그저'

3.3.1 양양 지역어와 같은 용법

중앙아시아 고려말에서 '그저'는 '그저' 또는 '거저'의 형태로 쓰이는데, 그 용법의 세세한 내용은 강원도 양양 지역어의 것과 크게 다르지 않다. 아래에서 (28)은 대립항의 선택, (29)는 '다른 것이 아니라', (30)은 부정적인 함축를 내포하는 경우, (31)은 부연의 환경에 쓰인 '그저'의 예를 보여 준다.

(28)

그 돈이 있었소. 싹 저 새울르 수부리 짓는 데르 돈 싹 가져갔소. 뽈로비나 재비 게 뽈로비나 그거 그 절반으ᄂ 거기 들꼬 절반으ᄂ <u>거저</u> 그 집으낭 짓는 데 들었지.{그 돈이 있었소. 싹 저 새로 수도를 짓는 데 돈 싹 가져갔소. 절반은 자기 것 절반 그것 그 절반은 그것 그 절반은 거기 들고 절반은 그저 그 집이랑 짓는 데 들었지.}

(29)

@ 그래가지구서 다 함경도에서 오셨나요? 그 아버지 어머니?

\# 아까 내 그러는 같읍데. 내 그거 잘 역사를. <u>거저 북조선 붕천 백골이라 합데.</u>{아까 내 그러는 것 같읍디다. 내 그거 잘 역사를 (모르오). 그저 북한 붕천 백골이라 합디다.}

(30)

삼십 오세 사십세 사십팔세 거 어안에느 복잽이 보냈소. 야, 거 담에느나 먹으니 <u>거저</u> (웃음) <u>그렇지</u>.{35살 40살 48살 그 때쯤에는 복잡하게 보냈소.

아, 그 다음에는 나이 먹으니 그저 그렇지.}

(31)

\# 그래 핵꼴르 왔지.{그래서 학교로 왔지.}

@ 사범학교?

\# 여 아, <u>아라파크 뜨리치꿀쓰 거저 사범핵교 뜨리치꿀쓰</u>저 마감으 꾸르
쓰서 읽었소.{노동학교 삼학년 그저 사범학교 삼학년 마지막 학년에서 공부
했소.}

3.3.2 고려말의 특유한 용법

3.3.2.1 강조

강원도 양양 지역어에서 '그저'가 양이나 정도를 강조하는 용법이 있었
다. 고려말에서도 이런 강조의 용법은 확인되는데, 특히 고려말은 훨씬 다
양한 환경에서 강조가 실현된다. 아래의 (32)-(34)가 강조를 나타내는 '그
저'의 예를 보여 준다.

(32)

<u>거저 인시또뜨 붙자무</u> 이레 띠시치 돌라르 내라. 곧에 천 돌라씩 물어라.
하나토 못 붙소.{그저 대학 붙자면 삼천 달러를 내라. 한 곳에 천 달러씩 물어
라. 하나도 못 붙소}

(33)

가. 주기는 <u>거저</u> 식사할 때마다 제 야~에 차게서르 먹고{주기는 그저 식
    사할 때마다 제 양에 차게 먹고}

나. 그르구 이 나발통에다가 <u>그저 깔드란</u> 말하지.{그리고 이 확성기에다 그
    저 자꾸 말하지.}

(32)는 조건을 강조하는 용법이다. 이 경우 '그저'는 뒤따르는 '인시또뜨'

가 아니라 술어인 '붙자무'를 수식하여 '붙으려고 하기만 하면' 또는 '붙기 위해서는'과 같이 조건을 강조한다. (33)은 횟수가 빈번함을 강조하는데 '그저'가 쓰이고 있다. 한편 아래 예 (34)는 부사 '싹'과 함께 쓰여 '조금도 남기지 않고 전부'와 같이 수를 강조하는데, 이런 예가 매우 흔하게 확인된다는 점이 고려말의 특징이다. 이것은 고려말에서 '그저'의 강조 기능이 매우 일반적임을 보여 주는 증거라 하겠다.

(34)

가. 오늘 날쌔 좋아서 무슨 야:들께낭 <u>거저 싹</u> 말하지.{오늘 날씨 좋아서 무슨 아이들에게랑 그저 싹 말하지.}

나. 딸린으 그거 <u>거저 싸</u> 그거 몰랐지.{스탈린은 그것 그저 싹 몰랐지.}

다. 아래 일꾼들이 고려사람들이 일본들이 쓰 이거 그런 쓰피온질 한다고 하이 <으흠> <u>거저 싹</u> 그랬소.{아래 일꾼들이 고려 사람들이 일본들이 이것 그런 간첩질 한다고 하니 그저 싹 그랬소.}

라. 그런데 <u>거저 싹</u> 까삭스딴으 까샷땅 싫길 때 우리 사램 못 사는 데로 온다 했소.{그런데 그저 싹 카자흐스탄 카자흐 땅 실려 올 때 우리 사람 못 사는 데로 온다고 했소.}

마. 그담에 <u>그저</u> 뽀드레아드(러) <u>싹</u> 죄 있던 없던 그저 다 죄에갔소.{그 다음에 그저 줄줄이 싹 죄 있든 없든 그저 다 붙들어갔소.}

(34)에서 보듯이 '그저'는 대부분 '싹'의 바로 앞에 나타나지만, (마)처럼 '뽀드레아드'(=줄줄이)와 같은 부사를 사이에 두고 '싹'과 어울리는 경우도 있다.

그런데 고려말은 '싹' 외에 '막'과 같은 부사와 어울려 쓰이는 수도 많다. '막'은 '마구 세차게' 또는 '아무렇게나 함부로'와 같은 뜻을 나타내는데, '그저'는 이처럼 '막'과 어울려 동작이 거칠고 함부로 일어나는 것을 강조하기도 한다.

(35)

가. 각 죄인처럼 똑 이런 바곤에다 <u>거저 막</u> 실어서 거저 딜에왔소.{단지
　　죄인처럼 꼭 이런 화물칸에다 그저 막 실어서 그저 들여왔소.}

나. 외국질이 이래놓길래 우리 외국으로 맘:대로 댕긴다. <u>그저 막</u> 찬:성하
　　는데.{외국으로 가는 길이 이렇게 놓여지기에 우리 외국으로 마음대로 다닌
　　다, 그저 막 찬성하는데}

다. <u>그저</u> 그전에 거 쇠랑 <u>막</u> 몰구 댕겼어.{그저 그전에 그 소랑 막 몰고 다녔어.}

또한 '그저'는 '딱'과 같은 부사와 함께 쓰여 정도를 강조하는 수도 있다.

(36)

<u>거저 딱</u> 자본국가 시방 계단으 넘어가오. 그래 아주 욕 바쁜 헹페~이요
우리.{그저 딱 자본국가 지금 계단을 넘어가오. 그래 아주 힘든 형편이오, 우리.}

이상에서 살펴본 바와 같이 고려말에서 '그저'의 강조하는 용법은 강원
도 양양 지역어에 비해 매우 다양하다. 적어도 양양 지역어에서는 '그저'
가 '싹', '막', '딱'과 같은 부사와 어울리는 예는 확인되지 않았는데, 고려
말에서는 이러한 용법이 매우 흔하게 나타나는 것이 특징이다. 그렇다면
고려말은 강원도 양양 지역어보다 강조의 외연이 넓다고 할 수 있다.

3.3.2.2 말버릇

그러나 무엇보다도 고려말의 '그저'가 양양 지역어로 대표되는 남한의
'그저'와 다른 것은 특별한 의미나 기능을 수행한다고 보기 어려운 경우
에 많이 쓰인다는 것이다. 아래 예 (37)이 이런 경우이다.

(37)

가. 그래놓이까나 그 깔집에다가 <u>그저</u> 고려사람 구둘으 놓재~이오?{그래
　　놓으니 그 갈대집에다 그저 고려 사람 구들을 놓잖소?}

나. 절 그런 거느 산에 들어가 싹 있드라구. 게 <u>그저</u> 한나 모두지 둘 모두지 마~이~ 없지. 그저 그렇게 가서 산에 들어가 위르 하드라우. {절 그런 것은 산에 들어가 싹 있더라고. 그래 그저 하나 모으지 둘 모으지 많이 없지. 그저 그렇게 가서 산에 들어가 참배하더라오.}

다. 긔래 거저 처잠엔 <u>거저</u> 그래 어시르 돕는 것처르 나가 일했지.{그래 그저 처음에는 그저 그래 부모를 돕는 것처럼 나가 일했지.}

라. 매미. 벌거지 그런 게 있소. 날아서 <u>그저</u> 저기르 가우. 정게서 날아가우 솔낭구.{매미 벌레 그런 것이 있소. 날아서 그저 저기로 가오. 저기에서 날아가오, 소나무.}

마. 꾸스네치구 아입데. 거저 눈꼬리 똑 삐진게 날개 요래 있는 게야~ 더 크지아~이우. 요만하게. 큰 기. 그런 게 그저 그게 운다 하무 <u>그저</u> 씨나다 우리네느 전봇줄에서 소리 나재~이오? 바램이 불면.{'꾸스 네치구' 아닙디다. 그저 눈꼬리 똑 튀어나온 것이 날개 이렇게 있는 것이 더 크잖소? 이만하게. 큰 것이. 그런 것이 그저 그것이 운다고 하면은 그저 쓰하고 우리들 전봇줄에서 소리 나잖소? 바람이 불면?}

바. 어드 모텐가 베르 싱군단게 어 비행기자~으서 내려서 들어가는 고 어간에 <u>그저</u> 베르 싱궜더구마.{어느 곳인가 벼를 심는다는 것이 비행장에 서 내려서 들어가는 그 근방에 그저 벼를 심었더구먼.}

위의 (37)은 '그저'의 구체적인 용법을 파악하기가 쉽지 않은 예들이다. (37가)는 고려 사람들은 집이라면 의당 구들을 놓는다는 뜻이므로 '그저' 는 '의당'이나 '무조건' 정도에 해당할까? (37나)는 북한을 방문했을 때 들은 북한의 절에 관한 이야기인데, 여기서 '그저'의 기능은 분명하지 않다. (37다)의 '그저'는 아마도 '단순히' 정도의 뜻일 것으로 짐작된다. 제보자가 나이 어린 시절 집단농장에서 일을 시작했는데, 처음에는 단순히 부모를 돕는 것처럼 그렇게 가벼운 일부터 시작했다는 내용이다. (37라)의 '그저'는 특별한 의미를 찾기 어렵다. 매미가 날아가는 동작을 설명하면서 '그저'가 '저기'라는 방향 앞에 쓰였기 때문이다. (37마)도 마찬가지로 특별한 의미를 찾기 어렵다. 매미가 울면 쓰하는 소리가 난다는 이야기를 하면서 '그저'가 쓰하는 소리라는 러시아말 '쓰나다' 앞에 사용되었기 때문이다. (37바)는 북한을 방문한 여행담을 이야기하는 내용인데, 비행장 부근에 벼를 심었다는 말을 하면서 '그저'를 사용하였다. 이 경우에도 기존의 용법으로는 해명이 되지 않는다.

이처럼 (37)에서 사용된 '그저'는 양양 지역어에서 설정한 여러 용법의 어느 것에도 포함시키기가 어려운 경우들이었다. 그렇다면 (37)의 '그저'는 양양 지역어에 없는 용법이거나 아니면 의미의 탈색화가 많이 일어나 거의 말버릇처럼 쓰이는 예라 할 수 있을 것이다. 이것은 결국 고려말의 '그저'가 양양 지역어에 비해 훨씬 다양한 용법의 확대 현상이 일어났음을 의미한다.

아래의 예 (38)은 '그저'가 한 문장 또는 이웃한 문장 안에서 여러 차례 사용된 경우들인데. 이것은 고려말에서 '그저'가 말버릇처럼 사용되고 있음을 말해 주는 또 다른 증거이다.

(38)

가. 야 그건 <u>거저</u> 헐이 어디든지. 아, 국자에다도 옇지 . <음> <u>그저</u> 암데 두 <u>그저</u> 기래 <음> 옇구야. <u>그저</u> 이 이 풀이 제리 좋은 기.{아, 그건 그저 쉽게 어디든지. 아, 국자에다가도 넣지. 그저 아무 데라도 그저 그래 넣고 아. 그저 이 풀이 제일 좋은 것이.}

나. 노시전에두 적다가나이 지금 어떻소? 돈이? 전체르 이런 돈은 보저 <u>그저</u> 딸라르 딸라르 <u>그저</u> 간 데마다 딸라르. 그래 어드멘 글쎄 다른 사람들은 많지만해두 나 같은 건 딸라르 어디서 귀거~하겠소?{노잣 돈도 적으니 지금 어떻소? 돈이? 전체가 이런 돈은 그저 달러를 달러를 그저 가는 데마다 달러. 그래 어느 곳에서는 글쎄 다른 사람들은 많지만 나 같은 것은 달러를 어디에서 구경하겠소?}

다. 그랜데 <u>그저</u> 낮이무 만나보지. <으흠> 아들으 그 상 이래 만나보오. 그래 그 사람들은 구거~을 맘대르 하지 우리보고 <음> <u>그저</u> 귀거하고 싶은대르 <u>그저</u> 아들이 그 조끄만 자전차르 차구 와서느 <음> 데리구 감스 다 귀거한답데.{그런데 그저 낮이면 만나 보지. 아들을 그 상

이렇게 만나보오. 그래 그 사람들은 구경을 마음대로 하지, 우리보다. 그저 구경하고 싶은 대로 그저 아들이 이 조그마한 자전거로 타고 와서는 데리고 가면서 다 구경한다고 하데요.}

라. 그 지금 로시아 설으느 야단나게 하오. 챙기오 야들이. <으흠> 아 싹 노시아 법을 해서 <u>그저</u> 젊은 것들도 <u>거저</u> 쓸어댕기미서르 그릏 게 잘 챙기미 그런 고려 설은 싹 잊어버리오 어전으.{그 지금 러시아 설은 요란하게 하오. 챙기오. 아이들이. 아, 싹 러시아 법을 해서 그저 젊은 것들도 그저 몰려다니면서 그렇게 잘 챙기면서 그런 고려 설은 싹 잊어버리오, 이젠.}

3.4 고려말과 양양 지역어의 비교

고려말에서 '그저'의 여러 가지 용법의 사용 비율을 정리하면 아래의 <표 4>와 같다. 여기서는 리계옥의 50분 담화와 신로사의 1시간 2분의 담화만을 대상으로 하였는데, 고려한 '그저'의 전체 용례는 150개이다.

<표 4> '그저'의 출현 횟수 및 비율(고려말)

	용법	리계옥	신로사	백분율	
어휘적 기능	대립항의 선택/ 다른 것이 아니라	21	46	45%	
담화적 기능	강조/부연	20	18	25%	55%
	말버릇	13	32	30%	

양양 지역어의 <표 2>와 고려말의 <표 4>를 비교하면 어휘적 기능으로 볼 만한 '대립항의 선택', '다른 것이 아니라'와 담화적 기능으로 해석할 수 있는 '강조', '부연', '말버릇'의 비율에서 상당한 차이를 보이는 것을 알 수 있다. 양양 지역어는 어휘적 기능과 담화적 기능의 상대적 비율이 61% : 39%로서 아직까지 어휘적 기능이 담화적 기능을 압도하고 있는 반

면, 고려말은 45% : 55%로서 담화적 기능이 전체의 절반을 넘어섰다. 특히 양양 지역어와 고려말에서 차이를 보이는 곳은 '말버릇'이라고 분류한 경우이다. 이 용법은 '대립항의 선택', '다른 것이 아니라'와 같은 어휘적 의미나 '강조', '부연' 등의 담화적 기능으로 해석하기 어려운 것들이었다. 대체로 의미의 확대가 더 심화되거나 아니면 아예 애초의 의미에서 탈색화가 심하게 일어난 경우로서, 담화의 진행을 돕는 메움말로 볼 만한 것들이다. 이러한 용법의 비율이 고려말에서 30%나 차지한다는 사실은 이 방언이 양양 지역어에 비해 의미의 확대 현상이 더 심하게 일어났거나 탈색화의 정도가 심하다는 점을 말해 준다.

우리는 이 장의 서두에서 고려말이 남한의 다른 방언들과 달리 '그저'의 사용이 놀랍도록 잦다는 사실을 지적한 바 있다. 이제 그 이유로서 고려말이 양양 지역어에 없는 용법인 '말버릇', 즉 의미가 더 확대되거나 아니면 의미의 탈색화가 일어나서 꼬집어 무슨 기능이라 부르기 어려운 용법, 그리고 메움말(filler)로 기능하는 경우가 더 있음을 들고자 한다. 더구나 이런 용법이 전체 용례의 30%를 차지하고 있으니, 양양 지역어에 비해 '그저'의 사용이 빈번할 수밖에 없는 것이다. 이 밖에 고려말의 '그저'가 갖는 '강조'의 용법은 양양 지역어에 비해 훨씬 다양한 양상을 보일 뿐만 아니라, 그 비율이 상대적으로 높다는 사실 역시 고려말에서 '그저'가 빈번하게 사용되는 이유의 하나가 될 것이다. 구술 자료의 검토 결과 양양 지역어에서 '강조'는 13%의 비율을 차지한 데 비해 고려말의 '강조'는 전체 용례의 20%나 차지했기 때문이다.

변화의 관점에서 고려말은 강원도 양양 지역어에 비해 의미의 확대나 탈색화가 더 진행되었다. 그렇다면 고려말과 강원도 양양 지역어의 빈도 차이는 결국 '그저'가 겪은 담화표지로의 문법화의 정도 차이에서 비롯된 것으로 해석되어야 한다. 고려말은 양양 지역어에 비해 '그저'의 문법화가 더 진행되었기 때문에, 고려말의 '그저'는 양양 지역어의 용법

을 포괄하면서 형식적이고 담화적인 기능이 추가된 용법을 갖게 되었
던 것이다.

4. 요약

지금까지 우리는 부사 '그저'가 입말의 담화에서 어떻게 쓰이는지를 강
원도의 양양 지역어, 제주방언, 그리고 중앙아시아 고려말의 구술발화에
나타난 용례를 바탕으로 하여 살펴보았다. 그 결과 '그저'는 선행의 대립
항을 부정하고 후행의 대립항을 선택하는 기능을 기본으로 삼고, 이 기본
기능으로부터 '다른 것이 아니라', '강조', '부연' 등과 같은 부차적인 기
능들이 파생되었음을 확인하였다. 이 가운데 '강조'와 '부연'은 담화적 기
능으로 볼 수 있는 것이었다. 이렇게 기본의미로부터 다양한 화용적 의미
와 담화적 기능이 확대되어 나온 과정을 아래와 같이 추정하였다.

> 대립항의 선택 → ① 다른 것이 아니라 → 강조
> → ② 부연

'그저'의 사용 빈도가 상대적으로 높은 제주도 방언의 경우 '대립항의
선택', '다른 것이 아니라'와 같은 의미 기능은 확인되지만 이로부터 '강
조'나 '부연' 등의 담화화용적 의미 기능은 확인되지 않았다. 이것은 이
방언에서 '그저'가 어휘적 의미에 머무를 뿐 담화표지로의 문법화가 일어
나지 않았음을 말해 준다.

한편 '그저'의 사용 빈도가 압도적으로 높은 고려말에서는 양양 지역어
의 용법 외에 다양한 강조의 쓰임이나 확대된 용법 그리고 의미의 탈색화
가 일어나 말버릇 또는 메움말로 쓰이는 경우 등을 추가로 찾을 수 있었

다. 다시 말하면 고려말은 양양 지역어에 비해 '그저'의 담화 기능이 더 확대되어 완전한 담화표지로 기능함을 확인하게 된 것이다. 이런 담화표지로의 문법화 정도 차이는 강원도 양양 지역어와 고려말 사이의 빈도 차이를 설명해 주었다. 결국 고려말, 강원도 양양 지역어, 제주방언은 아래와 같이 문법화의 정도에서 방언적 차이를 보인다고 할 수 있다.

고려말 > 강원도 양양 지역어 > 제주방언

9장 '그만'

1. '그만'의 사용 빈도와 담화표지

부사 '그만'은 일상에서 행위의 중지나 중단을 뜻하는 말로 흔히 쓰인다. 그러나 방언에 따라 '그만'은 단순한 부사의 자격을 넘어 말할이의 부정적 심리나 담화의 진행을 돕는 담화표지로 기능하기도 한다. 따라서 '그만'에 대한 완전한 이해는 표준어 외에 여러 방언의 쓰임을 파악한 뒤에야 가능한 일이다. 이 장은 동남방언에서 담화표지로 쓰이는 '그만'의 양상을 살펴보려는 것이다. '그만'이 애초부터 담화표지로 쓰이는 부사가 아니기 때문에 일반 부사로 쓰이는 표준어에서의 쓰임을 일차적으로 살펴보고, 이를 동남방언의 쓰임과 비교함으로써 일반 부사에서 담화표지로 문법화되는 과정을 추적해 보려 한다. 또한 담화표지로 쓰이는 '그만'은 동북방언이나 중앙아시아 고려말에서 역시 담화표지로 쓰이는 '그저'와 유사한 점이 많으므로 이 두 부사의 관계도 아울러 살펴보려 한다.

동남방언의 '그만'이 담화표지로 쓰일 가능성은 이 방언에서 '그만'이 사용되는 빈도가 다른 방언에 비해 상대적으로 매우 높다는 사실에서 찾을 수 있다. <표 1>은 국립국어원의 『지역어 조사 사업 보고서』에 수록

된 각 방언의 구술 발화 자료에서 '그만'이 쓰인 빈도를 보여 준다.

<표 1> '그만'의 사용 횟수(4시간 담화 기준)

경기	강원	충북	충남	전북	전남	경북	경남	제주
화성 (1) 포천 (2)	양양 (2) 원주 (3)	제천 (64) 청원 (1)	대전 (3) 논산 (2)	남원 (0) 무주 (1)	진도 (0) 영광 (0) 보성 (0)	상주 (101) 청송 (46) 고령 (14)	창녕 (35) 창원 (1) 산청 (147)	서귀포 (1) 한경 (0)

<표 1>에서 보듯이 4시간 정도의 발화가 진행되는 동안 '그만'은 대부분의 방언에서 극히 드물게 쓰이지만, 유독 경북, 경남 지역에서만 상대적으로 사용 빈도가 높게 나타난다[1]. 다만 충북에서도 동북부에 위치한 제천은 서부에 위치한 청원군에 비해 상대적으로 높은 빈도를 보이고 있다. 이것은 제천이 경북과 인접한 탓일 것이다. 그렇다면 '그만'은 경상남북도를 포함한 한반도의 동부 지역에서 빈번하게 쓰이는 셈이다. 반면 서부 지역인 경기, 충남, 전남북 지방에서는 매우 드물게 나타난다. 한반도의 동부라도 강원도 영동 지역인 양양에서는 경상남북도와 달리 '그만'의 사용 빈도가 매우 낮다. 이것은 '그만'이 한반도의 동부 가운데서도 특히 영남 지방과 충북의 동부 지역에 한정되어 많이 쓰이고 있음을 말해 준다. 이 장에서는 방언에 따라 '그만'의 사용 빈도가 높은 이유를 '그만'이 일반 부사의 용법 외에 담화표지의 용법을 갖기 때문으로 가정한다. 담화표지는 말할이의 심리를 반영하거나 담화의 진행을 돕는 표현이기에 입말에서의 사용 빈도가 높기 마련이다. 그렇다면 동남방언의 '그만'은 다른 방언과 달리 담화표지의 용법을 가질 것으로 예상된다.

---

[1] 경기, 강원, 충남, 충북, 제주 등지는 소수 나타나지만 그마저도 주로 '중지'의 의미로 쓰인다. 강원도 원주 지역에서는 '부정적' 의미로 쓰이는 예도 일부 보인다.

한편 <표 1>은 같은 동남방언이라 할지라도 지역에 따라 상당한 빈도 차가 있음을 보여 준다. 예를 들어 경북의 경우 상주에서는 101회가 나타났지만 고령에서는 14회만 확인될 뿐이다. 경남의 상황은 더 심각하다. 산청은 147회로서 조사 자료 가운데 가장 높은 빈도를 보였지만, 창원에서는 단 한 차례만 쓰이고 있다. 경북과 경남 내부에서의 이러한 빈도 차이가 지역적 차이에 따른 것인지 아니면 단순히 개인어의 차이 때문인지가 문제이다. 현재로서 글쓴이는 이를 개인어의 차이로 간주하고자 한다.

담화표지란 기본적으로 개인의 말버릇에 좌우되는 것이다. 같은 방언을 사용하는 사람이라 할지라도 사람에 따라서 전혀 담화표지를 사용하지 않거나 매우 낮은 빈도를 보이기도 하기 때문이다. 또한 같은 사람이라 할지라도 발화 상황이나 발화의 내용에 따라 사용 빈도가 달라지기도 한다. 급박한 발화 상황, 말할이가 감정이 고조되거나 흥분된 상황이라면 아무래도 담화표지의 사용 빈도가 높아질 것이지만, 침착하고 냉정한 상황에서는 상대적으로 담화표지의 사용 빈도가 낮아지게 된다. 예를 들어 영어 담화표지 'you know'의 경우, 영어 토박이 가운데 이 말을 너무 자주 사용하여 마치 낱말 사이마다 이 말을 쓰는 느낌을 주는 사람이 있는가 하면, 장시간 말하면서도 이런 담화표지를 단 한 번도 사용하지 않는 토박이도 있다. 그러므로 'you know'를 전혀 사용하지 않는 사람의 말에 근거하여 'you know'가 담화표지가 아니라는 결론을 내린다면 잘못이다. 담화표지란 같은 지역의 말할이라 하더라도 사람의 말버릇에 따라 사용 빈도가 달리 나타나기 때문이다. 그러므로 우리는 담화표지를 별로 사용하지 않는 사람의 담화 자료만을 보고서 성급한 결론을 내려서는 안 된다. 담화표지의 확인은 이 말을 빈번히 쓰는 사람의 말을 토대로 이루어져야 한다. 그리고 일단 담화표지의 용법이 확인되면 그것의 사용 빈도는 사람에 따라 다를 수 있다는 사실을 인정하면 그뿐인 것이다.

경상남북도 지역 가운데 상주가 101회, 산청이 147회의 사용 빈도를 보인 것은 이 지역에서 '그만'이 담화표지로 쓰일 가능성을 말해 주는 증거이다. 그리고 고령의 14회, 창원의 1회는 담화표지를 즐겨 사용하지 않는 제보자의 개인적인 말투가 반영된 결과로 해석해야 할 것이다. 이러한 경남북 지역과 달리 전남의 세 지역은 모두 '그만'을 단 한 차례도 사용하지 않음으로써 '그만'이 담화표지로 쓰일 가능성이 전무함을 말해 준다. 물론 어떤 표현이 담화표지로 쓰이는지의 여부는 사용 빈도만으로 결정되는 것은 아니다. 실제 담화 자료를 분석하여 그 용법을 검토해 보면 알 수 있는 것이지만, 해당 표현의 사용 빈도는 담화표지의 가능성을 보여 주는 지표의 역할을 한다. 따라서 '그만'이 담화표지로 쓰이는지의 여부를 알아보기 위해 전남북 방언이나 충남 방언보다 경남북 방언의 담화 자료를 먼저 검토하는 것은 당연한 일이다.

2. '그만'의 용법

부사 '그만'은 기원적으로 '그'와 '만'이 합해진 말이다. '그'는 지시어인데, 같은 방식으로 만들어진 '이만', '저만'의 존재가 이를 뒷받침한다. '그만'의 '만'은 '정도'나 '제한'을 나타내는 말이다. 현대국어에서 '만'은 '화를 낼 만도 하다', '청군이 백군만 못하다'처럼 쓰여 '정도'를 나타낸다. 그리고 '이 풀은 이곳에서만 자란다'처럼 제한을 나타내는 토씨로 쓰이기도 한다. 현대국어의 문법에서는 이 두 가지 용법을 각각 구별하여 기술하고 있지만, 역사적으로는 단일한 형태 '만'에서 의미가 분화된 것으로 보는 것이 보통이다(안병희/이광호 1990, 문병열 2009 등). 따라서 '그만'은 애초에 '그 정도' 또는 '그 정도까지만' 등의 해석을 가졌던 것으로 추정된다.

부사 '그만'은 표준어에서 다음의 (1)처럼 세 가지 용법을 갖는다[2].

---

2) 이 밖에도 '이다'와 결합하여 '그것으로 끝이다', 또는 '더할 나위 없이 좋음'을 뜻하는

(1)

가. 그만 먹어라.

나. 이제 그만 갑시다.

다. 오랜 병 끝에 그만 세상을 뜨고 말았다.

(1가)의 '그만'은 하던 행동을 중단하는 경우이다. '그만'의 기원적인 의미를 고려하면, '그만 먹어라'는 '그 정도까지만 먹어라'가 일차적인 의미였던 셈이다. 그런데 '그 정도까지만 먹어라'는 '그 이상은 먹지 말라'와 같은 이차적 의미를 낳을 수 있으므로, 나중에는 이차적 의미가 주된 의미로 바뀌어 버렸다고 할 수 있다. 그 결과 현재에 이르러서 '그만'은 아예 행동의 중지나 중단을 가리키는 말로 이해되기에 이르렀다[3].

행동의 중단이란 계기적으로 발생하는 두 개의 사태를 전제로 한다. (1가)의 '그만 먹어라'를 예로 하면, 무엇인가를 먹고 있던 사태가 있었고, 이어서 이 사태가 중지되는 새로운 사태가 발생하게 된다. 따라서 '그만'의 후행 사태란 곧 선행 사태의 부정을 가리킨다. 만약 선행 사태를 P라 하면, 후행 사태는 P의 부정인 ~P인 셈이다. 따라서 '그만'이 중지를 나타낼 경우 사태의 추이는 아래와 같이 나타낼 수 있다.

(a) $P \rightarrow \sim P$

(1나)의 '그만'은 새로운 행동의 제안 또는 말할이의 바람이나 의도를 나타낼 때 쓰인다[4]. 그러나 이런 용법도 '그만'의 기원적 의미를 고려하

수가 있으나 여기서는 논외로 한다.

3) 정도를 나타내는 말 '웬만큼'이나 '어지간히'와 같은 말에 명령형이 쓰여도 역시 중단의 의미를 함축한다. '웬만큼 먹어라'나 '어지간히 먹어라'는 '이제 그만 먹어라'를 뜻할 수 있기 때문이다.

4) 이 때문에 명령문과 청유문 또는 바람이나 의지를 나타내는 서술문이나 의문문으로 제한되는 통사적 제약이 있다. 다음의 예들이 이를 보여 준다.

면 쉽게 이해된다. (1나)에서 새로운 사태 '갑시다' 이전에 선행하는 사태가 있었을 것이다. '그만'은 이 선행 사태를 중단하고 새로운 사태를 시작하자고 권유하는 상황에서 쓰였다. 그렇다면 이때의 '그만'은 '그만 하고' 정도의 의미를 나타낸다고 할 수 있다. 이 경우는 선행 사태를 부정하고 새로운 사태를 제시하는 것이므로 사태의 추이는 아래처럼 삼 단계를 설정할 수 있다.

(b) P → ~P → Q

위에서 보듯이 선행 사태가 부정되는 점에서는 (a)와 같다. 그러나 선행 사태를 부정하는 데 그치지 않고 새로운 사태 Q를 제시하는 점이 다르다. (1가)와 (1나)가 공통적으로 '그만'을 사용하는 것은 'P → ~P'를 공유하기 때문이다. 즉 (1가)와 (1나)에서 '그만'은 명시되거나 전제되는 선행 사태 P를 부정하는 점에서 공통인 것이다. 다만 (1나)의 P는 그 내용이 일반적으로 명시되지 않는다는 점에서 (1가)와 다르다. (1가)의 '그만 먹어라'는 '먹어라'를 통해 선행 사태가 '먹는' 사태였음을 알 수 있지만, (1나)의 '그만 갑시다'는 '가지 않는' 사태라는 점만 추정될 뿐, 그 이상의 구체적인 상황은 드러나지 않기 때문이다. 여기서는 오히려 후행 사태인 Q가 구체적인 사태로 제시되는 점이 다르다.

(1다)의 '그만'은 선행 행동의 결과로 후행 행동이 이루어졌음을 나타낸다. 이 용법은 크게 두 경우로 나누어 볼 수 있다. 첫째는 말할이가 판단하기로 주어가 의도하지 않았거나 예상하지 않았던 사태가 돌발적으로

(예) 가. 나는 그만 가 봐야 되겠습니다.
　　나. 나도 그만 가 보고 싶습니다.
　　다. 다들 그만 일어나면 좋겠는데.
　　라. 너도 그만 일어날래?
　　마. 너도 그만 일어날거야?

일어나는 경우이다. 아래의 예 (2)가 이를 보여 준다[5].

(2)

가. 피부에 그 흔한 검버섯 하나 안 보인다는 걸 깨닫는 순간 <u>그만</u> 피식, 웃음이 나왔다

나. 전에 우연히 어떤 처녀와 단 한 번의 인연을 맺었는데 그게 <u>그만</u> 결실을 거두었던 모양이더라.

다. 딸아이를 놓치지 않으려고 딸아이의 팔을 얼마나 잡아 당겼는지 아이의 팔이 <u>그만</u> 빠지고 말았다.

라. 멋모르고 집으로 돌아오던 참새들이 공중에서 <u>그만</u> 기습을 받은 것이었습니다.

(2가)는 주어가 전혀 의도하지 않았던 생리적 반응이 일어나는 경우이다. (2나)는 주어가 의도하지 않았던 실수가 발생한 경우에 '그만'이 쓰였다. (2다)는 주어가 의도하지 않았던 사태가 피동적으로 묘사되어 있다. 의도적인 능동적 사태에 대립하여 피동은 명백히 주어의 의도에 반하는 사태임을 말해 준다. (2라)는 주어가 사람이 아닌 동물이지만, 역시 주어가 전혀 예상하지 못했던 사태가 발생한 경우이다. 이처럼 (2)의 사태는 모두 주어가 의도하지 않았던 사태인데, 그러나 주어의 의도에 반한 사태라는 것은 순전히 말할이의 판단에 따른 것이다. '그만'은 이처럼 주어가 의도하지 않았던 사태가 발생한 것으로 말할이가 판단할 때 쓰인다고 결론지을 수 있다[6].

다음은 주어의 의도가 개재된 경우이다.

(3)

가. 4개월 된 아이를 가운데 놓고 남편과 목소리를 높여 가며 싸우다 그

---

5) 예 (2)-(5)는 21세기 세종계획 문어 말뭉치에서 따 온 것이다.

6) '그만'의 이러한 용법은 '자신도 모르는 사이에' 또는 '달리 해 볼 도리가 없어'와 같은 사전의 뜻풀이에 해당한다.

만 방 안에 있던 물건들을 마구 집어 던졌습니다.
나. 많은 인물들을 자기 소설 안에 등장시켰다가 나중에 처치 곤란하게
되자, <u>그만</u> 전염병을 퍼뜨려 버리고 말았다는 일화가 있다.

(4)
가. 밤잠을 설치고 다음날 아침 점호를 하러 밖으로 나갔을 때 나는 <u>그만</u>
울고 싶었다.
나. 찌꾸는 <u>그만</u> 이 갈매기의 곁을 떠나 도망을 치고 싶었습니다.

　(3가)에서 '그만'이 수식하는 사태는 주어의 의지에 의해 발생한 것이
다. 다른 선택의 가능성이 있었음에도 주어는 해당의 사태를 선택하였다.
여기서 '그만'은 말할이가 보기에 마땅히 했어야 할 선택 대신 주어가 다
른 선택을 한 것에 대한 말할이의 아쉬움 따위를 나타낸다고 할 수 있다.
(3나)의 사태 역시 주어가 자신의 의지로 일으킨 것이다. 다만 자의적 의
지가 아니라 선택의 여지가 없어 어쩔 수 없이 이루어진 행동이라는 점에
서 의도의 강도는 (3가)에 비해 약한 것이 사실이다. 그러나 이 역시 주어
가 자신의 행동을 충분히 인식한 채 일으킨 것이라는 점에서 그러한 인식
이 없었던 (2)와는 다르다. (3)에 주어의 의지가 개입되었다고 보는 것도
이 때문이다. 여기서 '그만'은 주어의 행동이 다른 선택의 여지가 없어 어
쩔 수 없이 이루어진 것이라는 말할이의 판단을 나타낸다.
　(4)는 주어의 바람이 드러난 경우이다. 그러나 이 바람은 전형적인 소망
이 아니라 어쩔 수 없는 상황으로 인해 주어가 갖게 되는 소극적 바람이
다. '울고 싶다'나 '도망치고 싶다'와 같은 부정적인 사태를 소망한 것도
이 때문이다. 따라서 '그만'은 이러한 부정적인 사태와 무관하지 않다. 한
편 (4가)의 주어는 당연히 말할이이지만, (4나)의 주어인 '찌꾸'도 소설 속
의 등장인물이므로 작가가 등장인물의 심리를 지배한다고 할 때, 주어의
심리는 곧 작가인 말할이의 심리인 셈이다. 따라서 (4)의 '그만'도 말할이

의 판단을 나타낸다고 할 수 있는데, 여기서의 사태가 대체로 부정적인 사태인 것을 고려하면, 발생한 사태에 대한 말할이의 부정적 판단을 나타내는 것으로 볼 수 있다.

(5)

가. 깜부기는 보리 이삭이 나오면, 클 때까지는 다 똑같다가 이삭이 나와서는 <u>그만</u> 새까맣게 되고 말아요.

나. 떨어지면서 엉덩방아를 찧는 바람에 <u>그만</u> 엉덩이가 빨갛게 된 거랍니다

예 (5)의 주어는 사람이 아닌 무정물 또는 동물이다. 사람이 아닌 주어가 관여된 사태라 할지라도 발생한 사태를 말할이가 부정적으로 판단할 경우 '그만'이 쓰일 수 있음을 (5)는 보여 준다.

이상에서 본 바와 같이 '그만'은 주어가 의도하지 않았던 사태가 발생했다는 말할이의 판단, 그리고 주어의 의도가 개입됐을지라도 주어의 선택에 대한 아쉬움, 또는 주어로 하여금 선택을 할 수밖에 없게 만든 상황의 불가항력성, 그리고 발생한 사태에 대한 말할이의 부정적 판단 등을 나타내는 기능을 한다. 우리는 이 장에서 '그만'이 나타내는 이러한 말할이의 다양한 판단이나 심리를 '말할이의 부정적 심리'라는 포괄적 이름으로 부르고자 한다. 각 내용에 따라 정도의 차이는 있지만 모두 발생한 사태에 대한 말할이의 부정적 판단을 담고 있기 때문이다. 말할이의 부정적 심리란 곧 화용론의 범주에 드는 의미이다. 반면 (1가)와 (1나)처럼 행동이나 사태의 중지를 나타내는 기능은 의미론의 범주에 든다는 점에서 (1다)와 구별된다.

(1다) 및 (2)-(5)에서 표명된 두 개의 사태는, 인과 관계 또는 배경-전경의 관계를 나타내는 수가 대부분이므로 종속적 의미 관계를 이룬다고 할 수 있다. 반면 (1가)와 (1나)의 계기적 사태는 대등한 관계에 놓여 있다. 그

리고 (1)의 (가)-(다) 모두 후행 사태가 부각되지만, 후행 사태에 대한 말할
이의 부정적 심리가 드러나는지의 여부에 따라 차이가 있다. (1가)와 (1나)
에서 후행 사태가 말할이의 적극적 의지의 표명이라면 (1다)의 후행 사태
는 말할이가 부정적으로 판단한 사태인 것이다. 아래 (c)의 겹화살표는 (1
다)의 '그만'이 나타내는 종속 관계를 표현하기 위한 것이다.

(c) P ⇒ Q

'그만'의 세 가지 용법은 기원적인 의미인 '그 정도'로부터 파생된 것일
텐데, 그 의미의 확대 과정은 아래처럼 추정해 볼 수 있다.

<의미 확대 1>
(a) 상황의 지시('그 정도') → (b) 선행 사태의 중지 → (c) 선행 사태의
중지 및 후행 사태에 대한 말할이의 의지나 바람 → (d) 후행 사태에 대
한 말할이의 부정적 심리

이상의 확대 과정은 '그만'이 홀로는 '그 정도'라는 어휘적 의미를 나타내
지만, 후행 동사의 서법(명령, 청유, 바람, 의지 등)에 따라 '사태의 중지'를
나타내게 되고, 이후 '사태의 중지' 대신 말할이의 의지나 바람, 부정적 심
리 등 화용적 기능으로 변해 갔음을 보여 준다. 앞에 든 예 (1가)에서 '그
만'은 명시된 선행 사태를 부정하다가, (1나)에서는 명시되지 않고 전제된
선행 사태를 부정하고, (1다)에서는 말할이의 부정적 심리를 나타내기 때
문이다. '그만'의 용법은 이처럼 구체적으로 명시된 상황의 부정에서 추상
적이고 비명시적인 상황으로 발전하다가 급기야는 상황이 아닌 말할이의
심리라는 화용적 의미에까지 작용 영역을 넓히기에 이르렀다.
위와 같이 '그만'은 세 가지 용법을 갖지만, 그러나 '그만'이 후행 사태
를 부각시키는 기능을 하는 점에서는 공통이다. (1가)처럼 선행 사태의 중

지를 나타낼 경우에는 후행 사태인 '중지'가 부각되고, (1나)처럼 선행 사태가 명시되지 않을 경우 후행 사태에 대한 말할이의 의지나 바람이 부각된다. (1다)의 '그만'은 말할이의 의지나 예상과 다른 후행 사태가 발생한 점을 부각시키는 기능을 한다. '그만'이 갖는 이러한 후행 사태의 부각 기능은 '그만'이 담화표지로 발전할 가능성을 암시하는 것이다.

3. 동남방언의 '고마'

동남방언도 표준어와 다른 방언처럼 '그만'을 사용한다. 다만 그 형태가 '고마', '구마', '그마' 등 끝 음절의 말음 /ㄴ/가 탈락된다는 점이 다르다. 여기에서는 '고마'를 대표형으로 잡는다. 동남방언의 '고마'도 앞에서 언급한 표준어의 세 가지 용법을 그대로 가지므로 여기에서 이를 되풀이할 필요는 없을 것이다. 그런데 동남방언에는 표준어의 용법으로 설명할 수 없는 많은 예들이 확인되므로 이에 대해서는 따로 기술할 필요가 있다고 하겠다. 예 (6)을 보기로 하자.

(6)
우리 이꺼정 올로오느 추게 <u>그마1</u> 턱 널:찌삐서. 그래 일바시아 가:꼬 마 새파라~이 장가지데, 고래 때는 머 <u>구마2</u> 주들 물리고 <u>고마3</u> 달개고 이래 상:께네로 아: 꺼지데 봉께.{우리 여기까지 올라오는 참에 그만 턱 떨어뜨려 버렸어. 그래 일으켜 가지고 뭐 새파랗게 까무러치데, 그럴 때는 뭐 그냥 젖을 물리고 그냥 달래고 이렇게 하니까는 아이 그치데 보니까.}

위의 예에서는 '고마'가 세 차례 나타나는데 '고마1'은 주어의 의도에 반하는 사태가 발생한 것으로 말할이가 판단했음을 나타내는 점에서 표준어의 '그만'과 차이가 없다. 반면 '고마2'와 '고마3'은 표준어의 '그만'

으로 바꾸면 어색하다. 새파랗게 까무러친 아이에게 '젖을 물리고' '달래
는' 행위에 '고마'가 사용되었기 때문이다. 이것은 주어가 의도적으로 행
한 행위라는 점에서 주어의 의도에 반했다고 말할이가 판단하는 용법에
해당되지 않는다. 또한 주어의 의도가 포함된 경우, 말할이의 아쉬움이나
상황에 따른 어쩔 수 없음, 그리고 사태에 대한 부정적 심리 등을 표출하
는 경우에도 해당되지 않는다. 그래서 표준어 번역문에서는 '그냥'으로 대
응시켰던 것이다. 이처럼 동남방언의 '고마'는 표준어의 '그만'과 다른 독
특한 용법을 보여 준다. 우리는 이러한 '고마'의 용법을 담화표지가 갖는
용법으로 해석하려 한다. 다시 말하면 동남방언의 '고마'는 표준어의 '그
만'과 달리 어휘적 의미 외에 담화적 의미를 갖는다는 것이다. 이러한 '고
마'의 담화적 기능이 어휘적 의미로부터 파생된 것이라는 점은 더 말할
나위가 없다.

'고마'는 문장 내의 각 어절 사이에 나타날 수 있는데, 이때 '고마'는
앞 발화에 이어서 발음되고 뒤 발화와는 약간의 쉼을 두는 것이 보통이
다. 이런 운율적인 특징은 '고마'를 기준으로 앞뒤의 발화가 분리되는 효
과를 낳는다. 이러한 발화의 분리는 담화적으로 다양한 기능을 수행할 수
있다. 예를 들어 뒤따를 담화를 생각할 시간을 벌 수도 있고, 선행 발화를
수정하거나 부연 설명하는 데 이용될 수도 있다. 또한 '주제-논평' 구조와
같이 의미 구조상 분리되는 상황에 '고마'가 빈번히 출현하는 이유도 될
수 있다. 그리고 '이제'나 '그냥'과 같은 또 다른 담화표지와도 어울리는
수가 많다. 반면 말할이의 부정적 심리를 나타내는 표준어의 '그만'은 많
은 경우 접속문의 선행절과 후행절 사이, 즉 후행절의 첫 위치에 오거나
후행절의 주어 다음에 온다. 이것은 '그만'이 쓰인 접속문의 선행절과 후
행절은 의미적 종속 관계를 이루기 때문이다. 이에 반해 '고마'의 선행 발
화와 후행 발화는 결코 의미적 종속 관계에 있지 않다. 주제와 논평, 주어
와 술부, 목적어와 서술어 등 문장의 각 성분 사이에 '고마'가 사용될 수

있으며, 이러한 출현 위치의 자유로움은 '고마'가 단순히 담화의 진행을 돕는 기능을 하고 있기 때문이다. 일반적으로 담화표지의 출현 위치는 '고마'처럼 자유로운 것이 특징이다.

아래에서는 동남방언의 입말 담화 자료를 토대로 '고마'의 담화적 기능을 살펴보기로 한다. 여기에서 분석의 대상으로 삼은 동남방언의 담화 자료는 경남 산청군 지역의 것인데, 원래의 전사에 글쓴이가 부분적으로 전사나 표준어 대역의 일부를 수정하기도 하였다.

3.1 대조의 후행항목에 대한 부정적 평가

두 사태를 대조할 때 후행 사태에 '고마'가 쓰이는데, 이때 '고마'는 선행항에 비해 질이 떨어지거나 좋지 못한 부정적 평가를 나타내는 경향이 있다.

(7)

가. 인자 부재, 인는 사람드른 우에 여르 거더삐리고. 쏘:까리마 다마: 해:묵꼬. 또 우리드른 머 쪼깨~이 그 빠수능거 마 마구 <u>고마</u> 이러가: <u>거마</u> 다마아서 묵꼬. 그으도 쏙:가리 빼고 걱까리 빼고 그랍니다.{인제 부자, 있는 가람들은 위에 이것을 걷어 버리고. 속가루만 담아서 해 먹고. 또 우리들은 뭐 조금 그 빻는 것 마구 그만. 이래 가지고 그만 담아 와서 먹고. 그것도 속가루 빼고 겉가루 빼고 그럽니다.}

나. 그릉게 또 써:리가아꼬 또 고: 또 보드락께 하는 사람도 하고, 그냥 <u>고마</u> 절믄 사암들 <u>오마</u> 께~이 뚜디 뽀사가주고 흑떵거리 너머오모 <u>고마</u> 뽀사저고 막 거름 까라가저고 하는 사람도 익꼬.{그러니까 또 썰려 가지고 또 거 또 보드랍게 하는 사람도 하고 그냥그냥 젊은 사람들 그만 팽이(로) 두드려 부숴 가지고 흙덩이리 넘어오면 그냥 부숴 가지고 막 거름 깔아 가지고 하는 사람도 있고.}

(7가)는 부자들과 가난한 우리들을 대조하는 내용을 담고 있는데, 부자들은 속가루만 먹고 가난한 우리들은 조금 빻은 것을 담아서 먹는다는 것이다. 이때 후행하는 사태에 대해 '고마'를 사용하여 사태의 부정적 성격을 드러내고 있다. (7나) 역시 써레로 부드럽게 흙을 만드는 신중한 사람들과 괭이로 흙을 마구 부숴서 거름을 까는 젊은 사람들의 거친 농사법을 대립시키고 있는데, 이때 후행 사태에 '고마'가 사용되었다. 이처럼 '고마'가 대조의 후행항목에 대한 부정적 평가를 나타내는 것은 '후행 사태에 대한 말할이의 부정적 심리'를 나타냈던 '그만'의 용법과 유사하다. 다만 '그만'에서 선행 사태와 후행 사태가 '배경-전경', '원인-결과'처럼 종속적인 의미 관계를 이루었다면, 대조는 순전히 대등한 관계를 이루는 점에서 차이가 있다. 아마도 종속적 의미 관계에서 부정적 심리를 나타내던 용법이 대등 관계에까지 확대된 것으로 보인다.

경우에 따라 대조의 선행항이 명시되지 않을 때도 있다. 그런 경우에 들을이는 선행 발화나 문맥에서 선행항목을 추론하게 된다. 그러나 이런 경우라 할지라도 '고마'가 가리키는 사태는 부정적 성격을 띠는 것이 보통이다.

(8)
가. 고오 넝가가 와아꼬 언자 또 까불라써 말랴가꼬 또 때기러 가야 데. 때끼능그느 <u>그마</u> 보통 <u>고마</u> 지베서 <u>고마</u> 여: 데들빠~아가 이싱께 때끼 무:서.{그것 넘겨 가지고 와 가지고 이제 또 까불러서 말려 가지고 또 쓿으러 가야 돼. 쓿는 것은 그냥 보통 그냥 집에서 그만 여기 디딜방아가 있으니까 쓿어 먹었어.}
나. 아이고 마 그능거는 마 김장 할때 <u>고마</u> 요농거 <u>고마</u> 서너 뿌리 사모 데:. 안 합니더, 그렁거.{아이고 그런 것은 김장할 때 그냥 이런 것 그만 서너 뿌리 사면 돼. 안 합니다, 그런 것.}

(8가)는 '정미소에 가서 찧는 것'과 '정미소에 가지 않고 집에서 디딜방아로 찧는 것'의 대조를 보이는 발화인데, '정미소에 가서 찧는 것'은 문맥에 의해 추론된 것이며, '집에서 디딜방아로 찧는 것'은 발화에 명시된 것이다. 이때 후행의 대조항에 '고마'가 쓰였다. 이 '고마'는 '정미소에 가지 않고'처럼 선행항을 부정하거나 아니면 단순히 '디딜방아를 찧는 것'과 같은 부정적 판단을 나타내기 위해 쓰였다고 할 수 있다. (8나)도 마찬가지로 문맥에 의해 선행항이 추론되고, 이것이 명시된 후행항과 대조를 보이되, 대조되는 후행항에 대한 부정적 판단 때문에 '고마'가 쓰인 것이다.

다음의 예들은 해당 지역에서 사용되는 명칭이나 표현을 소개하는 상황에 '고마'가 쓰인 경우이다. 이 지역의 명칭이나 표현이 별난 것이 아니라는 내용을 담고 있다. 대조의 선행항이 명시되지 않으므로, 문맥이나 상황에서 추론을 통해 대조항을 해석해야 하는데, 이러한 추론마저 불가능한 경우 특정한 선행항에 대한 대조가 아니라 명시되지 않은, 가능한 모든 것에 대한 대조를 이루는 것으로 해석된다. 따라서 이때의 '고마'는 '다른 것이 아니라'와 같은 해석을 갖게 된다. 명칭이나 표현이 특별한 것이 아니라는 내용은 바로 이러한 과정을 얻어 해석된 것이다.

(9)
가.
@ 그으는 이리미 그냥 머 그는 그 딩김니꺼, 그러머?{그 그것은 이름이 그냥 뭐 그것은 그 등겨입니까, 그러면?}
# 그냥 <u>고마</u> 그냥 딩기고.{그냥 그냥 그냥 등겨고.}

나.
@ 요오서는 멀캄니꺼, 정구지라캄니꺼, 부추라캐슴니꺼?{여기에서는 뭐라고 합니까, 정구지라고 합니까, 부추라고 했습니까?}
# 이 초네느: 주로 <u>고마</u> 소풀.{이 촌에(서)는 주로 그냥 '소풀'.}

다. 그 보통 보모 <u>고마</u> 아무데 업시 그:느 마 치나무라쿠덩.{그 보통 보면 그냥 아무데 없이 그것은 취나물이라고 하거든.}

라.

@ 저 하라버지도 "검나게 검나게 마신따" 이런말 써씀니꺼?{저 할아버지도 "겁나게 겁나게 맛있다" 이런 말 썼습니까?}

허 여:느 하모 <u>그뜨그랑</u> <u>고마</u> "아따 그으참 검내게 마신떠라" 이리 쿠고.{하 여기는 아무렴 걸핏하면 그냥 "아따 그것 참 겁나게 맛있더라" 이렇게 하고.}

마. 보통 보모 <u>고마</u> 이 부인드리 안자놀모 "아이 나시래~이 오데 가모 깍:찬떠라," 이러쿠지.{보통 보면 그냥 이 부인들이 앉아서 놀면 "아이 나시랭이 어디 가면 꽉 찼더라", 이렇게 하지.}

(9가)는 조사자가 그 이름이 '딩기'(=등겨)냐고 물으니까 제보자는 '그냥'과 '고마'를 이어서 사용하면서 '딩기'라고 대답하였다. 이것은 그 이름이 '다른 것이 아니라 그냥'과 같은 의미이다. (9가)의 제보자는 '그냥'을 '고마'와 함께 사용하고 있는데, 이때 '그냥'을 사용한 것은 조사자가 앞서 사용한 '그냥'을 따라서 사용한 것일 수도 있고, 아니면 같은 기능의 '그냥'과 '고마'를 겹쳐 사용한 것으로 해석할 수도 있다[7]. (9나)와 (9다)는 이 지방에서 부추를 다른 말이 아닌 '소풀', 취나물을 '치나무'라고 한다는 내용을 말하고 있다. 이 역시 '다른 것이 아니라 그저'와 같은 뜻으로 '고마'가 쓰인 경우이다. (9라)와 (9마)도 마찬가지다. (9라)는 '검나게'라는 부사적 표현, (9마)는 냉이를 가리키는 이 지역 방언형 '나시래~이'를 소개하는 과정에 '고마'가 사용됨으로써 '다른 것이 아니라'와 같은 의미를 나타내고 있다.

---

7) 만약 이러한 해석을 따른다면 동남방언에서도 중부나 서남방언처럼 '그냥'이 담화표지로 사용될 수 있다는 주장이 가능하다. 그러나 동남방언의 구술발화에서 '그냥'의 사용 빈도가 낮고, 또한 같은 기능의 '고마'가 널리 사용되고 있으므로 과연 이 방언에서 '그냥'이 담화표지로 사용되는지는 의문이다.

3.2 사태의 강조

'고마'는 사태의 발생을 강조한다. 앞에서 우리는 표준어 '그만'이 후행 사태를 부각시키는 기능을 한다는 점을 지적한 바 있는데, 이러한 사태의 부각 기능은 곧 사태를 강조하는 기능과 크게 다르지 않다. 다만 '그만'에 는 말할이의 심리, 즉 주어의 의도나 예상에 어긋났다거나, 주어의 의도가 없는 경우 일어난 사태에 대한 아쉬움, 어쩔 수 없음, 부정적 느낌 등이 반영되는 특징이 있다. 반면 동남방언의 '고마'에는 그러한 말할이의 심리 가 반영되지 않고 단지 일어난 사태의 동작성 등을 강조하는 효과만 나타 날 뿐이다. '고마'의 이러한 기능은 앞선 예 (6)에서도 잠깐 언급한 바 있 는데, 아래의 예 (10)에서도 다시 확인할 수 있다.

(10)
그으느 마 마 받때이다 마 쎄:르 숭우노오머 멜 가매~이 간다 마 잰다 아~임니꺼? 세안내 <u>고마</u> 그으 <u>고마</u> <u>쌀마먹꼬</u>, <u>바버에도 언저 묵꼬</u>.{그 것은 마 마 밭뙈기에다 마 **심어 놓으면 몇 가마니 갖다 마 재잖습니까? 겨우내 그냥 그것 그냥 삶아 먹고, 밥 위에도 얹어 먹고}

(10)은 쌀이 부족했던 옛 시절, 겨우내 고구마를 삶아 먹거나 아니면 밥 위에 얹어 먹었던 이야기를 담고 있다. 여기서 '고마'가 사용됨으로써 고 구마를 먹었던 다양한 방법이 두드러지게 드러난다. 이 예에서는 '고마'가 두 차례 사용되었지만, '고마'의 영향력은 목적어 '그으'가 아닌 서술어 '쌀마먹꼬, 바버에도 언저 묵꼬'에 미친다. 일반적으로 '고마'는 새로운 정 보를 갖는 동사구를 수식하기 때문이다. 그러나 '고마'가 항상 동사구에 영향을 미치는 것은 아니다. (11)을 보자.

(11)

가. 그때 야ː아 사네 여어 아ː무구떠 엄서써여, 나무도 엄서, 다 베묵꼬 마
    <u>새보그르도 가서 베고 고마.</u> 나무가 엄스게, 바븐 해무야 데껄 아이
    가?{그때 여기 산에 여기 아무 것도 없었어요, 나무도 없어, 다 베어 먹고 마
    새벽으로도 가서 베고 그냥. 나무가 없으니까, 밥은 해 먹어야 될 것 아니야}

나. 참 밍지짤때믄 그얻또 하리 점두룩 함니더, 오담불 해이불라쿠모. 그
    얻또 <u>점ː두룩 뚜디리 패야대 고마.</u> 따디미로 가ː꼬{참 명주 짤 때면 그
    것도 하루 저물도록 합니다, 옷 한 벌 해 입으려고 하면. 그것도 종일 두드려
    패야 돼, 그냥. 다듬이를 가지고}

예 (11)에서 '고마'는 문장의 맨 마지막 위치에 나타났다. (11가)의 '고
마'는 땔나무가 없으니까 새벽까지 산에 가서 나무를 베었음을 강조한다.
단순히 낮에 나무를 벤 것이 아니라 하도 나무가 없는 까닭에 남들보다
먼저 나무를 베기 위해 이른 새벽에 산에 가서 땔나무를 베었다는 것이
다. 여기서 보듯이 '고마'가 있음으로 해서 '새보그르도'와 같은 시간 부
사적 표현이 강조되고 있다. 마찬가지로 (11나)의 '고마'는 문장의 끝에
나타나지만 그것은 선행하는 '점ː두룩 뚜디리 패야대'를 강조한다.

'고마'는 사태가 일어나는 시간이나 과정의 짧음, 전체적 공간, 역동적
이고 격렬한 동작 등을 나타내는 특정의 부사와 어울려 쓰일 때가 많다.
예를 들어 '전신에', '전부', '싹'은 사태가 영향을 미치는 공간이 전체라
는 점을 부각시키고, '막바로'나 '대번에'는 사태가 일어나는 시간이 순간
임을 나타낸다. 또 '순'이나 '도저히'는 정도의 강함을 나타내는 강조적인
부사인데, '고마'는 이러한 부사류들과 어울려 쓰여 사태의 순간성, 전체
성, 동작의 격렬성 등을 표현하는 데 이바지하는 것이다.

(12)

#1 인자 보로쌀 이넘 다 무ː 가머 언자 또 가서 찌이가꼬 오고 찌이가 와
    서 또 쌀마 묵꼬. 그리구루 그리구루 그이 상ː기 <u>고마 대베네</u> 이리 고

마.{인제 보리쌀 이놈 다 먹어 가면 인제. 또 가서 찧어 가지고 오고 찧어 와

서 또 삶아 먹고. 그렇게 그렇게. 그렇게 산 것이 그냥 대번에 이렇게 그냥.}

#2 그때:는: 말도 모내요.{그때는. 말도 못 해요.}

#1 대:벤: 이리 <u>구마</u> 느거삐써.{대번에 이렇게 그만 늙어 버렸어.}[8]

(12)는 두 사람의 대화를 보여 준다. 이 대화에서 '고마'는 '대베네'(=대

번에)처럼 짧은 시간을 가리키는 부사어와 어울려 동작이 짧은 시간 동안

급격히 이루어졌음을 나타낸다.

(13)

가. 몸채에 두:게, 전::시네 누에야, <u>전:시네 고마</u>.{몸채에 두 개, 전신에 누에

야, 전신에 그냥.}

나. 드리 <u>그마</u> 전::시네 뽕이라, 마 이동네뿐 아이라 마 요: 마.{들이 그냥

전신에 뽕이야, 마 이 동네뿐만 아니라 마 여기 마.}

다. 전::시네 <u>고마</u> 타:익마 뽕만 요러긴 키아가지고 해뭉는기라.{전신에 그

냥 모두 다 이 마 뽕만 이렇게 키워서 해 먹는 거야.}

라. <u>전::시네 고마</u> 뽕 니이 또~이고 고마 또~이고 마.{전신에 그냥 뽕 누에

똥이고 그냥 똥이고 마.}

마. 옴::마다 <u>그마</u> 마 <u>전::시네</u> 니: 또~이고.{ 온갖 것마다 전신에 그냥 마 전

신에 누에 똥이고}

(13)은 '전시네'(=전부)와 같은 강조의 부사어가 '고마'가 어울려 쓰이는

경우이다.

(14)

가. 엳쌔마네느 <u>고마 삭::</u> 따카 올리:, 고라가:꼬 언자 또.{엿새 만에는 그냥

싹 닦아 올려, 그래서 이제 또.}

나. 지그믄 <u>첨:부</u> 구마 막바러 이리 띠:가저고 고마 숭구그등예.{지금은 전

---

8) 관점에 따라 '고마'가 부정적 사태를 나타내는 것으로 해석할 수도 있다.

부 막 바로 이렇게 떼어 가지고 그냥 심거든요.}

다. 고마 요마치서 하모 <u>고마 순</u> 접:무 마 떼가: 파능기라.{그냥 요만큼씩 하면 그냥 순을 전부 떼어서 파는 거야.}

(14)도 '삭'(=싹), '막바러'(=막바로), '순'과 같이 격렬한 동작이나 짧은 순간, 그리고 정도를 강조하는 부사들과 함께 쓰인 경우이다. 이러한 예에 쓰인 '고마' 역시 이들 부사와 함께 사태의 역동성을 두드러지게 하는 효과를 나타낸다.

(15)

가. 나능 그: 이태로 함:서 항:게 안데데. 또오 이래가저고 해서 뭉또 모 나걷떤데 타:신: 안해, <u>고마</u>.{나는 그 두 해를 하면서 하니까 안 되데. 꼭 이래서 해서 먹지도 못하겠던데 다신 안 해, 그냥.}

나. 그그느. 우리 인자: 영가미 다리가 아풍께: 이 무궁거르 나도 포리 아파서 몽가: 대~이제. 언자 그렁거느 <u>고마</u> 토:저히 <u>고마</u> 타 떼:스 언자.{그것은. 우리 영감이 다리가 아프니까 이 무거운 것을, 나도 팔이 아파서 못 가져 다니지. 이제 그런 것은 그냥 도저히 그냥 다 떼어 이제.}

다. 그거 해물라꼬 오래 올 올 봄: 모도 고얼: 해무사도 <u>고마</u> 또 이 요새 저믄 사람드른 저 그렁거 안 해 물라캐:.{그것 해 먹으려고. 올해 올 올 봄에 모두 그것을 해 먹어 쌓아도 그냥 또 이 요새 젊은 사람들은 저 그런 것 안 해 먹으려고 해.}

(15)는 말할이의 강한 의지를 드러내는 데 '고마'가 사용된 경우이다9). 강한 의지는 말할이의 역동적인 심리로 이해되기 때문에 '고마'가 동작의 역동성을 보이는 경우에 포함될 수 있을 것이다.

---

9) 물론 표준어에서도 다음과 같은 예에서 보듯이 '그만'이 말할이의 강한 의도를 나타내는 데 사용될 수 있다. 그러나 이 경우의 '그만'은 '지금까지 이 일에 관여했음'을 전제로 한다. 즉 '그만'은 관여해 왔던 일을 중지하는 것을 나타낸다.
(예) 나도 이제 그만 이 일에서 손 떼야겠다.

3.3 담화의 진행을 돕는 표지

담화가 진행되는 과정에서 뒤따르는 발화에 들을이의 관심을 유도하고, 말할이가 발화할 내용을 모색하는 시간을 벌기 위해 '고마'가 사용되기도 한다. 후행 발화에 들을이의 관심을 끌도록 하는 것은 '그만'이 애초부터 후행 발화를 부각하는 기능이 있었기에 가능한 일이다. 다만 이 경우는 말할이의 부정적 심리와 같은 화용적 요소나 또한 동작성을 강조하는 기능이 없이 순전히 담화의 진행을 돕는 기능을 수행할 뿐이라는 점이 다르다. 이러한 담화적 기능을 여기서는 포괄적으로 '담화의 진행을 돕는 기능'으로 파악한다. 이러한 기능을 담당할 경우 '고마'는 여러 차례 이어서 나타나기도 한다.

(16)
머단 사라믄 <u>고마1</u> 노가리 <u>고마2</u> 씨 마는 사라믄 노가리 <u>곰마3</u> 마~이 숭거가꼬 <u>고마4</u> 소카내뿔:고 모종 넘 주기도 하고 <u>고마5</u> 고대:로 <u>고마6</u> 키아 무끼도 하고. 그렇게 꼬치도 마~이 몬해무써:, 이저네너.{어떤 사람은 그냥 노가리 그냥 씨 많은 사람은 노가리 그냥 많이 심어 가지고 그냥 솎아 내 버리고 모종 남 주기도 하고 그냥 그대로 그냥 키워 먹기도 하고 그러니까 고추도 많이 못 해 먹었어, 이전에는.}

위의 예 (16)에서 '고마'는 여섯 차례 쓰였다. '고마1'은 주제어인 '머단 사라믄' 뒤에 쓰여 뒤따르는 논평에 관심을 불러일으키는 효과를 낳는다. '고마2'는 선행어인 '머단 사람'을 좀 더 구체적인 '씨 마는 사람'으로 부연 설명하는 데 쓰였다. '곰마3'은 목적어와 서술부를 구분하고 있다. 목적어를 말한 뒤 '곰마3'으로써 잠시 담화를 단절하여 뒤따르는 서술어에 관심을 불러일으킨 뒤 담화를 진행해 나가려는 담화적 책략인 것이다. '고마4'는 접속문의 선행절과 후행절 사이에 '고마'가 오는 경우로서, 후

행절을 부각시키는 기능을 한다. '고마5'도 접속문의 후행절을 부각하고
있다. '고마6'은 수식 성분인 '고대로'와 피수식어인 서술어 사이에 놓여
피수식어를 부각하고 있다. 여기에서 보듯이 '고마1'~'고마6' 모두 후행
발화를 부각시키는 기능을 하는 점에서는 공통이다. 아래 (17)도 같은 예
이다.

(17)

가. 요정도 인자 지몸하나 딱: 드러갈떼 데모 딱 야물게 진는갑떼:. 딱 야
　물게 진는갑데. 고마1 그때는 그마2 땅땅하이 고마3 아무라지거덩.
　{이 정도 이제 제 몸 하나 들어갈 때 되면 딱 야물게 짓나 보데. 딱 야물게
　되나 보데. 그냥 그때는 그냥 땅땅하게 그냥 야물게 되거든.}

나. 우리느 고마 이리 고마 시미르 엉꼬 이리 늑꼬 나서느 고마 자슥드리
　아:무건또 하지마라캐.{우리는 그냥 이렇게 그냥 힘이 없고 이렇게 늙고
　나서는 그만 자식들이 아무것도 하지 말라고 해.}

다. 감자로 케모여:, 인자 종자할꺼느 고마 나뚜능기라. 마 또로도로 나뚤
　수도 익꼬:. 그냥 우리 묵따아 마 나무지 찌끄리이 고마1 그거 언자
　후년 봄 데모 고마2 순날때: 숭글때: 대모 오마3 또개가저고 숭글 수
　도 익꼬.{감자를 캐면요, 종자할 것은 그냥 놓아두는 거야. 뭐 따로따로 놓
　아둘 수도 있고 그냥 우리 먹다가 마 나머지 찌꺼기 그냥 그것 이제 후년 봄
　되면 그냥 순 날 때 심을 때 되면 그냥 쪼개 가지고 심을 수도 있고.}

라. 그래 나는 언자 중녀네 고래가꼬:. 한: 애기 두:개, 세:개 세개채 노코
　넌:자 누에로 키로 가저고 고마1 실랑 고마2 오슬 해이핃쓰.{그래 나
　는 인제 중년에 그렇게 해 가지고. 한 아기 두 명 세 명 세 명째 놓고는 이제
　누에를 키워서 그냥 신랑 그냥 옷을 해 입혔어.}

　(17가)의 '고마1'은 부연의 기능을 한다. 선행 발화에 비해 '땅땅하이'와
같은 새로운 정보가 추가되었기 때문이다. '그마2'와 '고마3'은 순전히 담
화의 진행만을 돕는 표지로 쓰였다. 선행 발화를 마치고 약간의 쉼을 두
면서 뒤따르는 발화를 생각하거나 들을이로 하여금 주의를 집중하도록

하는 담화의 장치인 것이다. (17나)의 세 '고마' 역시 담화 진행의 도움 표
지로 쓰인 경우이다. (17다)의 '고마1'과 '고마3'은 담화의 도움 표지로,
'고마2'는 부연의 기능을 하고 있다. (17라)의 두 '고마'도 모두 담화의 진
행을 돕고 있을 뿐, 특별한 고유의 의미를 갖고 있지는 않다.

아래의 예 (18)은 '고마'가 '언자'(=이제)와 같은 담화표지와 함께 쓰인
경우이다. 선행하는 발화가 '그래'에 의해 아울러지고, 이것을 바탕으로
하여 새로운 정보가 뒤따르는 상황에서 '언자 고마'가 쓰인 것이다. '언자'
는 선행 발화를 아우르는 기능, '고마'는 잠깐의 쉼을 주어 후행하는 발화
에 초점을 맞추는 기능을 한다고 할 수 있다. 물론 '고마' 없이 '언자'만으
로도 동일한 담화적 효과가 발생할 수 있다. 이럴 때는 당연히 '언자'의
뒤에 짧은 시간의 쉼이 있기 마련이다. 따라서 '고마'는 이러한 운율상의
쉼에 대응한다고도 할 수 있다. 그러나 '고마' 뒤에 다시 쉼이 오기 때문
에 '고마'가 있을 경우에는 쉼이 두 차례 오는 것처럼 선행 발화와 후행
발화의 단절이 더 뚜렷해진다.

(18)
그래 가라가:꼬 언자. 무시는: 요조믄 고마: 약도 너무 처사코 해상께네
무끼도 겁나고:. 그래 <u>언자 고마</u> 머 얄구지 해가저고 키야가저고 마 머
짐장도 하고 머 동김치도 당구고.{그렇게 갈아 가지고 이제. 무는 요즘은 그
냥 약도 너무 쳐 쌓고 하니까는 먹기도 겁나고. 그래 이제 그냥 뭐 얄궂게 해 가
지고 키워 가지고 마 뭐 김장도 하고 뭐 동치미도 담그고.}

3.4 부연

예 (16)의 '고마2'에서 언급한 바와 같이 모호한 표현을 좀 더 분명하
고 구체적인 표현으로 부연하여 설명하려 할 때 '고마'를 사용하는 수가
있다.

(19)

가. 이 동네는여 머 쪼끼 [그스하모] <u>고마</u> [비 쪼매마 안오모] 고마 모로
몬 숭구는기라:.{이 동네는요 뭐 조금만 뭐하면 그냥 비 조금만 안 오면 그
만 벼를 못 심는 거야.}

나. 그렇께 [엔만:하모] <u>고마</u> [소니 좀 여유가 익꼬 시가니 익꼬 이라모]
보지란 사라믄 가 작끼도 하고.{그러니까 웬만하면 그냥 손이 좀 여유가
있고 시간이 있고 이러면 부지런한 사람은 가 잡기도 하고.}

예 (19가)는 선행 표현 '그스하모'의 대용적인 내용을 다시 '비 쪼매마
안 오모'의 명확한 표현으로 바꾸어 말하는 과정에 '고마'가 쓰인 경우이
다. (19나) 역시 '엔만:하모'와 같은 모호한 표현을 '소니 좀 여유가 익꼬
시가니 익꼬 이라모'과 같은 상세한 표현으로 바꿔 말하는 과정에 '고마'
가 쓰였다. 부연이란 말할이가 선행 표현의 모호함을 타개하기 위한 담화
의 수단으로서 많은 담화표지가 부연하는 자리에 쓰이는 수가 있는데, 전
형적인 예로서 '이제'나 '그저'를 들 수 있다(이기갑 1995, 이기갑 2007a). 부
연은 선행 발화보다 후행 발화에 더 초점이 놓이는 담화 현상으로서, 넓
은 의미에서 담화의 진행을 돕는 기능의 일부라 할 수도 있다.

지금까지 우리는 동남방언에서 '고마'가 수행하는 담화적 기능을 살펴
보았다. 표준어나 다른 방언에 없는 기능으로서 '대조의 후행항에 대한
부정적 판단', '강조', '부연', '담화의 진행을 도움' 등을 추가하였다. 이러
한 추가된 용법은 동남방언의 '고마'가 표준어의 '그만'보다 더 많은 의미
변화를 겪은 결과이다. '고마'가 수행하는 '부연'의 기능을 담화 진행을
돕는 기능에 포함시킨다면, '고마'의 의미 변화 과정은 아래처럼 나타낼
수 있을 것이다.

<의미 확대 2>
(a) 상황의 지시('그 정도') → (b) 선행 사태의 중지 → (c) 선행 사태의 중

지 및 후행 사태에 대한 말할이의 의지나 바람 → (d)후행 사태에 대한 말할
이의 부정적 심리 → (e) 대조의 후행항목에 대한 부정적 평가 → (f)강조 →
(g)담화의 진행 도움(부연)

위의 변화 과정은 (a)로 표시된 기원적 의미를 시발로 하여 최종적인 의
미인 (g)까지 확대가 단계적으로 일어난 것으로 해석한 것이다. 각 단계의
의미를 성격에 따라 분류하면, (a)~(c)는 어휘적 의미, (d)~(f)는 화용적 의
미, (g)는 담화적 의미라 할 수 있다. 그러므로 '그만'의 의미는 어휘적 의
미에서 출발하여 화용적 의미를 거쳐 담화적 의미로 변화가 이루어진 셈
이다. 일반적으로 담화표지는 말할이의 심리를 나타내거나 담화의 진행을
돕는 기능을 하는 것으로 알려져 있는데(김명희 2006), 전자는 화용적 기능,
후자는 담화적 기능이라 부를 수 있다. 따라서 '담화표지'를 넓게 해석하
면 화용적 기능과 담화적 기능을 모두 포괄하지만, 좁게 해석하면 담화적
기능만을 담당하는 표지인 것이다. 만약 우리가 담화표지를 좁게 해석할
경우, '그만'이 담화표지로 기능하는 것은 오직 동남방언에 국한된 것이라
는 사실을 알 수 있다. 그리고 이를 넓게 해석하여 화용적 기능까지 포함
시킨다면 표준어에서도 일부 담화표지의 가능성이 확인되지만, 동남방언
에서 이러한 기능이 훨씬 다양하게 나타나므로 결국 표준어의 '그만'에 비
해 동남방언의 '고마'는 그 의미가 화용성과 담화성이 증가된 방향으로 변
한 것이라 할 것이다.

4. 충북 제천 지역어의 '그만'

충북 제천 지역의 4시간 동안의 구술발화에서 '그만'은 64회 출현하여
동남방언을 제외한 나머지 방언 가운데서 가장 높은 출현 횟수를 보였다.

따라서 이 지역의 용법을 살펴봄으로써 '그만'의 문법화 과정에 대한 이해를 얻을 필요가 있다고 생각된다.

'그만'은 제천 지역의 구술발화에서 '고만'(59회), '고먼'(2회), '거만'(1회), '고마'(1회), '그만'(1회) 등으로 나타나 '고만'이 가장 일반적인 형태임을 알 수 있다. 이 지역에서 '그만'은 대조, 인과, 계기, 배경 등의 통사적 구조에서 후행항에 주로 나타난다. 그 밖에 의미적으로 '중단'을 뜻하는 경우도 있으나 이것은 특정한 통사적 구조와 무관하다.

'대조'란 두 개의 항 사이의 의미적 관계가 대조를 이루는 경우로서 이때 '그만'은 후행항의 앞에 오는 것이 일반적이다.

> (20)
> # 여:기는 여 머:리, 머:리 맨들구 날개 맨들구 이래서 해자너.{여기는 머리, 머리 만들고 날개 만들고 이렇게 하잖아.}
> @ 이렇게?
> # 그러:치.{그렇지.}
> @ 그 저기 사모관대 할 때 그 사모처럼 이렇게 해서 가운데를 길쭉하게 하고 이렇게 둥그렇게?
> # 그 모가지꺼정 해구 그런는데 저:긴 앙그래.{그 목까지 하고 그랬는데 저긴 안 그래.}
> # 서:우른 가보니까 뚱그라케 기양 사발미루다 <u>고만</u> 봉구널 맨들드라구.{서울은 가보니까 동그랗게 그냥 사발처럼 그만 봉분을 만들더라고.}

예 (20)에서 보듯이 제천과 서울은 사모를 만드는 방법에서 대조를 보이는데 이때 '그만'이 대조의 후행 항목(여기서는 서울)에 나타난다.

'인과'는 원인과 결과 또는 이유와 결과 사이의 의미적 관계인데 '그만'은 이 경우에도 후행항에 나타난다. 예 (21)이 이를 보여 준다.

(21)

우리 시:째 하라버지는 종주하라부지는 그래니까루 세:째 양바닌데 그
또 아:더리 읍:써가주구서는 <u>고만</u> 여 장:조카한테서 <u>고만</u> 장:조카하고 가
치 사러써요.{우리 셋째 할아버지는 종조할아버지는 그러니까 셋째 양반인데
거기도 아들이 없어서 그만 여기 큰조카한테서 그만 큰조카하고 같이 살았어요.}

'계기'는 시간적으로 선후의 관계인데 후행항이 선행항보다 나중에 일
어나는 사태를 나타낸다. 이때 '그만'은 후행항에 나타나는데, 부정적인
사태뿐만 아니라 긍정적인 사태에까지 나타날 수 있다. 예 (22)가 이를 보
여 준다.

(22)

가. 그래 우리 아부지가 마:미 용:해가주구 노인 삼춘부모만 그러게 세월
   보내다 <u>고만</u> 세상 뜨고 난:두 지판칸 읍:씨 맨드러나가주구 내가 참
   주글 고상도 마이 해찌 머.{그래 우리 아버지가 마음이 용해서 노인 삼춘
   부모면 그렇게 세월 보내다가 그만 세상 뜨고 나도 집 한 칸 없이 만들어 놓
   아서 내가 참 죽을 고생도 많이 했지 뭐.}

나. 기름 내:느라구 차에두 쓰구 그래느라구 그때 그거 캐:다가 <u>고만</u> 해
   방되써유.{기름 내느라고 차에도 쓰고 그러느라고 그때 그거 캐다가 그만
   해방되었어요.}

'배경'은 이음씨끝 '-는데'가 쓰이는 환경을 말하는데 이때도 '그만'은
후행항에 나타난다.

(23)

가.

＃ 그저네 여 거북 빠우라구 이써써유.{그전에 여기 거북바위라고 있었어요.}

＃ 옌:나래, 거북 바우가 인넌데 바로 요기 요기 요기 이썬넌데 대가릴
   짤러써 <u>고만</u>.{옛날에 거북 바위가 있는데 바로 요기, 요기, 요기 있었는데 대

가리를 잘랐어 그만.}

\# 아, 그에 뜽:그러게 거북 거부기 해서 핵쌍 애더리.{아, 그 등그렇게 거북 이 해서 학생 애들이.}

나. 선상얼 궁 초등학꾜 선상인대 고만 여자가 주그니까 기양 나승거여, 나서서 여기 와서 자릴 자버써.{선생을 국 초등학교 선생인데 그만 여자 가 죽으니까 그냥 나선 거야, 나서서 여기 와서 자리를 잡았어.}

'중단'은 '그만'의 기본의미나 이로부터 전이된 2차적 의미를 반영하는 경우로서 '그 정도만'이나 선행 사태의 중단을 가리킨다.

(24)

가. 고만 두램 고만 두구 그르게 되:써.{그만 두라면 그만 두고 그렇게 됐어.}

나. 저기 고만 끈치 저거, 저거.{저기 그만 끊지, 저거. 저거.}

위에서 거론한 다양한 통사적 환경 또는 의미적 환경에서 '그만'이 사용된 횟수를 보이면 아래 <표 2>와 같다.

<표 2> 제천 지역어에서의 '그만'의 용법

통사적 환경	출현 횟수	부정적 후행항	비부정적 후행항
대조	9	6	3
인과	19	11	8
계기	28	8	20
배경	2	2	0
중단	6	0	6
합계	64	27	37

<표 2>에서 '중단'의 경우를 제외할 경우, '그만'은 다음과 같은 순으로 사용되고 있음을 알 수 있다.

계기 > 인과 > 대조 > 배경

이들은 모두 적어도 둘 이상의 항을 필요로 하는 의미적 관계로서 통사적으로는 접속문 또는 이에 버금가는 담화 구조를 요구한다. 그리고 이러한 통사나 담화 구조상에서 '그만'은 후행항에 나타나 선행항과의 관계 하에서 후행 사태가 발생하였음을 말해 준다. 이때 후행 사태는 말할이의 판단에 따라 부정적일 수도 있고 그렇지 않을 수도 있는데, <표 2>를 보면 오히려 비부정적인 사태가 오는 수가 더 많음을 알 수 있다.

앞에서 표준어의 '그만'이 주어가 의도하지 않았던 사태가 발생했다는 말할이의 판단, 그리고 주어의 의도가 개입됐을지라도 주어의 선택에 대한 아쉬움, 또는 주어로 하여금 선택을 할 수밖에 없게 만든 상황의 불가항력성, 그리고 발생한 사태에 대한 말할이의 부정적 판단 등을 나타내는 기능을 한다는 점을 지적한 바 있다. 이러한 말할이의 다양한 판단이나 심리를 '말할이의 부정적 심리'라고 불렀으므로 '그만'은 말할이의 부정적 심리를 나타내는 기능을 하는 것으로 파악하였다. 그러나 위의 예와 <표 2>를 통해 알 수 있듯이 충북 제천 지역어에서 '그만'은 말할이의 부정적 심리뿐만 아니라 비부정적이고 중립적인 심리를 드러내는 기능을 한다. 혹시 이러한 비부정적이고 중립적인 심리는 부정적인 심리가 보다 일반화되어 생긴 결과일 수도 있다. 만약 이러한 가정이 옳다면 아래와 같은 표준어 '그만'의 의미 전이 단계에서 (d)를 이어 부정적 심리가 희석해 가는 단계가 추가될 수 있을 것이다.

(a) 상황의 지시('그 정도') → (b) 선행 사태의 중지 → (c) 선행 사태의 중지 및 후행 사태에 대한 말할이의 의지나 바람 → (d) 후행 사태에 대한 말할이의 부정적 심리 → (e) 후행 사태에 대한 말할이의 부정적 심리 희석

'그만'의 의미가 (e) 단계에 이르게 되면 '그만'은 말할이의 심리를 반영한다기보다는 오히려 사태의 발생을 강조하는 비언표적 효과를 낳게 된다. 이미 동남방언 '고마'의 용법에서 확인했듯이 '부정적 심리' 단계에서 '강조'의 단계로의 전이가 일어나는 것이다. 이런 점에서 보면 충북 제천 지역어의 '그만'은 동남방언의 '고마'와 유사한 면이 있다고 할 수 있다. 적어도 사태의 발생을 '강조'하는 단계에까지 전이가 이루어진 점에서는 그렇다. 다만 '강조'라 할지라도 동남방언은 예 (12)-(14)에서 보듯이 '대번에', '전신에', '싹', '막바로', '순', '전부' 등과 같은 부사와 어울려 쓰이는 수가 많았는데 제천 지역어에서는 이러한 경우가 확인되지 않은 것이 다른 점이다. 이것은 그만큼 제천 지역어의 '그만'이 동남방언의 '고마'에 비해 의미의 희석화가 덜 일어났기 때문이다. 더구나 동남방언에서는 이 단계를 넘어서 부연의 구조나 담화의 진행을 돕는 등 순전히 담화적 기능을 하는 용법이 있었지만 충북 제천 지역어에서는 이러한 담화적 기능 역시 찾아지지 않았다. 따라서 충북 제천 지역어는 다른 방언에 비해 '그만'의 사용 빈도가 높아 '강조'라는 비교적 희석화된 의미에까지 전이가 일어났지만 그 이상의 전이는 일어나지 않아 본격적인 담화표지로까지는 발전되지 못했다고 할 수 있다.

5. '고마'와 '그저'의 비교

8장에서 강원도 양양 지역어의 부사 '그저'의 용법을 ① 대립항의 선택, ② 다른 것이 아니라, ③ 강조 ④ 부연 등 네 가지로 파악한 바 있다. 그리고 중앙아시아의 고려말은 이러한 네 가지 용법을 모두 가지면서 양양 지역어와 다른 점이 추가적으로 있음을 밝혔다. 첫째는 강조의 용법이 훨씬 다양하게 나타난다는 점이다. 아래 예 (26)은 고려말에서 '그저'가 강

조의 부사 '싹', '막', '딱' 등과 어울려 '강조'를 '강조'하는 용법을 보여
준다.

(25)
가. 오늘 날쌔 좋아서 무슨 야:들께낭 거저 싹 말하지.{오늘 날씨 좋아서 무
　슨 아이들에게랑 그저 싹 말하지.}
나. 각(러) 죄인처럼 똑 이런 바곤에다 거저 막 실어서 거저 딀에왔소.{단
　지 죄인처럼 꼭 이런 화물칸에다 그저 막 실어서 그저 들여왔소})
다. 거저 딱 자본국가 시방 계단으 넘어가오. 그래 아주 욕 바쁜 헹페~
　이요 우리.{그저 딱 자본국가 지금 계단을 넘어가오. 그래 아주 힘든 형편
　이오, 우리.}

　고려말 '그저'가 갖는 두 번째 특징은 예 (26)에서 보듯이 고유의 의미
를 갖지 않고 단지 담화의 진행을 돕는 말버릇이나 메움말로 기능하는 경
우이다. 이런 '그저'의 출현 위치는 동남방언이라면 '고마'가 나타나야 할
자리이다.

(26)
가. 야 그건 거저 헐이 어디든지. 아, 국자에다도 옇지. <음>그저 암데두
　그저 기래 <음> 영구 야. 그저 이 이 풀이 제리 좋은 기.{아, 그건 쉽
　게 어디든지. 아, 국자에다가도 넣지. 그저 아무 데라도 그저 그래 넣고 아.
　그저 이 풀이 제일 좋은 것.}
나. 노시전에두 적다가나이 지금 어떻소? 돈이? 전체르 이런 돈은 보저
　그저 딸라르 딸라르 그저 간 데마다 딸라르. 그래 어드멘 글쎄 다른
　사람들은 많지만해두 나 같은 건 딸라르 어디서 귀거~하겠소?{노잣
　돈도 적으니 지금 어떻소? 돈이? 전체가 이런 돈은 그저 달러를 달러를 그저
　가는 데마다 달러를. 그래 어느 곳에서는 글쎄 다른 사람들은 많지만 나 같
　은 것은 달러를 어디에서 구경하겠소?}

　이상과 같은 '그저'의 용법을 동남방언의 '고마'와 비교하면 놀라울 정도로 유사하다는 사실을 바로 깨달을 수 있다. 선행 사태의 중지 또는 후행 사태에 대한 말할이의 의지나 바람 표명과 같은 '그만'의 어휘적 의미는 '그저'에서 찾을 수 없지만, 이런 기원적 의미에서 확대되어 나온 '고마'의 담화화용적 의미들은 모두 '그저'도 갖고 있는 것들이다. '그저'와 '고마' 모두 대조되는 후행항을 드러내기 위해 쓰인다거나, 대조의 선행항이 없을 때에는 '다른 것이 아니라'의 의미로 쓰이는 등의 용법, 그리고 '그저'나 '고마'가 쓰인 사태에 말할이의 부정적 심리가 투영되어 있는 등의 쓰임은 완전히 같은 것이다. 이 밖에도 사태를 강조하기 위해 '싹', '막' 등의 강조 부사와 어울려 쓰이고, 별다른 뜻 없이 담화의 진행을 돕는 기능에서까지 '그저'와 '고마'는 완전한 일치를 보이고 있다. '그저'와 '그만'이 가졌던 애초의 기원적 의미를 '어휘적 의미'라 부르고 이 어휘적 의미가 탈색되어 '강조', '부연', '메움말' 등의 기능을 하는 경우를 '담화화용적 의미'라 부른다면, '그저'와 '고마'의 어휘적 의미는 다르다 할지라도 담화화용적 의미는 완전히 같아진 셈이다. 이러한 변화는 다시 '그저'가 고려말이나 동북방언에서 높은 사용 빈도를 보이고, '고마'가 동남방언에서 높은 사용 빈도를 보이는 이유를 설명해 준다. 동일한 담화화용적 의미가 '그저'에 의해 표현되고 있는 터에 굳이 '그만'이 이러한 의미로 변할 이유가 없는 것처럼, '고마'에 의해 담화화용적 의미를 충분히 표현하고 있는 상황에서 '그저'가 같은 의미로 쓰일 필요는 없기 때문이다. 동남방언에서 '그저'가 '고마'와 함께 쓰이지만 이 방언의 '그저'는 어휘적 의미에 머무르기 때문에 그 사용 빈도는 자연히 낮을 수밖에 없다.

　사실 동북방언, 서북방언, 고려말을 제외한 다른 방언에서 '그저'는 대부분 어휘적 의미로 사용되고 있다. 마찬가지로 동남방언을 제외한 모든 방언에서 '그만'은 어휘적 의미를 중심으로 일부 화용적 의미를 나타낸다. 그렇다면 '그저'와 '그만'이 방언에 따라 지리적인 상보 관계에 있는 것은 담화화용적 의미에 한정된다. 어휘적 의미는 동일하되, 담화화용적 의미로의 확대 여부 또는 확대의 정도에 따라 방언의 분화가 일어난 셈이다. 이러한 방언 분화는 지금까지 확인된 바가 없었던 매우 특이한 경우이다. 우리는 여기서 '그저'와 '그만'이 담화화용적 의미를 나타낼 때, 곧 넓은 의미의 담화표지로 쓰일 때 방언에 따른 분화 현상을 보일 수 있다는 사실을 제기한 셈이다.

중부방언이나 서남방언에서는 '그저'와 '그만'의 어느 것도 담화 표지로 쓰이지 않는다. 그렇다면 고려말이나 동남방언에서 '그저'나 '그만'이 담화표지로 기능하는 경우를 중부방언이나 서부방언에서는 어떤 표현으로 대신하는지가 궁금하다. 글쓴이는 중부방언이나 서남방언의 경우, '그냥'을 유력한 후보로 생각하고 있는데, 이에 대해서는 장을 달리하여 논의하려고 한다.

6. 요약

'그만'의 동남방언형 '고마'는 형태뿐 아니라 용법에서도 다른 방언의 '그만'과 다르다. 표준어를 비롯한 대부분의 방언들에서 '그만'은 행동의 중지, 또는 행동의 중지에 이어 다른 행동을 촉구하는 말할이의 바람이나 의지를 나타내며, 더 나아가 후행 사태에 대한 말할이의 부정적 심리를 나타내는 데 쓰인다. 동남방언의 '고마'는 다른 방언의 용법을 그대로 가지면서 여기에 더하여, 대조 항목에 대한 부정적 평가, 후행 사태의 강조, 담화의 진행을 돕고, 선행 발화를 부연하는 기능 등 다양한 담화화용적 기능을 수행한다. 담화표지로서의 '고마'가 흥미로운 것은 같은 기능의 '그저'가 동북방언이나 중앙아시아 고려말에 쓰이기 때문이다. 따라서 '고마'와 '그저'는 동일한 담화화용적 기능을 수행하는 담화표지인 셈이다.

지금까지의 방언 연구에서 어휘적 분화는 동일한 기원에서 출발한 낱말이 상이한 음운 변화나 형태 변화에 따라 방언형이 분화되는 경우, 그리고 동일한 의미를 나타내기 위해 기원이 다른 낱말들을 사용하는 경우 등을 가리키는 것이 보통이었다. '냉이'에 대한 '나시', '나생이', '나상구' 등의 분화가 전자의 예라면, '부추'에 대한 '솔', '소풀', '정구지', '졸' 등의 방언형은 후자의 예이다. 여기에 덧붙여 동일한 방언형이 방언에 따라 각각 다른 의미(또는 지시물)를 뜻하는 경우도 지적되곤 했다. 예를 들어 '큰아버지'는 대부분의 방언에서 伯父를 가리키지만 동북방언에서는 祖父를 가리키는 등이 그것이다. 이것은 일종의 의미의 분화인 셈이다.

그렇다면 '고마'와 '그저'의 분화는 어떤 유형에 드는 것인가? 동일한 담화화용적 기능을 담당하는 점에서는 형태의 분화라 할 수 있다. 마치 부추[韭]라는 식물을 방언에 따라 '솔'과 '정구지'로 달리 부르는 것과 같다. 따라서 '고마'와 '그저'는 담화화용적 층위에서는 방언적 변이형이라 할 수 있다. 그러나 어휘적 층위에서는 독자적인 낱말로 기능하므로, '솔/정구지'의 분화와는 성격이 결코 같지 않다.

고려말에서는 '그저'가 담화화용적 의미로 확대되었다면, 동남방언에서는 '그만'이 담화화용적 기능으로 변화되었으므로, 일종의 의미 분화라 할 만하다. 그러나 앞의 '큰아버지' 예에서 보듯이 방언학에서의 의미 변화는 동일한 형태가 방언에 따라 의미를 달리하는 경우에 주로 적용되는 개념이었다. 이런 점에서 '그저'와 '그만'의 의미 분화는 어휘적 층위가 아니라 담화화용적 층위라는 점에서 독특한 것이다. 동일한 담화화용적 기능을 수행하기 위해 방언에 따라 각각 다른 낱말이 의미 변화(일종의 문법화)를 겪은 것이므로, 목표는 동일하되 출발이 다른 셈이다. 이 장은 이처럼 어휘적 층위가 아닌 담화화용 층위에서의 방언적 변이형을 확인했다는 점에 의의가 있다고 하겠다.

10장 '그냥'

8장과 9장에서 '그저'와 '그만'이 수행하는 담화표지로서의 기능을 살펴보았다. 그 결과 이 두 표현이 매우 유사한 담화 기능을 하며, 지역적으로 서로 상보적인 분포를 보여 이 두 부사를 담화적 차원에서 방언의 변이형으로 해석할 가능성이 있음을 지적하였다. 이 장에서는 여기에 덧붙여 서남방언을 비롯한 일부 방언에서 '그냥'이 '그저'나 '그만'과 유사한 담화적 기능을 한다는 사실을 들어, '그냥', '그저', '그만'의 세 부사가 담화 차원에서 방언적 변이형일 가능성을 제기하고자 한다.

이 세 부사는 각각 자신의 고유한 어휘적 의미를 갖지만 방언에 따라 담화표지로 기능하는 이차적 쓰임새를 지닌다. 그런데 흥미로운 것은 이세 부사가 담화표지로 기능하는 방언이 지역적으로 상보적이라는 점이다. '그냥'은 충청 방언이나 서남방언 등 한반도의 서부 지역 방언, '그만'은 동남방언, 그리고 '그저'는 동북방언에서 각각 담화표지로 쓰이기 때문이다[1]. 이처럼 담화표지로 쓰이는 지역이 상보적일 뿐 아니라[2], 이 세 부사

---

1) '그저'는 서북방언에서도 담화표지로 쓰일 가능성이 있다. 다만 구술발화 자료를 통해 이를 검증하지 못하는 어려움이 있어 확인하지 못할 뿐이다.
2) 지역이 상대적으로 상보적이라 해도 이 세 부사가 담화표지로 쓰이는 지역이 칼로 자르 듯 명확하게 구별된다는 뜻은 아니다. 어디까지나 거시적인 측면에서 상보적일 뿐, 미시

가 수행하는 담화적 기능 또한 거의 같으므로 이 장에서는 이들이 동일한 담화적 기능을 수행하는 상이한 방언형일 가능성을 제안하려고 한다.

1. '그냥'의 사용 빈도

'그냥'은 일반적으로 다른 부사에 비해 출현 빈도가 높은 편이다. 예를 들어 전라남도 곡성 지역어의 경우 약 4시간 동안의 구술 발화에 나타난 몇몇 부사와 대명사 '뭐'의 출현 빈도를 측정해 보면 아래와 같이 나타난다.

이제(1391회) > 뭐(231회) > 그냥(96회) > 모두(62회) > 얼른(7회)

여기서 '이제'와 '뭐'는 담화표지로 쓰이지만, '모두'와 '얼른'은 어휘적 의미만을 지닌 부사이다. 위의 빈도를 보면 담화표지로 쓰이는 말은 그렇지 않은 말에 비해 출현 빈도가 상대적으로 높다는 사실을 알 수 있다. 그런데 '그냥'의 출현 빈도는 '뭐'와 '모두'의 중간 위치를 차지하여, 담화표지 가능성 여부를 검토해 볼 가치가 충분하다고 하겠다.

한국어의 여러 방언으로 구축된 구술발화 자료에서 '그냥'이 쓰인 빈도를 <표 1>에서와 같이 비교하여 보았다.

적으로는 중간 지대나 겹치는 지역이 있을 수 있다. 여기서는 미시적인 지역까지의 조사는 이루어내지 못하였다.

<표 1> '그냥'의 사용 빈도(4시간 구술발화)

경기	강원	충북	충남	전북	전남	경북	경남	제주	고려말
파주	홍천	청원	대전	임실	영광	청송	남해	한경	카자흐스탄
(301)	(96)	(247)	(252)	(338)	(178)	(17)	(14)	(49)	알마타1(12)[3]
화성	인제	충주	논산	남원	보성	고령	창원	서귀포	알마타2(8)
(297)	(62)	(137)	(215)	(193)	(140)	(27)	(13)	(51)	
이천	원주	보은	예산	무주	곡성	상주	울주	표선	
(89)	(50)	(88)	(46)	(154)	(96)	(23)	(6)	(37)	
포천	양양	제천		옥구	진도	의성	창녕		
(74)	(50)	(49)		(135)	(65)	(13)	(2)		

<표 1>은 국립국어원이 간행한 『지역어 조사 사업 보고서』의 구술발화에 나타난 '그냥'의 빈도수를 계량화한 것이다. 다만 중앙아시아의 카자흐스탄 자료는 글쓴이가 따로 조사한 것이다. 국립국어원의 구술발화는 대부분 4시간 정도 지속된 것이지만, 충북 보은은 6시간, 중앙아시아 고려말은 1시간 동안의 구술발화이기 때문에 이를 4시간으로 환산하여 빈도를 측정하였다.

<표 1>에서 보듯이 '그냥'은 경기, 충청, 전남북 등 대체로 한반도의 서부 방언지대에서 널리 쓰임을 알 수 있다. 반면 동부 방언권인 경북, 경남은 상대적으로 매우 낮은 빈도를 보인다. 또한 중앙아시아의 고려말도 '그냥'의 빈도가 매우 낮은데 고려말의 원 뿌리가 함북 방언임을 고려하면 동남방언과 동북방언 등 한반도의 동부 방언지대에서 '그냥'이 상대적으로 드물게 쓰인다고 추정할 수 있다. 그러나 동부 방언지대에 속하는 강원도는 서부 방언지대와 동부 방언지대의 중간적인 빈도를 보여 준다. 홍천은 경기와 맞닿아 있으므로 강원도 안에서도 상대적으로 높은 빈도를 보이지만 강원도의 다른 지역도 동남 방언권보다는 '그냥'의 출현 빈도가 높다. 제주도도 강원도와 비슷한 양상을 보여 준다.

---

3) 카자흐스탄 알마타의 빈도는 각각 다른 두 제보자 신영희, 리계옥의 발화에 나타난 것이다.

서부 방언지대에 속하는 경기, 충남북, 전남북의 양상은 동부 방언지대의 강원도나 경남북과는 확연한 차이를 보인다. 우선 서부 방언지대에서 각 도별 최대 빈도는 경기(301회), 충북(247회), 충남(252회), 전북(338회), 전남(178회) 등으로 모두 150회를 넘는 빈도를 보였다. 이것은 강원의 96회, 제주 51회, 경북의 27회, 경남의 14회보다 훨씬 높은 횟수이다. 이러한 높은 빈도는 서부 방언지대의 '그냥'과 기타 지역의 '그냥'이 수행하는 기능이 다를 수 있음을 암시한다. 담화표지가 다른 부사에 비해 사용 빈도가 높다는 사실을 고려하면 서부 방언지대의 높은 빈도는 이 지역의 '그냥'이 담화표지로 쓰일 가능성을 암시한다고 할 수 있다.

한편 서부 방언지대라 할지라도 같은 행정구역(道) 안에서 상당한 빈도 차를 보이는 것이 흥미롭다. 이러한 빈도차는 도 안에서의 지역적 차이일 수도 있고, 아니면 제보자 개인적 특성을 반영한 것일 수도 있다. 4장과 9장에서 언급한 바와 같이 담화표지는 말할이에 따라 수의적으로 나타나는 경향이 있다. 사람에 따라, 또는 같은 말할이라 하더라도 발화 상황에 따라 담화표지의 사용 빈도가 차이날 수 있기 때문이다. 그러나 특정 방언의 표현 x를 다수의 말할이들이 담화표지로 쓴다면, 그 방언 사용자 가운데 x를 담화표지로 전혀 사용하지 않는 말할이가 있더라도 x를 담화표지로 규정해야 한다. 담화표지 x는 그 방언 사용자 모두의 사용을 전제로 하는 것은 아니기 때문이다. 이러한 점을 고려하면 <표 1>에서 서부 방언지대의 각 방언들이 보이는 빈도차는 쉽게 이해될 수 있다. 예를 들어 파주와 이천은 경기도의 서쪽과 동쪽에 위치한 군이므로 이러한 지역적 특성 때문에 파주가 이천보다 '그냥'을 더 널리 쓴다고 해석할 수도 있다. 그러나 제보자의 개인적 차이로 해석한다면, 파주의 제보자가 이천의 제보자에 비해 담화표지로서의 '그냥'을 더 많이 사용했을 가능성도 있다. 이러한 해석 가능성은 충남, 전북, 전남 지역에서도 그대로 적용된다. 이처럼 동일한 방언 안에서 제보자에 따라 표현 x의 빈도가 극도로 차이 날 경우에는 높은 빈도를 기준으로 x의 담화표지 여부를 결정해야 한다. 비록 해당 방언에서 x가 담화표지로 쓰이더라도 x를 즐겨 사용하지 않는 제보자가 있을 수 있기 때문이다.

한반도의 서부 방언지대와 동부 방언지대에서 보이는 '그냥'의 사용 빈도 차이는 무엇 때문인가? 우리는 이 의문에 대한 해답을 동부 방언지대에서 같은 기능의 담화표지로 쓰이는 '그저'와 '그만' 때문으로 해석하려 하는데 이에 대해서는 이 장의 후반부에서 다시 논의하겠다.

2. 서부 방언지대에서의 '그냥'의 용법

『표준국어대사전』에는 부사 '그냥'의 뜻풀이로 '더 이상의 변화 없이 그 상태 그대로', '그런 모양으로 줄곧', '아무런 대가나 조건 또는 의미 따위가 없이' 등과 같은 세 가지를 들었다. 그러나 이런 뜻풀이는 '그냥'의 쓰임을 총체적으로 보여 주지 못할 뿐만 아니라, '그냥'이 갖는 담화표지로서의 용법도 전혀 드러내지 못한다.

'그냥'이 단순 부사가 아니라 일종의 담화표지 또는 화용표지로 기능할 수 있다는 사실은 이정애(2002)에서 처음으로 지적된 바 있다. 이정애(2002)는 주로 전북방언의 자료를 근거로 하여 '그냥'의 담화 기능으로서 세 가지를 들었다. 첫째는 일단 꺼낸 화제를 그대로 마무리하면서 발화를 끝내거나 다른 화제로 옮길 때 사용하는 경우, 즉 선행 발화와 후행 발화를 연결하는 기능이 있다는 것이다. 둘째는 전경과 후경의 경계를 표시하고 전경을 부각시키는 기능을 한다고 한다. 특히 '그냥'은 '아주'와 같은 정도 부사와 함께 쓰이는 수가 많은데 이때는 후행 발화를 전경화한다고 했다. 그리고 문장 끝의 '그냥'은 화자의 주관적 판단이나 심리를 강조하는 기능을 수행한다고 파악했다. '그냥'의 셋째 기능은 화자의 강조적 태도를 부각시켜 화자의 발언권을 유지하는 기능을 수행한다는 것이다. 특히 '그냥 그', '그냥 뭐'와 같이 '그'나 '뭐'와 어울려 쓸 때는 시간을 버는 기능을 수행하는 것으로 보았다. 이정애(2002)에서 주장하는 바를 요약하면 '그냥'이 담화표지로 쓰일 경우, 선행 발화와 후행 발화를 분리시키면서 전경을 부각시키거나, 강조하는 기능이 있다는 것이다.

이정애(2002)에서 제시된 '그냥'의 담화적 기능은 대체로 옳은 것으로 판단된다. 다만 '그냥'의 담화적 기능이 '그냥'이 본래 갖고 있던 어휘적 의미와 어떠한 관계를 맺는지에 대한 해명이 없음이 아쉽다. 우리는 이 장에서 '그냥'의 어휘적 의미에 대한 탐색에서부터 논의를 시작하고자 한다. '그냥'의 어휘적 의미를 올바로 파악한 뒤에 담화표지로 쓰이는 '그냥'의 담화 기능을 기술하고, 이 담화 기능이 어떠한 어휘적 의미로부터 확대된 것인가를 따져 보려는 것이다. 이어서 한반도의 동부 방언지대에서 담화표지로 쓰이는 '그저', '그만'과 비교하여 이 두 부사가 기실 '그냥'과 같은 기능을 하는 담화표지임을 밝히고, 나아가 '그냥', '그저', '그만'이 결국은 동일한 담화표지의 상이한 방언형이라는 사실을 주장하려고 한다.

2.1 '그냥'의 어휘적 용법

2.1.1 전제된 사태의 부정

'그냥'은 여러 방언에서 '근냥', '근냥', '그냥', '근내', '긴냥', '긴냥', '기냥', '기양', '긴내', '그냥', '그양', '기양', '게양', '걍' 등 다양한 형태로 나타나는데, 기원적으로는 지시어 '그'와 명사 '양'으로 이루어진 합성어로 추정된다. '그냥'과 함께 '이냥', '저냥'이 있고, 또한 이들의 합성인 '그냥저냥'과 '이냥저냥'이 이러한 어원을 뒷받침한다. '그냥'에 포함된 '양'이 한자어 樣인지 아니면 의존명사 '양'인지 분명하지 않으나, '그냥'

의 의미를 고려하면 두 가지가 모두 가능하다. 어쩌면 의존명사 '양'도 한
자어 樣에서 출발했는지도 모를 일이다⁴⁾. 어쨌든 '그냥'의 애초의 뜻은
'그 모습' 정도로 추정되는데, 오늘날은 '그 모습대로' 또는 '그대로'처럼
부사적으로 쓰인다. '그냥'의 '그'가 지시어임을 고려하면 '그냥'은 일종의
대용어인 셈이므로 그 의미 해석도 일반 대용어와 마찬가지로 선행사와
연동하여 이루어져야 한다.

'그냥'의 올바른 의미 해석을 위해서는 특정의 사태가 전제되어야 한다.
이 전제된 사태를 부정하는 새로운 사태가 유지될 것을 '그냥'이 요구하기
때문이다. 만약 전제된 사태를 p라 한다면 '그냥'은 ~p라는 의미 해석을
얻는다. (1)의 예를 보자.

(1)
(선행 발화) 옷을 벗고 들어갔어? (p)
가. 옷을 벗지 않고 <u>그냥</u> 들어갔어요.(~p)
나. 옷을 입은 채 <u>그냥</u> 들어갔어요.(q)
다. 옷을 벗지 않고 입은 채 <u>그냥</u> 들어갔어요.(~p, q)
라. <u>그냥</u> 들어갔어요.(~p)
마. 옷을 벗고 <u>그냥</u> 들어갔어요.(p)

예 (1)은 '옷을 벗고 들어갔는지'를 묻는 물음에 대한 가능한 답변을 만
들어 본 것이다. 이때 선행 발화에 나타난 '옷을 벗고'가 바로 '그냥'의 해
석을 위해 전제된 사태 p이다. 그러므로 물음의 답변에 쓰인 '그냥'은 이
p의 부정인 ~p를 가리키게 되는데, (1가)는 발화에 ~p가 명시된 경우이
다. 그런데 경우에 따라 ~p를 구체화하는 사태 q가 명시될 수도 있는데,

---

4) 북한의 『조선말대사전』에는 '그냥'과 같은 의미로 쓰이는 '허양'이 올림말로 제시되어
   있다. '허양'의 '양'과 '그냥'의 '냥'이 어원적으로 같은 것일 가능성이 크다. '허양'에 대
   한 정보는 한민족 정보화 통합 검색 프로그램의 도움을 받았다.

(1나)가 그런 경우이다. 그러나 이 q는 의미적으로 ~p와 같은 것이기 때문에5) 이때의 '그냥'은 q를 가리킴으로써 의미상으로는 ~p를 지시하는 것과 동일한 효과를 낳게 된다. 한편 (1다)는 ~p와 q가 모두 제시된 경우로서 이때의 '그냥'은 ~p와 q인 '옷을 벗지 않고 입은 채'를 가리킨다6). (1가)-(1다)는 모두 '그냥'이 가리키는 바가 발화상에 명시된 경우지만, (1라)처럼 '그냥'의 선행사가 명시되지 않을 수도 있다. 그러나 (1라)는 ~p와 q 중 어느 것도 명시되지 않았음에도 불구하고 '그냥'이 ~p를 가리키는 해석을 얻고 있다. 이것은 전제된 사태 p만 있다면 '그냥'은 자동적으로 ~p를 지시하는 것으로 해석될 뿐, 올바른 해석을 위해 ~p나 q가 굳이 명시될 필요가 없음을 보여 준다. 다시 말하면 '그냥'의 해석을 위해서는 p의 전제가 필수적일 뿐 ~p와 q의 명시는 수의적이라는 사실을 뜻하는 것이다.

예 (1)의 질문에 대한 응답으로 (마)처럼 전제된 사태를 인정하는 경우도 전혀 불가능한 것은 아니다. 그러나 이것은 세상의 지식에 비추어 '옷을 벗고'가 일반적인 사태가 아닌 유표적 사태이기 때문으로 보인다. 화용적으로 전제된 것은 일반적 사태인 '옷을 입고'인데, 이를 부정함으로써 (1마)와 같은 문장이 가능하게 되었다. 선행 발화의 부정과 세상의 일반적 지식의 부정의 두 가지 해석이 공존할 때 선행 발화의 부정이 더 우세한 의미 해석이란 점에서 (1마)는 (1가)-(1라)에 비해 자연스러움이 떨어진다고 하겠다.

이와 같은 '그냥'의 해석 절차를 실제의 구술발화 예를 통해 다시 확인해 보기로 하자.

---

5) '입다'를 '벗다'의 부정과 동일시한 결과이다. 그러나 경우에 따라 ~p와 q가 일치하지 않는 경우가 있을 수 있다. 즉 ~p는 보다 포괄적인 집합인 반면 q는 이의 구체적인 부분 집합일 수 있기 때문이다.

6) ~p와 q가 함께 나타날 경우에는 ~p, q의 순서로 제시되는 것이 원칙이다. 왜냐하면 q는 ~p의 내용을 구체화한 사태이기 때문이다. 그래서 '옷을 입고 벗지 않은 채 들어갔어요.' 와 같은 문장은 매우 어색한 느낌을 주게 된다.

(2)

가. 이게 그거 [소독 안하고] 그냥 막 쓰던 늠 쓰고 그냥 닿고 그렇게서
   글 하나 대나 머리 깎고 오면 그라드라고.

나. [어뜨게 생긴 얼굴도 몰르고] 그냥 읃은 기여.

다. 토란은 [씨알로] 그냥 갖다 심어나둬

라. [옷이 탐나갖고] 그냥 시집갔어 나.

(2)는 충남 논산 지역어의 예인데, (2가)와 (2나)는 대괄호로 묶인 ~p가
명시되었으므로 '그냥'은 이를 가리킨다고 할 수 있다. 그러나 (2다)와 (2
라)는 ~p가 아닌 q만이 제시된 경우이다. 따라서 이들 예에서 '그냥'은
대괄호로 묶인 q를 직접 지시한다기보다는 명시되지 않은 ~p 즉 (2다)에
서는 '씨로 뿌리지 않고', (2라)에서는 '깊이 생각하지 않고' 정도의 의미
를 가리킨다고 할 수 있다.

'그냥'의 해석에 필수적인 전제된 상황 p는 특히 대조적인 구문에서 명
시될 때가 많은데 (3)이 이를 보여 준다. (3) 역시 충남 논산 지역어의 예
이다.

(3)

가. 꼬추 그른 것은 [북돋아서] 잘 키우야 하고 콩은 그냥 그른거 안 [북
   안 돋아도] 잘 커.

나. 지끔은 꽤두 [심구] 머 또 하지만 그전이는 콩밭이다가 깨를 [뿌렸어]
   그냥. 콩하고 섞어서 나라고.

다.

@ 옛날에 결혼하셨던 모습 할머니는 [신식으로] 하셨지만 옛날에 아시
   는 거 옛날에는 어떻게도 했다 이것 좀 얘기해주세요.

옛날이는 머 어뚫게 햐? 그냥 [마당이다] 잉?

(3)에서 (3가)는 이음씨끝 '-고'에 의해 대조적 구문을 형성하는데, 이때

선행절의 '북돋아서'가 전제된 상황 p로 작용하며, 후행절은 이것의 부정인 '북 안 돋아도'가 명시되어 있고 이 명시된 표현을 '그냥'은 지시하고 있는 것이다. 마찬가지로 (3나)에서는 이음씨끝 '-지만'에 의해 대조를 이루고 있는데, 선행절에 전제된 사태 '심구'가 드러나 있지만 후행절에는 이와 대조적인 사태 q에 해당하는 '뿌렸어'가 명시되었다. 이때 '그냥'은 이 q를 가리킨다기보다는 전제된 사태 p의 부정인 ~p 즉 '심지 않고'를 가리키는 것으로 해석되어야 한다. '심구'의 부정인 '심지 않고' 안에는 '뿌리는' 것 외의 다양한 방식이 있을 수 있기 때문이다. (3다)에서는 선행 발화인 '신식으로'와 후행 발화인 '마당이다'가 대조되는 것처럼 보이지만, 사실은 '신식으로'로부터 추론되는 '예식장에서'와 '마당이다'가 대조를 이룬다고 하는 것이 옳을 것이다. 따라서 이때의 '그냥'은 전제된 사태 '예식장에서'의 부정인 '예식장에서가 아니라'를 가리킨다고 할 수 있다.

마치 역행대용처럼, '그냥'의 의미 해석을 돕는 전제된 사태 p가 '그냥'보다 나중에 오는 수도 있다. 충남 논산 지역어의 예 (4)가 이런 경우이다.

(4)
가. 잏게 식초럴 집이서 담은 식초 그것을 <u>그냥</u> 얼굴이다 <u>그냥</u> 뿌리먼 저 기항게 채 있드라 채 [얼굴채] 그라더니 하얀 그 거시기 저기 삼베 밥푸재이(=밥그릇을 덮는 보자기) 같은 거 그런 거 얼굴 덮어 놓고 푹 막 품더라고 이렇게.
나. 옛날이 베 벼갖고 낫이루 가서 벼:서 또 들판이다 깔았다가 그늠 그냥 걷어울 수 있어? 깔은 늠 또 [디지부야] 햐.

(4가)에서 '그냥'은 '얼굴채 등으로 얼굴을 가리지 않고'와 같은 의미를 갖는데, 이것은 순전히 뒤에 오는 '얼굴채'나 '삼베 밥푸재이' 등과의 대조를 통해 얻어지는 것이다. (4나)의 '그냥'이 '뒤집지 않고'로 해석되는

것도 마찬가지이다.

'그냥'의 해석을 위해 전제된 사태 p가 필수적이라는 사실을 앞에서 지적하였지만, 그렇다고 해서 p가 (1), (3), (4)처럼 발화상에 반드시 명시적으로 나타날 필요는 없다. 발화 상황이나 세상의 일반적 지식 등에 의해 말할이와 들을이가 이를 암묵적으로 전제할 수 있기 때문이다.

(5)

가. 그래두 그렇지. 바닷가에 왔다 <u>그냥</u> 간다 이거야. 그놈의 돈 뭐 할거냐 이거야.

나. 만나 입장만 난하지 뭐. 우리 바빠서 <u>그냥</u> 갑니다 허구 와 버렸어.

위의 예는 경기도 파주의 구술발화에서 따온 것이다. (5가)에서는 바닷가에 놀러가는 경우라면 으레 그곳에서 뭘 사먹기도 하고 놀기도 해야 할 텐데 실제는 그렇지 못하여 이때의 '그냥'은 '뭔가를 사 먹거나 구경하는 것에 돈을 쓰지 않고' 정도로 해석될 수 있다. (5나)는 시골에서 서울에 갔을 때에는 사람을 만나거나 그 밖의 여러 가지 일을 하고 돌아오는 것이 보통인데, 이 경우는 사람을 만나지 않고 바로 내려왔다는 뜻이다. 그래서 이때 '그냥'은 '만나서 이야기를 하지 않고' 정도의 뜻을 갖는다고 할 수 있다. 이와 같이 (5)의 예들은 모두 발화 상황이나 세상의 지식 등에 근거한 화용적 전제를 부정하는 경우인데, 이때 이 전제들은 발화상에 명시되지 않고 단지 말할이와 들을이의 지식에 의해 전제되고 있는 것이다.

2.1.2 관용적 용법

'그냥'이 특정한 서술어나 표현 등과 결합하여 고정적인 해석을 갖는 경우가 있다. 특정 표현은 고정된 사태 p를 전제하는 것이 관용화되었으므로, 이를 부정하는 '그냥'의 기능도 굳어지게 된 것이다. 예를 들어 충남 논산 지역어의 예 (6)에서 보듯이 '두다'가 포함된 '내버려두다', '놓아두다' 와 같은 특정한 서술어와 어울려 쓰일 때는 '애초의 상태에 변화를 일으 키지 않은 채 그대로'라는 의미로 해석된다.

(6)
가. 그냥 내빌어두시구 몰르는 칙 햐갖구 그냥 놔두시라구 그러면 다:: 아서 자기네가 한다는디.{그냥 내버려 두시고 모르는 척 해 가지고 그 냥 놔 두시라고. 그러면 다 알아서 자기네가 한다는데.}

나. 물 머 못 빠지게 그냥 논두덕을 그냥 놔두먼 짝짝짝짝 갈러져서 물이 안 마디덜 안햐.{물 뭐 못 빠지게 그냥 논두렁을 그냥 놔 두면 짝짝짝짝 갈 라져서 물이 안 마디지를 않아.}

한편 '그냥'이 '가다'와 같은 이동 동사 그리고 '갈아앉다'나 '없어지다' 와 같은 사태의 변화를 뜻하는 동사들과 어울릴 때는 특히 '지체하지 않 고 바로'의 의미로 해석되는 수가 많다. 이동이나 사태의 변화가 일어나 기 위해서는 일정한 시간이 필요한 것이 일반적인데, '그냥'은 이러한 전 제의 부정을 지시하고 이것이 아예 굳어져서 일반적인 용법으로 고정되 기 때문이다. 충남 논산 지역어의 예 (7)이 이를 보여 준다.

(7)
가. 그래서 방앗간이루 그냥 집적 강게 머 이 신상 편햐, 베 벼도.{그래서 방앗간으로 그냥 직접 가니까 뭐 이 신간 편해. 벼 벼도.}

나. 직속이루 가버려 그냥 방앗간이로.{직접 가 버려, 그냥 방앗간으로.}

다. 여드름 나먼은 여드름언 갈아앉더라고 짜면 그냥.

라. 읊어져. 여드름 나두 여드름 쪼끔 나 봤는디 많이는 안 났어두 그냥 없어지대.

'그냥'이 서술어 '주다' 등과 어울려 쓰일 때에는 대체로 '대가 없이'의 뜻으로 쓰인다. 이 역시 '주는' 행위는 일반적으로 특별한 대가를 필요로 한다는 전제가 있으므로, 이에 반하는 사태를 '그냥'이 가리키기 때문에 생겨난 관용적 해석이다.

(8) 이거 나 그냥 주는 거야?

'그냥'이 피동의 의미를 갖는 동사와 어울려 쓰일 때에는 '힘을 가하지 않아도' 또는 '저절로'와 같은 해석을 갖는 수가 있다. 어떠한 동작이 일어나기 위해서는 특별한 힘이 전제되는데, '그냥'은 이러한 전제의 부정을 나타내기 때문이다.

(9)
가. 문이 그냥 열렸다.
나. 감이 나무에서 그냥 떨어졌다.

'그냥'은 경우에 따라 '별다른 것이 아니라' 또는 '특별한 이유 없이'와 같은 뜻으로 쓰일 때가 있다. 어떤 행위나 사태가 발생하기 위해서는 특별한 이유가 전제될 경우가 있는데, '그냥'이 이런 전제의 부정을 가리키기 때문이다. 충남 논산 지역어의 예 (10)이 이런 경우이다.

(10)
가. 고기가 아 고 산은 머 배랑(=별로) 이름두 읎는 산이었어. 그냥 고개
   하나 넘어서 한다구 여 한고개라구 했지.
나.
@ 구림밑산 왜 이름이 그래요?
# 엣날이 구림밑산은 나 왜 구림밑산이라구 했나 몰라. 나두 그냥 노인
   네덜한티 구림밑산 구림산 들은 풍월이지.

다.

@ 그러면 어떻게 만들어졌는지, 왜 마을이 여기에 만들어졌는지는 아세
요?

몰라 그전이 아부지 고향잉게 이 터가. 여기서 낳았으니께 내가 <u>그냥</u>
자란 거 뿐이지 머 큰 거 뿐이지.

‘그냥’은 ‘다른 것은 없고 오직 그것만’의 해석을 갖는 수가 있다. 이런
용법의 ‘그냥’은 ‘밖에’나 ‘만’과 같은 토씨가 결합된 명사가 뒤따르는 수
가 많은데, 경기도 포천 지역어의 예 (11)이 이를 보여 준다.

(11)

가. 아주머니들이 오줌 동이 이어다가 오줌 받아서 뿌리구 그리고 <u>그냥</u>
<u>그것배끼</u> 없으니까 거름이란게 똥 오줌 똥 오줌.

나. 편히 살아 있을 적에 하도 <u>그냥 계집질만</u> 허고 그냥 저거허구 해서.
그 새끼들을 데리구 내가 아주 고생스럽게 살았다.

2.2 ‘그냥’의 담화화용적 용법

2.1에서 살핀 것처럼 ‘그냥’은 ‘전제된 사태의 부정’을 기본의미로 삼고
있다. 즉 전제된 사태 p를 바탕으로 하여 그 부정인 ~p를 가리키는(나타
내는) 기능이다. 이처럼 전제된 사태를 부정하는 기본의미가 문법화를 거
치면서 퇴색하게 되면, p, ~p 등의 존재와 무관하게 말할이의 심리를 나
타내거나 담화의 진행을 돕는 기능만을 맡게 된다. 이러한 변화는 ‘그냥’
의 어휘적 의미가 퇴색하여 담화화용적 기능으로 바뀐 것이라 할 수 있는
데, 어휘적 의미에서 담화화용적 기능으로의 변화는 일종의 문법화라 할
수 있으며, 담화화용적 기능을 수행하는 ‘그냥’은 따라서 문법화의 결과로
얻어진 담화표지인 셈이다.

2.2.1 발화의 단절

'그냥'이 담화표지로 쓰일 때 'A 그냥 B'와 같은 구성에서 '그냥'은 선행 발화인 A에 이어 발화되고 후행 발화인 B와는 이어 발화되거나 아니면 쉼이 개재된다. 따라서 '그냥'은 본질적으로 선행 발화와 필수적으로 이어 발화되어야 한다. 이러한 운율적 특징 때문에 선행 발화와 후행 발화는 '그냥'에 의해서 자연스럽게 분리된다. 이것은 '그냥'을 경계로 해서 정보를 나누어 전달하려는 효과를 낳는데, 일반적으로 '그냥'의 후행 발화에 초점이 놓이는 효과가 생긴다. 다만 '인자 기양 막', '기양 머'처럼 다른 담화표지나 강조의 부사 등과 어울릴 때는 후행발화와 이어 발화되는 수도 있다. 이런 경우에도 선행 발화와 이어 발음되는 점은 한가지이고, '막'이나 '뭐'와 같은 담화표지들과 어울려 발음될 때에도 이들을 경계로 하여 다시 후행발화와 분리되는 것 또한 동일하다. 결국 '그냥'은 독자적으로 아니면 다른 담화표지들과 어울려 선행 발화와 후행 발화를 분리시키는 담화적 효과를 갖게 되는 것이다.

'그냥'의 이러한 운율적 특징에 근거하여 '그냥'이 발화의 연속성을 일시적으로 끊어 주는 역할을 하는 수가 있다. 이런 기능의 '그냥'은 모두 통사적으로 분리되는 곳에서 나타나는 것이 특징이다. 특히 절과 절 사이, 또는 주제와 논평 구조 아니면 주어와 술어 등 문장의 계층 구조상 상층의 통사적 환경에 나타나는 것이 많은데 충남 논산 지역어의 예 (12)가 이런 경우이다. (12)의 '그냥'은 모두 선행절과 연결되어 발화되고 후행절과는 약간의 쉼을 둠으로써 선행절과 후행절이 분리되는 효과를 낳게 한다. 그런데 이러한 발화의 분리는 선행절과 후행절을 완전히 나누기 위해서가 아니라, 후행절이 연속적으로 진행되기 위한 발판의 역할을 선행절이 수행하도록 하기 위함이다. 다시 말하면 선행절을 일단 완료한 다음 새로운 절을 전개해 나가기 위한 일종의 숨고르기 역할인 것이다. 따라서 '그냥'이 수행하는 분리나 단절의 기능은 담화의 연속적 진행을 위한 장치일 뿐 분리나 단절 그 자체가 목적이라고 할 수는 없을 것이다. 그런데 '그 냥'의 이러한 발화의 단절 기능은 많은 담화표지가 일반적으로 갖는 공통 적인 기능이기도 하다. 5장에서 논의하였던 담화표지 '이제' 역시 선행 발 화의 내용을 매듭짓는 기능이 있음을 지적한 바 있는데, 이러한 매듭지음 은 결국 발화의 단절과 같은 것이다.

(12)

가. 지금언 머 기게루 탈곡하닝게 논 밭여서 다 해갖고 <u>그냥</u> 다 기게로 빼다가 <u>그냥</u> 이 또 말리러 가는 것두 지금은 기게루 다 말려.

나. 홀태(=벼훑이)는 내가 했어도 자리개질 하는 것언 몇 십년 전에 <u>그냥</u> 그 자리개질을 했나 몰라도 나 어렸을 때에 자리개질 안 했어 우리 아부지두.

다. 그건 학질 놀래서 떨어진다고 놀래고 막 놀래끼고 <u>그냥</u> 저 산 공동모 지 가갖고 가서 <u>그냥</u> 재주 넘으라고 그라고 거기서 귀신 나온다고 하 고 막 잉 느닷없이 무서서 <u>그냥</u> 놀래먼 떨어진다 그래도 안 그래 약 먹으야 떨어지지.

라. 아시(=애벌) 갈어놓고 두벌 갈아 놓고 인자 시물(=세물) 떼 데서 <u>그 냥</u> 맘물(=만도리) 싹 갈어갖구 쓰레(=써레)로 쓰리야지(=써려야지).

충남 논산 지역어의 아래 예 (13가)는 '그냥'이 주어와 술어 사이에 나 타나며, (13나)는 목적어와 술어 사이에 나타나고 있다. 그런데 이 두 예들 에서 흥미로운 것은 '그냥'이 두 차례 연속적으로 나타난다는 점이다. 담 화가 진행되는 과정에서 담화표지가 여러 차례 쓰이는 것은 입말 담화의 특징적인 현상인데, (13)은 이를 보여 주고 있으며, 이런 예로 미루어 보아 도 '그냥'이 전형적인 담화표지의 특징을 갖추고 있음을 확인할 수 있다. 특히 (13가)에서는 '그냥'이 문장의 맨 앞 위치에 나타나는 것이 흥미롭다. 새로운 발화를 시작하는 단계에서 '그냥'이 쓰이는 것은 발화를 연속적으로 진행하고자 하는 말할이의 능동적인 태도를 보여 준다.

(13)

가. 즈 진양반이 이게 오래 좀 살으면서 건강했으믄 내가 고상을 즘 들 하는디 살만치 살았어요. <u>그냥</u> 우리도 <u>그냥</u> 촌이서 생활할만치 그랬 는디.

나. 착 널으면 목해다리(=목화다래)가 잏게 <u>기냥</u> 덩얼 <u>그양</u> 매달여 갖고 이마식햐(=이만큼씩 해). 어지간한 복숭아 마식햐 이렇게.

발화를 단절하는 '그냥'의 기능은 전제된 사태를 부정하는 기본의미로 는 전혀 설명할 수 없다. 단절의 '그냥'은 선행 발화와 후행 발화 사이에 약간의 쉼을 주는 효과를 발생하면서, 후행 발화를 부각시키는 기능을 하 기 때문이다. 그렇다면 이런 경우의 '그냥'은 담화의 연속적 진행을 위해 시간을 벌면서, 뒤따르는 후행 발화에 초점을 가하는 담화화용적 기능의 예라 할 수 있다.

'그냥'의 이러한 담화적 기능은 기본의미와 완전히 무관한 것인가? 우리 는 결코 그렇지 않다고 생각한다. 발화의 단절은 본질적으로 선행 발화와 후행 발화의 두 사태를 전제로 한다. 마찬가지로 '그냥'의 기본의미도 전 제된 사태 p와 이의 부정인 ~p의 연속적 관계에서 후행항에 속하는 ~p 를 지시하는 것이었다. 그렇다면 두 개의 항을 필요로 하고, 선행항보다는 후행항을 부각시키는 기능을 하는 점에서는 기본의미와 단절 기능 사이 에 공통성이 있다고 할 것이다. 다만 기본의미의 경우 후행항은 선행항의 부정이라는 의미적 관계를 갖지만, 단절에서는 선행항을 바탕으로 후행항 이 진행된다는 점이 다르다. 그 밖에 기본의미에서는 '그냥'이 후행항인 ~p를 지시하지만, 단절의 '그냥'은 후행항을 지시한다기보다 선행항과 후 행항을 분리하는 기능을 할 뿐이다. 그러나 이러한 차이에도 불구하고 두 개의 선후행항을 필요로 하고, 특히 후행항을 부각시키는 공통성이 있기

때문에 '그냥'이 수행하는 '단절'의 기능은 기본의미로부터 문법화된 결과
로 보는 것이 합리적이라 하겠다.

2.2.2 부연

'부연'이란 선행 발화의 내용을 좀 더 구체적으로 설명하는 후행 발화가
뒤따르는 경우를 말하는데 충남 논산 지역어의 예 (14)와 같은 경우이다.

(14)
가. 차두 안댕기지 [여기서 나갈라면] 그냥 [시내까장 갈라면] 한창 걸어
가야지 그라는디 지금은 이 앞 들이 여가 뚫려 나갖구.
나. 그렇게 고기다가 [삽이루 이롷게] 그냥 [소시랑이루 긁어오서 삽이루
싹싹 해놓고서는] 발루 칵칵 밟어서 삽이루 싹싹 문질르구 문질르구
그것보구 치대기라고 라는 게비다 바리때(=바릿대) 부치는 거.
다. 옹기그륵 큰 옹 [우리 지는 옹기가] 그냥 [밑 도가지 들은 옹기가] 있
었어 거기다 퍼뷔 놓았다 먹어.

(14)에서 보듯이 대괄호로 묶은 표현들은 '그냥'을 경계로 해서 이어지
고 있는데, 이들은 의미적으로 부연의 관계에 있음을 쉽게 알 수 있다.
(14가)에서는 후행발화에서 '시내까장'이라는 목적지가 추가되었고, (14나)
에서는 '소시랑이루 긁어오서'가 첨가되어 있다. 그리고 (14다)에서는 선
행 발화의 '옹기'를 '밑 독아지 들은 옹기'로 구체화하였다. 이처럼 선행
발화를 부연하는 과정에 '그냥'이 쓰이고 있는 것이다.

부연의 구성에 나타나는 '그냥'도 넓게 보면 발화의 단절을 나타내는
기능에 포함될 수 있다. 선행절에서 후행절로, 주어에서 서술부로, 주제에
서 논평으로 전개되어 나가는 발화처럼 선행 발화를 구체화하는 부연도
선행 발화를 일단 완료하고 숨을 고른 다음 후행 발화로 이어가는 담화의
연속적 진행이기 때문이다. 여기서는 의미적 차이를 고려하여 단절과 부

연을 구별하기로 한다.

2.2.3 강조

발화의 단절이나 부연의 기능은 모두 선행과 후행의 두 발화를 필요로
하면서 후행항을 부각시키는 공통점을 갖는다. 그런데 선행항이 없이 후
행항만을 부각하는 경우도 있다. 이럴 때에는 후행항을 강조하는 기능으
로 바뀌었다고 할 수 있다. '그냥'이 강조하는 표현은 '그냥'의 뒤에 오는
것이 일반적이지만 경우에 따라 '그냥'의 앞에 오기도 한다. 충남 논산 지
역어의 예 (15가)-(15라)는 '그냥'이 뒤따르는 형용사나 부사가 나타내는
상태를 강조하는 경우이다. 반면 (15마)는 '그냥'의 앞에 나오는 '아주'나
'열심히'를 강조하는 것으로 해석된다.

(15)

가. 부자루 살었던 양반들이라 뒤지(=뒤주)가 좋은 놈 있어. 안 내빌었어.
   집을 잘 짓고 이사했어도 지끔 거기다가 <u>기양 빨가낳게</u>(=빨갛게) 옻
   칠해 놓은 옷이라 뒤지가 그릏게 좋은 놈 있어.

나. 아 그 빌어먹을 놈덜이 인자 애가 <u>그냥 크구</u> 거식하닝까(=거시기하
   니까).

다. 천자책을 군대가니까 <u>그냥 너머</u> 답답해서 저녁마두 천자를 뗬댜
   그냥.

라. 첫딸이라 그때 <u>그냥</u> 음석을 을마나 많이 그냥 여름잉게

마. <u>아주 기냥 열심히 기냥</u> 아주 노력해가꾸 배워갖구 잘 알더라구.

'그냥'은 상태뿐 아니라 동작을 강조하는 수가 있다. 이때에도 '그냥'은
충남 논산 지역어의 예 (16가), (16나)처럼 뒤따르는 동사, 동사구 등을 강
조하지만 (16다)와 같이 앞에 오는 동사를 강조하는 수도 있다.

(16)

가. 맥사리(=떡서리)는 크 막 방안이 그득망하게 해서 <u>그냥 갖다 퍼부느</u>
<u>는</u> 거 맨틀구 구랬지 맥사리.

나. 응 밀 끊어다가 밀서리 해서 막 치 <u>그냥</u> 마당이다 놓고 귀갖구 비벼
<u>서 까 먹으면</u> 데게 맛있다.

다. 꼬무로 한 거 그런 것이 읋으니께 그거 나옹게 그릏게 좋아갖구 그른
것은 다 <u>내빌어 버렸어 그냥.</u>

　　동작을 강조할 경우에는 거센 동작을 강조하는 '막'이나 '싹'과 같은 부
사와 어울려 쓰이는 수가 많다. 이때 '막'이나 '싹'은 '그냥'의 앞과 뒤의
어느 곳에도 올 수 있는데, 예 (17)과 (18)이 이를 보여 준다. (17)은 충남
논산, (18)은 전남 곡성 지역어의 것이다. (17나)의 밑줄 친 '그냥 환장하
구'도 같은 범주에 든다. '환장하구'는 여기서 '너무 좋아하는 모양'을 나
타내는 말이므로 '막', '싹'과 마찬가지로 거센 동작을 표현한다고 할 수
있다.

(17)

가. 게군이 많아닝께 <u>그냥</u> 이팀 저팀 <u>막</u> 미구서는 성당이까장 갔다가 성
당이서 미사 디리고 거기서 또 일루 와갖구 여기서 여 산이다 모셨어.

나. 이 가방을 줏어들구 이 아줌마 가방 아니냥게 히잉 그때서 눈이 번쩍
하더니 <u>그냥 환장하구</u> 그냥 고맙다구 <u>막 그냥</u> 그라드랴 그라더니.

다. 누가 어떤 놈이 뒷전이서 <u>막 그냥</u> 머 큰소리 치는 놈 읋어 읋어 못해.

(18)

가. 불쏘시개 불, 불로 불도 때고 글라고 막 비낄라고 기양 서로 비낄라
고 <u>기양 막</u> 등 대우고 있어요.

나. 날:이 되고 닷새가 되고 엿새가 되먼 막 아조 눈코도 못 들어요. <u>기양.</u>

다. 이놈이 막 흑:하니(=하얗게) 들였어서(=들어엉겨서) <u>기양 막</u> 쏘내기
온 시늉을 해요.

라. 곱이라고 막 거기서 <u>기양</u> 베 그 풀물 같은 것이 막

마. 담고 그래요 근디 그 가을에도 씬 거 좋아한 양반들은 <u>기양 막</u> 갖다
　　담은대요.

바. 그런 놈이 잠깐 있다가 돌아서면 <u>기양</u> 싹 묵어불면 또 줘놓믄 또 묵
　　어불고.

사. 거그서 싹: 요로고 뉘에꼬치를 처강깨롱 <u>기양</u> 싹 매:상을 해불었넌디

　　2.2.1과 2.2.2에서는 '그냥'이 발화를 단절하고 선행 발화를 부연하는 등 담화의 진행을 돕는 기능을 수행하였다. 그러나 2.2.3에서 살펴본 '그냥'의 강조 기능은 이와는 성격이 다르다. 강조란 본시 말할이의 심리적 상태이기 때문이다. 담화표지에 말할이의 심리적 상태나 담화의 진행을 돕는 두 가지 기능이 있음은 김명희(2006)에서 언급된 바 있는데, '그냥' 역시 이 점에서 일반적인 담화표지의 속성을 그대로 지니고 있음을 보여 준다.

3. 강원도 홍천 지역어의 '그냥'

　　홍천 지역은 강원도의 다른 지역에 비해 상대적으로 '그냥'의 사용 빈도가 높아 96회의 출현을 보였다. 이러한 높은 빈도는 홍천이 지역적으로 경기도와 이웃해 있기 때문인 것으로 해석되었다. 그렇다면 이 지역에서의 '그냥'의 용법은 어떠할까? 어휘적 의미에 머물러 있는지 아니면 담화적 기능으로까지 의미의 확대가 일어났는지 궁금한 문제이다. 이를 위해 홍천 지역어에 나타나는 '그냥'의 예를 검토해 보았다.

　　우선 어휘적 의미에 속할 만한 예들이 다수로 확인된다. 전후의 문맥에 의해 전제된 사태를 부정하는 경우에 '그냥'이 쓰인 경우가 그것인데 예 (19)가 이를 보여 준다.

(19)
곡석을 담어두 그게 헤지지 않게 그거, 그걸 도래방석이래, 똥구랗게.
그거 멍석언 <u>그냥</u> 일자구.

(19)에서 '그냥'은 선행 문장에 나오는 '도래방석'의 '도래'를 부정하면서
'동그랗지 않고'의 뜻을 갖는다.

이처럼 '그냥'의 전제된 사태의 부정을 뜻하는 용법은 일반적으로 인정
된 사태의 부정에 이르면 관용적 의미를 갖게 되는데, '다른 것이 아니라',
'바로', '저절로' 등의 의미로 해석되는 것이 이런 경우에 속한다. 홍천 지
역어에서도 이런 '그냥'의 확대된 쓰임이 확인된다.

(20)
가. 그러케 내가 좀 편랠려면 도니 이쓰면 나믈 주믄 <u>그냥</u> 그날 개들 다
   심어주긴 다 시머줘.{그렇게 내가 좀 편하려면 돈이 있으면 남을 주면 그
   냥 그날 걔들 다 심어주긴 다 심어줘.}
나.
그래 그건 이르므 읍써.{그래 그건 이름은 없어.}
<u>그냥</u> 나무에서 서가주 인넝걸 싹따리라 구래.{그냥 나무에서 서가지고
   있는 걸 '싹다리'라 그래.}
다.
껍찌를 이런저런 저런데 저그 뺑둘러 이거 부터짜너.{껍질을 이런저런
   저런 데 저기 뺑 둘러 이거 붙었잖아.}
그래서 인제 그 빈 데 그 끄트말 거그가 이러케 하면 그 베껴지자너.
   {그래서 이제 그 빈 데 그 끄트머리 거기가 이렇게 하면 그게 벗겨지잖아.}
그 그르면 그를 소는 너코 이럭카면 고게 <u>그냥</u> 다 한데 부터서 그 껍
   떼기가 홀랑 비껴지능거야.{그러면 이제 그래, 손을 넣고 이렇게 그게 그냥
   다 한데 붙어서 그 껍데기가 홀랑 벗겨지는 거야.}

위에서 (20가)는 '바로', (20나)는 '특별한 것이 아니라', (20다)는 '힘들이지

않고 저절로' 등의 의미로 해석되는 '그냥'의 예를 보여 준다. '그냥'은 더
나아가 선행항이 없을 경우 후행항을 강조하는 기능을 갖는다. 특히 동작
을 강조하는 수가 많은데 홍천 지역어에서도 이러한 경우가 확인된다.

(21)

그래~이~까 인제 욤:년, 인년 사라믄 인제 거 그걸 맹깐더 베럴 <u>그냥 거
그다가 디리 싸</u>, <u>그냥 가따 분:넌다구</u> 그건.{그러니까 이제 없는, 있는 사람
은 이제 그걸 만들어 벼를 그냥 거기다가 들이 쌓아, 그냥 갖다 붓는다고 그건.}

(21)은 '들이 쌓아'와 '갖다 붓는다'처럼 '들이'나 '갖다'와 같은 역동적
인 동작을 표현하는 말 앞에 '그냥'이 출현하여 동작의 역동성을 강조하
고 있다. 동작의 역동성을 강조할 경우 '그냥 막'이나 '그냥 싹'과 같은 구
를 형성하는 수가 많았는데, 홍천 지역어에서도 '그냥 막', '그냥 무조건',
'그냥 아무거나', '그냥 단지' 등처럼 후행하는 부사를 강조하는 경우가
나타난다. 아래 예 (22)가 그런 예이다.

(22)

가. 옌나른, 지끄믄 이 사늘 맘대루 몯삐자너, 옌나렌 <u>그냥 막</u> 비어, 아:무
나.{옛날은, 지금은 이 산을 맘대로 못 베잖아, 옛날엔 그냥 막 베어, 아무나.}
나. <u>그냥 무조껀</u> 소네 쥐키머 다 딴다구.{그냥 무조건 손에 쥐어지면 다 딴
다고.}
다. 그래서 그래서 다 사람드리 인제 그걸 안씬다 그러는데 우먼 사람 해
볼쑤 이써? 나가치 도넙씨먼 <u>그냥 아무거나</u> 써다 가따 뭉능거지 머
그디 머...{그래서 그래서 다 사람들이 이제 그걸 안 쓴다 그러는데 애먼 사
람 해볼 수 있어, 나같이 돈 없으면 그냥 아무거나 써다 갖다 묻는 거지, 뭐
그 어디, 뭐...}
라. 그래서인 제 그 호리소 <u>그냥 단지</u> 그거구 겨리랄 머 이려 마러 머 그
러케 핻짜녀.{그래서 인제 그 호리 소 그냥 단지 그거고 겨리는 뭐 이려, 말
아, 뭐 그렇게 했잖아.}

그 밖에 '그냥'은 적은 수를 강조할 때 나타나는데 예 (23)이 이런 경우이다.

(23)
@ 보통 한 어르신 한 소 멸마리, 멸빠리를?{보통 한 어르신 한 소 몇 마리를?}
# 나요?{나요?}
@ 예.{예.}
# 그냥 인제 두 바리 뭐 농사꾸는 소 마이 몬 메기자너, 이 소니 미쳐 몬 도라가니까.{그냥 그냥 두 마리 뭐 농사꾼은 소 많이 못 먹이잖아, 이 손이 미쳐 못 돌아가니깐.}

이상과 같이 강원도 홍천 지역어에서 '그냥'은 어휘적 의미로서 전제된 사태를 부정하는 기본의미와 이로부터 확대된 '특별한 것이 아니라', '바로', '저절로' 등의 의미로 쓰임을 확인하였다. 홍천 지역어는 이런 이차적 확대를 넘어 '강조'와 같은 삼차적 확대로의 변화를 겪기도 하는데 이런 정도에 이르면 담화화용적 기능으로 볼 만한 것이라 하겠다. 게다가 한 예에 불과하기는 하지만 홍천 지역어에서는 (24)와 같이 의미가 거의 탈색된 용법이 확인되기도 한다.

(24)
그냥 그 옥씨기 따다가 그냥 이르케 쩌가주구 마당에다 그냥 멍석깔구 거그나와 그제 그 저 오이, 냉:수라구래잔, 오이 오이를 쓰러서 인제 장:물하 서꺼서 그거 노꾸.{그냥 그 옥수수 따다가 그냥 이렇게 쩌 가지고 마당에다 그냥 멍석 깔고 거기 나와서 그저 오이, 냉수라 그러잖아, 오이 오이를 썰어서 이제 장물하고 섞어서 그거 놓고}

예 (24)의 '그냥'은 전형적인 담화표지로서의 용법으로 사용된 경우이다. 탈색된 의미가 그렇고 특히 한 문장 안에서 여러 차례 나타나는 용법이 담화표지로서의 특징을 보여 준다. 그렇다면 강원도 홍천 지역어는 상대적으로 그 비율이 낮긴 하지만 어휘적 의미로부터 담화적 기능으로의 문법화가 일부 일어났다고 결론지을 수 있을 것이다. 그러나 이는 강원도 전체에 해당되는 것은 아니다. 홍천은 앞에서 언급하였듯이 경기도와 인접한 지역이므로 경기방언의 특징이 반영될 가능성이 크기 때문이다. 이에 반해 강원도의 동부 지역은 홍천보다 '그냥'의 사용 빈도도 낮고 그 용법도 어휘적 의미에 머무르므로 '그냥'의 담화적 기능이란 측면에서는 강원도의 서부와 동부가 양상을 달리한다고 할 수 있다.

4. '그냥', '그저', '그만'의 비교

지금까지 우리는 '그냥'의 기본의미를 '전제된 사태의 부정'으로 설정하고 이로부터 '그냥'의 몇 가지 관용적 의미가 생겨났고, 그 의미 확대가 더욱 진행될 경우 어휘적 의미 대신 발화의 단절, 부연, 강조 등 담화의 진행을 돕거나 말할이의 심리를 나타내는 담화적 기능을 수행할 수 있음을 살펴보았다. 물론 담화표지로 쓰이는 '그냥'은 한반도의 서부 방언지대에서 확인될 뿐 동부 방언지대에서는 이러한 의미 변화 또는 문법화가 일어나지 않았다. 반면 동부 방언지대에서는 서부 방언지대의 '그냥'이 쓰일 만한 자리에 '그저'나 '그만' 등이 쓰이고 있다. 이것은 '그냥'과 '그저', '그만'이 각각 동일한 담화표지의 기능을 하는 지역적 방언형이라는 사실을 말해 준다. 우리는 아래에서 이 세 부사의 관계를 따져 보기로 한다.

4.1 출현 빈도

<표 1>에서 '그냥'이 경기, 충청, 전라 등 주로 서부 방언 지대에서 빈번하게 쓰이는 부사임을 확인한 바 있다. 반면 8장과 9장에서는 중앙아시아 고려말과 동남방언에서 '그저'와 '그만'의 사용 빈도가 타 방언에 비해 상대적으로 높다는 사실을 제시한 바 있는데, 이제 이 세 부사의 사용 빈도를 비교하기로 하자. 각 도에서 사용 빈도가 가장 높은 지역을 짙게 표시하였다.

<표 2> '그저', '그만', '그냥'의 사용 빈도(4시간 발화)

	경기	강원	충북	충남	전북	전남	경북	경남	제주	고려말
그저	포천 (5) 화성 (1)	**양양 (62)** 원주 (11)	제천 (9) 청원 (7)	대전 (8) 논산 (0)	무주 (6) 남원 (1)	곡성 (3) 진도 (1) 영광 (6)	청송 (8) 상주 (3) 고령 (8)	창녕 (1) 창원 (0) 산청 (1)	**서귀포 (102)** 한경 (5)	카자흐스탄 (297)
그만	포천 (2) 화성 (1)	양양 (2) 원주 (3)	제천 (64) 청원 (1)	대전 (3) 논산 (2)	무주 (1) 남원 (0)	곡성 (0) 진도 (0) 영광 (0)	청송 (46) **상주 (101)** 고령 (14)	창녕 (35) 창원 (1) **산청 (147)**	서귀포 (1) 한경 (0)	카자흐스탄 (1)
그냥	포천 (74) **화성 (297)**	**양양 (65)** 원주 (50) 홍천 (96)	제천 (49) **청원 (247)**	**대전 (252)** 논산 (215)	무주 (154) **남원 (193)**	곡성 (96) 진도 (65) **영광 (178)**	청송 (17) 상주 (23) 고령 (27)	창녕 (2) 창원 (13) 산청 (13)	서귀포 (51) 한경 (49)	카자흐스탄 (12)

<표 2>에서 쉽게 확인할 수 있듯이 '그저'는 제주와 고려말에서 100회 이상의 빈도를 보인 반면 다른 지역에서는 매우 낮은 사용 빈도를 보인

다. 다만 강원도 양양 지역에서 62회 정도의 빈도를 보인 것이 흥미롭다. 양양과 같이 강원도 영동 지역은 함경도 지역과 유사한 언어 상황을 보이기 때문으로 해석된다. 그러나 제주 서귀포와 강원도 양양 지역이 비록 다른 지역에 비해 상대적으로 훨씬 높은 빈도를 보이더라도 문법화의 정도에 있어서는 고려말과 차이를 보였다. 고려말의 '그저'가 완전한 담화표지로의 문법화를 겪었다면 서귀포의 '그저'는 아직 어휘적 의미에 머물러 있고, 강원도 양양 지역어는 담화표지로 쓰이기는 하나 그 사용 빈도에 있어 어휘적 의미를 압도하고 있지 않다.

한편 '그만'의 경우는 경북과 경남에서 100회 이상의 빈도가 보고된 반면 다른 지역에서는 0-3회 정도의 매우 낮은 빈도를 보이고 있는데, 이 례적으로 충북 제천에서 64회 정도의 빈도가 확인된다. 이 역시 제천이 경북 지역과 지리적으로 가깝기 때문으로 해석된다. 그러나 비록 충북 제천 지역어에서 '그만'의 사용 횟수가 상대적으로 높이 나타나지만 그 용법을 살펴보면 동남방언과 달리 담화표지로의 용법은 보이지 않았다. 어쩌면 담화표지로의 문법화가 진행되기 위해서는 어휘적 의미를 지닌 채 사용되는 빈도가 일정한 수준까지 올라야 한다는 제약이 작용할 가능성도 있다. 어휘적 의미의 사용 빈도가 임계치라 부를 만한 수준까지 높아질 때 비로소 문법화가 진행될 수 있다는 가정이 가능하기 때문이다. 만약 이러한 이론적 가정이 옳다면 충북 제천 지역의 '그만'의 사용 빈도는 문법화를 야기할 정도의 임계치에 도달한 것은 아닌 셈이다.

'그냥'은 경기와 충남북, 전남북 등 한반도의 서부 지역에서 150회 이상의 높은 사용 빈도를 보였다. 한편 강원도의 홍천이 96회로서 상대적으로 높은 빈도를 보였는데 이는 이 지역이 경기도와 맞닿은 곳이기 때문이다. 그러나 강원도의 동부 지역인 양양에서도 65회의 빈도를 보이는데 이로 보면 강원도는 영남보다는 '그냥'의 사용 빈도가 높다고 하겠다. 반면 다른 지역에서는 상대적으로 낮은 빈도를 보이는데 특히 경남 지역이

2-13회로서 가장 낮은 빈도를 보였다. 경북은 비록 '그냥'의 빈도가 상대
적으로 낮기는 하지만 경남보다는 높아 17-27 정도의 빈도를 보였다.

　<표 2>를 보면 '그저'는 중앙아시아 고려말(함경도 지역)에서 아주 빈번
하게 쓰이는 부사이며, '그만'은 경상도 지역에서 빈번하게 쓰이는 부사임
을 알 수 있다. 반면 '그냥'은 서부 방언지대에서 최고의 사용 빈도를 보
여 지역적으로 상보적인 분포임을 쉽게 알 수 있다. 중부와 서남방언에서
는 '그냥', 동북방언에서는 '그저', 동남방언에서는 '그만'이 쓰인다고 할 수
있기 때문이다. 그렇다면 이러한 지리적 분포의 상보성이 의미하는 바는
무엇인가? 그것은 이 세 부사가 어휘적 의미를 나타낼 때는 동의어로 볼
수 없지만, 담화표지로 쓰일 경우에는 그 기능이 매우 유사하여 방언적
변이형으로 간주될 수 있음을 의미한다고 볼 수 있다.

　그러나 방언권의 전이지역에서는 일반적으로 대립하는 두 지역의 대표
형태가 함께 사용되거나 아니면 제 삼의 형태가 사용되는 등 독특한 전이
적 현상이 일어나는 것처럼, 담화표지의 문법화 과정에서도 유사한 현상
이 확인된다. '그냥', '그저', '그만'이 담화표지로 사용되는 지역이 칼로 자
르듯 완전한 상보성을 보이지 않기 때문이다. 예를 들어 제주도의 서귀포
는 '그저(102회)/그냥(51회)/그만(1회)', 충북 제천은 '그저(9회)/그냥(49회)/그만
(64회)' 등의 비율을 보여 서귀포는 '그저'와 '그냥', 제천은 '그냥'과 '그만'이
경합한다고 할 수 있지만, 두 낱말 가운데 어느 것도 담화표지로의 문법
화가 완결되지 못한 상황임을 보여 준다. 결국 담화표지로의 문법화는 지
역에 따라 완결되거나, 진행 중이거나, 아니면 아직 시작되지 않기도 하는
것이다. 이러한 점을 고려하면 담화표지의 방언 분화는 '그냥'의 서남방언,
'그만'의 동남방언, '그저'의 동북방언 등 전형적인 경우를 대상으로 할 때
가장 두드러지며, 나머지 지역은 전이지역의 성격으로 인해 어느 한 형태
가 대세를 이루지 못할 가능성이 있음을 인정해야 한다.

4.2 대립하는 후행항 부각

우리는 앞에서 '그냥'의 기본의미로서 '전제된 사태의 부정'을 가정한 바 있다. 또한 '그저'는 p→~p→q와 같은 사태의 흐름상에서 q 앞에 나타나는 경향이 있다는 사실도 지적한 바 있다. 강원도 양양 지역어의 예 (25)가 이를 보여 준다.

(25)
@ 아, 그래요? 거 방아에는 밀로 찐는 그런 밀방아도 이꼬, 또 보릴 찔 보리방아도 이짜나요?
# 밀방애는 우리가 밀방애가 오구(=없고), 그저 갈기(=가루) 메또레다 가러.

(25)에서 '밀방아도 이꼬'가 제시되자, 이를 부정하는 '밀방애가 오구'가 뒤따르고 이어서 '갈기 메또레다 가러'와 같은 새로운 사태가 제시되고 있다. 즉 맨 처음 제시된 발화 내용을 P라 하면 '그저'는 p→~p→q와 같은 담화 흐름상에서 q 앞에 놓이는 것이다. 이때의 '그저'는 p와 q를 대립시키는 구조에서 후행항인 q를 부각하는 기능을 갖는다. 이러한 '그저'의 기능은 부정된 사태 ~p를 가리키는 '그냥'의 기능과 매우 흡사하다. 사실 (25)의 '그저'를 '그냥'으로 대체하면 경기, 충청, 호남 등 중부와 서남방언의 토박이들은 오히려 더 자연스럽다는 느낌을 갖게 될 것이다.

한편 '그만'도 원칙적으로 적어도 둘 이상의 사태를 전제로 한다. 예를 들어 '그만 먹어라'와 같은 경우, '먹는 사태' p의 중단 곧 ~p를 가리킨다고 할 수 있으며, '이제 그만 갑시다'에서는, 현재의 사태 p를 중단하고 새로운 사태 q('가는 행위')를 요구하는 상황이라고 해석할 수 있다.

이상에서 보는 바와 같이 '그냥', '그저', '그만'은 특정의 사태 p가 전제되고 이것의 부정 ~p 또는 새로운 사태 q가 이어져 나타날 때 ~p나 q를 가리키거나 부각시키는 기능을 하는 점에서 공통이다. 이와 같이 둘 이상의 대립되는 사태 가운데 후행하는 사태를 부각하는 기능은 발화의 단절, 부연, 강조 등의 기능을 수행하는 담화표지로 문법화되기 위한 단초의 구실을 한다고 할 수 있다.

그러나 '그냥', '그저', '그만'의 기본의미가 일치를 보인다 하더라도 이 세 부사가 완전한 동의어를 이루는 것은 아니다. 무엇보다도 '부정적 함축'의 수반 여부가 부사에 따라 다르기 때문이다. '그저'와 '그만'에서는 대조되는 후행 항목에 부정적 함축이 얹히는 것이 일반적이지만, '그냥'에서는 그렇지 않다. 또한 전제되는 선행 사태의 성격도 다르다. 예를 들어 '그만'의 선행항은 발화시 이전에 지속되었던 사태인 반면, '그저'나 '그냥'의 선행항은 '지속'과 같은 의미적 제약을 갖지 않는다.

4.3 이차적 의미

$p \rightarrow \sim p \rightarrow q$와 같은 대립 구조로부터 다양한 이차적 의미가 파생될 수 있는데, '그냥', '그저', '그만'은 특히 '다른 것이 아니라'와 같은 이차적 의미를 나타내는 점에서 공통이다. p가 발화상에 명시되지 않고 전제되면서 '특별한 것' 정도를 나타낼 때 $\sim p$는 '특별한 것이 아니라' 또는 '다른 것이 아니라' 정도의 의미로 해석되는 것이다. 다음의 예 (26)이 이를 보여 주는데, (26가)는 충남 논산, (26나)는 강원도 양양, (26다)는 경남 산청 지역어의 예이다.

(26)
가.
@ 구림밑산 왜 이름이 그래요?
# 옛날이 구림밑산은 나 왜 구림밑산이라구 했나 몰라. 나두 <u>그냥</u> 노인네덜한티 <u>구림밑산 구림산</u> 들은 풍월이지.(충남 논산)

나.
@ 거 왜 조침령골입니까?
# 그저 새:조(鳥) 자라고 무슨 뜻이 뜻이 우린 모르지요. 왜: 조침령인지.
   (강원도 양양)

다.
@ 요오서는 멀 캅니꺼, 정구지라 캅니꺼, 부추라 캤습니꺼?
# 이 촌에느: 주로 고마 소풀.(경남 산청)

'그냥'은 이 밖에도 '그대로', '바로', '대가 없이', '저절로' 등과 같은 이차적 의미를 갖는데 이런 의미들은 '그저'나 '그만'에서 확인되지 않는다. 따라서 '그냥', '그저', '그만'의 세 부사는 기본의미도 다를 뿐만 아니라 이로부터 파생된 이차적 의미에서도 완전한 일치를 보이는 것은 아니다.

4.4 담화적 기능

'그냥', '그저', '그만'이 담화표지로 기능할 때, 세 표현 모두 발화의 단절, 부연, 강조 등 세 가지의 기능을 공통적으로 수행한다. 다음의 예 (27)은 담화표지가 발화상에서 반복적으로 사용되는 경우인데, 이럴 경우 담화표지는 담화의 연속성을 돕기 위해 일시적으로 담화의 단절을 가져옴으로써 특별한 의미를 나타내지 않고 담화의 진행을 돕는 기능을 수행할 뿐이다. '그냥', '그저', '그만'은 이러한 단절의 기능에서 완전히 일치된 양상을 보여 준다.

(27)
가. 엔날이는 탈곡을 하면은 이 베를 벼다가 지게로 져다가 훑어서 할라면 심이 그릏게 들어. 지금언 머 기계루 탈곡하닝게 논 밭 여서 다 해갖고 그냥 다 기계로 빼다가 그냥 이 또 말리러 가는 것두 지금은

기게루 다 말려. 그래서 방앗간이루 그냥 집적 강게 머이 신상 편햐
아 베 벼도.(충남 논산)

나. 야 그건 <u>거저</u> 헐이 어디든지. 아, 국자에다도 옇지. <음> <u>그저</u> 암데
두 <u>그저</u> 기래 <음> 옇구 야. <u>그저</u> 이 이 풀이 제리 좋은 기.{아, 그건
쉽게 어디든지. 아, 국자에다가도 넣지. 그저 아무 데라도 그저 그래 넣고 아.
그저 이 풀이 제일 좋은 것이.}(고려말)

다. 그래 나는 언자 중녀네 고래가꼬:. 한: 애기 두:개, 세:개 세개채 노코
년:자 누에로 키로 가저고 <u>고마</u> 실랑 <u>고마</u> 오슬 해이핃쓰.{그래 나는
인제 중년에 그렇게 해 가지고. 한 아기 두 명 세 명 세 명째 낳고는 이제 누
에를 키워서 그만 신랑 그만 옷을 해 입혔어.}(경남 산청)

아래의 (28)은 부연의 구성에 '그냥', '그저', '그만'이 쓰인 경우이다.

(28)

가. 차두 안댕기지 [여기서 나갈라먼] <u>그냥</u> [시내까장 갈라먼] 한창 걸어
가야지 그라는디 지금은 이 앞 들이 여가 뚫려나갓구.(충남 논산)

나. 여그서두 저 인제 그 일번넘드리 [목], <u>그저</u> [기차 철로미테 철로목],
그거 여그서 전체 깨:끄덩요.(강원 양양)

다. 이 동네는여 머 쪼끼 [그스하모] <u>고마</u> [비 쪼매마 안오모] 고마 모로
몬 숭구는기라.(경남 산청)

(29)는 세 부사가 강조를 나타내는 경우이다. 강조를 나타낼 때 '막'이나
'싹'과 같은 강조의 부사와 결합하는 양상까지도 이 세 부사는 완전한 일
치를 보여 준다.

(29)

가. 누가 어떤 놈이 뒷전이서 <u>막 그냥</u> 머 큰소리 치는 놈 읎어 읎어 못
해.(충남 논산)

나. 거그서 싹: 요로고 뉘에꼬치를 처강깨롱 <u>기양 싹</u> 매:상을 해불었넌
디.(전남 곡성)

다. 각 죄인처럼 똑 이런 바곤에다 <u>거저 막</u> 실어서 거저 딜에왔소.(고려말)

라. 그담에 그저 뽀드레아드 싹 죄 있던 없던 <u>그저</u> 다 죄에갔소(고려말)
마. 엿새만에느 <u>고마 삭</u> 딲아 올리:, 고라갖:고 언자 또(경남 산청)

5. 요약

이 장은 크게 두 부분으로 구성되었다. 첫째는 한반도의 서부 방언지대에서 어휘적 의미를 나타내면서 담화표지로 기능하는 '그냥'의 용법을 기술하는 부분이다. 이 부분에서는 '그냥'의 기본의미를 '전제된 사태의 부정'으로 설정하고 이로부터 파생되는 몇 가지 이차적 의미들을 기술하였다. '그냥'이 수행하는 담화 기능은 크게 발화의 단절, 부연, 강조 등으로 나누어 살펴보았는데, 부연도 크게 보면 '발화의 단절' 범주에 들어갈 수 있으므로 '그냥'은 결국 단절과 강조의 두 가지 담화적 기능을 한다고 할 수 있다. 강조가 말할이의 심리를 반영하는 것이라면 단절은 담화의 진행을 돕는 기능에 속한다.

이 장의 두 번째 부분은 '그냥'과 '그저', '그만'을 비교함으로써 세 표현이 담화 차원에서는 같은 기능을 하는 담화표지임을 밝혀 냈다. '그냥', '그저', '그만'은 기본의미나 기본의미로부터 확대된 이차적 의미 가운데 부분적인 일치를 보이기는 하지만 그렇다고 해서 어휘적 의미가 완전히 같다고 할 수는 없다. 다시 말하면 이 세 부사는 어휘적 의미라는 관점에서 결코 동의어는 아니다. 그러나 담화적 차원에서는 이 세 부사가 매우 유사한 기능을 수행하고 있음을 알 수 있다. 담화적 기능이 같고, 사용되는 지역이 상보적이라면 우리는 '그냥', '그저', '그만'을 동일한 담화표지의 지역적 방언형이라는 결론을 내리는 데 결코 주저할 수 없는 것이다. 이러한 결론은 동부 방언지대의 '그저'나 '그만'을 '그냥'으로 바꿔 쓸 때 매우 자연스러움을 느끼는 서부 방언지대 토박이들의 직관과도 일치한다.

마찬가지로 동부 방언지대의 토박이들도 서부 방언지대의 '그냥'을 '그저'나 '그만'으로 바꿔 사용하면 토박이말 같은 느낌을 갖게 될 것으로 확신한다.

만약 '그냥', '그저', '그만'을 동일한 담화표지의 지역적 방언이라고 한다면 우리는 매우 흥미로운 방언 분화의 예를 확보한 셈이다. 첫째는 담화표지도 지역에 따라 분화가 가능하다는 사실이다. 물론 동일한 어원의 담화표지가 지역에 따라 형태를 달리하는 경우는 흔하다. 예를 들어 담화표지 '이제'는 지역에 따라 '인자', '인저', '인제' 등 다양한 형식으로 나타난다. 이러한 형태적 분화가 아니라 '그냥', '그저', '그만'처럼 어원을 달리하는 세 부사가 지역을 달리하면서 동일한 담화표지로 쓰이는 예는 아직 학계에 보고된 바가 없다. 둘째, 각 방언은 '그냥', '그저', '그만'의 세 부사를 모두 사용하지만, 담화표지로 문법화하는 부사는 지역에 따라 다르다는 점이다. 중부와 서남방언에서는 '그냥'이 문법화되는 반면, 서북방언과 동북방언에서는 '그저', 그리고 동남방언에서는 '그만'이 각각 담화표지로의 문법화를 겪었던 것이다. 셋째, 동일 방언에서 세 부사가 모두 쓰이되, 어느 한 부사가 담화표지로 문법화하면 나머지 두 부사는 더 이상 문법화를 겪지 않는다는 사실이다. 이것은 언어의 경제성을 고려하면 매우 자연스러운 결과이다. 동일한 의미를 나타내는 복수의 접사가 파생어를 만들 때 blocking이 일어나는 것과 같은 현상이라 하겠다.

부사 '그냥', '그만', '그저'가 동일하거나 매우 유사한 담화 기능을 수행하는 지역적 방언형이라는 사실을 인정한다 할지라도 한반도의 모든 방언이 이 세 부사 가운데 어느 하나를 반드시 담화표지로 사용하는 것은 아니다. 예를 들어 제주 서귀포는 '그저'와 '그냥', 충북 제천은 '그냥'과 '그만'이 비슷한 빈도를 보이지만 그 어느 것도 담화표지로 문법화하지 않았다. 그렇다면 이들 두 지역은 '그냥', '그만', '그저'의 어느 것도 문법화를 겪지 않아 오직 어휘적 의미만을 갖는 곳인 셈이다.

11장 '마'

1. 동남방언의 담화표지 '마'

동남방언에는 담화표지 기능을 하는 '마'가 있다. 경남과 경북 일대에 두루 쓰이는 이 말은 담화표지가 일반적으로 그렇듯이 한 문장 안의 어절 사이에 놓일 수 있으며, 한 문장 안에서도 여러 차례 쓰일 수 있다. 우선 예를 보기로 하자.

(1)
가. 소중에 그거 아아드리 <u>마</u> 요글보고 이래서 그 그거는 <u>마</u> 싸글 주우가 아.{소종에 그거 아이들이 고생을 하고 이래서 그 그것은 삯을 줘가지고}(경남 창원)

나. 그켄데 지그므는 머 기계가 조으이 놈빠다 그 그데로 드가가 <u>마</u> 주르르 뎅기므 훌터 가 주곤 안 내려 가가드 여 가따 말류먼 덴다.{그랬는데 지금은 뭐 기계가 좋으니 논바닥에 그대로 들어가가지고 주르르 다니면서 훑어가지고 안 내려가도 여기 가져다 말리면 된다.}(경북 청송)

예 (1가)와 (1나)를 보면 담화표지 '마'는 주어와 술어, 주제와 논평, 계기적인 상황을 나타내는 두 개의 절 사이에 각각 나타나고 있다. 이것은 '마'가 통사적으로 분절된 위치에 출현하되, 대체로 선행 발화에 이어 발음되지만 후행 발화와는 약간의 쉼을 둠으로써 후행 발화를 준비하는 시간을 벌고 더불어 후행 발화에 초점을 부여하는 기능을 수행함을 의미한다.

이처럼 담화표지 '마'는 통사적 단위 사이에 오는 것이 일반적인데, 문장의 첫머리나 접속문의 선행절 다음에 나타나는 경우가 가장 흔하다. '마'가 문장의 첫머리에 올 경우, 완전히 새로운 발화를 시작하기보다는 선행 문장과의 연속적인 의미 관계를 갖는 경우가 대부분이다. 계기나 인과 등이 그러한 예이다. 이때 접속부사가 수의적으로 오기도 한다.

(2)
가.
아아들 그 서~이 공부 씨기는데도 그거 얼 도~이 울매나 드노?{애들 그 셋 공부 시키는 데도 그게 얼 돈이 얼마나 드니?}
말또 모나지.{말도 못하지.}
마 도늘 가 전부 공부한다 아이가, 요새 아아들?{돈을 가지고 전부 공부하잖아, 요새 아이들?}(경남 창원)

나.
지끔도 이장이 역때로 내러오면서 웨타 성은 한 사람 함먼 핸능가베.{지금도 이장이 역대로 내려오면서 외지 성은 한 사람 한 번 했나 봐.}
그 다으메는 전부 우리 지바네서 역때로 머 이래가지고{그 다음에는 전부 우리 집안에서 역대로 뭐 이렇게 해가지고}
어 저네 일쩨시대 저 임씨 지바네 함먼 해따.{어 전에 일제시대 저 임씨 집안에서 한 번 했다.}
마 고라고나서는 그래 그래가지고 나오고 머.{그러고 나서는 그래 그래가지고 나오고 뭐.}(경남 창원)

다.

그리 이거 가마아 보~이 채기미 중대하고 참 말 한자라도 머 십사리 이래가지고 나만테 실수해가지고는 안데게따 카능거.{그래 이거 가만히 보니 책임이 중대하고 참 말 한 마디라도 뭐 쉽사리 이래가지고 남한테 실수 해가지고는 안되겠다 하는 것.}

마 이래가지고 지끔 지내고 인는데, 마 또 그래도 머 우리집 애드리 잘 하거마는 잘 하고.{이래가지고 지금 지내고 있는데, 또 그래도 뭐 우리 집 아이들이 잘 하구먼 잘 하고.}(경남 창원)

(2가)는 후행 발화가 선행 발화의 이유를 제시하는 경우에 '마'가 쓰였다. 담화표지 '마' 뒤에는 서술문 또는 명령문 등이 올 수 있지만 의문문이 오기는 어렵다. 후행 발화에 초점이 놓여야 하는데, 의문문에 초점이 놓이기는 어렵기 때문이다. 다만 확인의문과 같은 비전형적 의문문은 올 수 있는데 (2가)가 그런 예이다. 한편 (2나)는 계기적 사태, (2다)는 인과적 사태를 각각 나타내는데, '마'는 접속부사의 앞에 출현한다. 그러나 '마'가 항상 접속부사 앞에 오는 것은 아니다. 아래의 예 (3)은 반대로 담화표지 '마'가 접속부사 뒤에 오는 경우를 보여 준다.

(3)

가. 그래도 마 싱고 이래가 가가지고 그 그어서 언자 안자가지고 이래가 아 바믈 세아따 아이가.{그래도 신고 이렇게 가가지고 거기 거기서 이제 앉아가지고 이렇게 밤을 새웠잖겠니?}(경남 창원)

나. 그래가아 마 보모 하이! 그 머 말또 몬하지.{그래가지고 보면 하이! 그 뭐 말도 못 하지.}(경남창원)

이처럼 연속적인 사태를 나타낼 때 '마'가 쓰이는 것은 구성 사태의 의미적 단락을 지어줌으로써 말할이가 숨을 고를 수 있도록 도와 주기 위한 것인데, 이런 기능이야말로 '마'의 담화표지적 성격을 뒷받침해 주는 분명한 증거라 할 수 있다.

담화표지 '마'의 앞이나 뒤에 '보니', '보니까', '들으니까', '생각해 보니까'처럼 말할이의 인식 상태를 나타내는 삽입구가 오는 수가 있다. 이 삽입구는 후행 발화를 도입하기 위한 준비 과정의 구실을 하는데, 이러한 종류의 삽입구로는 '보다', '듣다', '생각하다' 등의 지각동사나 인식동사가 사용된다. 따라서 말할이의 지각이나 인식을 뜻하는 삽입구 앞이나 뒤에 오는 '마'는 지각이나 인식의 내용에 해당하는 후행 발화를 준비하면서 후행 발화를 초점화하는 기능을 수행하게 된다. 예 (4)는 경남 창원 지역어의 예인데 (4가)-(4바)는 삽입구 뒤, (4사)는 삽입구 앞에 오는 경우로서, 삽입구 뒤에 오는 경우가 앞에 오는 경우보다 빈도가 더 높다.

(4)
가. 그레스 저거로 그으서 보~옹게네 마 날로 잡꼬 울고 마 가족 이런 사람드리 마 이 지슬 하는데.{그래서 저것을 거기서 보니까 나를 잡고 울고 가족 이런 사람들이 이 짓을 하는데.}

나. 동네 여 보~옹게네 마 지비 우리지베는 가 보~옹게네 바~아 이리로 마 버리기 학 드러와뿌꼬.{동네 여기 보니까 집에 우리집에는 가 보니까 방에 이리로 버럭이 확 들어와 버렸고.}

다. 그래가아 그으 이따가 구루구루 언자 어 그루구루 머 보옹께네 마 치부가 시작하는데.{그래 가지고 거기 있다가 그렇게 이제 어 그렇게 뭐 보니까 추위가 시작하는데.}

라. 그래서 보~이 마 동네가 마 엉마~이데. 마 전부 마 집또 업떼. 그래가아 내 재종숙 지비 한 지비 쪼금 가아시 이써은데 그기이 보~옹게네 개 갠찬능기라.{그래서 보니 동네가 엉망이데. 전부 집도 없데. 그래 가지고 내 재종숙 집이 한 집이 조금 가 있었는데 그게 보니까 꽤 괜찮은 거야.}

마. 그 원:체로 마 중간중가~이 얘기르 드러보이 마 용강 마 전시네 용강 얘기라.{그 워낙 중간중간에 얘기를 들어보니 용강 모두 용강 얘기야.}

바. 그 머 내 사라나옹거로 생각하모 마 참 말또 몬하지 오늘날까지.{그

뭐 내가 살아 나온 것을 생각하면 참 말도 못 하지 오늘날까지.}

사. <u>마 보~이</u> 우리지베 아아드리 잘 데대, 가마: 보옹께네 머.{보니까 우
리집의 아이들이 잘 되데, 가만히 보니까 뭐.}

예 (5)는 '내가 하는 말이'와 같은 메타언어적 삽입구가 중간에 개재된
경우인데 이 역시 지각이나 인식동사와 비슷하게 말할이의 발화 행위를
가리키는 말로서 삽입된 것이다. 이때에도 이 삽입구 뒤에 '마'가 쓰여 후
행 발화를 준비하는 시간을 벌고 있다.

(5)
마으믈 누그럽께 무꼬 자앙 너만테 으응 양보하능기 승리자다, <u>내가 하
는 마리,</u> 마 늘 구카고 그리 살고 이써요.{마음을 너그럽게 먹고 늘 남한테
응 양보하는 것이 승리자다, 내가 하는 말이, 늘 그렇게 말하고 그리 살고 있어
요.}(경남 창원)

담화표지 '마'가 접속문의 선행절 다음에 오는 경우는 다양한 의미적
관계를 형성하는데, 계기, 인과, 양보, 조건, 대조 등의 경우를 (6)의 예가
각각 보이고 있다. 특히 계기적 사태를 나타낼 때 담화표지 '마'의 사용
빈도가 상대적으로 더 높은 경향을 보인다. (6)도 위의 예와 마찬가지로
경남 창원 지역어를 반영하는 예이다.

(6)
가. 저어다가 천마글 처노코 <u>이래가아</u> 마 하 한사람서 한사람석 나오능
거 그 미테다 전부 가따아 차례차례 전부 마 마 나아나코 으~으{저
기다가 천막을 쳐놓고 이래가지고 하 한 사람씩 한 사람씩 나오는 거 그 밑
에다 전부 갖다 차례차례 전부 봐 놓고 응.}

나. 할매가 <u>나이 마능께네</u> 마 치부가지고{할머니가 나이 많으니까 추워가지고}

다. 항시 그어카지. 머어든 사람 보면 <u>나이 마나도</u> 마 울떡불떡하~이 이
래가지고 쪼깨이 그슥하면 그노믈 가아 이라모{항상 그렇게 말하지.

어떤 사람 보면 나이 많아도 울컥울컥하게 이래가지고 조금 거시기하면 그
것을 가지고 이러면.}
라. 지끔 <u>그거또</u> 안하고 그냥 <u>마</u> 무카아고 이썬능기라.{지금 그것도 안 하
고 그냥 묵혀가지고 있었던 거야.}

　　문장 내부의 성분 사이에도 '마'가 나타나기도 하는데 이 경우는 문장이
나 절 다음에 오는 경우보다 그 빈도가 낮다. 문장 내부의 성분으로서 주
제나 주어 다음에 오는 수가 많지만 경우에 따라 목적어나 부사어 다음에
오기도 한다. 문장 내부의 '마'도 선행 발화를 일단락 지으면서 후행 발화
를 준비하는 기능을 하는 점에서는 문장 첫머리에 오는 경우와 다를 바
없다. 아래의 (7)은 모두 경남 창원 지역어의 예이다.

(7)
가. 나와서 보니까 지반 강게도 <u>마</u> 우에 어른드리 해노응기 조응거는 조
은데 머슨 나쁜점도 마~이 이선써.{나와서 보니까 집안 관계도 뭐 위 어
른들이 해놓은 것이 좋은 것은 좋은데 무슨 나쁜 점도 많이 있었어.}
나. 소중에 그거 아아드리 <u>마</u> 요글보고 이래서 그 그거는 마 싸글 주우가
아.{소정에 그거 아이들이 고생을 하고 이래서 그 그것은 삯을 줘가지고.}
다. 저어 저어도 개울까 그너미 <u>마</u> 개우리 터지가지고 나오가아.{저기 저
기도 개울가 그놈이 개울이 터져가지고 나와가지고.}
라. 지풀 <u>마</u> 미테 깔고 이래가지고 저저 덕득 덕득 그너믈 우우다가 노오
모 그기이 좀 뜨시거마는, 덕득 지바고 그기이.{짚을 밑에 깔고 이래가
지고 저저 멍석 멍석 그 놈을 위에다 놓으면 그것이 좀 따뜻하구먼. 멍석 짚
하고 그게.}
마. 그기 머 머스마 지따네는 하내~이라고 가마 봉께네 이기 머 상다~
이 <u>마</u> 그 임슥거틍 거또 가탈로 지고 이라데.{그게 뭐 사내애 제 딴에는
하나라고 가만히 보니까 이것이 뭐 상당히 그 음식 같은 것도 까탈을 부리고
이렇데.}
바. 머 이때꺼정 <u>마</u> 잘 사라 나가는 태기지.{뭐 이때까지 잘 살아 나가는 셈
이지.}

이상에서 보는 바와 같이 담화표지 '마'는 통사적으로 비교적 큰 단위 다음에 오는 수가 많으며 그 밖에 문장 내부의 작은 단위 다음에도 일부 오기도 한다. 물론 관형어 다음에 오는 경우는 확인되지 않았으나 부사어 다음에는 '마'가 쓰이는 수가 있는데 이런 경우는 대부분 시간이나 공간을 나타내는 부사어이다. 다만 (7마)처럼 '상당히'와 같은 정도부사 뒤에도 '마'가 쓰이는 것이 특이한데, 이는 뒤따르는 발화 '까탈을 부리고 이렇데' 를 초점화하기 위한 전략으로 해석된다.

'마'는 또한 나열이나 고쳐 말하기(repair), 부연 등의 과정에 출현하기도 한다.

(8)

가. 그 [이짜게] 저기 [보암 다리쪼그로] 마 이 [억꼬] 도망을 해따 아이가 저짜그로.{그 이쪽에 저기 봉암 다리 쪽으로 이 업고 도망을 했잖아. 아이가 저쪽으로.}(경남 창원)

나. 이래가아 인는데 내가 머 [주장은] 제일 마 [요는] 머 주끼저네 재실 로 하나 세아야 데거따 카능거 목포가 그기이고.{이래가지고 있는데 내 가 뭐 주장은 제일 요는 뭐 죽기 전에 재실을 하나 세워야 되겠다 하는 것 목표가 그것이고.}(경남 창원)

다. 머 그래도 마 사램 이리 사데. 그 마 [본심마 가지모 산다카능거] 내가 항시 마 [너만테 제 안 지꼬 본심만 가지모 산다카능거] 안데모 자기 가 잘 안데모 자 자스기 잘 떼에도 잘 떼고.{뭐 그래도 사람 이렇게 살 데. 그 본심만 가지면 산다고 하는 것 내가 항상. 남에게 죄 안 짓고 본심만 가지면 산다 하는 거 안 되면 자기가 잘 안 되면 자 자식이 잘 돼도 잘 되고.}

위에서 (8가)는 '이쪽에', '봉암 다리 쪽으로', '업고'의 세 부사어가 병 렬적으로 나열되는 의미 관계에서 마지막 부사어 앞에 '마'가 나타나는 경우이다. 처음 두 부사구는 도망가는 목적지를 나타내는 말로서 역행대 용의 관계에 있는 반면, 세 번째 부사어인 '업고'는 앞의 두 부사어와는 달리 도망을 가는 양태를 나타낸다. 아마도 의미적 성격이 바뀐 발화를 생각하기 위해 잠시 뜸을 들이는 시간이 필요했던 것으로 보인다. (8나)는 선행 발화인 '주장은'을 '요는'으로 바꿔 말하는 과정에 '마'가 쓰인 경우이다. 일종의 고쳐 말하기 과정에 '마'가 쓰였다고 할 수 있는데, 해석에 따라서는 '주장은'이나 '요는'이 모두 주제어의 구실을 하므로 뒤에 오는 논평의 후행 발화와의 관계 때문에 '마'가 쓰였다고도 할 수 있을 것이다. (8다)도 고쳐 말하기 또는 부연의 과정에 '마'가 쓰인 경우이다. 여기에서는 '본심만 가지고 산다고 하는 것'과 같은 발화가 다시 '남한테 죄 안 짓고 본심만 가지고 산다고 하는 것'과 같이 추가적인 내용이 덧붙으면서 부연되는데, 이때 후행 발화 앞에 '마'가 쓰였다. 이 경우 '마'는 부연을 위한 것일 수도 있지만 부연하는 발화를 초점화하기 위한 장치일 수도 있다. 즉 선행 발화 '본심만 가지고 산다고 하는 것'을 초점화하기 위해 '마'가 쓰였고, 다시 이 발화를 부연하는 후행 발화 '남한테 죄 안 짓고 본심만 가지고 산다고 하는 것' 앞에 '마'가 쓰여 후행 발화를 초점화한다고도 할 수 있다.

'마'가 부름말과 명령문 사이에 오는 수가 있다. 부름말은 상대의 이름이나 호칭을 부르는 표현이고, 부름말에 이어서 상대에 대한 발화가 이어지게 된다. 부름말과 후행 발화는 통사적으로 별개의 문장이 되는데 이 사이에 담화표지 '마'가 쓰이므로 문장 앞에 '마'가 사용되는 경우에 포함된다. 그러나 이 경우는 부름말에 이어지는 발화가 주로 명령문이라는 점이 특징이다. 이때 '마'는 상대에 대한 명령을 촉구하는 느낌을 준다. 담화표지 '마'가 후행 발화를 초점화하는 담화적 기능을 갖는다는 점을 상기하면 명령문 앞의 '마'가 명령을 촉구하는 느낌을 주는 것을 쉽게 이해할 수 있다. 특별한 언표내적 효력을 갖는 발화 앞에 '마'가 쓰일 경우 '마'는 후행 발화의 언표내적 효력에 초점을 가함으로써 그 효력을 강화하는 기능을 하게 되는 것이다. 경우에 따라 '마'는 (9다)처럼 부름말 앞에 오기도

하는데 (9다)의 경우 '마'가 동사구가 아닌 문장 앞에 나타남으로써 명령을
촉구하는 느낌을 주지는 못한다. 이로 보면 언표내적 효력을 강화하는
'마'의 기능은 동사구 바로 앞에 올 때 뚜렷이 드러난다는 사실을 알 수
있다.

(9)

가. 자형 마 이리 나오소 이래사가아꼬.{자형 이리 나오게 자꾸 이래서.}(경
    남 창원)

나. 그래가아 그어서 내가 언자 신발로 그슥하~이 우리지베 큰 따라는
    아부지 마 신 심발 버꼬 가이시더 나아뚜고 가입시더 이래사테.{그래
    가지고 거기서 내가 이제 신발을 거시기하니까 우리집의 큰 딸애는 "아버지
    신 신발 벗고 가십시다, 놔두고 가십시다" 이렇게 말을 하데.}

다. 도랑만 건니모 타가~이라꼬 마 도리 업소. 머 우리가 멫 대대로 이
    리 이써바야 머 뾔쪼간 수도 업꼬 나는 마 아재 저리 가요 카고.{도랑
    만 건너면 타관이라고 도리 없소. 뭐 우리가 몇 대대로 이렇게 있어 봐야 뭐
    뾰족한 수도 없고 나는 "아저씨 저리 가요" 하고.}(경남 창원)

담화표지 '마'는 문장 안, 또는 이어지는 문장들에 여러 차례 나타날 수
있다. 이렇게 여러 차례 나타나는 '마'의 출현 환경은 앞에서 제시한 환경
들이 복합적으로 작용한 결과이다. 담화표지 '마'의 다중 출현은 발화자의
개인적 언어 습관의 결과일 수도 있지만, 대개는 발화의 내용 때문에 생
겨난 결과이다. 특히 긴박한 상황을 묘사할 때 발화자의 심리가 불안정해
지면서 담화표지가 여러 차례 사용되는 경향을 보인다. 경남 창원 지역어
의 예 (10)이 이를 보여 준다.

(10)

가.

어 가악쭝에 마 그어도 마 그 우에 마 저수지가 터진다카능기라.{어 갑

자기 거기도 그 위에 저수지가 터진다고 하는 거야.}
그래가아 그 집 주이니 그 박까거마는 그 사라미 마 가암을 지르고 마 당어 이래사아서.{그래가지고 그 집 주인이 그 박가구먼. 그 사람이 고함을 지르고 마당에서 자꾸 이래서.}

나.
그 원:체로 마 중간중가~이 얘기르 드러보이 마 용강 마 전시네 용강 얘기라.{그 워낙 중간 중간에 얘기를 들어보니 용강 모두 용강 얘기야.}
마 마 절딴 다 나따다, 마 이래가 무득무드기 사라미 서가지고.{결딴 다 났단다, 이래가지고 무더기무더기 사람이 서가지고.}

다. 그래서 보~이 마 동네가 마 엉마~이데. 마 전부 마 집또 업떼. 그래 가아 내 재종숙 지비 한 지비 쪼금 가아시 이써은데 그기이 보~옹게 네 개 갠찬능기라.{그래서 보니 동네가 엉망이데. 전부 집도 없데. 그래가 지고 내 재종숙 집이 한 집이 조금 가에 있었는데 그게 보니까 꽤 괜찮은 거 야.}

예 (10)은 저수지 둑이 터진다는 말을 듣고 황급히 피난을 떠났던 홍수 때의 이야기를 담고 있다. 이러한 급박한 상황을 묘사할 때, 발화자는 감정이 고조되고 흥분하는 심리 상태에 빠지게 될 것이며, 발화 또한 자주 끊기는 상황에 놓이게 된다. 이렇게 끊기는 발화를 이어지는 기능을 하는 것이 바로 담화표지 '마'라고 할 수 있다. '마'가 끊어지는 담화의 빈자리를 메워 주기 때문이다.

2. '고마'와 '마'

일반적으로 담화표지는 어휘적 의미를 지닌 낱말이 문법화의 과정을 거쳐 생겨난다. 그렇다면 동남방언의 담화표지 '마'는 그 기원이 어디에 있는 것일까? 이 물음에 대해 가장 쉽게 답할 수 있는 낱말로서 동남방언의 부사 '고마'(=그만)를 들 수 있다[1]. 이 '고마'에 대해서는 9장에서 그 어휘적 의미와 함께 담화적 기능을 검토한 바 있다. 따라서 동남방언의 담화표지 '마'가 동일하게 담화표지로 기능하는 '고마'에서 생겨났을 가능성이 있는 것이다. 이기갑(2009)에서는 '마'를 '고마'와 같은 것으로 해석한 바 있다. 그 용법만을 비교해 보면 '고마'와 '마'는 강조나 부연, 담화의 진행 등을 돕는 점에서 완전히 동일하다는 점, 그리고 형태적으로도 '고마'의 둘째 음절이 '마'와 같다는 점을 그 이유로 들었다. '고마→마'로의 축약을 담화표지가 흔히 겪는 형태적 축소로 해석하였던 것이다. 그러나 이러한 해석의 가장 큰 문제는 같은 발화 안에서 '고마'와 '마'가 함께 쓰인다는 점이다. 아래 예 (11)이 이를 보여 준다. 이기갑(2009)에서는 이처럼 '고마'와 '마'가 함께 쓰이는 이유를 '고마'에서 '마'로의 축약이 수의적이라는 이유를 들어 설명한 바 있다.

(11)

가. 인자 부재, 인는 사람드른 우에 여르 거더삐리고. 쏘:까리마 다마: 해: 묵꼬. 또 우리드른 머 쪼깨~이 그 빼수능거 **마** 마구 **고마** 이러가: 거 마 다마아서 묵꼬. 그으도 쏙:가리 빼고 걱까리 빼고 그람니더.{이제 부자, 있는 사람들은 위의 이것을 걷어 버리고. 속가루만 담아서 해 먹고. 또 우리들은 뭐 조금 그 빻는 것 마구 그냥. 이래 가지고 그냥 담아 와서 먹고. 그것도 속가루 빼고 겉가루 빼고 그럽니다.}

---

1) 동남방언의 담화표지 '마'를 일본어의 감탄사 まあ와 관련시킬 가능성도 있다. まあ는 스스로 또는 상대의 말을 가볍게 제지하거나 무엇을 권할 때 쓰는 말로서 일종의 담화표지로 볼 만하기 때문이다.
　(예) 가. まあ 一杯 (자, 한 잔)
　　　 나. まあ お待ち なさい (우선 좀 기다리시오)
まあ와 첫 음절이 일치하고 문장의 첫머리에 와서 후행 발화를 도입하기 위한 준비 장치로 쓰이는 점 등이 동남방언의 '마'와 유사하다고 할 수 있다. 그러나 '마'는 그 출현 환경이 매우 다양하여 명령문 이외의 환경에 나타나는 것이 오히려 일반적이었다. 이런 점을 고려하면 '마'의 기원을 일본어 まあ에서 찾는 것은 무리한 일이라 하겠다.

나. 그으느 <u>마 마</u> 받때이다 <u>마</u> 쎄:르 숭우노오머 멜 가매~이 간다 <u>마</u> 잰
　다 아~임니꺼? 세안내에 <u>고마</u> 그으 <u>고마</u> 쌀마먹꼬, 바버에도 언저
　묵꼬.{그것은 밭떼기에다 씨를 심어놓으면 몇 가마니 갖다 재잖습니까? 겨우
　내 그냥 그것 그냥 삶아 먹고, 밥 위에도 얹어 먹고.}

다. 그때 야아 사네 여어 아:무구떠 엄서써여, 나무도 엄서, 다 베묵꼬. <u>마</u>
　새보그르도 가서 베고 <u>고마</u>. 나무가 엄스게, 바븐 해무야 데껄 아이
　가?{그때 여기 산에 여기 아무 것도 없었어요, 나무도 없어, 다 베어 먹고.
　새벽으로도 가서 베고 그냥. 나무가 없으니까, 밥은 해 먹어야 되잖겠니?}

라. 드리 <u>그마</u> 전::시네 뽕이라, <u>마</u> 이동네뿐 아이라 <u>마</u> 요: <u>마</u>.{들이 그냥
　전부 뽕이야, 이 동네뿐만 아니라 여기.}

마. 아이고 <u>마</u> 그능거는 <u>마</u> 김장 할때 <u>고마</u> 요농거 <u>고마</u> 서너 뿌리 사모
　데:. 안 함니더, 그렇거.{아이고 그런 것은 김장할 때 그냥 이런 것 그냥 서
　너 뿌리 사면 돼. 안 합니다, 그런 것.}

　9장에서 우리는 '그만'이 아래와 같은 의미의 전이를 겪어 담화표지로
문법화되었다고 추정한 바 있다.

　(a) 상황의 지시('그 정도') → (b) 선행 사태의 중지 → (c) 선행 사태의 중지
　및 후행 사태에 대한 말할이의 의지나 바람 → (d) 후행 사태에 대한 말할이
　의 부정적 심리 → (e) 대조의 후행항목에 대한 부정적 평가 → (f) 강조 →
　(g) 담화의 진행 도움(부연)

그런데 '마'는 (a)-(d)에 이르는 어휘적 의미를 전혀 나타내지 못한다. 또한
(e), (f)와 같은 의미 기능도 없다. 9장에서 동남방언의 담화표지 '고마'는
강조의 효과를 갖기 위해 '대번에', '전신에'(=전부), '순'과 같은 갑작스러
운 동작이나 전체를 뜻하는 부사와 어울려 쓰이는 경우가 많았다. 그런데
'마'의 경우에는 이러한 환경에서 쓰이는 경우가 별로 확인되지 않는다.
따라서 동남방언의 '고마'와 '마'가 공통으로 보이는 기능으로서는 (g)에
한정된다고 할 수 있다.

'마'는 부름말과 명령문 사이에 나타나는 경우가 흔했다. 그런데 이때 '마'를 '고마'로 대체하면 약간의 의미 차가 발생한다. 예 (12)는 '마'가 쓰인 예 (9)를 '고마'로 대체해 본 것이다.

(12)

가. 자형 고마 이리 나오소 이래사가아꼬.{"자형 그만 이리 나오게", 자꾸 이래가지고.}(경남 창원)

나. 그래가아 그어서 내가 언자 신발로 그슥하~이 우리지베 큰 따라는 아부지 고마 신 심 발버꼬 가이시더 나아뚜고 가입시더 이래사테.{그래가지고 거기서 내가 이제 신발을 거시기 하니까 우리집의 큰 딸애는 "아버지 그 신발 벗고 가십시다, 놔두고 가십시다" 이렇게 말을 하데.}

다. 도랑만 건니모 타가~이라꼬 마 도리 업소. 머 우리가 멫 대대로 이리 이써바야 머 뾰쪼간 수도 업꼬 나는 고마 아재 저리 가요 카고. {도랑만 건너면 타관이라고 도리 없소 뭐 우리가 몇 대대로 이렇게 있어 봐야 뭐 뾰족한 수도 없고 나는 "아저씨 저리 가요." 하고.}(경남 창원)

'마'를 '고마'로 대체한 (12가)와 (12나)는 의미 전이 단계 (b) 또는 (c)와 같은 어휘적 의미를 나타내는 것처럼 느껴지며, (12다)는 (d)의 단계를 나타내는 것으로 여겨진다. '마'가 (g)와 같은 담화적 기능만을 수행하는 데 반해 '고마'는 어휘적 의미와 담화적 기능을 함께 수행하기 때문일 것이다.

한편 '마'와 '고마'의 출현 영역을 보면 '마'는 '고마'에 비해 구조적으로는 더 넓은 영역을 지배하는 것으로 보인다. '마'가 주로 문장이나 절의 앞에 나온다면 '고마'는 서술부 앞에 나오기 때문이다. 이를 선적인 차원에서 말한다면 하나의 문장 안에서 '마'는 '고마'에 비해 앞서 출현하는 경향을 보인다. 예 (11가), (11다), (11마)가 이를 보여 준다.

'마'와 '고마'의 이러한 차이를 고려하면 '마'를 '고마'와 구분하는 것이 타당하다고 생각된다. 비록 '마'가 '고마'에서 왔을 가능성이 전혀 없지는 않지만, 어휘적 의미의 차원에서는 전혀 관련을 시킬 수 없고, 담화적 차원에서는 부분적으로 공통성을 공유하지만 완전히 일치한다고 보기 어렵기 때문이다.

3. '마'의 첨사화

예 (9)에서 보았듯이 '마'는 명령문 앞에 나타나 상대에 대한 명령을 촉구하는 기능을 수행하였다. 그런데 동남방언에는 동일한 형태의 '마'가 명령문 뒤에 오는 수가 있다(이기갑 2003:176-177).

(13)
가. <u>됐다마</u>.
나. 빨리 <u>하소마</u>.
다. 빨리 <u>하이소마</u>.

이기갑(2003:176-177)에서는 이런 경우의 '마'를 문장 뒤에 붙는 토씨로 해석한 바 있다. 그리고 이 '마'가 상대에 대한 질책을 통해 상대의 행동을 만류하거나, 행동을 재촉하는 등의 언어적 효과를 나타내며, 아주높임의 표현에도 붙을 수 있어 상대높임의 등분에 대한 제약은 없으나, 물음법에는 결합할 수 없다고 하였다. 토씨 '마'는 본질적으로 상대의 행동에 대한 요구를 하는 탓에, 단순히 대답만을 요구하는 물음법에 어울리지 않기 때문이라고 그 이유를 설명하였던 것이다. '마'가 명령을 촉구하는 기능을 한다고 하면 이것은 결국 '마'가 없는 문장의 언표내적 효력을 강화하는 기능을 하는 셈이니 일종의 '강조' 기능에 해당한다고 하겠다.

그렇다면 (13)처럼 명령문의 마침씨끝에 결합하는 '마'와 담화표지로 쓰이는 (9)의 '마'는 어떠한 관계에 있는 것일까? 우리는 이 두 경우의 '마'가 결코 다른 것이 아니라고 생각한다. 우선 (9)에서와 같이 명령문의 앞에 오는 '마'는 담화표지로 쓰이는 '마'의 한 용법임이 분명하다. 후행 발화를 준비하면서 후행 발화를 초점화하는 담화적 기능을 수행하는 경우이기 때문이다. 그런데 후행 발화의 앞에 왔던 '마'가 (13)에서는 발화의 뒤에 와서 발화의 초점화가 아닌 명령의 촉구라는 일종의 강조적 심리를 반영하고 있다. 이것은 '마'의 위치 변화와 더불어 기능의 변화가 일어났음을 의미한다. 담화의 진행을 돕는 기능에서 말할이의 심리를 반영하는 기능으로의 기능 전이가 일어난 것이다. 통사적으로도 담화표지인 낱말에서 화용 첨사로의 범주 변화가 일어난 것이다. 물론 담화표지를 넓게 해석할 경우 화용 첨사 역시 담화표지에 포함될 수도 있다. 어떻든 첨사는 문법화의 최종 단계에 가까운 것이므로 일반적인 담화표지보다는 더 문법화가 진행된 경우라 하겠다. 이미 2장에서 우리는 서남방언의 응답어 '응'과 '예'가 첨사 '이'나 '예'로 문법화된 예를 확인한 바 있는데, '마'의 첨사화 역시 같은 현상으로 해석할 수 있다.

한편 예 (14)와 같이 경남 남해 지역에는 아주낮춤의 물음법 씨끝에 붙는 토씨로 '마'가 있다. 이 토씨는 아이들에서부터 어른에 이르기까지 친근한 평교간 또는 손아래 사람에게 쓰일 수 있고, 물음의 강조를 나타낸다(김형주 1978). 상대높임의 등분에 제약이 있는 점에서는 (13)과 다르나 '마'가 없는 문장의 언표내적 효력을 강화하는 기능을 하는 점에서는 (13)과 다를 바 없다. 따라서 이 경우도 (13)과 마찬가지로 '강조'의 기능을 수행하는 첨사로의 해석이 가능하다.

(14)
가. 와 인자 <u>오네마</u>?(=왜 이제 오니?)
나. 네가 <u>허제마</u>?(=네가 하지?)
다. 이 자석 오디 <u>가마</u>?(=이 자식 어디 가?)
라. 네가 <u>묵을래마</u>?(=네가 먹을래?)

그렇다면 (13)과 (14)의 '마'는 명령문과 의문문이라는 매우 제한된 통사적 환경에서 첨사로 재구조화되어 강조의 효과를 발휘하는 셈이다. 물론 '강조'라는 말할이의 심리 표현을 나타내는 점에서 공통이지만 그 출현 환경이 명령문과 의문문으로 제한되어 쓰인다는 점이 다르다. 그뿐만 아니라 명령문의 경우에는 상대높임의 제한이 없지만 의문문에서는 아주 낮춤의 위계에만 나타난다는 차이도 있다. 그럼에도 불구하고 이 두 경우의 첨사가 오직 동남방언에만 나타나고, 의문문에 결합되는 '마'는 경남 일부 지역(남해)에만 나타난다는 사실은 경북과 경남 지역에서 두루 쓰이는 담화표지 '마'의 존재와 무관할 수 없다고 하겠다. 담화표지 '마'가 동남방언권 전역에서 명령문 뒤에 결합하는 첨사로 재구조화되었으며, 이어서 경남 남해를 중심으로 한 일부 지역에서는 의문문으로까지 그 분포가 확대된 것으로 해석하는 것이 합리적일 것이다. 다만 의문문으로 확대되면서 상대높임의 위계가 아주낮춤으로 제한되는 변화가 생겼음이 특이하다. 명령문 첨사가 의문문으로 확대되어 사용된다는 사실을 고려할 경우 우리는 아래와 같은 단계적인 변화를 상정한 셈이다.

담화표지(A) → 명령문 첨사(B) → 의문문 첨사(C)

A→B의 변화는 경남북 전체에서 일어난 반면 B→C의 변화는 경남 남해 일대에서 일어난 변화이다. 그 결과로 '마'는 경남 남해 지역에서 담화표지, 명령문 첨사, 의문문 첨사의 세 가지로 쓰이지만, 동남방언권의 나머지 지역에서는 담화표지와 명령문 첨사의 두 가지 용법만을 갖게 되었다. 그러므로 담화표지 '마'(A)가 없는 중부방언, 서남방언, 제주방언, 서북방언, 동북방언 등에서 명령문 첨사(B)나 의문문 첨사 '마'(C)를 갖지 않는 것은 지극히 당연한 일이라 하겠다.

4. 요약

'마'는 동남방언에서 담화표지로 쓰인다. 문장이나 절 앞에 나타나 이들 통사적 단위를 분리하면서 뒤따르는 문장이나 절을 초점화시키는 기능을 한다. 물론 '마'는 문장이나 절 내부에서도 나타날 수 있는데 이때에도 발화의 진행을 돕는 메움말로 기능함으로써 말할이의 호흡을 고르고 뒤에 오는 발화에 초점을 가해 주는 효과를 발휘한다. 특히 연속적인 사태를 가리키는 접속문의 선행절 다음 또는 접속부사 다음에 나타나는 수가 많은 것도 연속되는 발화를 조정하기 위한 것이다. 때로는 '내가 보니까', '내가 알기로는', '달리 생각하면' 등과 같은 삽입구 다음에 와서 말할이의 지각이나 인식의 대상을 부각시키기도 한다.

'마'는 후행 발화를 초점화시킴으로써 이를 강조하는 언표내적 효과를 발휘하는데, '마'의 이러한 언표내적 효과는 특히 명령문 앞에 쓰일 때 두드러진다. 부름말과 명령문 사이에 '마'가 출현하면 상대에게 명령에 해당하는 행동을 재촉하는 효과가 나타나는데, 이러한 재촉은 '마'의 언표내적 효과인 '강조'가 명령의 행위에 얹혀 생기는 이차적 효과라 할 수 있다.

담화표지 '마'는 특히 경남 지역어에서 첨사화되어 쓰이기도 한다. 지역에 따라 명령문 또는 의문문 뒤에 첨사로 결합되어 쓰이는데, 이때도 행동의 요구, 답변의 요구와 같은 명령문과 의문문의 언표내적 효력을 강화시키는 기능을 하는 점에서 문장 앞에 나오는 담화표지 '마'와 본질적 기능은 같다고 하겠다. 또한 '마'의 이러한 첨사화는 '응', '예', '야'와 같은 응답어가 보여 주었던 첨사화와 궤를 같이 하는 것이다. 첨사로서의 '마'가 오직 경남지역어에서만 확인되는 것은 담화표지 '마'가 이 지역어에서 가장 활발하게 쓰인다는 사실에 기인한다. '마'의 첨사화는 출현 지역의 넓이를 고려하면 '담화표지 → 명령문 첨사 → 의문문 첨사'의 순서를 밟은 것으로 추정된다.

≡ 참고문헌

강상호(1989). ≪조선어 입말체 연구≫. 평양: 사회과학 출판사.

강정희(1994). 방언 분화에 의한 형태 분화-제주방언의 '-이랑'과 문헌어의 '-으란'을 중심으로. ≪이화어문≫ 13.

강희숙(2006). 소설 태백산맥의 화용론-담화표지 '와, 웨, 잉'을 중심으로. ≪한국언어문학≫ 57집. 한국언어문학회.

강희숙(2011). 전남 방언 담화표지 고찰-종결담화표지를 중심으로. ≪언어 사실과 관점≫ 27권. 연세대학교 언어정보연구원.

경남방언연구보존회(2017). ≪경남방언사전≫. 경상남도.

곽충구(1998). 동북·서북 방언. 서태룡 외(1998)에 실림. 서울: 태학사.

곽충구(2007). ≪국외 집단 이주 한민족의 지역어 조사 보고서 (1)-중국 길림성 훈춘시 경신진 회룡봉촌≫. 국립국어원.

곽충구(2009). ≪중앙아시아 이주 한민족의 언어와 생활-우즈베키스탄 타슈켄트≫. 서울: 태학사.

곽충구/김수현(2008). ≪중앙아시아 이주 한민족의 언어와 생활-카자흐스탄 알마티≫. 서울: 태학사.

고광모(2000). 상대높임의 조사 '요'와 '-(이)ㅂ쇼'의 기원과 형성 과정. ≪국어학≫ 36. 국어학회.

구종남(2015). ≪국어의 담화표지≫. 경진출판.

국립국어원(2005-2013). ≪한반도 지역어 조사 보고서≫. 국립국어원.

권재일(1982). 경북방언의 문장 종결사 '이'에 대하여. ≪인문과학연구≫ 1. 대구대학교.

권재일(2010). ≪중앙아시아 고려말의 문법≫. 서울대학교출판문화원.

김광희(2004). 담화표지. '인자'의 정보 유도와 응집성 실현. ≪한국어의미학≫ 15.

김규현(2010). 구어 자료의 전사 관행-담화 및 대화분석의 예를 중심으로. ≪언어 사실과 관점≫. 23권. 연세대 언어정보연구원.

김명희(2005). 국어 의문사의 담화표지화. ≪담화와 인지≫ 12권 2호. 서울: 담화인
　　　지언어학회.

김명희(2006). 국어 의문사 '무슨'의 담화 표지 기능. ≪담화와 인지≫ 13권 2호. 서
　　　울: 담화인지언어학회.

김명희/이정화(2007). The role of subjectivity and intersubjectivity in the grammati-
　　　calization of icey in Korean. ≪담화와 인지≫ 14권 2호. 서울: 담화인
　　　지언어학회.

김미경(2001). 한국어 대화체 구문의 정보 구조. ≪담화와 인지≫ 8.1. 서울: 담화인
　　　지언어학회.

김미숙(1997). 대화 구조로 본 '아니'의 기능. ≪담화와 인지≫ 4권 2호. 서울: 담화
　　　인지언어학회.

김영철(2004). 우리말 담화표지의 기능 고찰: '거시기'를 대상으로. ≪한국언어문학≫ 52집.

김이협(1981). ≪평북방언사전≫. 한국정신문화연구원.

김종현(2000). 부가의문의 발화 형식과 의미 기능. ≪담화와 인지≫ 7권 1호. 서
　　　울: 담화인지언어학회.

김지홍(2010). ≪입말 그리고 담화 중심의 언어 교육≫. 경진. MacCarthy, M.(1998)
　　　Spoken language and Applied Linguistics. Cambridge University press.
　　　의 번역본.

김지홍(2014). ≪제주방언의 통사 기술과 설명-기본구문의 기능범주 분석≫. 경진출판.

김진해(2004). 분포를 통한 부사 '그만'의 중의성 해소 연구. ≪담화와 인지≫. 11권
　　　2호. 서울: 담화인지언어학회.

김태균(1986). ≪함북 방언사전≫. 경기대학교 출판국.

김태옥/이현호(1991). ≪담화-텍스트 언어학 입문≫(R. de Beaugrande and W.
　　　Dressler(1981). Introduction to Text Linguistics. London: Longman의
　　　번역본). 서울: 양영각.

김태옥/이현호(1995). 담화 연구의 텍스트성 이론과 적합성 이론. ≪담화와 인지≫
　　　1권. 서울: 담화인지언어학회.

김태인(2015). 서남방언 담화표지 '이' 고찰. ≪방언학≫ 21. 한국방언학회.

김형주(1978). 남해 방언의 연구-동사의 맺음씨끝을 중심으로. 동아대 석사논문.

남길임/차지현(2010). 담화표지 '뭐'의 사용 패턴과 기능. ≪한글≫ 288. 한글학회.

노석기(1989), ≪우리말 담화의 결속 관계 연구≫. 대구: 형설출판사.

러스킹/연재훈(1992). 중앙 아시아 한인들의 언어-고려말. ≪한글≫ 217. 한글학회.

문병열(2009). 중세 국어 한정 보조사의 의미·기능과 그 변화 양상. ≪국어학≫ 54. 국어학회.

문순덕(2003). ≪제주방언 문법 연구≫. 도서출판 세림.

문순덕(2005). 제주방언의 간투 표현. ≪한글≫ 269. 한글학회.

문순덕/김원보(2012). 제주방언 담화표지 '계메' 연구. ≪언어학 연구≫ 17.1.

박경래(2003). 중국 연변 정암촌 방언의 상대경어법. ≪이중언어학≫ 23호. 이중언어학회.

박경래(2005). 충북 출신 중국 연변 조선족 언어집단의 경어법 혼합 양상에 대한 사회언어학적 고찰. ≪사회언어학≫ 13.1. 한국사회언어학회.

박근영(2000). '거시기'의 문법화. ≪한국어 의미학≫ 7. 한국어의미학회.

박성종(1998). 강원도 방언의 성격과 특징. ≪방언학과 국어학≫(청암김영태 박사 화갑기념논총)에 실림. 서울: 태학사.

박성종/전혜숙(2009). ≪강릉 방언 사전≫. 서울: 태학사.

박성현(1996). 한국어 말차례 체계와 화제. 서울대학교 박사학위논문.

박용후(1998). ≪제주방언 연구≫(고찰편). 과학사.

방언연구회(2001). ≪방언학 사전≫. 서울: 태학사.

서경희/홍종화(1999). "이게 바로 그거야": 원근 지시에서 태도 지시로. ≪담화와 인지≫ 6.2. 서울: 담화인지언어학회.

서영옥(1990). ≪옛날엔 날 사공이라고 혔지≫. 민중자서전 10. 뿌리깊은나무사.

송문옥(1990). ≪대라, 틀어라, 박아라≫. 민중자서전 13. 뿌리깊은나무사.

신지연(1998). ≪국어 지시용언 연구≫. 국어학총서 28. 서울: 태학사.

신현숙(1989). 담화대용표지의 의미 연구. ≪국어학≫ 19. 국어학회.

신현숙(1990). 담화대용 표지 (그래)의 의미연구. ≪인지과학≫ 2.1. 한국인지과학회.

안병희/이광호(1990). ≪중세국어문법론≫. 서울: 학연사.

안주호(2001). 한국어의 문법화와 역문법화. ≪담화와 인지≫ 8.2. 서울: 담화인지언어학회.

양명희(1998). ≪현대국어 대용어에 대한 연구≫. 국어학총서 33. 서울: 태학사.

양영하(2002). 구어 담화에 나타난 '쉼'의 연구. ≪담화와 인지≫ 9.2. 서울: 담화인지언어학회.

양창용(2009). 제주방언 '-양'에 대한 통사-담화론적 고찰. ≪한국언어문학≫ 69.

한국언어어문학회.

오선화(2008), 함경도 방언의 담화표지 '응'과 '야'의 고찰. ≪방언학≫ 8호. 한국방언
학회.

유영대/이기갑/이종주(1998). ≪호남의 언어와 문화≫. 백산서당.

이경진(2003). ≪강원도 영동 남부지방 방언≫. 예문사.

이광호(2009). '므스'와 '므슥/므슴/므슷'의 의미 특성 및 형태 변화. ≪국어국문학≫ 151.
국어국문학회.

이기갑(1993). 한국어의 문법화. ≪언어와 문화≫ 8집. 목포대학교 어학연구소.

이기갑(1994a). '그러하-'의 지시와 대용, 그리고 그 역사. ≪언어≫ 19.2. 한국언어
학회.

이기갑(1994b). 지시어의 유형론. ≪언어와 문화≫ 9집. 목포대학교 어학연구소.

이기갑(1995). 한국어의 담화표지 '이제'. ≪담화와 인지≫ 1권. 서울: 담화인지언어
학회.

이기갑(1996). 한국어 첨가 구문의 담화론적 해석. ≪국어학≫ 27. 국어학회.

이기갑(1998a). 호남 방언 문법의 이해. 유영대 외(1998)에 실림.

이기갑(1998b). 전라남도 방언의 개관. ≪방언학과 국어학≫(청암 김영태박사 회갑
기념논문집). 서울: 태학사.

이기갑(1999). 제주방언의 이음씨끝 '-언/엉'과 '-곡'. ≪언어의 역사≫(성백인교수
정년퇴임기념논문집). 서울: 태학사.

이기갑(2001). 사태의 연속성을 강조하는 '는'과 '을랑' ≪국어학≫ 37. 국어학회.

이기갑(2002a). 국어 입말 담화의 의문 제기 형식. ≪담화와 인지≫ 9.2. 서울: 담화
인지언어학회.

이기갑(2002b). 국어 입말 담화에서의 인용문. ≪문법과 텍스트≫(고영근선생 정년
퇴임기념논문집). 서울대학교 출판부.

이기갑(2003). ≪국어방언문법≫. 서울: 태학사.

이기갑(2006). 국어 담화의 연결 표지-완형 표현의 반복. ≪담화와 인지≫ 13.2.
서울: 담화인지언어학회.

이기갑(2007a). '그저'의 담화 기능-고려말과 강원도 양양 지역어에서-. ≪담화와
인지≫ 14권 3호. 서울: 담화인지언어학회.

이기갑(2007b). 구술발화와 담화분석. ≪방언학≫ 6. 한국방언학회.

이기갑(2007c). ≪전남 곡성 지역의 언어와 생활≫. 서울: 태학사.

이기갑(2008). 국어 방언 연구의 새로운 길, 구술발화. ≪어문론총≫ 49. 한국문학
언어학회.

이기갑(2009a). 동남방언의 담화표지 '고마'. ≪우리말연구≫ 25. 우리말학회.

이기갑(2009b). ≪전남 진도 지역의 언어와 생활≫. 서울: 태학사.

이기갑(2010a). 담화표지 '그냥', '그저', '그만'의 방언분화. ≪방언학≫ 11. 한국방
언학회.

이기갑(2010b). 구술발화의 전사와 분석. ≪배달말≫ 47. 배달말학회.

이기갑(2010c). 지역어 조사 보존 사업의 성과와 활용 방언. ≪새국어생활≫ 20.3.
국립국어원.

이기갑(2011). ≪전남 영광 지역의 언어와 생활≫. 서울: 태학사.

이기갑(2013). 제주방언의 담화표지 '근'과 '에'. ≪방언학≫ 17. 한국방언학회.

이기갑(2014). 한국어의 고쳐 말하기(repair)와 격 중출 구문. ≪국어학≫ 72. 국어학회.

이기갑(2015a). 중앙아시아 고려말 의문사의 담화 기능: '무슥, 무스, 무스거, 무슨'
을 중심으로. ≪담화와 인지≫ 22.2. 서울: 담화인지언어학회.

이기갑(2015b). ≪국어담화문법≫. 서울: 태학사.

이기갑(2016a). 응답어의 문법화-전남방언의 화용 첨사 '에, 야, 어이, 웨'. ≪방언
학≫ 24호. 한국방언학회.

이기갑(2016b). ≪전남 보성 지역의 언어와 생활≫. 역락.

이기갑(2016c). ≪전남 영암 지역의 언어와 생활≫. 역락.

이기갑(2017). ≪전남 광양 지역의 언어와 생활≫. 역락.

이기갑/고광모/기세관/정제문/송하진(1998). ≪전남방언사전≫. 서울: 태학사.

이기갑/김주원/최동주/연규동/이헌종(2000). 중앙아시아 한인들의 한국어 연구.
≪한글≫ 247. 한글학회.

이봉선(1998). 국어 담화표지 '거시기'의 의미 분석. ≪현대국어문법연구≫ 13.

이봉원(1990). ≪그때는 고롱고롬 돼 있제≫. 민중자서전 12. 뿌리깊은나무사.

이성만 역(1994). ≪텍스트 언어학의 이해≫. (K. Brinker 1992. Linguistische
Textanalyse). 서울: 한국문화사.

이성하(1998). ≪문법화의 이해≫. 서울: 한국문화사.

이원표(1992). 시간부사 '이제'의 담화 기능. ≪인문과학≫ 68. 연세대학교.

이원표(1993), 의지감탄사 '예', '아니', '글쎄'의 담화 기능. ≪인문과학≫ 69&70.
연세대학교.

이원표(1999). 토크쇼에서의 말 끼어들기: 담화 기능과 사회적 요인. ≪담화와 인지≫ 6.2. 서울: 담화인지언어학회.

이원표(2001), ≪담화분석≫. 서울: 한국문화사.

이윤구(1995). 무주 지역어{이}의 화용적 기능에 대하여. ≪대구어문론총≫ 13집.

이정민/박성현(1991). '요' 쓰임의 구조와 기능: 문중 '요'의 큰 성분 가르기 및 디딤말 기능을 중심으로. ≪언어≫ 16.2. 한국언어학회.

이정애(2002). ≪국어 화용표지의 연구≫. 서울: 도서출판 월인.

이진호(2014). 감탄사 '하모' 계통의 방언형에 대하여. ≪방언학≫ 19. 한국방언학회.

이한규(1996). 한국어 담화표지어 '그래'의 의미 연구. ≪담화와 인지≫ 3권. 서울: 담화인지언어학회.

이한규(1997). 한국어 담화표지어 '왜'. ≪담화와 인지≫ 4.1. 서울: 담화인지언어학회.

이한규(1999). 한국어 담화표지어 '뭐'의 의미. ≪담화와 인지≫ 6.1. 서울: 담화인지언어학회.

이효상(1993). 담화-화용론적 언어 분석과 국어 연구의 새 방향. ≪주시경학보≫ 11. 서울: 탑출판사.

이효상(2005). Topic Marking as a Framing Strategy : an interplay of semantics and pragmatics. 미발표 원고.

임규홍(1996). 국어 담화표지 '인자'에 대한 연구. ≪담화와 인지≫ 2권. 서울: 담화인지언어학회.

임규홍(1998). 국어 '말이야'의 의미와 담화적 기능. ≪담화와 인지≫ 5.2. 서울: 담화인지언어학회.

임규홍(2007). 국어 담화분석 연구의 현황과 전망. ≪우리말연구≫. 제20집. 우리말학회.

장경희(1980). 지시어 '이, 그, 저'의 의미 분석. ≪어학연구≫ 16.2호. 서울대학교 어학연구소.

장경희(1985). ≪현대국어의 양태범주 연구≫. 서울: 탑출판사.

전성호(2007). Levinon의 GCI 이론을 통한 '거시기'의 화용론적 분석. ≪한국어 의미학≫ 23. 한국어의미학회.

전영옥(1998). 한국어 담화에 나타난 반복 표현연구 : 유형, 분포, 기능. 상명여대박사학위논문.

전영옥/구현정(2003). 토론에 나타난 대응쌍 연구. ≪담화와 인지≫ 10.3. 서울: 담화인지언어학회.

전정미(2011). 대화의 회고적 기능에서 살펴본 응답어 '네' 연구. ≪우리말글≫ 52. 우리말글학회.

전혜영(1998). 첨가구문의 사용 실태. 차현실/전혜영/박창원(1996)에 실림. 서울: 태학사.

정석호(2007). ≪경북 동남부 방언사전-영주・경주・포항을 중심으로≫. 글누림

정용호(1988). ≪함경도방언 연구≫. 교육도서출판사.

정희자(1998). ≪담화와 문법≫. 부산외국어대학교 출판부.

제주도(1995). ≪제주어사전≫. 제주도.

차현실/전혜영/박창원(1996). ≪현대국어의 사용 실태 연구≫. 서울: 태학사.

최명옥(1997). 동남방언과 동북방언의 대조 연구. ≪국어학 연구의 새 지평≫(성재 이돈주 선생 화갑기념논문집). 서울: 태학사.

최명옥(2005), ≪2005년 경기 지역어 조사 보고서≫. 국립국어원.

최소심(1990), ≪시방은 안 해, 강강술래럴 안 해≫. 민중자서전 9. 뿌리깊은나무사.

최지현(2006). 담화표지 '막'의 기능 연구. 목포대학교 교육대학원논문.

한성우(2009). ≪2009년도 중국 집단 이주 한민족의 지역어 조사-중국 요녕성 동항 시≫. 국립국어원.

한영순(1967). ≪조선어 방언학≫. 평양: 김일성 종합대학출판사.

한진건(2000). ≪류진 방언 연구≫. 북경: 민족출판사.

허정주(2015), 이야기꾼 '거시기 담론'의 미학, 구조, 가치에 관한 구비문학적 시론. - 전라도 이야기꾼의 사례를 중심으로. ≪실천민속학연구≫ 제25호.

현평효/강영봉(2012). ≪제주어 조사・어미 사전≫. 제주대학교국어문화원.

황대화(1986). ≪동해안 방언 연구≫. 평양: 김일성 종합대학 출판사.

황대화(1998). ≪조선어 동서 방언 비교 연구≫. 평양: 과학백과사전종합출판사.

Bak, S.(2003). *Conditionals in Korean Revisited*. Discourse and Cognition 10.2. 서울: 담화인지언어학회.

Baker, P. and Ellece S.(2011). Key Terms in Discourse Analysis. Continuum.

Beaugrande, R. and Dressler, W.(1981). Introduction to Text Linguistics. London: Longman.

Brinton, Laurel I.(1996). Pragmatic markers in English: Grammaticalization and discourse functions. Berlin & New York: Mouton de Gruyter.

Brown, G. & Yules, G.(1983). Discourse Analysis. Cambridge University Press.

Bybee, J(ed).(2007). Frequency of Use and the Organization of Language. Oxford University Press.

Bybee, J. & Hopper, P(eds).(2001). Frequency and the Emergence of Linguistic Structure. Amsterdam: Benjamins,

Bybee, J. & Thompson, S.(1997). *Three frequency effects in syntax.* BLS 23. 65-85

Bybee, J.(2006). *From usage to grammar: the mind's response to repetition.* Language 82(4):711-733.

Bybee, J.(2010). Language, Usage and Cognition. Cambridge: Cambridge University Press.

Cattell, Ray.(1973). *Negative Transportation and Tag Questions.* Language 49. 612-639.

Chafe, W.(1994). Discourse, Consciousness, and Time: The Flow and Displacement of Conscious Experience in Speaking and Writing. Chicago: The University of Chicago Press

Du Bois, J. & Kumpf, L. & Ashby, W(eds).(2003). Preferred Argument Structure. Amsterdam: Benjamins.

Du Bois, J.(1985). *Competing motivations* in Haiman(ed.) Iconicity in Syntax. Amsterdam: Benjamins. 343-365.

Du Bois, J.(1987). *The discourse basis of ergativity.* Language 63:805-855.

Du Bois, J.(2003). *Argument structure* in Du Bois, J. & Kumpf, L. & Ashby, W.(eds). Preferred Argument Structure. 11-60.

Fox, B.(1987). Discourse Structure and Anaphora. Cambridge: Cambridge University Press.

Fraser, Bruce.(1996). *Pragmatic markers.* Pragmatics 6. 167-190.

Fraser, B(1999). *What are discourse markers?* Journal of Pragmatics 31. 931-952.

Fritz, Elizabeth(2007). Discourse Markers; A contrastive analysis of English 'now' and German 'nun' in conversation. Grin Verlag fur Academische Texte.

Grosz, B.J. & Sidner, C.L.(1986). *Attention, intentions and the structure of discourse.* Computational linguistics 12: 175-204.

Haiman(1978). *Conditionals are topics.* Language 54(3).

Halliday, M. and Hasan, R.(1976). Cohesion in English. Longman.

Kim, K.(1999). *Other-initiated Repair Sequences in Korean Conversation: Types and*

Functions. Discourse and Cognition 6.2. pp. 141-168.

Labov, W. and Fanshel, D.(1977). Therapeutic Discourse. Academic Press.

Lee, Hyo Sang(2010). *Situation-oriented vs. speaker-oriented: an archi-concept that underlies the grammar of Korean language*. ms.

Levinson, S.C.(1983). Pragmatics. Cambridge: Cambridge University Press.

Li, Charles. N. & Thompson, Sandra. A.(1979). *Third-Person Pronouns and Zero-Anaphora in Chinese Discourse*. Syntax and Semantics 12. Discourse and Syntax ed. by Talmy Givón, 311-336. Academic Press.

Mann, W., Matthiessen, C. and Thompson, S.(1992). *Rhetorical Structure Theory and Text Analysis*. In W. Mann and S. Thompson(eds), Discourse Description-Diverse Linguistic Analyses of a Fund-Raising Text. Amsterdam/Philadelphia: John Benjamins.

Miller J., & Weinert, R.(1998). Spontaneous Spoken Language. Oxford University Press.

Nattinger, J.R. & DeCarrico, J.S.(1992). Lexical Phrases and Language Teaching. Oxford University Press.

Noh, Eun-Ju(2002). *A Pragmatic Analysis of 'Kesiki' in a Korean dialect*. Journal of Pragmatics 34. vol 12. 1879-1881.

Schegloff, E., Jefferson, G. & Sacks, H.(1977). *The Preference for Self-Correction In the Organization of Repair in Conversation*. Language 53(2). 361-382.

Schiffrin, D.(1987). Discourse Markers. Cambridge: Cambridge University Press.

Schourup, Lawrence(1999). Discourse markers. Lingua 107. 227-265.

Siepmann, Dirk(2005). Discourse Markers across Languages. Routledge.

Stein, D. & Wright, S.(1995). Subjectivity and Subjectivisation-Linguistic Perspectives. Cambridge: Cambridge University Press.

Suh, Kyung-hee(2002). *The Korean Sentence-final marker cianha in Conversational Discourse*. 사회언어학 10.2. pp. 283-309. 한국사회언어학회.

Thompson, S. and Mann, W.(1987). *Rhetorical structure theory: a framework for the analysis of texts*. Papers in Pragmatics 1(1):79-105.

Traugott, E. C.(1995). *Subjectification in Grammaticalisation*, Stein, D. & Wright, S.(1995)에 실림.

Warner, R.G.(1985). Discourse Connectives in English. Garland.

Yang, Changyong(2001). *A Discourse Marker and Topic-related Talk: A Case of isscanha in Korean.* ≪담화와 인지≫ 8.2. pp. 113-138. 서울: 담화인지 언어학회.

Zmrzla, Petra(2013). Now as s Discourse marker in Spoken English. Lambert Academic Publishing.

☰ 찾아보기

저자 이기갑

서울대학교 언어학과 졸업
서울대학교 대학원 문학석사 및 문학박사
UC Santa Barbara 방문교수
Indiana University 방문교수
목포대학교 국어국문학과 교수

주요 저서

『전라남도 언어지리』(1986), 『호남의 언어와 문화』(공저, 1998), 『전남방언사전』(공편, 1998)
『국어방언문법』(2003), 『전남 곡성 지역의 언어와 생활』(2007), 『언어유형론 1-3』(공저, 2008)
『전남 진도 지역의 언어와 생활』(2009), 『전남 영광 지역의 언어와 생활』(2011)
『전라도의 말과 문화』(2013), 『국어담화문법』(2015), 『전라도말 산책』(2015)
『전남 영암 지역의 언어와 생활』(2016), 『전남 보성 지역의 언어와 생활』(2016)
『전남 광양 지역의 언어와 생활』(2017)

국어 방언의 담화표지

초판 1쇄 인쇄 2018년 5월 18일
초판 1쇄 발행 2018년 5월 28일

저　자 이기갑
펴낸이 이대현
편　집 홍혜정
디자인 홍성권

펴낸곳 도서출판 역락
주소 서울시 서초구 동광로 46길 6-6 문창빌딩 2층
전화 02-3409-2058, 2060
팩스 02-3409-2059
등록 1999년 4월 19일 제303-2002-000014호
이메일 youkrack@hanmail.net
홈페이지 www.youkrackbooks.com
역락블로그 http://blog.naver.com/youkrack3888

ISBN 979-11-6244-211-1 93710

* 책값은 뒤표지에 있습니다.
* 파본은 구입처에서 교환해 드립니다.

이 도서의 국립중앙도서관 출판예정도서목록(CIP)은 서지정보유통지원시스템 홈페이지(http://seoji.nl.go.kr)와
국가자료공동목록시스템(http://www.nl.go.kr/kolisnet)에서 이용하실 수 있습니다.(CIP제어번호: CIP2018015190)